화엄경소론찬요
華嚴經疏論纂要

화엄경소론찬요 26
華嚴經疏論纂要

● 일러두기 ●

1. 이 책의 원서는 명말청초 때의 승려인 도패 스님※이 약술 편저한 《화엄경소론찬요》이다. 《대방광불화엄경》 80권본을 기초로 하여, 경문에 청량 스님의 소초(疏鈔)와 이통현 장자의 논(論)을 붙여 상세하게 풀이하였다.

2. 경(經), 소(疏), 논(論)은 원문에 토를 붙여서 그 뜻을 이해하기 편하도록 했으며, 원문 바로 아래 번역문을 넣었다.

3. 원문을 살려 그대로 옮겨 놓음을 원칙으로 하다 보니 본문의 제목 번호에 있어서 다소 혼동이 올 수 있다. 그럴 경우 목차를 참고하기 바란다.

4. 산스크리트어 표기는 〈표준국어대사전〉과 〈불광 사전〉 등에 등재된 음역어를 사용하였으며, 불교 용어에 대한 설명은 주로 〈불광 사전〉을 참고하였다.

5. 내용을 좀 더 쉽게 풀기 위하여 중간에 체계가 약간 바뀌었음을 밝힌다.

※ 위림도패(爲霖道霈, 1615~1702) 스님은 명말청초 때의 조동종 승려이다. 14세 때 백운사(白雲寺)에서 출가하여 경교(經敎)를 공부했다. 영각원현을 모시며 법을 이었고, 천동산(天童山) 밀운원오(密雲圓悟)에게 배워 크게 깨달았다. 그 후 백장산(百丈山)에 암자를 짓고 5년 동안 정업(淨業)을 닦았다. 나중에 고산(鼓山)으로 옮겨 20여 년 동안 살았는데 귀의하는 사람이 매우 많았다.
저술로는 《인왕반야경합소(仁王般若經合疏)》 3권을 비롯하여 《화엄경소론찬요(華嚴經疏論纂要)》 120권, 《법화경문구찬요(法華經文句纂要)》 7권, 《불조삼경지남(佛祖三經指南)》 3권, 《위림도패선사병불어록(爲霖道霈禪師秉拂語錄)》 2권, 《여박암고(旅泊庵稿)》 4권, 《선해십진(禪海十珍)》 1권, 《사십이장경지남(四十二章經指南)》, 《불유교경지남(佛遺敎經指南)》, 《고산록(鼓山錄)》 6권, 《반야심경청익설(般若心經請益說)》, 《팔십팔불참(八十八佛懺)》, 《준제참(準提懺)》, 《발원문주(發願文註)》 등이 있다.

● 간 행 사 ●

《화엄경소론찬요》번역서를 간행하면서

《화엄경》은 비로자나 세존께서 보리도량에서 처음 정각을 성취하신 후, 일곱 도량 아홉 차례의 법문에서 일진(一眞)의 법계(法界)와 제불의 과원(果願)을 보여주시어 미묘한 현지(玄旨)와 그지없는 종취(宗趣)를 밝혀주신 최상의 경전이다. 이처럼 《화엄경》은 법계와 우주가 둘이 아닌 하나로 그 광대함을 말하면 포괄하지 않음이 없고, 그 심오함을 말하면 갖춰져 있지 않음이 없어 공간으로는 법계에 다하고 시간으로는 삼세에 통하고 있다.

    이러한 이유에서 《화엄경》은 근본 법륜으로 중국은 물론 동양 각국에서 높이 받들며 수많은 주석서가 간행되어 왔다. 그러나 세상에 널리 알려진 것은 청량 국사의 《대방광불화엄경소초(大方廣佛華嚴經疏鈔)》와 통현 장자의 《대방광불화엄경론(大方廣佛華嚴經論)》이다. 소초(疏鈔)는 철저한 장구(章句)의 분석으로 본말을 지극히 밝혀주었고, 논(論)은 부처님의 논지를 널리 논변하여 자심(自心)으로 회귀하고 있는 것이 특징이다. 이처럼 청량소초와 통현론은 양대 명저(名著)로 모두 수증(修證)하는 데에 지극한 궤범(軌範)이었다.

    탄허 대종사께서는 이러한 점을 토대로 통현론을 주(主)로 하고 청량소초를 보(補)로 하여 번역하심으로써 《화엄경》이 동양에 전해진 이후 동양 최초의 《화엄경》 번역이라는 쾌거를 이룩하셨다. 일찍이 한국불교에 침체된 화엄사상은 대종사의 번역에 힘입어 다시 온 누리에 화엄의 꽃비가 내려 화엄의 향기로 불국정토를 성취하여 더할 수 없는, 지극한 법륜을 설하셨다.

그러나 대종사께서 열반하신 이후, 불법은 날로 쇠퇴하고 중생의 근기는 날로 용렬하여 방대한 소초와 논을 열람하기에는 역부족이었다. 이에 대종사의 《화엄경》을 다시 한 번 밝히기 위해서는 또 다른 모색을 필요로 할 시점에 이르렀다. 보다 쉽게 볼 수 있고 간명한 데에서 심오한 데로, 물줄기에서 본원을 찾아갈 수 있는 진량(津梁)을 찾지 않는다면 대종사의 평생 정력을 저버리게 된다는 절박한 마음이 없지 않았다.

청대(淸代) 도패(道霈) 대사는 청량의 소초와 통현의 논 가운데 그 정요(精要)만을 뽑아 《화엄경소론찬요(華嚴經疏論纂要)》를 편집하였다. 이는 매우 방대한 소초와 논을 축약하여, 가까이는 청량 국사와 통현 장자의 심법을 전수하였고 멀리는 비로자나불의 묘체(妙諦)를 밝혀주는 오늘날 최고의 《화엄경》 주석서이다.

이에 《화엄경소론찬요》를 대본으로 하여, 다시 대종사의 번역서를 참고하면서 현대인이 보다 쉽게 이해할 수 있는 번역서를 간행하기에 이르렀다.

이제 돌이켜 생각하면 무상한 세월 속에 감회가 적지 않다. 내 지난날 출가 입산하여 겨우 이레가 되던 날, 처음 접한 경전이 《화엄경》이었다. 행자 생활을 시작한 영은사는 대종사께서 오대산 수도원이 해산된 후, 이의 연장선상에서 3년 결사(結社)를 선포하시고《화엄경》번역이라는 대작불사를 시작하여 강의하셨던, 한국불교사에 한 획을 그려준 역사의 도량이었다.

그 당시 대종사께서는 행자인 나에게《화엄경》을 청강하라 하시면서 "설령 알아듣지 못할지라도 들어두면 글눈이 생겨 안 들은 것보다 낫다."고 권면하셨다. 이제 생각해보면 행자 출가 즉시《화엄경》공부 자리에 참여했다는 것은 전생의 숙연(宿緣)이 아니었으면 어떻게 그 당시 그 법회에 참석이나 할 수 있었겠는가. 이는 행운 중 행운으로 다겁의 선근공덕이 아닐까 생각되며, 아울러 늦게나마 대종사의 영전에 하나의 향을 올리는 바이다.

처음《화엄경》설법을 듣는 순간, 끝없는 우주법계의 장엄세계가 황홀하고 법계를 맑혀주고 무진 보배를 담고 있는 바다의 불가사의한 공덕이라는 대종사의 사자후가 머릿속에 쟁쟁하게 울려왔을 뿐, 그 도리를 이해한다는 것은 나의 근기로써는 도저히 불가능한 일이었다. "쭉정이만도 못하다."고 꾸지람을 하시던 대종사의 방할(棒喝)을 맞으며 영은사에서의 결사가 끝난 후, 나는 단 한 번도《화엄경》을 펼쳐 볼 엄두를 내지 못했다.

그러던 몇 해 전, 무비 스님께서 범어사에서《화엄경》을 강좌하시면서 서울에서도《화엄경》강좌를 열어보라고 권할 적만 하더라도 언감생심《화엄경》을 강의하겠다는 생각을 하지 못하였다. 그러나 씨앗을 뿌려놓으면 새싹이 돋아나듯, 반드시 인연법은 사라지지 않는 모양이다. 영은사에서의《화엄경》인연이 자곡동 탄허기념박물관에 화엄각건립불사를 발원하게 되었고, 화엄각건립불사를 위하여《화엄경》강좌를 열기에 이를 줄은 꿈에도 생각지 못하였다.

　미력한 소견으로 강좌를 열면서 정리된 강의 자료를 여러 뜻있는 이들과 다시 한 번 토론하고 강마하면서 우선 〈세주묘엄품〉 출간을 시작으로 계속 연차적으로 간행하고 있다.

　이 책이 간행되어 그동안 추진되어온 화엄각 창건 불사 또한 원만히 성취되길 기원한다. 이 귀한 인연공덕으로 다시 한 번 화엄사상이 꽃피어 온 누리에 탄허 대종사의 공덕이 빛나고, 아울러 화엄정토가 구현되어 남북의 통일과 세계의 평화가 이루어지길 진심으로 축원하는 바이다.

五臺山 後學 慧炬 合掌 再拜

◉ 추 천 사 ◉

인류사에서 가장 위대한 화엄경의 가르침

평소에 늘 두려워하며 존경하는 도반 혜거 스님이 《화엄경소론찬요》를 번역하고 출판하여 이 분야의 사람들을 온통 놀라게 하였습니다. 본디 화엄경에 이 몸을 바친 사람으로서, 어찌 가슴 떨리는 일이 아니겠습니까. 《화엄경소론찬요》 번역을 세상에 알리고 추천하는 글을 이 우둔한 글솜씨로라도 백 번이라도 쓰고 싶습니다.

　　화엄경이란 무엇입니까? 만약 화엄경을 알지 못하면 불법의 이치를 알지 못합니다. 또 화엄경을 알지 못하면 사람이 본래로 청정법신비로자나 부처님이라는 사실을 알지 못합니다. 이 세상이 그대로 화장장엄세계라는 사실도 알지 못합니다. 세간과 출세간의 진리를 전혀 알지 못합니다. 아름다운 세상과 환희로운 인생을 결코 알 길이 없습니다. 그러니 화엄경을 읽지 않고 어찌 불교를 입에 담으며 어찌 부처님을 입에 담겠습니까. 그래서 청량(淸凉) 스님은 화엄경을 두고 "이 몸을 바쳐서 그 죽을 곳을 얻었다[亡軀得其死所]."라고 하였습니다. 이 얼마나 가슴 저미는 말씀입니까. 그러므로 "화엄경이 있고서야 비로소 불교가 있다."라고 하겠습니다.

화엄경이 흥하면 불교가 흥하고, 화엄경이 흥하면 국가가 흥하였습니다. 원효(元曉) 스님과 의상(義湘) 스님이 화엄경을 흥성(興盛)시키던 신라가 그러했으며, 청량 스님과 통현(通玄) 장자가 화엄경을 흥성시키던 당(唐)나라가 그러하였습니다.

　거기에 더하여 찬요(纂要)란 무엇입니까? 그것은 청량 스님의 화엄경에 대한 소(疏)와 통현 장자의 논(論)을 잎과 가지는 남겨두고 뿌리와 큰 줄기에 해당하는 요점만을 추려서 모아온 것입니다. 마치 흙과 잡석들을 걷어내고 진금들만을 모아왔으니 이 어찌 빛나지 않겠습니까. 그래서 화엄경을 그토록 빛나게 한 것은 알고 보면 소론찬요(疏論纂要)였던 것입니다.

　옛말에 "산고수장(山高水長)이요, 근고지영(根固枝榮)"이라 하였습니다. 근세 한국의 불교를 중흥시킨 경허(鏡虛) 스님은 수월(水月)·혜월(慧月)·만공(滿空)·한암(寒巖) 등 기라성 같은 제자들을 길러내었는데, 한암 스님 밑으로 선교(禪教)를 겸비하신 희대의 대석학이요 대선사이신 탄허(吞虛) 큰스님이 계셨습니다.

　한암 스님 밑에서 오래 사셨던 범용(梵龍) 스님은 평소에 상원사에서 한암 스님이 화엄경을 강의하시던 일을 들려주셨습니다. 당시 교재는 통현 장자의 《화엄경합론(華嚴經合論)》이었으며 중강(仲講)은 언제나 탄허 스님이셨으므로, 대중들이 모두 동원되는 큰 운력까지도 면해주셨다고 하였습니다. 그날의 그 화엄법수(華嚴法水)가 흘러 흘러 영은사의 혜거 행자에게까지 전해지더니 수십 년이 지난 오늘에는 드디어 이와 같은 《화엄경소론찬요》 출판 불사의 큰 바다를 이루게 되었습니다. 이 얼마나 기쁘지 아니합니까. 큰스님께서도 또한 크게 환희용약하시리라 믿습니다.

필자도 또한 작은 인연이 있어서 역경연수원 수학과 큰스님께서 《화엄경합론》을 번역하신 후 교열하고 출판하고 기념 강의를 하시던 일까지 함께하였으니, 가슴이 뜨거운 홍복(洪福)이라는 사실을 알고 있습니다. 그것에 더하여 처음 통도사 강주로 가기 전에 법맥을 전해주시어 큰스님의 뜻을 잇게 하였으니 더없는 영광이지만, 그 보답을 다하지 못하여 아직도 큰 짐을 내려놓지 못하고 있습니다.

앞으로 남은 시간이라도 혜거 화엄도반과 함께 인류사에서 가장 위대한 화엄경의 가르침을 깊이깊이 공부하여 더욱 널리, 더욱 왕성하게 펼쳐서 크나큰 은혜에 보답하려 합니다.

나아가서 이 아름다운 출판 불사에 뜻을 함께한 모든 분께도 큰 감사의 인사를 올리며 이 책이 만천하에 널리 유포되기를 마음 다해 추천하는 바입니다. 이 인연으로 부디 화엄의 큰 물결이 온 세상에 흘러넘쳐서 집집마다 평화와 행복이 가득하기를 기도드립니다.

나무 대방광불화엄경
나무 대방광불화엄경
나무 대방광불화엄경

신라 화엄종찰 금정산 범어사 如天 無比 삼가 씀

● 목 차 ●

간행사 《화엄경소론찬요》 번역서를 간행하면서 5
추천사 인류사에서 가장 위대한 화엄경의 가르침 9

화엄경소론찬요 제113권 ● 입법계품 제39-16

제9. 덕생동자德生童子와 유덕동녀有德童女, 환지귀환문幻智歸幻門 선지식 019

  1. 가르침을 따라 선지식을 찾아가 법을 구하다 019
  2. 친견하여 절을 올리고 법을 묻다 019
  3. 자기의 법문을 보여주다 019
  4. 몸을 낮추면서 선지식의 훌륭함을 추켜올리다 027
  5. 뒤의 선지식을 소개하다 028
  1) 힘으로 보이지 않은 가피를 내려주다 028
  2) 말로써 보여주다 028
   (1) 처소를 가리키다 028
   (2) 선지식을 보여주다 031
   (3) 물음을 가르쳐주다 034
  6. 덕망을 흠모하면서 절을 올리고 떠나가다 078

Ⅲ. 미륵보살 1인의 공덕을 섭수하여 원인을 성취하는 모양 086

　　1. 가르침을 따라 선지식을 찾아가 법을 구하다 086
　　2. 친견하여 절을 올리고 법을 묻다 092
　　1) 뵙고서 공경히 절을 올리다 092
　　　(1) 의보를 보다 092
　　　　　제1 단락, 선정에 들어 공경의 마음을 펼치다 093
　　　　　제2 단락, 선정에서 나와 공경하면서 찬탄하다 109
　　　(2) 정보를 보다 143

화엄경소론찬요 제114권 ● 입법계품 제39-17

　　2) 법의 요체를 묻다 193
　　3. 선재동자를 칭찬하면서 법을 전수하다 200
　　1) 칭찬하면서 찬탄하다 201
　　　(1) 대중을 위해 선재를 찬탄하다 201
　　　(2) 선재를 위해 보리심을 찬탄하다 221

화엄경소론찬요 제115권 ● 입법계품 제39-18

 2) 바로 자기의 법계를 전수하다 295
  (1) 법의 요체를 전수하다 295
   제1 단락, 방편으로 받아들이다 295
   제2 단락, 가피로써 증득하여 들어가도록 하다 297
   제3 단락, 증득한 바의 경계를 분명히 보다 298
   제4 단락, 일을 마치고 선정에서 일어나다 342
  (2) 법의 명제를 밝히다 345
  (3) 장엄 원인의 본원을 궁구하다 348
  (4) 정보의 성품과 모양을 파헤치다 353
 4. 뒤의 선지식을 소개하다 382
 5. 덕망을 흠모하면서 절을 올리고 떠나가다 398

화엄경소론찬요 제116권 ● 입법계품 제39-19

Ⅳ. 문수보살 1인의 지혜로 둘이 없음을 관조하는 모양 403

1. 가르침을 따라 선지식을 찾아가 법을 구하다 404
2. 보고 듣고서 증득하여 들어가다 407
3. 더욱 좋은 반연을 만나 수행하고 공경히 섬기다 414

Ⅴ. 보현보살 1인의 원인의 광대함을 나타내는 모양 417

1. 가르침을 따라 선지식을 찾아가 법을 구하다 418
2. 앞의 모양을 듣고 보다 423
3. 보고 듣고서 증득하여 들어가다 435
   1) 앞의 문장을 끝맺으면서 뒤의 문장을 일으키다 435
   2) 관을 일으켜 더욱 닦다 436
   3) 바로 보고 듣고서 증득하여 들어감을 밝히다 439
      ㄱ) 바로 보고 듣고서 증득하여 들어가다 439
      ㄴ) 부처님의 공덕이 불가사의함을 들음을 밝히다 485
4. 겸허한 마음으로 회향을 찬탄하다 557

화엄경소론찬요 제113권
華嚴經疏論纂要 卷第一百之十三

●

입법계품 제39-16
入法界品 第三十九之十六

第九 德生·有德 幻智歸幻門善友

第一은 依敎趣求요

第二 '見德生'下는 見敬諮問이오

第三 '時童子'下는 示己法門이니 於中二니 初는 標名이오 後는 業用이라

今은 初라

제9. 덕생동자와 유덕동녀, 환지귀환문 선지식

1. 가르침을 따라 선지식을 찾아가 법을 구하고,

2. '見德生' 이하는 친견하여 절을 올리고 법을 물으며,

3. '時童子' 이하는 자기의 법문을 보여주었다.

이는 2단락이다.

1) 명제를 밝혔고,

2) 하는 일과 작용이다.

이는 '1) 명제'이다.

經

爾時에 善財童子 漸次南行하야 至妙意華門城하야 見德生童子와 有德童女하고 頂禮其足하며 右遶畢已하고 於前合掌하야 而作是言호되

聖者여 我已先發阿耨多羅三藐三菩提心호니 而未知菩薩이 云何學菩薩行이며 云何修菩薩道리잇고 唯願慈

19

哀로 **爲我宣說**하소서
時에 **童子童女 告善財言**하사대 **善男子**야 **我等**이 **證得菩
薩解脫**호니 **名爲幻住**라

그때, 선재동자는 차례차례 남쪽으로 가다가, 묘의화문성에 이르러 덕생동자와 유덕동녀를 보고서, 그들의 발에 엎드려 절하고 오른쪽으로 돌고 앞에 서서 합장하고 말하였다.

"거룩하신 이여, 저는 이미 아뇩다라삼먁삼보리심을 내었습니다.

하지만 보살이 어떻게 보살의 행을 배우며, 어떻게 보살의 도를 닦는지 모르겠습니다.

바라건대 저를 가엾이 여기어 말해주십시오."

그때, 덕생동자와 유덕동녀가 선재에게 말하였다.

"선남자여, 우리는 보살의 해탈을 증득하였는데, 그 이름을 '요술처럼 머묾'이라 한다.

● 疏 ●

謂能所境智染淨之法이 皆從緣起하야 無定性故로 如幻而住니라

주체와 대상, 경계와 지혜, 오염과 청정의 법이 모두 인연으로 일어나 일정한 자성이 없기 때문에 요술처럼 머무는 것이다.

二 明業用

2) 하는 일과 작용을 밝히다

經

得此解脫故로
見一切世界 皆幻住니 因緣所生故며
一切衆生이 皆幻住니 業煩惱所起故며
一切世間이 皆幻住니 無明有愛等의 展轉緣生故며
一切法이 皆幻住니 我見等種種幻緣所生故며
一切三世 皆幻住니 我見等顚倒智所生故며
一切衆生生滅生老病死憂悲苦惱 皆幻住니 虛妄分別所生故며
一切國土 皆幻住니 想倒心倒見倒無明所現故며
一切聲聞辟支佛이 皆幻住니 智斷分別所成故며
一切菩薩이 皆幻住니 能自調伏하야 敎化衆生하는 諸行願法之所成故며
一切菩薩衆會의 變化調伏과 諸所施爲 皆幻住니 願智幻所成故라
善男子야 幻境自性이 不可思議니라

　　이런 해탈을 얻었던 까닭에,

　　일체 세계가 모두 요술처럼 머무는 것을 보았다. 인연으로 생겨난 바이기 때문이다.

　　일체중생이 모두 요술처럼 머무는 것을 보았다. 업과 번뇌로

일어난 바이기 때문이다.

　일체 세간이 모두 요술처럼 머무는 것을 보았다. 무명과 존재와 욕망 등이 서로 인연이 되어 생겨난 바이기 때문이다.

　일체 법이 모두 요술처럼 머무는 것을 보았다. '나'라는 견해 등의 가지가지 요술과 같은 인연으로 생겨난 바이기 때문이다.

　일체 삼세가 모두 요술처럼 머무는 것을 보았다. '나'라는 견해 등의 전도된 지혜로 생겨난 바이기 때문이다.

　일체중생의 생겨나고 사라짐, 태어나고 늙고 병들고 죽음, 근심과 슬픔, 고통과 번뇌가 모두 요술처럼 머무는 것을 보았다. 허망한 분별로 생겨난 바이기 때문이다.

　일체 국토가 모두 요술처럼 머무는 것을 보았다. 생각의 전도, 마음의 전도, 소견의 전도, 무명으로 나타난 바이기 때문이다.

　일체 성문과 벽지불이 모두 요술처럼 머무는 것을 보았다. 지혜로 단정하는, 분별로 이뤄진 바이기 때문이다.

　일체 보살이 모두 요술처럼 머무는 것을 보았다. 자신을 조복하여 중생을 교화하려는, 여러 행원으로 이뤄진 바이기 때문이다.

　일체 보살 대중의 변화와 조복, 여러 가지 일이 모두 요술처럼 머무는 것을 보았다. 서원과 지혜의 헛것으로 이뤄진 바이기 때문이다.

　신남사여, 요술 같은 경계의 성품을 헤아릴 수 없다.

● 疏 ●

於中二니 初는 別明이오 後結歎이라

今初에 有十種幻하니 皆上句는 標幻이오 下句는 以緣生釋成이라

十中에 初一은 爲總이오 緣生世界 並通染淨하고 刹海 亦名世界故니라

餘九는 爲別이니 初五는 約染分依他니 如幻緣生故니라

一은 約有情苦果니 從業惑集生이오

二는 約十二因緣이니 順觀卽世間故니 次第相由일새 故云展轉이오

三은 就五類法中하야 但除無爲일새 故云一切니 以無爲 無有起하야 非幻緣生故니라 異熟識等이 從無始惡習으로 內執爲我하야 四惑相應일새 故云我見等이며 及外取妄境일새 云種種幻緣이라 故感心等이 悉皆如幻이오

四·五 二句는 別明不相應行이니

四는 卽是時니 謂依行相續不斷하야 分位建立이 爲時니 所依行空이어니 時何所立가 妄計有體 是顚倒智니라

五는 卽無常生老等이니 謂依生已壞滅이 分位建立無常等이니 皆妄分別有니라

次一切國土는 義通染淨이니 衆生染土는 多從三倒所生이니 以不了唯心하고 妄取境界니라 故上云一切國土 但想所持라하니 旣有妄想이라 故心見皆倒니라 言無明所現은 亦通淨刹이니 謂登地已上에 無明未盡일새 所見國土 種種不同이니 旣云無明인댄 則揀非佛土니라【鈔_ 旣有妄想者는 卽出三倒也니 一은 想倒오 二는 心倒

23

오 三은 見倒니라 然十行品에 已廣分別하니 彼有多義어니와 今是一義니 以心見非倒라 由想亂故로 令餘二 皆倒耳라】

이 부분은 2단락이다.

(1) 개별로 밝혔고,

(2) 끝맺으면서 찬탄하였다.

'(1) 개별'의 부분에 10가지 요술 같은 머묾이 있다. 모두 위 구절은 요술 같은 머묾을 밝혔고, 아래 구절은 인연으로 생겨남을 해석하였다.

10가지 가운데 첫 구절은 총상이다. 인연으로 생겨난 세계가 오염과 청정에 모두 통하며, 세계 바다를 또한 세계라 말한 때문이다.

나머지 9가지는 별상이다.

앞의 5가지는 오염 부분의 依他로 말하였다. 요술처럼 반연으로 생겨나기 때문이다.

① 중생의 苦果로 말하였다. 業惑이 모인 데서 생겨난 것이다.

② 12연기를 차례대로 관찰함으로 말하였다. 세간이기 때문이다. 차례를 따른 까닭에 '展轉'이라 말한다.

③ 5가지의 법 가운데 無爲만을 제외하기에 일체라고 말한다. 無爲는 일어나는 바가 없어 요술과 같은 인연으로 생겨남이 아니기 때문이다.

異熟識 등이 시작도 없는 그 옛날의 악습으로부터 안으로는 '나'라고 생각하는 마음의 집착으로 4가지 미혹[四惑: 我癡, 我見, 我慢, 我愛]이 상응하게 된다. 이 때문에 我見 등을 말하며, 밖으로는

허망한 경계를 집착하기에 가지가지 요술과 같은 인연이라 말한 때문이다. 마음에 감촉하는 등이 모두 요술과 같다.

④, ⑤ 2구절은 상응하지 않은 행을 개별로 밝혔다.

④ 시간이다. 行이 끊임없이 이어짐에 의하여 부분의 단위를 건립함이 시간의 단위이다. 의지 대상의 行이 空한데, 시간이 어떻게 성립될 수 있겠는가. 부질없이 체성이 있는 것으로 생각함이 전도된 지혜이다.

⑤ 덧없는 생로병사 등이다. 生이 이미 무너지고 사라짐에 의하여 無常 등 부분의 단위를 세우는 것이니, 이는 모두 허망한 분별에 의한 것이다.

다음 ⑥에서 말한 '一切國土'는 그 뜻이 오염과 청정에 모두 통한다. 중생의 오염된 국토는 대체로 3가지 전도[三倒: 想倒, 心倒, 見倒]에 의해 생겨난 것이다. 오직 마음임을 알지 못하고, 부질없이 경계에 집착하기 때문이다. 위에서 "일체 국토가 생각에 의해 부지될 뿐이다."고 말한 바 있다. 이미 망상이 있기 때문에 마음과 소견이 모두 전도된 것이다.

'無明으로 나타난 바'라는 것 또한 청정세계에도 통한다. 십지 이상에서도 무명이 모두 사라지지 못한 까닭에 국토를 보는 바가 가지가지 다르다. 이처럼 '무명'이라 말한 것으로 보면 곧 불국토가 아님을 구별한 것이다. 【초_ "이미 망상이 있다."는 것은 곧 3가지 전도가 나오게 된다는 것이다. 첫째 생각의 전도, 둘째 마음의 전도, 셋째 소견의 전도이다. 그러나 제21 십행품에서 이미 자세히 분별한 바 있다. 십행품에서는 여러 뜻으로 말했지만, 여기에서는 하나의 뜻으로 말했을 뿐이다. 마음의 전도, 소견의 전도를 말한 게 아니다. 생각의 전도에 의하여 나머지 마음의 전도와 소견의 전도를 일으킴을 말한다.】

後三種은 但約淨分依他니 從緣如幻은 可以意得이라
後善男子'下는 結歎이라
言'自性不思議'者는 幻法非有는 體不實故며 非無는 相非無故며 非一은 性相異故며 非異는 無二體故니 空有相卽하고 一異兩亡이라 旣離二邊인댄 亦忘中道니 由斯交徹일새 故能一中現多하고 多皆卽一하야 重重無礙하야 爲不思議라 故推勝云善入無邊諸事幻網이라하니라

뒤의 3가지는 청정 부분의 依他로 말하였다. 반연을 따름이 요술과 같다는 것은 생각하면 알 수 있다.

(2) '善男子' 이하는 끝맺으면서 찬탄하였다.

"요술 같은 경계의 성품을 헤아릴 수 없다."고 말한 것은 요술 같은 법이 有가 아니라는 것은 체성이 진실하지 못하기 때문이며, 無가 아니라는 것은 모양이 없는 것이 아니기 때문이며, 하나가 아니라는 것은 성품과 형상이 다르기 때문이며, 다름도 아니라는 것은 둘의 체성이 없기 때문이다. 空과 有가 서로 하나가 되고, 하나와 다름이 모두 사라진 것이다. 이처럼 이쪽과 저쪽을 여의었다면 中道 또한 없다. 이와 같이 서로 통한 까닭에 하나의 속에 많은 것을 나타내며, 많은 것이 모두 하나와 하나가 되어 거듭거듭 걸림이

없기에 불가사의하다. 이 때문에 선지식의 훌륭함을 추켜올린 부분에서 "그지없는 모든 일의 요술 그물에 잘 들어갔다."고 말하였다.

第四謙己推勝
4. 몸을 낮추면서 선지식의 훌륭함을 추켜올리다

經
善男子야 我等二人은 但能知此幻住解脫이어니와
如諸菩薩摩訶薩은 善入無邊諸事幻網하나니
彼功德行을 我等이 云何能知能說이리오

　　선남자여, 우리 두 사람은 이처럼 '요술처럼 머묾'의 해탈만을 알 뿐이지만, 저 보살마하살은 그지없는 모든 일의 요술 그물에 잘 들어갔다.
　　그러한 공덕의 행을 우리가 어떻게 알며, 어떻게 말할 수 있겠는가."

第五指示後友
於中二니 初는 以力冥加오 後는 而告下는 以言顯示니
於中三이니 初는 指處오 二는 示人이오 三은 教問이라
今은 初라

5. 뒤의 선지식을 소개하다

이는 2단락이다.

1) 힘으로 보이지 않은 가피를 내려줌이며,

2) '而告' 이하는 말로써 보여줌이다. 이 부분은 다시 3단락이다.

(1) 처소를 가리키고,

(2) 선지식을 보여주며,

(3) 물음을 가르쳐주었다.

이는 '(1) 처소를 가리킴'이다.

經

時에 童子童女 說自解脫已에 以不思議諸善根力으로 令善財身으로 柔軟光澤하고 而告之言하사대
善男子야 於此南方에 有國하니 名海岸이오 有園하니 名大莊嚴이며 其中에 有一廣大樓閣하니 名毘盧遮那莊嚴藏이니
從菩薩善根果報生이며
從菩薩念力願力自在力神通力生이며
從菩薩善巧方便生이며
從菩薩福德智慧生이라
善男子야 住不思議解脫菩薩이 以大悲心으로 爲諸衆生하야 現如是境界하며 集如是莊嚴하나니라

　그때, 덕생동자와 유덕동녀는 자기의 해탈을 말한 뒤에 불가사

의한 선근의 힘으로 선재동자의 몸을 부드럽고 빛나고 윤택케 하고서 말하였다.

"선남자여, 이 남쪽에 '해안국'이 있고,

그곳에 '대장엄 동산'이 있으며,

그 동산에 광대한 누각이 있는데, 그 이름을 '비로자나 장엄장 누각'이라 한다.

보살의 선근 과보로 생겨났으며,

보살의 생각하는 힘, 서원의 힘, 자재한 힘, 신통의 힘으로 생겨났으며,

보살의 뛰어난 방편으로 생겨났으며,

보살의 복덕과 지혜로 생겨났다.

선남자여, 불가사의한 해탈에 머무른 보살이 크게 가엾이 여기는 마음으로 모든 중생을 위하여 이러한 경계를 나타내며, 이러한 장엄을 모은 것이다.

◉ 疏 ◉

國名海岸者는 南海北岸이니 一生菩薩이 臨智海故니라 園名大莊嚴은 因圓萬行而嚴果故오 又生死園苑에 以萬行樹林으로 嚴自果故니라 廣大樓閣等者는 約事인댄 則其中廣博하야 同虛空故오 有多光明하야 能徧照故오 阿僧祇等寶所嚴故오 蘊多樓閣하야 包多事故어니와 約法인댄 則二智相依하야 緣起相由일새 故云樓閣이오 智卽法界 是爲廣大라 名毘盧等은 順成上義니 二智光明이 徧照

事理故오 智能包含萬德하야 卽莊嚴藏이니 華嚴萬行이 不離此故
니라

上은 約其果오 '從菩薩'下는 出因이라 善根果報는 約其宿因이니 是
彼善根之是果報故니라 念力願等은 約其現緣이오 後'住不思議'
下는 現依所爲니라【鈔_ '約事則'下는 先釋廣大오 '有多光'下는 釋
毘盧遮那오 '阿僧祇'下는 釋莊嚴이오 '蘊多樓'下는 釋藏이라】

　　나라의 이름을 '해안'이라 말한 것은 남해의 북쪽 언덕에 있는
나라를 말한다. 一生補處菩薩이 지혜 바다에 임하였기 때문이다.

　　동산의 이름을 '대장엄'이라 말한 것은 因이 만행의 원만으로
결과를 장엄하였기 때문이다. 또한 생사의 동산에 萬行의 숲으로
자신의 결과를 장엄하였기 때문이다.

　　광대한 누각 등이란 현상의 사법계로 말하면,
　　그곳의 드넓음이 허공과 같기 때문이며,
　　많은 광명이 두루 비춰주기 때문이며,
　　아승기 등의 보배로 장엄한 바이기 때문이며,
　　수많은 누각에 쌓여 많은 일을 포함하기 때문이다.

　　법으로 말하면, 근본지와 후득지가 서로 의지하고 緣起가 서
로 연유한 까닭에 누각이라 말하고, 지혜가 법계와 하나가 됨을 광
대함이라 한다.

　　'비로자나 장엄장 누각' 등이라 말한 것은 위의 뜻을 따라 끝맺
었다. 근본지와 후득지의 광명이 사법계와 이법계를 두루 비추기
때문이며, 지혜가 모든 공덕을 포함함이 바로 '장엄장'이다. 화엄의

萬行이 이를 벗어나지 않기 때문이다.

위에서는 그 결과로 말하였고, '從菩薩' 이하는 원인을 말하였다.

선근의 과보는 그 과거의 인연으로 말한다. 저 선근의 과보 때문이다.

'念力願' 등은 현재의 반연으로 말하며, 뒤의 '住不思議' 이하는 依報의 목적을 나타낸 것이다.【초_ '현상의 사법계로 말하면' 이하는 누각의 광대함을 먼저 해석하였으며,

'有多光' 이하는 비로자나를 해석하였으며,

'아승기' 이하는 장엄을 해석하였으며,

'蘊多樓' 이하는 藏을 해석하였다.】

二示人
 (2) 선지식을 보여주다

經
彌勒菩薩摩訶薩이 安處其中하사
爲欲攝受本所生處父母眷屬과 及諸人民하야 令成熟故며
又欲令彼同受生同修行衆生으로 於大乘中에 得堅固故며
又欲令彼一切衆生으로 隨住地隨善根하야 皆成就故며

31

又欲爲汝하야 顯示菩薩의 解脫門故며 顯示菩薩의 徧一切處受生自在故며
顯示菩薩의 以種種身으로 普現一切衆生之前하야 常教化故며
顯示菩薩의 以大悲力으로 普攝一切世間資財하야 而不厭故며
顯示菩薩의 具修諸行호되 知一切行이 離諸相故며
顯示菩薩의 處處受生호되 了一切生이 皆無相故니라

　　미륵보살마하살이 그 가운데 있으니,
　　본래 태어났던 부모와 권속과 백성들을 거두어 성숙시켜 주려는 때문이며,
　　또 함께 태어나고 함께 수행하던 중생들을 대승 가운데서 견고하게 하려는 때문이며,
　　또 저 모든 중생으로 하여금 있는 곳을 따르고 선근을 따라서 성취시켜 주려는 때문이다.
　　또 그대에게 보살의 해탈문을 보여주려는 때문이며,
　　보살이 모든 곳에서 자재하게 태어남을 보여주려는 때문이며,
　　보살이 가지가지 몸으로 여러 중생 앞에 나타나서 항상 교화함을 보여주려는 때문이며,
　　보살이 크게 가엾이 여기는 힘으로 일체 세간의 재물을 거두어 주며 싫어하지 않음을 보여주려는 때문이며,
　　보살이 모든 행을 갖추어 닦으면서도 모든 행이 모양 여읜 것

을 보여주려는 때문이며,

　　보살이 여러 곳에서 태어나되 모든 태어남이 모양이 없는 줄 아는 것을 보여주려는 때문이다.

◉ 疏 ◉

先은 正示오 後'爲欲'下는 顯住因이라 彌勒은 梵音에 具云迷帝隷어늘 此云慈氏니 其姓也라 然有三緣하니 一은 由本願이니 過去에 値大慈如來하야 因立大願하야 願得斯號故오 二는 由此得慈心三昧故오 三은 由母懷時有慈心故니 如滿慈子라 名阿逸多니 此云無勝이니 以生具相好하야 勝德無過故니라 今以姓而呼일새 但云慈氏니 慈依智住일새 故曰處中이오 悲智雙游 皆爲利物일새 故云爲欲等이라【鈔_ '然有三緣'者는 此三 展轉相生이니 謂由遇慈氏如來라 故得慈心三昧하고 得三昧故로 母亦慈也라 '慈依智住'者는 上以樓閣으로 爲二智故니라】

　　앞부분은 바로 보여주었고,

　　뒤의 '爲欲' 이하는 머무른 원인을 밝혀주었다.

　　미륵은 범음으로 구체적으로 말하면 '迷帝隷'인데, 중국에서는 '慈氏'라는 뜻이다. 그의 성씨이다.

　　그러나 여기에는 3가지 반연이 있다.

　　㈀ 本願을 의함이다. 과거에 大慈如來를 만난 인연으로 큰 서원을 세워 이런 명호를 얻기를 발원하였기 때문이며,

　　㈁ 이런 인연으로 慈心三昧를 얻었기 때문이며,

㈐ 모친이 잉태할 때에 자비심이 있는 데서 연유하였기 때문이다. 滿慈子(富樓那)와 같다.

이름은 '阿逸多'인데, 중국에서는 그 누구도 따라갈 수 없다는 뜻으로 '無勝'의 의미이다. 탄생하였을 적에 아름다운 몸매를 갖추어 그 훌륭한 공덕을 초월할 이가 없기 때문이다. 여기에서는 성씨로 호칭한 까닭에 '慈氏'라 말할 뿐이다. 자비는 지혜를 따라 안주하기에 '그 가운데 있다[安處其中].'고 말하였고, 대비와 대지로 모두 행함이 모두 이타이기에 '爲欲攝受' 등이라 말하였다.【초_ "그러나 여기에는 3가지 반연이 있다."는 3가지 반연이 차츰차츰 서로 발생하는 것이다. 미륵보살을 만남을 통하여 慈心三昧를 얻고, 자심삼매를 얻은 까닭에 모친 또한 자비롭다. "자비는 지혜를 따라 안주한다."는 것은 위에서 말한 누각으로 2가지 지혜를 삼았기 때문이다.】

三 教問
中二니 先은 正教興十問이라

(3) 물음을 가르쳐주다

이는 2단락이다.

앞은 10가지 물음을 묻도록 가르쳐주었다.

經

汝詣彼問호되 菩薩이
云何行菩薩行이며
云何修菩薩道며
云何學菩薩戒며
云何淨菩薩心이며
云何發菩薩願이며
云何集菩薩助道具며
云何入菩薩所住地며
云何滿菩薩波羅蜜이며
云何獲菩薩無生忍이며
云何具菩薩功德法이며
云何事菩薩善知識이리잇고하라

    그대는 미륵보살을 찾아가서,
    보살이 어떻게 보살의 행을 행하고,
    어떻게 보살의 도를 닦으며,
    어떻게 보살의 계율을 배우고,
    어떻게 보살의 마음을 청정히 하며,
    어떻게 보살의 서원을 내고,
    어떻게 보살의 도를 돕는 거리를 모으며,
    어떻게 보살의 머무는 지위에 들어가고,
    어떻게 보살의 바라밀을 원만히 하며,

어떻게 보살의 무생법인을 얻고,

어떻게 보살의 공덕의 법을 갖추며,

어떻게 보살 선지식을 섬겨야 하는가를 묻도록 하라.

● 疏 ●

十問者는 表無盡故니라

10가지의 물음은 그지없음을 나타내기 때문이다.

■

後는 釋廣問所由니 先徵 後釋이라

徵意에 云何以要須廣問고

釋有二意하니 一은 所求德廣이니 能具說故오 後는 能求大心이니 法應爾故니라

今은 初라

뒤는 자세히 물어야 하는 연유를 해석하였다.

앞은 물음이고, 뒤는 해석이다.

'앞의 물음'의 뜻은 '무엇 때문에 반드시 자세히 묻고서 반드시 법을 구해야 하는가.'를 말한다.

'뒤의 해석'에는 2가지 뜻이 있다.

㈀ 추구할 대상의 공덕이 광대함이다. 구체적으로 말하기 때문이다.

㈁ 추구하려는 주체의 큰마음이다. 이는 법이 응당 그러하기

때문이다.

　　이는 '㈀ 추구할 대상의 공덕' 부분이다.

經

何以故오

善男子야 彼菩薩摩訶薩이 通達一切菩薩行하며 了知一切衆生心하야 常現其前하야 敎化調伏하며

彼菩薩이

已滿一切波羅蜜하며

已住一切菩薩地하며

已證一切菩薩忍하며

已入一切菩薩位하며

已蒙授與具足記하며

已遊一切菩薩境하며

已得一切佛神力하며

已蒙一切如來 以一切智甘露法水로 而灌其頂일세

善男子야 彼善知識이

能潤澤汝諸善根하며

能增長汝菩提心하며

能堅汝志하며

能益汝善하며

能長汝菩薩根하며

能示汝無礙法하며
能令汝入普賢地하며
能爲汝說菩薩願하며
能爲汝說普賢行하며
能爲汝說一切菩薩行願所成功德일세니라

무엇 때문일까?

선남자여, 저 보살마하살이

일체 보살의 행을 통달하였고,

일체중생의 마음을 알고서 언제나 그들의 앞에 나타나 교화하고 조복하였으며,

저 보살은 이미 일체 바라밀을 만족하였고,

이미 일체 보살의 지위에 머물렀으며,

이미 일체 보살의 법인을 증득하였고,

이미 일체 보살의 지위에 들어갔으며,

이미 구족한 수기 주심을 받았고,

이미 일체 보살의 경계에 노닐었으며,

이미 일체 부처님의 신통력을 얻었고,

이미 일체 여래가 일체 지혜의 감로의 법 물로 관정함을 받았다.

선남자여, 저 선지식이

그대의 선근을 윤택하게 하고,

그대의 보리심을 증장하게 하며,

그대의 뜻을 견고하게 하고,

그대의 선업을 더하게 하며,

그대의 보살 선근을 키워주고,

그대에게 걸림 없는 법을 보여주며,

그대를 보현의 지위에 들어가게 하고,

그대를 위해 보살의 서원을 말해주며,

그대를 위해 보현의 행을 말해주고,

그대를 위해 일체 보살의 행원으로 이룩한 공덕을 말해주기 때문이다.

◉ 疏 ◉

於中二니
初는 通顯彌勒德圓位滿이오
後'善男子彼善知識'下는 別顯是其眞善友故니 設若德滿이라도 非已有緣이면 亦難求故일세니라

앞부분은 2단락이다.

첫째, 미륵보살의 공덕과 지위가 원만함을 모두 밝혔고,

둘째, '善男子彼善知識' 이하는 그는 신실한 선지식임을 개별로 밝힌 때문이다. 설령 공덕이 원만할지라도 자기의 인연이 없으면 또한 구하기 어렵기 때문이다.

─────

'二 明能求大心法應爾故'者는 卽廣誠勸이라

於中二니 先은 誡勸求法이오 後는 誡勸事友니라
今은 初라

"(ㄴ) 추구하려는 주체의 큰마음이다. 이는 법이 응당 그러하기 때문이다."는 것은 자세히 경계하고 권면함이다.

이는 2단락이다.

앞은 법의 요체를 구함에 대해 경계하고 권면하였고,

뒤는 선지식을 섬김에 대해 경계하고 권면하였다.

이는 '앞의 구법'이다.

經

善男子야 汝不應修一善하며 照一法하며 行一行하며 發一願하며 得一記하며 住一忍하며 生究竟想하며 不應以限量心으로 行於六度하며 住於十地하며 淨佛國土하며 事善知識이니라

何以故오

善男子야 菩薩摩訶薩이 應種無量諸善根하며 應集無量菩提具하며 應修無量菩提因하며 應學無量巧廻向하라

應化無量衆生界하며 應知無量衆生心하며 應知無量衆生根하며 應識無量衆生解하며 應觀無量衆生行하며 應調伏無量衆生하라

應斷無量煩惱하며 應淨無量業習하며 應滅無量邪見하며 應除無量雜染心하며 應發無量淸淨心하며 應拔無量

苦毒箭하며 應涸無量愛欲海하며 應破無量無明暗하며 應摧無量我慢山하며 應斷無量生死縛하며 應度無量諸有流하며 應竭無量受生海하라

應令無量衆生으로 出五欲淤泥하며 應使無量衆生으로 離三界牢獄하며 應置無量衆生於聖道中하라

應消滅無量貪欲行하며 應淨治無量瞋恚行하며 應摧破無量愚癡行하며 應超無量魔網하며 應離無量魔業하며 應淨治菩薩無量欲樂하며 應增長菩薩無量方便하며 應出生菩薩無量增上根하며 應明潔菩薩無量決定解하며 應趣入菩薩無量平等하며 應清淨菩薩無量功德하며 應修治菩薩無量諸行하며 應示現菩薩無量隨順世間行하라

應生無量淨信力하며 應住無量精進力하며 應淨無量正念力하며 應滿無量三昧力하며 應起無量淨慧力하며 應堅無量勝解力하며 應集無量福德力하며 應長無量智慧力하며 應發起無量菩薩力하며 應圓滿無量如來力하라

應分別無量法門하며 應了知無量法門하며 應清淨無量法門하며 應生無量法光明하며 應作無量法照耀하며 應照無量品類根하며 應知無量煩惱病하며 應集無量妙法藥하며 應療無量衆生疾하라

應嚴辦無量甘露供하며 應往詣無量佛國土하며 應供養無量諸如來하며 應入無量菩薩會하며 應受無量諸佛敎

하며 應忍無量衆生罪하며 應滅無量惡道難하며 應令無量衆生으로 生善道하며 應以四攝으로 攝無量衆生하라 應修無量總持門하며 應生無量大願門하며 應修無量大慈大願力하며 應勤求無量法하야 常無休息하며 應起無量思惟力하며 應起無量神通事하며 應淨無量智光明하며 應往無量衆生趣하며 應受無量諸有生하며 應現無量差別身하며 應知無量言辭法하라

應入無量差別心하며 應知菩薩大境界하며 應住菩薩大宮殿하며 應觀菩薩甚深妙法하며 應知菩薩難知境界하며 應行菩薩難行諸行하며 應具菩薩尊重威德하며 應踐菩薩難入正位하며 應知菩薩種種諸行하며 應現菩薩普徧神力하며 應受菩薩平等法雲하며 應廣菩薩無邊行網하며 應滿菩薩無邊諸度하며 應受菩薩無量記莂하며 應入菩薩無量忍門하며 應治菩薩無量諸地하며 應淨菩薩無量法門하며 應同諸菩薩의 安住無邊劫하야 供養無量佛하며 嚴淨不可說佛國土하며 出生不可說菩薩願이니라 善男子야 擧要言之컨댄 應普修一切菩薩行하며 應普化一切衆生界하며 應普入一切劫하며 應普生一切處하며 應普知一切世하며 應普行一切法하며 應普淨一切刹하며 應普滿一切願하며 應普供一切佛하며 應普同一切菩薩願하며 應普事一切善知識이니라

선남자여, 그대는 한 가지 착한 일만을 닦거나, 한 가지 법만을

비추거나, 한 가지 행만을 행하거나, 한 가지 원만을 세우거나, 한 가지 수기만을 얻거나, 한 가지 지혜에만 머무르거나, 최고의 경계에 이르렀다는 생각을 내서는 안 되며,

한정된 마음으로 6바라밀을 행하거나, 십지에 머물거나, 부처님의 국토를 청정히 하거나, 선지식을 섬겨서는 안 된다.

무엇 때문일까?

선남자여, 보살마하살은

한량없는 선근을 심어야 하고,

한량없는 보리의 도구를 모아야 하며,

한량없는 보리의 인행을 닦아야 하고,

한량없는 뛰어난 회향을 배워야 한다.

한량없는 중생 세계를 교화해야 하고,

한량없는 중생의 마음을 알아야 하며,

한량없는 중생의 근성을 알아야 하고,

한량없는 중생의 지혜를 알아야 하며,

한량없는 중생의 행을 보아야 하고,

한량없는 중생을 조복해야 한다.

한량없는 번뇌를 끊어야 하고,

한량없는 업의 버릇을 청정히 해야 하며,

한량없는 삿된 소견을 없애야 하고,

한량없는 잡염의 마음을 없애야 하며,

한량없는 청정한 마음을 내야 하고,

한량없는 고통의 독화살을 뽑아야 하며,
한량없는 애욕의 바다를 말려야 하고,
한량없는 무명의 어둠을 깨뜨려야 하며,
한량없는 교만한 산을 무너뜨려야 하고,
한량없는 생사의 속박을 끊어야 하며,
한량없는 25유 세계의 강을 건너야 하고,
한량없이 몸을 받아 태어나는 바다를 말려야 한다.
한량없는 중생을 다섯 가지 욕망의 늪에서 벗어나게 하고,
한량없는 중생을 삼세의 옥에서 여의게 하며,
한량없는 중생을 성인의 도에 두어야 한다.
한량없는 탐욕의 행을 소멸해야 하고,
한량없는 성내는 행을 말끔히 다스려야 하며,
한량없는 어리석은 행을 깨뜨려야 하고,
한량없는 마군의 그물을 초월해야 하며,
한량없는 마군의 업을 여의어야 하고,
보살의 한량없는 욕망을 말끔히 다스려야 하며,
보살의 한량없는 방편을 더욱 키워야 하고,
보살의 한량없는 증상의 선근을 내야 하며,
보살의 한량없는 결정된 지혜를 밝혀야 하고,
보살의 한량없는 평등에 들어가야 하며,
보살의 한량없는 공덕을 청정케 해야 하고,
보살의 한량없는 행을 닦아야 하며,

보살의 한량없는 세간을 따르는 행을 보여야 한다.

한량없이 신심의 힘을 내야 하고,

한량없이 정진의 힘에 머물러야 하며,

한량없는 바른 생각의 힘을 청정히 해야 하고,

한량없는 삼매의 힘을 채워야 하며,

한량없는 청정한 지혜의 힘을 일으켜야 하고,

한량없는 뛰어난 이해의 힘을 굳건히 해야 하며,

한량없는 복덕의 힘을 모아야 하고,

한량없는 지혜의 힘을 길러야 하며,

한량없는 보살의 힘을 일으켜야 하고,

한량없는 여래의 힘을 원만히 해야 한다.

한량없는 법문을 분별해야 하고,

한량없는 법문을 분명히 알아야 하며,

한량없는 법문을 청정히 해야 하고,

한량없는 법의 광명을 내야 하며,

한량없는 법의 비춤을 지어야 하고,

한량없는 부류의 근성을 비추어야 하며,

한량없는 번뇌의 병을 알아야 하고,

한량없는 미묘한 법약을 모아야 하며,

한량없는 중생의 병을 고쳐야 한다.

한량없는 감로수의 공양을 잘 갖추어야 하고,

한량없는 부처님 국토에 찾아가야 하며,

한량없는 여래에게 공양해야 하고,
한량없는 보살의 회상에 들어가야 하며,
한량없는 부처님의 교화를 받아야 하고,
한량없는 중생의 죄업을 참아야 하며,
한량없는 악도의 고난을 없애야 하고,
한량없는 중생을 좋은 세계의 길에 태어나게 해야 하며,
사섭법으로 한량없는 중생을 거두어 줘야 한다.
한량없는 다라니 법문을 닦아야 하고,
한량없는 큰 서원의 법문을 내야 하며,
한량없이 큰 사랑과 큰 서원의 힘을 닦아야 하고,
한량없는 법을 부지런히 구하여 언제나 멈추지 않아야 하며,
한량없는 사유의 힘을 일으켜야 하고,
한량없는 신통의 일을 일으켜야 하며,
한량없는 지혜의 광명을 청정히 해야 하고,
한량없는 중생의 길에 나아가야 하며,
한량없는 25유 세계에 몸을 받아 태어나야 하고,
한량없는 각기 다른 몸을 나타내야 하며,
한량없는 언어를 알아야 한다.
한량없이 각기 다른 마음에 들어가야 하고,
보살의 큰 경계를 알아야 하며,
보살의 큰 궁전에 머물러야 하고,
보살의 아주 깊고 미묘한 법을 보아야 하며,

보살의 알기 어려운 경계를 알아야 하고,

보살의 행하기 어려운 여러 가지 행을 행해야 하며,

보살의 존중한 위의와 공덕을 갖추어야 하고,

보살의 들어가기 어려운 바른 지위에 나아가야 하며,

보살의 가지가지 모든 행을 알아야 하고,

보살의 두루 나타내는 신통의 힘을 보여줘야 하며,

보살의 평등한 법 구름을 받아야 하고,

보살의 그지없는 행의 그물을 넓혀야 하며,

보살의 그지없는 모든 바라밀을 채워야 하고,

보살의 한량없는 수기를 받아야 하며,

보살의 한량없는 법인의 문에 들어가야 하고,

보살의 한량없는 모든 지위를 다스려야 하며,

보살의 한량없는 법문을 청정히 해야 하고,

모든 보살의 그지없는 겁에 머물면서,

한량없는 부처님께 공양하고,

말할 수 없는 부처님 국토를 청정히 장엄하며,

말할 수 없는 보살의 서원을 내었던 것처럼 똑같이 해야 한다.

선남자여, 요체를 들어 말하면,

일체 보살의 행을 두루 닦아야 하고,

일체 중생 세계를 두루 교화해야 하며,

일체 겁에 두루 들어가야 하고,

일체 곳에 두루 태어나야 하며,

일체 세간을 두루 알아야 하고,
일체 법을 두루 행해야 하며,
일체 세계를 두루 청정케 해야 하고,
일체 소원을 두루 채워야 하며,
일체 부처님께 두루 공양해야 하고,
일체 보살의 서원처럼 두루 같아야 하며,
일체 선지식을 두루 섬겨야 한다.

◉ 疏 ◉

前中二니 先은 標不應하야 誡其去劣이오 後'何以'下는 釋所應作하야 令其廣修니 文中에 先徵 後釋이라

釋中에 亦二니 先은 別明應修오 後'善男子擧要'下는 結畧顯廣이라

前中에 有九十八門하니 分爲十段이라

一은 上求菩提行이오

二'應化'下는 下救衆生行이오

三'應斷'下는 自斷惑障行이오

四'應令無量衆生'下는 勸物出離行이오

五'應消滅'下는 淨自根欲行이니 除三不善根이면 則成三善根等故오

六'應生淨信'下는 力用自在行이오

七'應分別'下는 攝法治惑行이오

八'應嚴辦'下는 供佛攝生行이오

九‘應修總持’下는 悲願深廣行이오

十‘應入差別心’下는 證入圓滿行이라

二結畧顯廣者는 謂別陳難具故니라

앞부분은 2단락이다.

앞에서는 당연히 해서는 안 될 일을 밝혀, 용렬한 일을 버리도록 경계하였고,

뒤의 '何以' 이하는 당연히 해야 할 일들을 해석하여 선재로 하여금 널리 닦도록 하였다.

이의 경문에서 앞은 물음이고, 뒤는 해석이다.

해석 부분 또한 2단락이다.

첫째, 당연히 해야 할 일들을 개별로 밝혔고,

둘째, '善男子擧要' 이하는 간단하게 끝맺으면서 광대함을 나타냈다.

'첫째, 당연히 해야 할 일'에는 98법문이 있다. 이는 10단락으로 나뉜다.

① 위로 보리를 구하는 행,

② '應化' 이하는 아래로 중생을 구제하는 행,

③ '應斷' 이하는 스스로 미혹의 장애를 끊는 행,

④ '應令無量衆生' 이하는 중생을 권하여 벗어나도록 하는 행,

⑤ '應消滅' 이하는 자신의 근성 욕구를 청정히 하는 행이다. 3가지 선하지 못한 근기를 없애면 3가지 선근 등이 이뤄지기 때문이다.

⑥ '應生淨信' 이하는 힘을 자재하게 쓰는 행,

⑦ '應分別' 이하는 법을 들어 미혹을 다스리는 행,

⑧ '應嚴辦' 이하는 부처에게 공양하고 중생을 거두어 주는 행,

⑨ '應修總持' 이하는 대비의 서원이 심오하고 광대한 행,

⑩ '應入差別心' 이하는 깨달음이 원만한 행이다.

'둘째, 간단하게 끝맺으면서 광대함을 나타냄'이란 모두 말하기 어려움을 별도로 말한 때문이다.

第二. 誠勸事友

中三이니 初는 誡오 次는 勸이오 後는 雙結二門이라

今初 分二니 先은 正誡其離過오 後何以故下는 擧益釋成이라

今은 初라

뒤는 선지식을 섬김에 대해 경계하고 권면함이다.

이 부분은 3단락이다.

첫째 경계, 둘째 권면, 셋째 경계와 권면 2가지를 모두 끝맺었다.

'첫째, 경계' 부분은 2단락이다.

① 바로 허물을 버리도록 경계하였고,

② '何以故' 이하는 이익을 들어 끝맺었다.

이는 '① 허물을 버리도록 경계함'이다.

善男子야
汝求善知識에 不應疲倦하며
見善知識에 勿生厭足하며
請問善知識에 勿憚勞苦하며
親近善知識에 勿懷退轉하며
供養善知識에 不應休息하며
受善知識教에 不應倒錯하며
學善知識行에 不應疑惑하며
聞善知識演說出離門에 不應猶豫하며
見善知識隨順煩惱行에 勿生嫌怪하고
於善知識所에 生深信尊敬心하야 不應變改니라

　　선남자여, 그대는 선지식을 찾아가는 데 게을리하지 않아야 하고,

　　선지식을 친견하는 데 싫어하는 마음을 내지 말며,

　　선지식에게 묻기를 힘들다 꺼리지 말고,

　　선지식을 가까이하는 데 물러설 생각을 내지 말며,

　　선지식을 공양하는 데 멈추지 않아야 하고,

　　선지식의 가르침을 받는 데 잘못되거나 착오 됨이 없어야 하며,

　　선지식의 행을 배우는 데 의심해서는 안 되고,

　　선지식의 삼계를 벗어나야 한다는 법문 연설을 듣고서 망설이지 않아야 하며,

선지식의 번뇌를 따르는 행을 보고서 이상하게 생각하는 마음을 내지 말고,

선지식의 도량에서 믿고 존경하는 마음을 내어 변하지 않아야 한다.

◉ 疏 ◉

言'見隨煩惱行勿嫌怪'者는 善友 有二니 一實 二權이니 權能行於非道하나니 內外生熟善巧難知일새 故不應嫌니라

實中復二니 一行 二解니 今但求解니 不應觀行故니 如智論五十說이오 亦如有目跛人이 猶能示道니라

"선지식의 번뇌를 따르는 행을 보고서 이상하게 생각하는 마음을 내지 말라."고 말한 것은 선지식에게 2가지가 있다. 하나는 실상대로 가르치는 實敎, 또 다른 하나는 방편의 가르침인 權敎이다. 방편의 가르침은 도가 아닌 일을 행할 경우가 있다. 보살이 중생의 안팎과 설고 완숙한 근기에 따라 뛰어난 방편으로 가르침을 여느 사람으로서는 알기 어렵기에 이상한 생각을 내지 말도록 한 것이다.

'실상대로 가르치는 實敎' 부분 또한 2가지이다. 하나는 수행이고, 다른 하나는 이해이다. 여기에서는 이해를 추구하는 부분만을 말하였을 뿐이다. 수행 부분을 살펴보지 않았기 때문이다. 지도론 제50에서 말한 부분과 같으며, 또한 눈이 있는 절름발이는 그래도 길을 보여줄 수 있는 것과 같다.

二 擧益釋成

中有二니

初는 明善友能示行故오 二는 明善友爲外護故니라

今은 初라

② 이익을 들어 끝맺다

이는 2단락이다.

㉠ 선지식이 보여주는 행을 밝힌 때문이며,

㉡ 선지식이 외호가 됨을 밝힌 때문이다.

이는 '㉠ 보여주는 행'이다.

經

何以故오

善男子야 菩薩이 因善知識하야

聽聞一切菩薩諸行하며

成就一切菩薩功德하며

出生一切菩薩大願하며

引發一切菩薩善根하며

積集一切菩薩助道하며

開發一切菩薩法光明하며

顯示一切菩薩出離門하며

修學一切菩薩淸淨戒하며

安住一切菩薩功德法하며
淸淨一切菩薩廣大志하며
增長一切菩薩堅固心하며
具足一切菩薩陀羅尼辯才門하며
得一切菩薩淸淨藏하며
生一切菩薩定光明하며
得一切菩薩殊勝願하며
與一切菩薩同一願하며
聞一切菩薩殊勝法하며
得一切菩薩秘密處하며
至一切菩薩法寶洲하며
增一切菩薩善根芽하며
長一切菩薩智慧身하며
護一切菩薩深密藏하며
持一切菩薩福德聚하며
淨一切菩薩受生道하며
受一切菩薩正法雲하며
入一切菩薩大願路하며
趣一切如來菩提果하며
攝取一切菩薩妙行하며
開示一切菩薩功德하며
往一切方하야 聽受妙法하며

讚一切菩薩廣大威德하며

生一切菩薩大慈悲力하며

攝一切菩薩勝自在力하며

生一切菩薩菩提分하며

作一切菩薩利益事니라

무엇 때문일까?

선남자여, 보살이 선지식으로 인하여

일체 보살의 행을 듣고,

일체 보살의 공덕을 성취하며,

일체 보살의 큰 서원을 내고,

일체 보살의 선근을 이끌어내며,

일체 보살의 도를 돕는 일을 쌓고,

일체 보살의 법의 광명을 열어 밝히며,

일체 보살의 삼계를 벗어나는 문을 드러내 보이고,

일체 보살의 청정한 계율을 닦으며,

일체 보살의 공덕의 법에 머물고,

일체 보살의 광대한 뜻을 정성하게 하며,

일체 보살의 견고한 마음을 증장하고,

일체 보살의 다라니와 변재의 문을 두루 갖추며,

일체 보살의 청정한 법장을 얻고,

일체 보살의 선정의 광명을 내며,

일체 보살의 훌륭한 서원을 얻고,

일체 보살의 동일한 서원을 주며,
일체 보살의 훌륭한 법을 듣고,
일체 보살의 비밀스러운 곳을 얻으며,
일체 보살의 법보의 섬에 이르고,
일체 보살의 선근의 싹을 더욱 키워주며,
일체 보살의 지혜의 몸을 자라게 하고,
일체 보살의 깊고 비밀스러운 법장을 보호하며,
일체 보살의 복덕 더미를 지니고,
일체 보살의 태어나는 길을 청정히 하며,
일체 보살의 바른 법의 구름을 받고,
일체 보살의 큰 서원의 길에 들어가며,
일체 보살의 보리의 결과에 나아가고,
일체 보살의 미묘한 행을 거두며,
일체 보살의 공덕을 열어 보이고,
일체 지방에 찾아가 미묘한 법문을 들으며,
일체 보살의 광대한 위엄과 공덕을 찬탄하고,
일체 보살의 대자비의 힘을 내며,
일체 보살의 훌륭하고 자재한 힘을 거두고,
일체 보살의 보리 부분을 내며,
일체 보살의 이익되는 일을 짓는다.

◉ 疏 ◉

先徵意云但起廣心이면 足成大道어늘 何以要令事友하고 誡離過耶아
釋云法假人弘이니 不因善友면 何能聞諸妙行가
於中에 有三十五句하니 句各一行이라

앞 물음의 뜻은 다음과 같다.

"광대한 마음만 일으키면 넉넉히 대도를 성취할 수 있음에도 무엇 때문에 반드시 선지식을 섬기면서 허물을 여의도록 경계를 하는 것일까?"

이에 대한 해석은 다음과 같다.

"법이란 사람에 의해 키워나가는 것이다. 선지식을 따르지 않으면 어떻게 미묘한 행을 들을 수 있겠는가."

여기에는 35구가 있다. 구절마다 각기 하나의 행이다.

第二明善友能爲外護니 前卽能生이오 此能養育이라

㉡ 선지식이 외호가 됨을 밝혔다. 앞에서는 내어주는 것이고, 여기에서는 이를 키워나가는 것이다.

經

善男子야 菩薩이
由善知識任持하야 不墮惡趣하며

由善知識攝受하야 不退大乘하며
由善知識護念하야 不毁犯菩薩戒하며
由善知識守護하야 不隨逐惡知識하며
由善知識養育하야 不缺減菩薩法하며
由善知識攝取하야 超越凡夫地하며
由善知識教誨하야 超越二乘地하며
由善知識示導하야 得出離世間하며
由善知識長養하야 能不染世法하며
由承事善知識하야 修一切菩薩行하며
由供養善知識하야 具一切助道法하며
由親近善知識하야 不爲業惑之所摧伏하며
由恃怙善知識하야 勢力堅固하야 不怖諸魔하며
由依止善知識하야 增長一切菩提分法하나니
何以故오
善男子야 善知識者는 能淨諸障하며 能滅諸罪하며 能除諸難하며 能止諸惡하며 能破無明長夜黑暗하며 能壞諸見堅固牢獄하며 能出生死城하며 能捨世俗家하며 能截諸魔網하며 能拔衆苦箭하며 能離無智險難處하며 能出邪見大曠野하며 能度諸有流하며 能離諸邪道하며 能示菩提路하며 能教菩薩法하며 能令安住菩薩行하며 能令趣向一切智하며 能淨智慧眼하며 能長菩提心하며 能生大悲하며 能演妙行하며 能說波羅蜜하며 能擯惡知識하며

能令住諸地하며 能令獲諸忍하며 能令修習一切善根하며 能令成辦一切道具하며 能施與一切大功德하며 能令到一切種智位하며 能令歡喜集功德하며 能令踊躍修諸行하며 能令趣入甚深義하며 能令開示出離門하며 能令杜絶諸惡道하며 能令以法光照耀하며 能令以法雨潤澤하며 能令消滅一切惑하며 能令捨離一切見하며 能令增長一切佛智慧하며 能令安住一切佛法門이니라

선남자여, 보살이

선지식의 붙잡아줌에 의하여 악도에 떨어지지 않고,

선지식의 거두어 줌에 의하여 대승에서 물러서지 않으며,

선지식의 염려에 의하여 보살의 계율을 범하지 않고,

선지식의 수호에 의하여 나쁜 벗을 따르지 않으며,

선지식의 양육에 의하여 보살의 법에 이지러짐이 없고,

선지식의 받아줌에 의하여 범부의 자리를 벗어나며,

선지식의 가르침에 의하여 이승의 지위를 벗어나고,

선지식의 인도에 인하여 세간을 떠나며,

선지식의 키워줌에 의하여 세간 법에 물들지 않고,

선지식을 받듦에 의하여 일체 보살의 행을 닦으며,

선지식을 공양함에 의하여 일체 도를 돕는 법을 갖추고,

선지식을 가까이함에 의하여 업과 번뇌에 꺾이지 않으며,

선지식을 믿음에 의하여 세력이 견고하여 모든 마군을 두려워하지 않고,

선지식을 의지함에 의하여 일체 보리의 분법을 더욱 키워나가
는 것이다.

무엇 때문일까?

선남자여, 선지식은

모든 장애를 말끔히 하고,

모든 죄업을 없애며,

모든 고난을 없애고,

모든 악업을 멈추며,

무명의 기나긴 밤의 어둠을 깨뜨리고,

모든 소견의 견고한 옥을 무너뜨리며,

생사의 성에서 벗어나고,

세속의 집을 버리며,

마군의 그물을 찢고,

많은 고통의 화살을 뽑으며,

무지하고 험난한 곳에서 벗어나고,

삿된 소견의 벌판에서 헤쳐나오며,

모든 25유 세계의 강을 건너고,

모든 삿된 길을 여의며,

보리의 길을 보여주고,

보살의 법을 가르쳐주며,

보살행에 안주하게 하고,

일체 지혜로 나아가게 하며,

지혜의 눈을 청정하게 하고,
보리심을 키워주며,
크게 가엾이 여기는 마음을 내주고,
미묘한 행을 연설하며,
바라밀을 연설하고,
나쁜 이들을 물리치며,
모든 지위에 머물게 하고,
모든 인욕을 얻게 하며,
일체 선근을 닦아 익히게 하고,
일체 도 닦는 기구를 마련하게 하며,
일체 큰 공덕을 베풀어주고,
일체 지혜의 지위에 이르게 하며,
기쁜 마음으로 공덕을 쌓아가게 하고,
기뻐 뛰면서 모든 행을 닦게 하며,
아주 깊은 이치에 들어가게 하고,
삼계를 벗어나는 법문을 열어 보이게 하며,
모든 악도를 막게 하고,
법의 광명으로 비추게 하며,
법의 비를 내려 윤택하게 하고,
일체 의혹을 소멸하게 하며,
일체 소견을 버리게 하고,
일체 부처님의 지혜를 더욱 자라게 하며,

일체 부처님의 법문에 편안히 머물도록 하였다.

● 疏 ●

於中二니

前은 正明能爲攝護요

後'何以'下는 擧因釋成이라

於中에 初徵意云善惡在己어늘 善友何能令我不墮惡趣等耶아 釋意云由友令離惡因故로 因亡果喪하나니 豈非友力가 以此四十句로 釋上正明十五句니 有通有別이니 通則後諸惡因으로 通對前果요 別則各各配屬이니 如由除諸難하야 不退大乘하고 由止諸惡하야 不犯淨戒하며 由破無明하야 不隨惡友니라 下諸句는 或有二三으로 對上一句니 可以意得일세 恐繁不配니라

이 부분은 2단락이다.

앞에서는 바로 받아주고 가호하는 주체임을 밝혔고,

뒤의 '何以' 이하는 원인을 들어 해석하고 끝맺었다.

'뒤의 원인을 들어 해석'한 부분에서 앞의 물음은 다음과 같다.

"선악이란 나 자신에게 달려 있는데, 선지식이 어떻게 나를 삼악취 등에 떨어지지 않도록 해줄 수 있겠는가."

이에 대한 해석의 뜻은 다음과 같다.

"선지식은 나로 하여금 악업의 원인을 여의도록 함에 따라서 그런 원인이 사라지기에 그런 결과가 없어지는 것이다. 이런 일들이 어찌 선지식의 힘이 아니겠는가."

이는 40구로 위의 15구의 뜻을 해석하였다. 여기에는 通相도 있고 別相도 있다.

통상은 뒤의 모든 악업의 원인으로 앞의 결과를 모두 상대로 말하였으며,

별상은 각각 배속하였다.

예컨대 '모든 고난을 없앰[能除諸難]'에 의하여 '대승에서 물러서지 않으며[由善知識攝受 不退大乘]',

'모든 악업을 멈춤[能止諸惡]'에 의하여 '청정 계율을 범하지 않으며[由善知識護念 不毀犯菩薩戒]',

'무명을 타파함[能破無明長夜黑暗]'에 의하여 '악한 이를 따르지 않는다[由善知識守護 不隨逐惡知識].'

아래의 나머지 구절은 혹 2구, 또는 3구로 위의 1구에 짝지어 보았다. 이는 생각하면 알 수 있기에, 문장이 번잡할까 두려운 마음에 짝지어 말하지 않는다.

初誡 竟하다

첫째, 경계한 부분을 끝마치다.

第二 教勸

謂教其事友之方이라

둘째, 가르쳐 권면하다

선지식을 섬기는 방법을 가르침에 대해 말하였다.

善男子야 善知識者는
如慈母니 出生佛種故며
如慈父니 廣大利益故며
如乳母니 守護不令作惡故며
如敎師니 示其菩薩所學故며
如善導니 能示波羅蜜道故며
如良醫니 能治煩惱諸病故며
如雪山이니 增長一切智藥故며
如勇將이니 殄除一切怖畏故며
如濟客이니 令出生死暴流故며
如船師니 令到智慧寶洲故라
善男子야 常當如是正念思惟諸善知識이니라

    선남자여,

    선지식은 어머니와 같다. 부처의 종성을 낳아주기 때문이다.

    아버지와 같다. 광대한 이익을 주기 때문이다.

    유모와 같다. 보호하여 나쁜 짓을 범하지 못하도록 하기 때문이다.

    스승과 같다. 보살의 배울 바를 보여주기 때문이다.

    길잡이와 같다. 바라밀의 도를 보여주기 때문이다.

    의사와 같다. 번뇌의 병을 치료해주기 때문이다.

    설산과 같다. 일체 지혜의 약을 키워주기 때문이다.

용장과 같다. 일체 두려움을 없애주기 때문이다.

강을 건네주는 이와 같다. 생사의 세찬 물결을 건네주기 때문이다.

뱃사공과 같다. 지혜의 보물섬에 데려다주기 때문이다.

선남자여, 항상 이처럼 바른 생각으로 선지식을 생각해야 한다.

● 疏 ●

文有四段하니 皆約喩顯이라 一은 敎念友勝德이니 於中에 先歎勝이오 後'常當如是'下는 結勸이라

이의 경문은 4단락이다. 모두 비유를 들어 밝혔다.

① 선지식의 훌륭한 공덕을 생각하는 법을 가르쳐주었다.

이의 앞부분은 훌륭함을 찬탄하였고,

뒤의 '常當如是' 이하는 끝맺으면서 권면하였다.

經

復次善男子야 汝承事一切善知識에
應發如大地心이니 荷負重任호되 無疲倦故며
應發如金剛心이니 志願堅固하야 不可壞故며
應發如鐵圍山心이니 一切諸苦 無能動故며
應發如給侍心이니 所有教令을 皆隨順故며
應發如弟子心이니 所有訓誨를 無違逆故며

應發如僮僕心이니 不厭一切諸作務故며
應發如養母心이니 受諸勤苦호되 不告勞故며
應發如傭作心이니 隨所受教하야 無違逆故며
應發如除糞人心이니 離憍慢故며
應發如已熟稼心이니 能低下故며
應發如良馬心이니 離惡性故며
應發如大車心이니 能運重故며
應發如調順象心이니 恒伏從故며
應發如須彌山心이니 不傾動故며
應發如良犬心이니 不害主故며
應發如栴荼羅心이니 離憍慢故며
應發如犗牛心이니 無威怒故며
應發如舟船心이니 往來不倦故며
應發如橋梁心이니 濟度忘疲故며
應發如孝子心이니 承順顏色故며
應發如王子心이니 遵行教命故니라

또한 선남자여,

그대가 모든 선지식을 받들어 섬길 적에,

대지와 같은 분이라는 마음을 가져야 한다. 무거운 짐을 지고서도 힘들어하지 않기 때문이다.

금강과 같은 분이라는 마음을 가져야 한다. 뜻과 서원이 견고하여 깨뜨릴 수 없기 때문이다.

철위산과 같은 분이라는 마음을 가져야 한다. 일체 모든 고난이 그를 흔들 수 없기 때문이다.

시중드는 사람과 같은 분이라는 마음을 가져야 한다. 가르침을 모두 따르기 때문이다.

제자와 같은 분이라는 마음을 가져야 한다. 가르침을 어기지 않기 때문이다.

하인과 같은 분이라는 마음을 가져야 한다. 일체 모든 일을 싫어하지 않기 때문이다.

모친을 받든 이와 같은 분이라는 마음을 가져야 한다. 여러 가지 힘든 일을 겪으면서도 힘들다 말하지 않기 때문이다.

머슴과 같은 분이라는 마음을 가져야 한다. 시키는 일을 따라서 어기지 않기 때문이다.

똥을 치우는 이와 같은 분이라는 마음을 가져야 한다. 교만을 버렸기 때문이다.

익은 곡식과 같은 분이라는 마음을 가져야 한다. 몸을 낮추기 때문이다.

양순한 말과 같은 분이라는 마음을 가져야 한다. 사나운 성깔을 여의기 때문이다.

큰 수레와 같은 분이라는 마음을 가져야 한다. 무거운 짐을 실어주기 때문이다.

길들은 코끼리 같은 분이라는 마음을 가져야 한다. 항상 복종하기 때문이다.

수미산과 같은 분이라는 마음을 가져야 한다. 흔들리지 않기 때문이다.

좋은 개와 같은 분이라는 마음을 가져야 한다. 주인을 해치지 않기 때문이다.

전다라와 같은 분이라는 마음을 가져야 한다. 교만을 여의기 때문이다.

불친소와 같은 분이라는 마음을 가져야 한다. 성내는 일이 없기 때문이다.

배와 같은 분이라는 마음을 가져야 한다. 가고 오는 데 게으르지 않기 때문이다.

다리와 같은 분이라는 마음을 가져야 한다. 건네주면서도 고달픔을 잊기 때문이다.

효자와 같은 분이라는 마음을 가져야 한다. 안색을 받들어 순종하기 때문이다.

왕자와 같은 분이라는 마음을 가져야 한다. 내리는 왕명을 따라 행하기 때문이다.

● 疏 ●

二는 教起事友心行이니 有二十一句니 亦顯이라

② 선지식을 섬기는 마음을 일으키도록 가르쳐주었다.

21구이다. 이 또한 그 뜻이 분명하다.

復次善男子야 汝應於自身에 生病苦想하고 於善知識에 生醫王想하며 於所說法에 生良藥想하고 於所修行에 生除病想하며

又應於自身에 生遠行想하고 於善知識에 生導師想하며 於所說法에 生正道想하고 於所修行에 生遠達想하며

又應於自身에 生求度想하고 於善知識에 生船師想하며 於所說法에 生舟楫想하고 於所修行에 生到岸想하며

又應於自身에 生苗稼想하고 於善知識에 生龍王想하며 於所說法에 生時雨想하고 於所修行에 生成熟想하며

又應於自身에 生貧窮想하고 於善知識에 生毘沙門王想하며

於所說法에 生財寶想하고 於所修行에 生富饒想하며

又應於自身에 生弟子想하고 於善知識에 生良工想하며 於所說法에 生技藝想하고 於所修行에 生了知想하며

又應於自身에 生恐怖想하고 於善知識에 生勇健想하며 於所說法에 生器仗想하고 於所修行에 生破怨想하며

又應於自身에 生商人想하고 於善知識에 生導師想하며 於所說法에 生珍寶想하고 於所修行에 生捃拾想하며

又應於自身에 生兒子想하고 於善知識에 生父母想하며 於所說法에 生家業想하고 於所修行에 生紹繼想하고

又應於自身에 生王子想하고 於善知識에 生大臣想하며

於所說法에 生王敎想하고 於所修行에 生冠王冠想과 服王服想과 繫王繒想과 坐王殿想이니라

또한 선남자여,

그대는 나의 몸에 대해서는 병을 앓은 이처럼 생각하고,

선지식에 대해서는 의사처럼 생각하며,

말씀하신 법에 대해서는 좋은 약처럼 생각하고,

닦아야 할 행에 대해서는 병이 나을 것처럼 생각하라.

또한 나의 몸에 대해서는 먼 길 떠난 객처럼 생각하고,

선지식에 대해서는 길잡이처럼 생각하며,

말씀하신 법에 대해서는 바른길처럼 생각하고,

닦아야 할 행에 대해서는 먼 곳을 가야 하는 것처럼 생각하라.

또한 나의 몸에 대해서는 강을 건너려는 사람처럼 생각하고,

선지식에 대해서는 뱃사공처럼 생각하며,

말씀하신 법에 대해서는 배와 노처럼 생각하고,

닦아야 할 행에 대해서는 언덕에 닿은 것처럼 생각하라.

또한 나의 몸에 대해서는 곡식을 심는 것처럼 생각하고,

선지식에 대해서는 용왕처럼 생각하며,

말씀하신 법에 대해서는 비처럼 생각하고,

닦아야 할 행에 대해서는 곡식이 익어가는 것처럼 생각하라.

또한 나의 몸에 대해서는 빈궁한 이처럼 생각하고,

선지식에 대해서는 비사문천왕처럼 생각하며,

말씀하신 법에 대해서는 재물처럼 생각하고,

닦아야 할 행에 대해서는 부자가 된 것처럼 생각하라.
또한 나의 몸에 대해서는 제자처럼 생각하고,
선지식에 대해서는 훌륭한 장인처럼 생각하며,
말씀하신 법에 대해서는 기예처럼 생각하고,
닦아야 할 행에 대해서는 다 알아야 하는 것처럼 생각하라.
또한 나의 몸에 대해서는 겁 많은 사람처럼 생각하고,
선지식에 대해서는 용맹한 장수처럼 생각하며,
말씀하신 법에 대해서는 무기처럼 생각하고,
닦아야 할 행에 대해서는 원수를 깨뜨리는 것처럼 생각하라.
또한 나의 몸에 대해서는 장사꾼처럼 생각하고,
선지식에 대해서는 길잡이처럼 생각하며,
말씀하신 법에 대해서는 보배처럼 생각하고,
닦아야 할 행에 대해서는 주워 모으는 것처럼 생각하라.
또한 나의 몸에 대해서는 아들처럼 생각하고,
선지식에 대해서는 부모처럼 생각하며,
말씀하신 법에 대해서는 살림살이처럼 생각하고,
닦아야 할 행에 대해서는 살림을 맡은 것처럼 생각하라.
또한 나의 몸에 대해서는 왕자처럼 생각하고,
선지식에 대해서는 대신처럼 생각하며,
말씀하신 법에 대해서는 왕의 명처럼 생각하고,
닦아야 할 행에 대해서는 왕관을 쓰는 것처럼 생각하고,
왕의 옷을 입는 것처럼 생각하고,

왕의 비단을 묶는 것처럼 생각하고,
왕의 궁전에 앉은 것처럼 생각하라.

● 疏 ●

三 身友對辨

文有十句니 句各四事ㅁ 可知니라

③ 나와 선지식을 상대로 말하였다.

이의 경문은 10구이다. 구절마다 각각 4가지의 일을 말하였다. 이는 설명하지 않아도 알 수 있다.

經

善男子야 汝應發如是心하며 作如是意하야 近善知識이니 何以故오
以如是心으로 近善知識하면 令其志願으로 永得淸淨이니라
復次善男子야
善知識者는 長諸善根이니 譬如雪山이 長諸藥草하며
善知識者는 是佛法器니 譬如大海 吞納衆流하며
善知識者는 是功德處니 譬如大海 出生衆寶하며
善知識者는 淨菩提心이니 譬如猛火 能鍊眞金하며
善知識者는 出過世法이니 如須彌山이 出於大海하며
善知識者는 不染世法이니 譬如蓮華 不着於水하며

**善知識者는 不受諸惡이니 譬如大海 不宿死屍하며
善知識者는 增長白法이니 譬如白月이 光色圓滿하며
善知識者는 照明法界니 譬如盛日이 照四天下하며
善知識者는 長菩薩身이니 譬如父母 養育兒子니라**

선남자여, 그대는 이러한 마음을 가져야 하며, 이러한 생각으로 선지식을 가까이해야 한다.

무엇 때문일까?

이러한 마음으로 선지식을 가까이하면, 뜻과 서원이 영원히 청정하기 때문이다.

또한 선남자여,

선지식은 선근을 키워준다. 마치 설산이 약풀을 키워주는 것과 같다.

선지식은 불법의 그릇이다. 마치 바다가 모든 강물을 받아들이는 것과 같다.

선지식은 공덕이 나오는 곳이다. 마치 바다에서 여러 보배가 나오는 것과 같다.

선지식은 보리심을 청정케 한다. 마치 사나운 불길이 진금을 단련하는 것과 같다.

선지식은 세간 법에서 벗어났다. 마치 수미산이 큰 바다에 솟아나는 것과 같다.

선지식은 세간 법에 물들지 않는다. 마치 연꽃이 물에 묻지 않는 것과 같다.

선지식은 모든 악업을 받지 않는다. 마치 바다가 주검을 그대로 두지 않음과 같다.

선지식은 순백의 법을 더욱 키워준다. 마치 밝은 달의 광명이 원만함과 같다.

선지식은 법계를 밝게 비춰준다. 마치 찬란한 햇살이 사천하를 비추는 것과 같다.

선지식은 보살의 몸을 키워준다. 마치 부모가 아이들을 키워주는 것과 같다.

● 疏 ●

四는 結勸成益이라
於中二니 初는 正勸이오 後'何以'下는 擧益釋成이라
於中亦二니 先은 正釋事友之益이오 後'復次'下는 重讚友爲能益일새 故宜承事니라

④ 권면을 끝맺으면서 이익을 성취하였다.

이는 2단락이다.

㉠ 권면이며,

㉡ '何以' 이하는 이익을 들어 해석하였다.

'이익의 해석' 부분 또한 2단락이다.

앞에서는 선지식을 섬김에 따른 이익을 해석하였고,

뒤의 '復次' 이하는 선지식이란 이익의 주체가 되기 때문에 당연히 받들어 섬겨야 함을 거듭 찬탄하였다.

次勸 竟하다

둘째, 권면 부분을 끝마치다.

第三 雙結誠勸二門

謂別說難窮일새 故結廣從畧이라

셋째, 경계와 권면 2가지를 모두 끝맺다

별도의 말로 다하기 어렵기에 광대한 이익을 끝맺으면서 간략한 문장을 따랐다.

經

善男子야 以要言之컨댄 菩薩摩訶薩이 若能隨順善知識教하면

得十不可說百千億那由他功德하며

淨十不可說百千億那由他深心하며

長十不可說百千億那由他菩薩根하며

淨十不可說百千億那由他菩薩力하며

斷十不可說百千億阿僧祇障하며

超十不可說百千億阿僧祇魔境하며

入十不可說百千億阿僧祇法門하며

滿十不可說百千億阿僧祇助道하며

修十不可說百千億阿僧祇妙行하며

發十不可說百千億阿僧祇大願이니라
善男子야 我復略說一切菩薩行과 一切菩薩波羅蜜과 一切菩薩地와 一切菩薩忍과 一切菩薩總持門과 一切菩薩三昧門과 一切菩薩神通智와 一切菩薩廻向과 一切菩薩願과 一切菩薩成就佛法이 皆由善知識力하야 以善知識으로 而爲根本하야 依善知識生이며 依善知識出이며 依善知識長이며 依善知識住니 善知識이 爲因緣이며 善知識이 能發起니라

선남자여, 요지를 간추려 말하면, 보살마하살이 선지식의 가르침을 따르면,

열 곱 말할 수 없는 백천억 나유타 공덕을 얻고,
열 곱 말할 수 없는 백천억 나유타 깊은 마음을 청정히 하며,
열 곱 말할 수 없는 백천억 나유타 보살 근기를 기르고,
열 곱 말할 수 없는 백천억 나유타 보살의 힘을 청정히 하며,
열 곱 말할 수 없는 백천억 아승기 장애를 끊고,
열 곱 말할 수 없는 백천억 아승기 마군의 경계를 초월하며,
열 곱 말할 수 없는 백천억 아승기 법문에 들어가고,
열 곱 말할 수 없는 백천억 아승기 도를 돕는 일을 채우며,
열 곱 말할 수 없는 백천억 아승기 미묘한 행을 닦고,
열 곱 말할 수 없는 백천억 아승기 큰 원을 낼 수 있다.

선남자여, 내가 다시 간추려 말하지만, 일체 보살의 행, 일체 보살의 바라밀, 일체 보살의 지위, 일체 보살의 법인, 일체 보살의 다

라니문, 일체 보살의 삼매문, 일체 보살의 신통한 지혜, 일체 보살의 회향, 일체 보살의 서원, 일체 보살의 불법 성취는 모두 선지식의 힘에 의한 것이다.

    선지식으로 근본을 삼아

    선지식을 의지하여 생겨나고,

    선지식을 의지하여 나오며,

    선지식을 의지하여 자라고,

    선지식을 의지하여 머무는 것이다.

    선지식이 인연이 되고,

    선지식이 일으켜주는 주체이다."

● 疏 ●

於中亦二니 先은 寄數結多오 後 '我復畧說' 下는 總收結多니라 既通一切인댄 何但百千이리오 明知前云 十不可說이 意顯無盡耳니라

    이 또한 2단락이다.

    앞은 수효에 붙여 많음을 끝맺었고,

    뒤의 '我復畧說' 이하는 총괄하여 많음을 끝냈었다.

    이미 일체에 통한다면 어찌 백천에 그치겠는가. 분명히 알아야 할 것은 "열 곱 말할 수 없다."는 뜻은 '그지없음[無盡]'을 나타낸 것이다.

一

第六 戀德禮辭

6. 덕망을 흠모하면서 절을 올리고 떠나가다

經

時에 善財童子 聞善知識의 如是功德이 能開示無量菩薩妙行하며 能成就無量廣大佛法하고 踊躍歡喜하야 頂禮德生과 及有德足하며 遶無量匝하며 殷勤瞻仰하고 辭退而去하니라

그때, 선재동자는 선지식의 이와 같은 공덕이 한량없는 보살의 미묘한 행을 보여주고, 한량없이 광대한 불법의 성취임을 듣고서, 기쁜 마음에 발을 구르면서 덕생동자와 유덕동녀의 발에 엎드려 절하고 수없이 돌며, 은근한 마음으로 우러러보면서 하직하고 떠나갔다.

● 論 ●

此南方에 有城하니 名妙意華門者는 妙智行華 悉圓滿故니 表十一地十法滿也라

彼有童子하니 名曰德生이오 復有童女하니 名曰有德은 此明智悲二行이 齊均하야 無前卻故니 童子童女者는 明智悲齊滿에 雖處世間이나 無五欲想하야 以居幻住故니라

善財 往詣하야 頂禮致敬하고 申請所求에 云我等이 證得菩薩解

脫호니 名爲幻住'者는 約佛境界 衆生境界 皆智幻所生이라 住居幻境에 無實無虛하고 無有識情하야 心境皆亡하고 性相無礙하야 以智功德故로 幻生光影에 身土重重이 如因陀羅網하야 相入無礙하고 十方世界 智凡體徹에 無始無終하야 圓古今而一性이라 常住世間하야 無所依止니

此明世間緣生이 性自離故며

眞如虛妄하야 假安立故며

妄體本無하야 眞無住故며

智無依止하야 如虛空故며

以智報生이 皆幻住故며

有無自在하야 隨智用故며

雖智體同空이나 不處寂故며

智身無量하야 等徧十方하야 性無往來 相光影故며

身土重重하야 無大小故니

經云 '幻境自性不可思議'라하니라

第一은 '善男子從此南方有國土名爲海岸' 已下로 至 '辭退而去'히 可有半卷經은 明德生童子有德童女 推慈氏菩薩之德하야 令善財童子로 親近升進分이니라

從 '善男子南方에 有國土하니 名爲海岸'者는 明升進至慈氏一生佛果故로 名爲海岸이니 入佛智海하야 臨生死海故며 亦以此國이 臨海而居故라

'有園林하니 名大莊嚴'者는 約慈氏所居 以生死爲園하고 萬行爲

林이니 莊嚴自己智悲佛果하야 已皆滿足일세 名大莊嚴이라
'其中에 有一廣大樓閣하니 名毘盧遮那莊嚴藏'者는 明根本智差別智의 總體報生으로 以立名故니 毘云種種光明이며 遮那云徧照니 以差別智로 爲種種光明하고 以根本智로 爲徧照니 此二智 約用成名이나 其體用은 一也라 總無作者니 以此法界體用普光明智로 成諸萬行하야 廣利含生報生故라
此大莊嚴樓閣廣大 量等虛空하야 一切世間과 及以衆生이 咸處其內하야 同住遊止호대 不覺不知니 如善財童子 入此樓閣中하야 見淨世界와 不淨世界와 大千世界와 小千世界와 乃至地獄畜生餓鬼所住와 乃至十方世界有佛世界와 無佛世界와 菩薩衆會의 種種等事 咸在其中하야 廣如經說하니 以佛智海로 大悲含物하야 萬行利生한 大願所持로 共成樓閣之體하야 止住一切衆生生死園中하야 以萬行林으로 覆蔭含識하야 皆令永得白淨法身과 無垢淨智淸涼之樂이라
經에 云從菩薩善根果報生이며 從善巧方便生이며 從福德智慧生은 生無來處하고 滅無去處하야 皆是如幻智住生滅之相이 還如衆生이 以業生滅호대 無有來去體相可得하야 取捨無有忻厭이라
經에 云'善男子야 住不思議解脫菩薩이 以大悲心으로 爲諸衆生하야 現如是境界하며 集如是莊嚴하나니 彌勒菩薩이 安處其中' 已下는 廣如經說하니라
經에 云'不應以限量心으로 行於六度하며 住於十地하며 淨佛國土하며 事善知識'者는 明六度十地 皆是出世의 一分淨見이 未亡이니

以此障故로 未具普賢行하야 不同毘盧遮那如來의 報身因果境界오 但得同於出世의 化佛化身이니 以毘盧遮那報相果海功德身은 具華冠瓔珞環釧衆相福海嚴身이오 非是出纏捨諸飾好厭生死身故니 是達無明本元法界大智之境이 自具無邊功德報身이며 又加普賢行願海差別智所成無限功德하야 互爲莊嚴功德報身故라

是故로 十一地滿에 德生童子 敎善財童子入法界門하야 會根本果體하고 不隨引俗化境하야 住於淨見限量行門이니라 餘는 如經具明하니 如化佛之境은 是出世之門일새 云有他方에 別分淨土어니와 報佛은 以十方으로 總爲一淨土일새 不分淨穢니라

"이 남쪽에 성이 있는데, 그 이름을 묘의화문이라 말한다."는 것은 미묘한 지혜와 행의 꽃이 모두 원만하기 때문이다. 11지의 10가지 법이 원만함을 나타냈다.

"그곳에 동자가 있는데, 그 이름을 덕생이라 하고, 또한 어린 아가씨가 있는데, 그 이름을 유덕이라 말한다."는 것은 지혜와 자비 2가지 행이 모두 균등하여 우열이 없음을 밝힌 것이다. 동자와 동녀란 지혜와 자비가 똑같이 원만하여 비복 세간에 머물면서도 5욕의 생각이 없어 '요술처럼 머묾'에 거처함을 밝힌 것이다.

선재동자가 찾아가 공경히 이마를 땅에 대고 절을 드리면서 구하는 바를 청하자, "우리는 보살의 해탈을 얻었는데, 그 이름을 요술처럼 머묾이라 한다."고 말한 것은 부처의 경계와 중생의 경계는 모두 지혜의 虛幻으로 생겨난 것이다. 요술 같은 경계에 머묾에

실상도 없고 공허함도 없으며 情識도 없어 마음과 경계가 모두 사라지고, 성품과 형상에 걸림이 없다.

이러한 지혜 공덕으로 요술처럼 빛과 그림자가 생겨나 거듭된 몸과 국토가 마치 인드라망처럼 서로 들어감에 걸림이 없으며, 시방세계가 지혜로운 이와 범속한 이의 본체에 통하여 시작도 없고 끝도 없어 고금이 원만하면서도 하나의 성품이다. 항상 세간에 머물면서도 의지하는 바가 없다.

이는 세간의 인연으로 생겨나 성품이 스스로 떠났기 때문이며,

진여가 허망하여 거짓으로 안립하기 때문이며,

허망한 본체가 본래 없어서 진여가 머물지 않기 때문이며,

지혜가 의지함이 없어 허공과 같기 때문이며,

지혜로 태어남[報生]이 모두 요술처럼 머묾이기 때문이며,

유·무가 자재하여 지혜 작용을 따르기 때문이며,

비록 지혜의 본체가 허공과 같으나 적멸에 처하지 않기 때문이며,

지혜의 몸이 한량없어 시방에 평등하게 두루 오가면서도 성품에 왕래가 없는 모습의 빛과 그림자이기 때문이며,

몸과 국토가 거듭하여 크고 작음이 없음을 밝힌 때문이다.

경문에서는 "요술과 같은 경계의 자성이 불가사의하다."고 하였다.

첫째, "선남자여, 이 남방에 국토가 있는데, 그 이름을 해안이라 한다." 이하로부터 "하직하고 떠나갔다." 구절까지 대략 반 권의

경문은 덕생동자와 유덕동녀가 미륵보살의 공덕을 추켜올리면서 선재동자로 하여금 가까이하면서 위로 닦아나가도록 함을 밝힌 부분이다.

"선남자여, 남방에 국토가 있는데, 그 이름을 해안이라 한다."는 것은 위로 닦아나가면서 미륵보살의 일생 불과에 다다른 까닭에 그 나라의 이름을 '해안'이라 함을 밝힌 것이다. 부처의 지혜 바다에 들어가 생사의 바다에 임했기 때문이며, 또한 이 나라가 바닷가에 임해 있기 때문이다.

"동산의 숲이 있는데, 그 이름을 대장엄이라 한다."는 것은 미륵보살이 거처한 곳은 생사를 동산으로 삼고, 모든 행을 숲으로 삼음을 들어 말한 것이다. 자신의 자비와 지혜의 불과를 장엄하여 이미 모두 만족하였기에 그 이름을 '대장엄'이라 한다.

"대장엄 동산의 숲에 하나의 광대한 누각이 있는데, 그 이름을 '비로자나 장엄장 누각'이라 한다."는 것은 근본지와 차별지의 총체적 報生으로 그 이름을 붙임에 대해 밝힌 것이다.

毘는 가지가지 광명을 말하며,

遮那는 두루 비춤을 말한다. 차별지로써 가지가지 광명을 삼고, 근본지로써 두루 비춤을 삼는다. 이 2가지 지혜가 작용을 기준으로 그 이름을 붙였지만, 그 본체와 작용은 하나이다. 모두 이를 조작하는 것이 없다. 이 법계의 본체와 작용인 普光明智로써 모든 행을 성취하여 널리 중생을 이롭게 함에 의한 報生이기 때문이다.

이 대장엄 누각의 광대한 크기는 허공과 같아서 일체 세간과 중생이 모두 그 안에 존재하면서 똑같이 머물고 있으나, 이런 사실을 깨닫지도 못하고 알지도 못한다. 예컨대 선재동자가 이 누각에 들어가 청정한 세계, 청정하지 못한 세계, 대천세계, 소천세계, 내지 지옥·축생·아귀의 머무는 곳, 나아가 시방세계의 부처 있는 세계, 부처 없는 세계, 보살의 대중 회상의 가지가지 일들이 모두 그 가운데에 있음을 보았다. 이는 경문에서 자세히 말한 것과 같다.

부처의 지혜 바다의 내자비로 중생을 포용하여, 만행으로 중생에게 이익을 베푸는, 큰 서원을 지닌 바로써 함께 누각의 본체를 성취하여, 일체중생의 생사 동산에 머물면서 만행의 숲[萬行林]으로 중생을 덮어주어 모두 그들로 하여금 영원히 순백청정한 법신, 청정무구한 지혜의 시원한 즐거움을 얻도록 하였다.

경문에서 "보살의 선근 과보로 생겨남이며, 뛰어난 방편으로 생겨남이며, 복덕과 지혜로 생겨남이다."고 말한 것은 생겨나기는 하지만 온 곳이 없고, 사라지기는 하지만 간 곳이 없다. 모두 요술과 같은 지혜로 생멸에 머무는 모습이다. 또한 중생이 업에 따라 생멸이 있지만 오고 가는 자체와 모양을 알 수 없기에, 취하고 버리는 데에 좋아하고 싫어함이 없는 것과 같다.

경문에서 말한 "선남자여, 불가사의한 해탈에 머문 보살이 대자비의 마음으로 모든 중생을 위해 이와 같은 경계를 나타내고, 이와 같은 장엄을 모아놓은 것이다. 미륵보살이 그 가운데 편안히 거처한다." 이하는 경문에서 자세히 말한 바와 같다.

경문에서 "한량이 있는 마음으로 6바라밀을 행하거나 십지에 머물거나 불국토를 청정케 하거나 선지식을 섬겨서는 안 된다."고 말한 것은 6바라밀과 십지가 모두 출세간의 법으로 그래도 조금이나마 청정하다고 생각하는 견해가 없지 않음을 밝힌 것이다.

이런 장애 때문에 보현행을 갖추지 못하게 되고, 비로자나여래의 報身인과의 경계와 똑같지 못하다. 다만 출세간의 化佛이나 化身과 같은 경계를 얻는 데에 그칠 뿐이다. 비로자나의 보신 모습에 나타난 果海의 공덕신은 화관, 영락, 팔찌, 수많은 모습을 갖춘 복덕 바다의 장엄신을 말한 것이지, 이는 세속의 속박을 벗어나 모든 아름다운 장식을 버리고, 생사를 싫어하는 몸이 아니기 때문이다.

이는 무명의 본원을 깨달은, 법계 대지혜의 경계에 스스로 그지없는 공덕의 보신을 갖추고, 또한 보현보살의 行願 바다의 차별지로 이뤄진 한량없는 공덕을 가함으로써 서로 장엄공덕의 보신이 되기 때문이다.

이 때문에 11지가 원만함에 덕생동자가 선재동자에게 법계의 문에 들어가 근본의 果體를 회통하도록 가르쳐주었고, 아울러 세속을 인도하는 교화의 경계를 따라서 청정하다고 생각하는 소견[淨見]의 한정된 수행의 법문에 머물지 않도록 당부하였다.

나머지는 경문에서 구체적으로 밝힌 바와 같다.

예컨대 化佛의 경계라 하는 것은 출세간의 법문이기 때문에 다른 지방에 별도로 정토가 있다고 구분 지어 말하지만, 報佛의 경우는 시방세계를 총체로 하나의 정토로 삼기에 청정국토와 오염세계를 구분하지 않는다.

已上은 第二明會緣入實相竟하다

이상 Ⅱ. 반연을 회통하여 실상으로 들어가는 모양을 밝힌 부분을 끝마치다.

自下大文第三에 慈氏一人은 明攝德成因相이니 前旣會緣入實에 定堪成佛일세 故辨一生補處成因之義이라
文唯五段이니 以補處位極顯彰일세 闕謙推故니라
第一 依敎趣求

Ⅲ. 미륵보살 1인의 공덕을 섭수하여 원인을 성취하는 모양

앞에서 이미 반연을 회통하여 실상으로 들어갔기에 반드시 성불을 하게 된다. 이 때문에 一生補處의 원인 성취의 의의를 논변하였다.

이의 경문은 5단락일 뿐이다. 補處 지위의 극치를 밝힌 까닭에 자기의 몸을 낮추면서 다른 선지식을 추대하는 부분이 빠졌기 때문이다.

1. 가르침을 따라 선지식을 찾아가 법을 구하다

經

爾時에 善財童子 聞善知識敎하고 潤澤其心하야 止念思惟諸菩薩行하야 向海岸國할세
自憶往世에 不修禮敬하고 卽時發意하야 勤力而行하며

復憶往世에 身心不淨하고 卽時發意하야 專自治潔하며
復憶往世에 作諸惡業하고 卽時發意하야 專自防斷하며
復憶往世에 起諸妄想하고 卽時發意하야 恒正思惟하며
復憶往世에 所修諸行이 但爲自身하고 卽時發意하야 令心廣大하야 普及含識하며
復憶往世에 追求欲境하야 常自損耗하야 無有滋味하고 卽時發意하야 修行佛法하야 長養諸根하야 以自安穩하며
復憶往世에 起邪思念하야 顚倒相應하고 卽時發意하야 生正見心하야 起菩薩願하며
復憶往世에 日夜劬勞하야 作諸惡事하고 卽時發意하야 起大精進하야 成就佛法하며
復憶往世에 受五趣生하야 於自他身에 皆無利益하고 卽時發意하야 願以其身으로 饒益衆生하야 成就佛法하며 承事一切諸善知識하야 如是思惟하고 生大歡喜하나라
復觀此身이 是生老病死衆苦之宅하고 願盡未來劫토록 修菩薩道하야 敎化衆生하며 見諸如來하야 成就佛法하며 遊行一切佛刹하며 承事一切法師하며 住持一切佛敎하며 尋求一切法侶하며 見一切善知識하며 集一切諸佛法하며 與一切菩薩願智身으로 而作因緣하나라
作是念時에 長不思議無量善根하야 卽於一切菩薩에 深信尊重하야 生希有想하며
生大師想하야 諸根淸淨하며

善法增益하야 起一切菩薩恭敬供養하며
作一切菩薩曲躬合掌하며
生一切菩薩普見世間眼하며
起一切菩薩普念衆生想하며
現一切菩薩無量願化身하며
出一切菩薩淸淨讚說音想하며
見過現一切諸佛과 及諸菩薩이 於一切處에 示現成道
神通變化하야 乃至無有一毛端處도 而不周徧하며
又得淸淨智光明眼하야 見一切菩薩所行境界하며
其心이 普入十方刹網하며
其願이 普徧虛空法界하야 三世平等하야 無有休息하니
如是一切皆以信受善知識敎之所致耳니라

그때, 선재동자는 선지식의 가르침을 듣고서 그 마음이 윤택하여, 바른 생각으로 보살행을 생각하면서 해안국으로 미륵보살을 찾아갈 적에,

지난 옛적 경례를 닦지 않음을 생각하고서 곧바로 발심하여 부지런히 행하였으며,

지난 옛적 몸과 마음이 청정하지 못함을 생각하고서 곧바로 발심하여 스스로 조촐하게 하였으며,

지난 옛적 악업 지은 것을 생각하고서 곧바로 발심하여 스스로 끊었으며,

지난 옛적 망상 일으킴을 생각하고서 곧바로 발심하여 항상

바르게 생각하였으며,

지난 옛적 닦아온 행이 자신만을 위했던 일임을 생각하고서 곧바로 발심하여 마음을 넓게 가지고서 널리 중생에게 미쳤으며,

지난 옛적 욕심의 경계를 추구하여 항상 스스로 소모한 나머지 재미가 없었음을 생각하고서 곧바로 발심하여 불법을 닦아 모든 근기를 기르면서 스스로 평온하였으며,

지난 옛적 삿된 생각을 일으켜 전도가 상응했던 일을 생각하고서 곧바로 발심하여 바른 소견의 마음을 내어 보살의 서원을 일으켰으며,

지난 옛적 밤낮으로 나쁜 짓 하느라 힘들었던 일을 생각하고서 곧바로 발심하여 큰 정진을 일으켜 불법을 성취하였으며,

지난 옛적 다섯 길에 태어나 나와 남의 몸에 모두 이익이 없었음을 생각하고서 곧바로 발심하여 이 몸으로 중생에게 이익을 주고 불법을 성취하며, 일체 모든 선지식을 섬기고 원하였다.

이처럼 생각하고 대환희의 마음을 내었다.

또한 이 몸이 나고 늙고 병들고 죽는, 수많은 고통의 소굴임을 관찰하고서,

미래 세월이 다하도록 보살의 도를 닦으면서 중생을 교화하며,

많은 여래를 뵙고서 불법을 성취하며,

일체 부처님의 세계를 다니며,

일체 법사를 섬기며,

일체 부처님의 가르침을 지니며,

일체 불법의 반려자를 구하며,

일체 선지식을 친견하며,

일체 불법을 모으며,

모든 보살의 원과 지혜의 몸을 위하여 인연을 짓고자 서원하였다.

이런 생각을 할 적에 불가사의한 한량없는 선근이 자라면서, 곧바로 일체 보살을 믿고 존중하여 보기 드문 분이라는 생각을 내고, 스승이라는 생각을 내면서 모든 감각기관이 청정하였으며,

선한 법이 더욱 늘어나 일체 보살에게 공경하고 공양하는 일을 일으켰으며,

일체 보살에게 허리 굽혀 합장을 하였으며,

일체 보살의 세간을 두루 보는 눈을 내었으며,

일체 보살의 중생을 널리 염려하는 생각을 일으켰으며,

일체 보살의 한량없는 서원으로 나투는 몸을 나타냈으며,

일체 보살의 청정하게 찬탄하던 음성을 내었으며,

과거·현재의 일체 부처님과 보살들이 모든 곳에서 성도하심과 신통과 변화를 나타내고, 내지 한 터럭 끝에서도 두루 계시지 않은 데가 없음을 보았으며,

또한 청정한 지혜 광명의 눈을 얻어 일체 보살의 행했던 경계를 보았으며,

그 마음은 시방의 세계 그물에 널리 들어갔으며,

그 서원은 허공과 법계에 가득하여, 삼세가 평등하여 멈추지

않았다.

이처럼 모든 것이 모두 선지식의 가르침을 믿는 데에서 찾아온다.

◉ 疏 ◉

於中二니

初는 標念前趣後오 二'自憶'下는 別生勝念하야 悔往修來라

於中四니

一은 觀昔非하야 以行對治오

二'復觀此身'下는 觀其現苦하야 策進當善이니 諸修行者는 願審此倣之오

三'作是念時'下는 明觀念之益이니 益其勝觀이오

四'如是一切'下는 結益所屬이라

이 부분은 2단락이다.

1) 앞 선지식의 가르침을 생각하면서 뒤의 선지식을 찾아감을 밝혔고,

2) '自憶' 이하는 별도로 훌륭한 생각을 내어 지난 옛날의 잘못을 참회하면서 미래에 닦아감이다.

이 부분은 다시 4단락으로 나뉜다.

(1) 지난 옛날의 잘못을 살펴보면서 다스림을 행하고,

(2) '復觀此身' 이하는 현재의 고통을 살펴보면서 미래의 선업을 경책하면서 정진함이다. 모든 수행자는 이런 점을 살펴 이처럼

닦아가기를 원하는 바이다.

(3) '作是念時' 이하는 잘못을 살펴보면서 훌륭한 생각을 일으킨 데서 얻어지는 이익이다. 그 훌륭한 관찰에 따른 이익이다.

(4) '如是一切' 이하는 이익의 소속된 바를 끝맺었다.

第二 見敬諮問
於中二니 初는 見敬이오 後는 諮問이라
前中亦二니 先은 見依오 後는 見正이니 各自申敬이라
前中亦二니 先은 入定申敬이오 後는 出定敬讚이라
前中三이니 初는 結前標後오 二는 別顯定用이오 三은 總結成益이라
今은 初라

2. 친견하여 절을 올리고 법을 묻다

이 부분은 2단락이다.

1) 뵙고서 공경히 절을 올렸으며,

2) 법의 요체를 물었다.

'1) 뵙고서 공경히 절을 올린' 부분 또한 2단락이다.

(1) 의보를 봄이며, (2) 정보를 봄이다. 각각 스스로 공경하는 마음을 펼쳤다.

'(1) 의보를 본' 부분 또한 2단락이다.

제1 단락, 선정에 들어 공경의 마음을 펼쳤고,

제2 단락, 선정에서 나와 공경하면서 찬탄하였다.

'제1 단락, 선정에 들어 공경의 마음을 펼친' 부분은 3단락이다.

(ㄱ) 앞의 경문을 끝맺으면서 뒤의 문장을 내세웠고,

(ㄴ) 선정의 작용을 별상으로 밝혔으며,

(ㄷ) 성취의 이익을 총괄하여 끝맺었다.

이는 '(ㄱ) 앞의 경문을 끝맺은' 부분이다.

經

善財童子 以如是尊重과 如是供養과 如是稱讚과 如是觀察과 如是願力과 如是想念과 如是無量智慧境界로 於毘盧遮那莊嚴藏大樓閣前에 五體投地하고 暫時斂念하야 思惟觀察하야 以深信解大願力故로 入徧一切處智慧身平等門하야

선재동자는 이러한 존중, 이러한 공양, 이러한 칭찬, 이러한 관찰, 이러한 서원의 힘과 이러한 생각, 이러한 한량없는 지혜의 경계로써 비로자나 장엄장의 큰 누각 앞에서 두 팔꿈치, 두 무릎, 이마를 땅에 대고 절하고, 잠시 마음을 가다듬어 생각하고 관찰하면서, 깊이 믿고 이해하고 큰 서원의 힘으로 모든 곳에 두루 원만한 지혜의 몸이 평등한 법문에 들어가,

◉ 疏 ◉

斂念者는 標定이니 思察者는 定加行이오 信願者는 是定因이오 '入徧下는 辨定名相이라

斂念이란 선정을 밝힌 것으로, 思察은 선정의 加行이며, 信願은 선정의 원인이며, '入徧' 이하는 선정의 名相을 말한다.

―

二 別顯定用이니 即雙運定慧이라
於中二니 一은 明即智定之妙用이라

(ㄴ) 선정의 작용을 別相으로 밝혔다.
이는 定·慧를 모두 운용하였다.
이 부분은 2단락이다.
첫째, 지혜와 하나가 된 선정의 妙用을 밝혔다.

經

普現其身하야
在於一切如來前과 一切菩薩前과 一切善知識前과 一切如來塔廟前과 一切如來形像前과 一切諸佛諸菩薩住處前과 一切法寶前과 一切聲聞辟支佛及其塔廟前과 一切聖衆福田前과 一切父母尊者前과 一切十方衆生前하야
皆如上說尊重禮讚하야 盡未來際토록 無有休息하니
等虛空하야 無邊量故며
等法界하야 無障礙故며
等實際하야 徧一切故며

等如來하야 無分別故며
猶如影하야 隨智現故며
猶如夢하야 從思起故며
猶如像하야 示一切故며
猶如響하야 緣所發故며
無有生하야 遞興謝故며
無有性하야 隨緣轉故니라

 그 몸을 두루 나타내어,
 일체 여래의 앞,
 일체 보살의 앞,
 일체 선지식의 앞,
 일체 여래의 탑 앞,
 일체 여래의 형상 앞,
 일체 부처님과 보살의 계시는 도량 앞,
 일체 법보의 앞,
 일체 성문과 벽지불 및 그들의 탑 앞,
 일체 거룩한 대중의 복전 앞,
 일체 부모와 어른의 앞,
 일체 시방의 중생 앞에 있으면서,
 모두 위에 말한 것처럼 존중하고 절을 올리고 찬탄하면서, 미래 세월이 다하도록 멈추지 않았다.
 허공과 같아서 한계와 분량이 없기 때문이며,

법계와 같아서 막힘과 걸림이 없기 때문이며,

실제와 같아서 일체에 두루 존재하기 때문이며,

여래와 같아서 분별이 없기 때문이며,

그림자와 같아서 지혜를 따라 나타나기 때문이며,

꿈과 같아서 생각에서 일어나기 때문이며,

영상과 같아서 일체를 보여주기 때문이며,

메아리와 같아서 인연으로 생기는 바이기 때문이며,

생겨나는 일이 없어 번갈아 일어나고 사라지기 때문이며,

자성이 없어 인연을 따라 변하기 때문이다.

◉ 疏 ◉

於中에 先은 羅身雲於法界오 後'等虛空'下는 契法性之眞源이라 【鈔_ 經言'無有生遞興謝'者는 以更興謝일세 故無定生이오 下句 '旣從緣生'은 明無定性이니 無性이 卽法界也라】

이 부분의 앞은 수많은 몸을 법계에 나열하였고,

뒤의 '等虛空' 이하는 법성의 眞源에 계합하였다.【초_ 경문에서 말한 "생겨나는 일이 없어 번갈아 일어나고 사라지기 때문이다."는 것은 번갈아 일어나고 사라지기에 일정하게 생겨남이 없음이고, 아래 구절의 "인연을 따라 생겨난다."는 것은 일정한 자성이 없음을 밝혔다. 자성이 없는 것이 바로 법계이다.】

二는 明稱法界之深觀이라

둘째, 법계와 하나가 된 심오한 觀을 밝혔다.

經

又決定知一切諸報 皆從業起하며
一切諸果 皆從因起하며
一切諸業이 皆從習起하며
一切佛興이 皆從信起하며
一切化現諸供養事 皆悉從於決定解起하며
一切化佛이 從敬心起하며
一切佛法이 從善根起하며
一切化身이 從方便起하며
一切佛事 從大願起하며
一切菩薩所修諸行이 從廻向起하며
一切法界廣大莊嚴이 從一切智境界而起하야

 또한 일체 과보는 모두 지은 업에서 일어나고,

 일체 결과는 모두 원인에서 일어나며,

 일체 모든 업은 모두 습기에서 일어나고,

 일체 부처님이 나심은 모두 믿음에서 일어나며,

 일체 공양거리를 변화하여 나타남은 모두 결정된 이해에서 일어나고,

일체 변화로 나타나는 부처님은 공경하는 마음에서 일어나며,
일체 불법은 선근에서 일어나고,
일체 변화로 나타나는 몸은 방편에서 일어나며,
일체 불사는 큰 서원에서 일어나고,
일체 보살의 닦는 행은 회향에서 일어나며,
일체 법계의 광대한 장엄은 일체 지혜의 경계에서 일어나는 줄을 결정적으로 알고서,

● 疏 ●

於中三이니 初는 了法從緣이오 次는 智契無性이오 三은 會歸中道니 此三無礙 卽三觀一心이라【鈔_ '此三無礙'者는 初假 次空 後中 이라 說有前後나 善財觀心은 一念頓具니 非是從假入空等也니라】

이 부분은 3단락이다.
① 법이 인연을 따른 줄을 앎이고,
② 지혜가 자성이 없는 데에 계합함이며,
③ 중도에 회통, 귀의함이다.
이 3가지의 걸림 없음이 곧 三觀[空觀, 假觀, 中觀]이 하나의 마음이다.【초_ '이 3가지의 걸림 없음'이란 첫째는 假觀, 다음은 空觀, 뒤는 中觀이다. 이처럼 전후로 말하고 있으나, 선재의 觀心은 한 생각의 찰나에 모두 갖춘 것이지, 가관에서 공관으로, 공관에서 중관으로 들어가는, 전후의 차례가 있는 게 아니다.】
今初는 報酬善惡일세 故云業起오 果自種生일세 云從因起오 自修

成佛에 信爲道源이오 感他化身에 敬心便現이라【鈔_ '今初報酬'者는 文有十句로되 但釋其四니 事相濫故니라 業是增上緣이니 卽諸業習氣오 果卽異熟이니 由名言種이라 從信起는 佛이 通眞應이오 信爲道源은 必到佛地故니라 化佛應現은 敬心便感하나니 機感於佛일세 云感他化身이오 信心成佛은 乃是自佛이라 餘六은 可知라 故疏不釋이라】

'① 법이 인연을 따름'이란 과보는 선악의 업을 따른 것이기에 "업에서 일어난다."고 말하고,

결과는 심은 종자에서 나온 것이기에 "원인에서 일어난다."고 말하며,

스스로 닦아 성불함은 신심이 도의 본원이 되고,

남의 化身을 얻을 수 있는 것은 공경의 마음이 있어야 나타나는 것이다.【초_ '① 법이 인연을 따름' 부분의 경문은 10구이지만, 그 가운데 4구만을 해석하였다. 현상의 사법계와 서로 뒤섞여 있기 때문이다.

업은 增上緣이다. 이는 모든 업의 습기이다.

果는 異熟이다. 果라는 명칭을 따라 상대적으로 종지라 말하였다.

"믿음에서 일어난다."는 것은 부처의 진신과 응신에 모두 통한다.

"신심이 도의 본원이 된다."는 것은 반드시 부처의 지위에 이르러야 하기 때문이다.

'변화로 나타나는 부처님'은 공경의 마음이 있어야 이에 따른 감응이 있다. 그 기연이 부처를 감동시키기에 "남의 化身을 얻을 수 있다[感他化身]."고 말하였다.

신심으로 성불함은 자신의 부처[眞身]이다.

나머지 6구는 설명하지 않아도 알 수 있기에 청량소에서 해석하지 않았다.】

經

離於斷見하니 知廻向故오
離於常見하니 知無生故오
離無因見하니 知正因故오
離顚倒見하니 知如實理故오
離自在見하니 知不由他故오
離自他見하니 知從緣起故오
離邊執見하니 知法界無邊故오
離往來見하니 知如影像故오
離有無見하니 知不生滅故오
離一切法見하니 知空無生故며 知不自在故며 知願力出生故오
離一切相見하니 入無相際故오

아주 없다는 소견에서 벗어나야 한다. 그래야 소승에서 대승으로 회향할 줄을 알 수 있기 때문이며,

영원하다는 소견에서 벗어나야 한다. 그래야 무생의 도리를 알 수 있기 때문이며,

원인이 없다는 소견에서 벗어나야 한다. 그래야 바른 원인을 알 수 있기 때문이며,

전도된 소견에서 벗어나야 한다. 그래야 진여실상의 이치를 알 수 있기 때문이며,

자재천이라는 소견에서 벗어나야 한다. 그래야 남의 힘을 따르지 않음을 알 수 있기 때문이며,

나와 남이라는 집착의 소견에서 벗어나야 한다. 그래야 인연으로 생겨난 줄을 알 수 있기 때문이며,

어느 한쪽에 집착하는 소견에서 벗어나야 한다. 그래야 법계가 끝이 없음을 알 수 있기 때문이며,

가고 오는 소견에서 벗어나야 한다. 그래야 그림자처럼 허망함을 알 수 있기 때문이며,

있다 없다는 소견에서 벗어나야 한다. 그래야 생겨나지도 사라지지도 않음을 알 수 있기 때문이며,

일체 법이라는 소견에서 벗어나야 한다. 그래야 공하여 생겨남이 없음을 알 수 있기 때문이며, 자재하지 못함을 알 수 있기 때문이며, 소원의 힘으로 생겨난 것임을 알 수 있기 때문이며,

일체 모양이라는 소견에서 벗어나야 한다. 그래야 모양이 없는 자리에 들어갈 수 있기 때문이다.

● 疏 ●

二智契無性中에 '離顚倒見'者는 通三四倒니 四倒는 謂常計無常
을 是名顚倒니 見於實理면 則無斯倒니라 若以無常爲常이라도 亦
非見如實理니 以壞相故니라
'自在見'者는 謂自在天能生萬物故니 知由自業일새 故不由他니라
'離自他見'者는 單執自他면 則乖緣起오
'邊執見'者는 堅執生死等 有其始末故오
'離有無'者는 從無之有 名生이오 自有還無 稱滅이니 體無生滅이어
니 何得有無리오
知空無生은 約理遣法이오 知不自在는 約緣遣法이오 知願力生은
約因遣法이라

② 지혜가 자성이 없는 데에 계합한 부분이다.

여기에서 말한 "전도된 소견에서 벗어나야 한다."는 것은 3가지 전도[三顚倒: 心·見·想轉倒]와 4가지 전도에 모두 통한다. 4가지 전도란 常·樂·我·淨을 無常·無樂·無我·無淨으로 잘못 생각하는 것을 전도라고 말한다. 진실한 이치를 보면 이러한 전도가 없다. 만약 無常을 常이라고 생각하는 것 또한 진리를 제대로 본 것이 아니다. 이는 그 자체의 양상을 파괴하기 때문이다.

'自在見'이란 자재천이 만물을 내어준다고 생각하기 때문이다. 자신이 지은 업에 의한 것이지, 남의 힘을 따르지 않음을 알 수 있다.

'離自他見'이란 나와 남이라는 어느 한쪽에 집착하면 곧 緣起

를 무너뜨림이다.

'邊執見'이란 생사 등이 시작과 끝이 있음을 굳건히 고집하기 때문이다.

'離有無'란 無에서 有로 가는 것을 生이라 말하고, 유에서 무로 돌아가는 것을 滅이라 말한다. 하지만 본체가 본디 생멸이 없는데, 어찌 유무를 말할 수 있겠는가.

"공하여 생겨남이 없음을 안다."는 것은 이치를 들어 법을 떨쳐버림이며,

"자재하지 못함을 안다."는 것은 간접 반연을 들어 법을 떨쳐버림이며,

"소원의 힘으로 생겨난 것임을 안다."는 것은 직접 인연을 들어 법을 떨쳐버림이다.

經

知一切法이 如種生芽故며 如印生文故며 知質如像故며 知聲如響故며 知境如夢故며 知業如幻故며 了世心現故며 了果因起故며 了報業集故며 了知一切諸功德法이 皆從菩薩善巧方便所流出故니라

일체 법이

종자에서 싹이 돋아나는 것과 같음을 알았기 때문이며,

밀로 만든 도장에서 글자가 찍힌 것과 같음을 알았기 때문이며,

바탕이 그림자와 같음을 알았기 때문이며,

소리가 메아리와 같음을 알았기 때문이며,

경계가 꿈과 같음을 알았기 때문이며,

하는 일이 요술과 같음을 알았기 때문이며,

세간이 마음으로 나타남을 알았기 때문이며,

결과가 원인에서 일어남을 알았기 때문이며,

과보가 업이 쌓인 데서 생겨난 줄을 알았기 때문이며,

일체 공덕의 법이 모두 보살의 뛰어난 방편에서 나온 것임을 알았기 때문이다.

● 疏 ●

三會歸中道者는 然隨一句하야 皆離上諸過어니와 今且通說이라
【鈔_ '三會歸中道'者는 疏中有二니 先은 總明이라 言'隨一句皆離上諸過'者는 如隨種生芽는 卽離斷常·無因·顚倒等이라 '今且通說'者는 不對諸過ㅇ 但通相說中道義耳라】

③ 중도에 회통, 귀의함은 그러나 1구를 따라서 위의 모든 허물을 모두 여의지만, 여기에서는 통설로 말하였다.【초_ '③ 중도에 회통, 귀의함'이란 청량소에서 2가지로 말하였다. 앞은 총상으로 밝혔다. "1구를 따라서 위의 모든 허물을 모두 여읜다."고 말한 것은 예컨대 "종자에서 싹이 돋아난다."는 경우, 이는 斷見과 常見, 원인이 없다는 것, 전도된 생각 등을 여읨이다.

뒤의 "여기에서는 통설로 말하였다."는 것은 모든 허물을 상대하여 말하지 않고, 다만 통상으로 中道의 뜻을 말한 것이다.】

'如種生芽'者는 從水土等緣生故로 非無니 此如初段이오 緣生則無性故로 非有니 如第二段이라 非有非無는 卽是中道니 如是離斷常等이니 可以思準이라

種芽는 橫喩萬法이오 如印生文은 卽豎喩諸法이니 涅槃云 '此陰亦滅하고 彼陰續生이 如蠟印印泥에 印壞文成等'이라하다 自下諸句는 通於橫豎라 了世心現은 亦唯心觀이니 以心爲緣하야 現而無性이 卽中道觀이라 餘竝可知니라【鈔_ '如種生芽'下는 唯就種芽하야 示中道相하고 餘竝畧之니라 說此中觀은 便收前二니 卽顯空假니 是此中道之空假耳오 非是從彼空假하야 入斯中矣니라

'如是離斷常'等者는 例釋上文 總離諸過니라

'種芽橫喩'者는 言知一切法故니 謂若善若惡과 若內若外 皆從自種假緣生故니라

'如印生文豎喩'者는 此陰亦滅은 言現在陰滅也오

'彼陰續生'者는 三世相望故니 卽涅槃經이라 須彌山頂品에 已引이어니와 今復畧示리니

謂此陰亦滅者는 中陰生也니 而此五陰이 不至中陰이나 中陰五陰이 非餘處來라 因現在陰하야 有中陰陰이니 如蠟印印泥者는 蠟印은 況於現在陰也오 泥上文成은 喩中陰陰也오 印壞者는 現陰滅也오 文成者는 中陰陰生也라 印不至泥는 如現在陰이 不至後陰이나 以印因緣而生是文이니 卽如因現在陰하야 有中陰陰也니라 現陰이 不至後陰은 卽是不常이오 後陰이 非餘處來라 因現陰有는 卽是不斷이니 不斷不常이 是中道義니라 餘如前說하다

'了世心現 亦唯心觀'者는 正是 中道일세 故致亦言이라 卽就唯心하야 以辨三觀이니 假心緣現은 卽假觀也오 現而無性은 卽空觀也오 上二不二는 卽中道觀也라 下法喩句는 對前可知니라】

"종자에서 싹이 돋아나는 것과 같다."는 것은 습기와 토질과 온도 등의 조건을 따라서 싹이 돋아나기 때문에 無랄 수는 없다. 이는 첫 단락에서 말한 바와 같다.

조건에 따라서 싹이 돋아난다는 것은 자성이 없는 것이기 때문에 有랄 수는 없다. 이는 제2 단락에서 말한 바와 같다. 有도 아니요, 無도 아닌 것이 바로 중도이다. 이와 같이 斷見과 常見 등을 여의어야 한다. 이 점을 생각하여 준해야 한다.

종자와 싹은 모든 법을 공간의 횡적으로 비유하였고, 도장에서 글자가 찍힌다는 것은 모든 법을 시간의 종적으로 비유하였다.

열반경에서 말하였다.

"이 陰이 또한 사라지고 저 陰이 이어서 나오는 것이 마치 밀랍의 도장으로 진흙에 도장을 찍으면 도장은 부서지지만 글자가 써지는 따위와 같다."

아래의 나머지 구절은 횡과 종으로 모두 통한다.

"세간이 마음으로 나타남을 안다."는 것 또한 唯心觀이다. 마음으로 반연이 되어 나타나되 체성이 없음이 곧 中道觀이다.

나머지는 모두 말하지 않아도 알 수 있다.【초_"종자에서 싹이 돋아나는 것과 같다."는 것은 오직 종자와 싹으로 중도의 모양을 보여주고, 나머지는 모두 생략하였다.

이 中觀을 말한 것은 앞의 2가지를 정리한 것이다. 이는 空觀과 假觀이 중도의 공관과 가관임을 나타낸 것이지, 그 공관과 가관으로부터 이 중도에 들어온 것은 아니다.

'如是離斷常' 등이란 위의 문장에서 말한 "모든 허물을 모두 여읨"에 대한 예를 들어 해석하였다.

"종자와 싹은 횡적으로 비유하였다."는 것은 일체 법을 아는 것으로 말한 때문이다. 선과 악, 안과 밖 모두가 그 자체 종자로부터 조건의 반연을 빌려 생겨나기 때문이다.

"도장에서 글자가 찍힌다는 것은 모든 법을 시간의 종적으로 비유하였다."는 것은 '이 陰이 또한 사라짐'은 현재의 陰이 사라지는 것으로 말하고, '저 陰이 이어서 나온다.'는 것은 삼세를 상대로 보기 때문이다. 이는 열반경에서 인용한 부분이다. 제13 승수미산정품에서 이미 인용했지만, 여기에서 다시 간추려 말하고자 한다.

'이 陰이 또한 사라짐'은 中陰生이다. 이 五陰이 中陰에 이르지 않으나 中陰 五陰이 나머지 다른 곳에서 오는 것이 아니라, 현재의 陰을 인하여 中陰의 음이 있는 것이다.

"밀랍의 도장으로 진흙에 도장을 찍는 것과 같다."는 밀랍의 도장이란 현재의 음을 비유한 것이고,

'진흙 위에 글자가 써지는' 것은 중음의 음을 비유한 것이며,

'도장이 부서지는' 것은 현음이 사라짐이고,

'글자가 써지는' 것은 중음의 음이 생겨남이다.

도장이 진흙에 이르지 않음은 현재의 음이 뒤의 음에 이르지

않음과 같으나, 도장의 인연으로 이 문장을 찍어낸 것이다. 이는 현재의 음을 인하여 중음의 음이 있음과 같다.

현재의 음이 뒤의 음에 이르지 않음은 常見이 아니고,

뒤의 음이 나머지 다른 곳에서 오는 것이 아니라 현재의 음을 인하여 있는 것은 斷見이 아니다.

단견도 아니고 상견도 아닌 것이 중도의 뜻이다. 나머지는 모두 앞에서 말한 바와 같다.

"세간이 마음으로 나타남을 안다는 것 또한 唯心觀이다."는 것은 바로 중도이기에 '또한[亦: 亦唯心觀]'이라 말한 것이다. 이는 유심관으로 三觀을 논하였다.

마음을 빌어 인연이 나타남은 假觀이며,

나타나되 자성이 없음은 空觀이며,

위의 2가지가 둘이 아님은 中道觀이다.

아래의 법과 비유의 구절은 앞 문장과 대조하여 살펴보면 말하지 않아도 알 수 있다.】

三 總結成益

(ㄷ) 성취의 이익을 총괄하여 끝맺다

經

善財童子 入如是智하야 **端心潔念**하야 **於樓觀前**에 **擧體**

投地하고 殷勤頂禮한대 不思議善根이 流注身心하야 淸凉悅澤하니라

　선재동자가 이러한 지혜에 들어가 단정한 마음, 조촐한 생각으로 누각 앞에서 엎드려 은근하게 절하였는데, 불가사의한 선근이 몸과 마음에 흘러들어 상쾌하고 기뻤다.

◉ 疏 ◉

初 入定申敬 竟하다
　제1 단락, 선정에 들어 공경의 마음을 펼친 부분을 끝마치다.

━━

第二 出定敬讚
於中三이니 初는 以身敬繞요 次는 以心敬念이오 後는 偈頌中에 以言敬讚이라
今은 初라
　제2 단락, 선정에서 나와 공경하면서 찬탄하다
　이 부분은 3단락이다.
　(ㄱ) 몸으로 공경하고 주위를 맴돌았고,
　(ㄴ) 마음으로 공경하고 생각하였으며,
　(ㄷ) 게송 부분은 말로써 공경하고 찬탄하였다.
　이는 '(ㄱ) 몸으로의 공경'이다.

經

從地而起하야 一心瞻仰하야 目不暫捨하며 合掌圍遶하야
經無量匝하니라

　　땅에서 일어나 한결같은 마음으로 우러러보면서, 잠시도 한눈 팔지 않고 합장하고 한량없이 돌았다.

―

二 以心敬念

　　(ㄴ) 마음으로 공경하고 생각하다

經

作是念言호되
此大樓閣이
是解空無相無願者之所住處며
是於一切法에 無分別者之所住處며
是了法界無差別者之所住處며
是知一切衆生不可得者之所住處며
是知一切法無生者之所住處며
是不着一切世間者之所住處며
是不着一切窟宅者之所住處며
是不樂一切聚落者之所住處며
是不依一切境界者之所住處며

是離一切想者之所住處며

是知一切法無自性者之所住處며

是斷一切分別業者之所住處며

是離一切想心意識者之所住處며

是不入不出一切道者之所住處며

　　이런 생각을 하였다.

　'이 큰 누각은 공하고 모양 없고 서원이 없음을 아는 분이 거주하신 곳이며,

　　이는 모든 법에 분별이 없는 분이 거주하신 곳이며,

　　이는 법계가 차별이 없음을 아는 분이 거주하신 곳이며,

　　이는 일체중생을 얻을 수 없음을 아는 분이 거주하신 곳이며,

　　이는 일체 법이 생겨남이 없음을 아는 분이 거주하신 곳이며,

　　이는 일체 세간에 집착하지 않은 분이 거주하신 곳이며,

　　이는 일체 주택에 집착하지 않은 분이 거주하신 곳이며,

　　이는 일체 마을을 좋아하지 않은 분이 거주하신 곳이며,

　　이는 일체 경계에 의지하지 않은 분이 거주하신 곳이며,

　　이는 일체 생각을 여읜 분이 거주하신 곳이며,

　　이는 일체 법이 자성이 없음을 아는 분이 거주하신 곳이며,

　　이는 일체 분별의 업을 끊은 분이 거주하신 곳이며,

　　이는 일체 생각과 마음과 의식을 여읜 분이 거주하신 곳이며,

　　이는 일체 도에 들어가지도 않고 나오지도 않은 분이 거주하신 곳이며,

是入一切甚深般若波羅蜜者之所住處며
是能以方便으로住普門法界者之所住處며
是息滅一切煩惱火者之所住處며
是以增上慧로除斷一切見愛慢者之所住處며
是出生一切諸禪解脫三昧通明하야而遊戲者之所住處며
是觀察一切菩薩三昧境界者之所住處며
是安住一切如來所者之所住處며

　이는 일체 아주 깊은 반야바라밀에 들어간 분이 거주하신 곳이며,

　이는 방편으로 보문법계에 머무른 분이 거주하신 곳이며,

　이는 일체 번뇌의 불길을 끈 분이 거주하신 곳이며,

　이는 증상의 지혜로 일체 소견, 애욕, 교만을 끊은 분이 거주하신 곳이며,

　이는 일체 선정, 해탈, 삼매, 신통과 밝음을 내어 유희하는 분이 거주하신 곳이며,

　이는 일체 보살의 삼매의 경계를 관찰한 분이 거주하신 곳이며,

　이는 일체 여래의 도량에 안주한 분이 거주하신 곳이며,

是以一劫으로入一切劫하고以一切劫으로入一劫호되而不壞其相者之所住處며

是以一剎로 入一切剎하고 以一切剎로 入一剎호되 而不壞其相者之所住處며

是以一法으로 入一切法하고 以一切法으로 入一法호되 而不壞其相者之所住處며

是以一衆生으로 入一切衆生하고 以一切衆生으로 入一衆生호되 而不壞其相者之所住處며

是以一佛로 入一切佛하고 以一切佛로 入一佛호되 而不壞其相者之所住處며

是於一念中에 而知一切三世者之所住處며

是於一念中에 往詣一切國土者之所住處며

    이는 하나의 겁으로 일체의 겁에 들어가고 일체의 겁으로 하나의 겁에 들어가되 그 형상을 무너뜨리지 않은 분이 거주하신 곳이며,

    이는 하나의 세계로 일체의 세계에 들어가고 일체의 세계로 하나의 세계에 들어가되 그 형상을 무너뜨리지 않은 분이 거주하신 곳이며,

    이는 하나의 법으로 일체의 법에 들어가고 일체의 법으로 하나의 법에 들어가되 그 형상을 무너뜨리지 않은 분이 거주하신 곳이며,

    이는 하나의 중생으로 일체의 중생에 들어가고 일체의 중생으로 하나의 중생에 들어가되 그 형상을 무너뜨리지 않은 분이 거주하신 곳이며,

이는 하나의 부처님으로 일체의 부처님에 들어가고 일체의 부처님으로 하나의 부처님에 들어가되 그 형상을 무너뜨리지 않은 분이 거주하신 곳이며,

이는 한 생각의 찰나에 일체 삼세를 아는 분이 거주하신 곳이며,

이는 한 생각의 찰나에 일체 국토를 찾아가는 분이 거주하신 곳이며,

是於一切衆生前에 悉現其身者之所住處며
是心常利益一切世間者之所住處며
是能徧至一切處者之所住處며
是雖已出一切世間이나 爲化衆生故로 而恒於中現身者之所住處며
是不着一切刹호되 爲供養諸佛故로 而遊一切刹者之所住處며
是不動本處하고 能普詣一切佛刹하야 而莊嚴者之所住處며
是親近一切佛호되 而不起佛想者之所住處며
是依止一切善知識호되 而不起善知識想者之所住處며
是住一切魔宮호되 而不耽着欲境界者之所住處며
是永離一切心想者之所住處며
是雖於一切衆生中에 而現其身이나 然於自他에 不生二想者之所住處며

是能普入一切世界호되 而於法界에 無差別想者之所住
處며
是願住未來一切劫호되 而於諸劫에 無長短想者之所住
處며
是不離一毛端處하고 而普現身一切世界者之所住處며
是能演說難遭遇法者之所住處며

　이는 일체중생의 앞에 모두 그 몸을 나타내는 분이 거주하신 곳이며,

　이는 마음으로 항상 일체 세간에 이익을 주는 분이 거주하신 곳이며,

　이는 일체 모든 곳을 두루 찾아가는 분이 거주하신 곳이며,

　이는 이미 일체 세간을 벗어났으나 중생의 교화를 위하여, 항상 중생의 속에 몸을 나타내는 분이 거주하신 곳이며,

　이는 일체 세계에 애착이 없지만 부처님께 공양하기 위하여 일체 세계를 찾아다니는 분이 거주하신 곳이며,

　이는 본래 자리에서 꼼짝하지 않고서 일체 세계에 두루 나아가 장엄한 분이 거주하신 곳이며,

　이는 일체 부처님을 가까이하면서도 부처님이란 생각을 일으키지 않은 분이 거주하신 곳이며,

　이는 일체 선지식을 의지하면서도 선지식이란 생각을 내지 않은 분이 거주하신 곳이며,

　이는 일체 마군의 궁전에 머물면서도 욕심 경계에 탐착하지

않은 분이 거주하신 곳이며,

　이는 일체 마음과 생각을 길이 여읜 분이 거주하신 곳이며,

　이는 일체중생 속에 몸을 나타내지만 나와 남에게 둘이란 생각을 내지 않은 분이 거주하신 곳이며,

　이는 일체 세계에 널리 들어가지만 법계에 대하여 차별의 생각이 없는 분이 거주하신 곳이며,

　이는 미래 세계의 일체 겁에 머물기를 원하면서도 모든 겁에 길다 짧다는 생각이 없는 분이 거주하신 곳이며,

　이는 한 털끝을 여의지 않으면서 일체 세계에 널리 몸을 나타내는 분이 거주하신 곳이며,

　이는 만나기 어려운 법을 연설하는 분이 거주하신 곳이며,

是能住難知法과 甚深法과 無二法과 無相法과 無對治法과 無所得法과 無戲論法者之所住處며
　이는 알기 어려운 법, 아주 깊은 법, 둘이 없는 법, 모양이 없는 법, 상대하여 다스림이 없는 법, 얻을 바 없는 법, 희론이 없는 법에 머무른 분이 거주하신 곳이며,

**是住大慈大悲者之所住處며
是已度一切二乘智하고 已超一切魔境界하고 已於世法에 無所染하고 已到菩薩所到岸하고 已住如來所住處者之所住處며**

是雖離一切諸相이나 而亦不入聲聞正位하고 雖了一切
法無生이나 而亦不住無生法性者之所住處며
是雖觀不淨이나 而不證離貪法하고 亦不與貪欲俱하며
雖修於慈나 而不證離瞋法하고 亦不與瞋垢俱하며 雖觀
緣起나 而不證離癡法하고 亦不與癡惑俱者之所住處며

　　이는 대자대비에 머무른 분이 거주하신 곳이며,

　　이는 이미 일체 이승의 지혜보다 뛰어나고, 이미 일체 마군의 경계를 초월하고, 이미 세간 법에 물든 바 없고, 이미 보살들이 이른 언덕에 이르렀고, 이미 여래가 머문 곳에 머무른 분이 거주하신 곳이며,

　　이는 일체 모든 형상을 여의었으나 또한 성문의 바른 지위에 들어가지 않고, 비록 일체 법이 생겨나지 않는 줄을 알면서도 또한 생겨나지 않는 법성에 머물지 않은 분이 거주하신 곳이며,

　　이는 부정함을 관찰하면서도 탐욕 여의는 법을 증득하지도 않고, 또한 탐욕과 함께하지도 않으며, 비록 인자함을 닦으면서도 성냄을 여의는 법을 증득하지도 않고, 또한 성내는 일과 함께하지도 않으며, 인연으로 생기는 법을 관찰하면서도 어리석음을 여의는 법을 증득하지도 않고, 또한 어리석음과 함께하지도 않은 분이 거주하신 곳이며,

**是雖住四禪이나 而不隨禪生하고 雖行四無量이나 爲化
衆生故로 而不生色界하고 雖修四無色定이나 以大悲故**

로 而不住無色界者之所住處며
是雖勤修止觀이나 爲化衆生故로 而不證明脫하고 雖行
於捨나 而不捨化衆生事者之所住處며
是雖觀於空이나 而不起空見하고 雖行無相이나 而常化
着相衆生하고 雖行無願이나 而不捨菩提行願者之所住
處며

  이는 사선정에 머물면서도 선정을 따라 태어나지 않고, 네 가지 한량없는 마음을 행하면서도 중생을 교화하기 위하여 색계에 태어나지 않고, 네 가지 무색계의 선정을 닦으면서도 크게 가엾이 여기므로 무색계에 머물지 않은 분이 거주하신 곳이며,

  이는 선정[止]과 지혜[觀]를 닦으면서도 중생을 교화하기 위하여 밝음과 해탈을 증득하지 않고, 비록 버리는 일을 행하면서도 중생 교화하는 일을 버리지 않은 분이 거주하신 곳이며,

  이는 공을 관하면서도 공하다는 소견을 일으키지 않고, 비록 모양이 없음을 행하면서도 항상 모양에 집착하는 중생을 교화하고, 비록 서원이 없음을 행하면서도 보리행원을 버리지 않은 분이 거주하신 곳이며,

是雖於一切業煩惱中에 而得自在나 爲化衆生故로 而
現隨順諸業煩惱하고 雖無生死나 爲化衆生故로 示受生
死하고 雖已離一切趣나 爲化衆生故로 示入諸趣者之所
住處며

是雖行於慈나 而於諸衆生에 無所愛戀하고 雖行於悲나 而於諸衆生에 無所取着하고 雖行於喜나 而觀苦衆生하야 心常哀愍하고 雖行於捨나 而不廢捨利益他事者之所住處며

이는 일체 업과 번뇌에 자재하면서도 중생을 교화하기 위하여 모든 업과 번뇌를 따르며, 비록 생사가 없으면서도 중생을 교화하기 위하여 생사를 받으며, 비록 이미 일체 세계의 길을 여의었으나 중생을 교화하기 위하여 여러 길에 일부러 들어가는 분이 거주하신 곳이며,

이는 사랑을 행하면서도 중생에게 애착이 없으며, 비록 가엾이 여기는 마음을 가지면서도 중생에게 집착한 바 없으며, 비록 기뻐함을 행하면서도 고통받는 중생을 보면서 마음으로 항상 불쌍히 여기며, 비록 버림을 행하면서도 다른 이의 이익되는 일을 버리지 않은 분이 거주하신 곳이며,

是雖行九次第定이나 而不厭離欲界受生하고
雖知一切法이 無生無滅이나 而不於實際에 作證하고
雖入三解脫門이나 而不取聲聞解脫하고
雖觀四聖諦나 而不住小乘聖果하고
雖觀甚深緣起나 而不住究竟寂滅하고
雖修八聖道나 而不求永出世間하고
雖超凡夫地나 而不墮聲聞辟支佛地하고

雖觀五取蘊이나 而不永滅諸蘊하고
雖超出四魔나 而不分別諸魔하고
雖不着六處나 而不永滅六處하고
雖安住眞如나 而不墮實際하고
雖說一切乘이나 而不捨大乘이니

이는 아홉 가지 차례로 닦는 선정을 행하면서도 욕계에 몸을 받아 태어남을 싫어하지 않으며,

일체 법이 생겨나지도 않고 사라지지도 않음을 알면서도 실제를 증득하지 않으며,

세 가지 해탈[空·無相·無願解脫] 법문에 들어갔음에도 성문의 해탈을 취하지 않으며,

사성제를 관찰하면서도 소승의 과위에 머물지 않으며,

아주 깊은 인연으로 생겨남을 관찰하면서도 마지막 경계의 적멸에 머물지 않으며,

팔성도를 닦으면서도 영원히 세간에서 벗어나기를 구하지 않으며,

범부의 지위를 초월했으나 성문과 벽지불의 지위에 떨어지지 않으며,

오온을 관찰하면서도 영원히 오온을 없애지 않으며,

네 가지 마군[天魔·煩惱魔·陰魔·死魔]에서 벗어났지만 모든 마군을 분별하지 않으며,

여섯 곳[六處: 六根, 眼耳鼻舌身意]에 집착하지 않으면서도 영원히

여섯 곳을 없애지 않으며,

　진여에 안주하면서도 실제에 떨어지지 않으며,

　일체 승을 말하면서도 대승을 버리지 않는다.

此大樓閣이 是住如是等一切諸功德者之所住處로다
　이 큰 누각은 이와 같은 일체 공덕에 머무른 분이 거주하신 곳이다.'

◉ 疏 ◉

二中에 擧能住者德하야 歎所住樓閣이라

初句는 具顯일새 故此大樓閣之言은 貫通諸句니라

於中에 分十이니

初는 約境顯勝이오

二 '是入一切甚深'下는 約德顯妙오

三 '是以一劫'下는 約用顯自在오

四 '是於一切衆生前'下는 約行顯勝이오

五 '是能住難知法'下는 約觀顯深이오

六 '是住大慈悲'下는 約對治顯勝이오

七 '是雖住四禪'下는 約止觀明自在오

八 '是雖於一切業煩惱'下는 約利他行顯勝이오

九 '是雖行九次第定'下는 約護小乘行明自在오

十 '此大樓閣'下는 結德所住니라

於前九中에 除初二及五코 餘皆約權實事理雙行이라【鈔_ 歎所住樓閣은 義理宏博하고 經文浩大하니 類例可知일세 故不委釋이라】

'(ㄴ) 마음으로 공경하고 생각한' 부분에서는 누각에 거주할 만한 공덕을 갖춘 이를 들어서 거주할 대상의 누각을 찬탄하였다. 첫 구절은 구체적으로 밝혔다. 이 때문에 '대누각' 3글자는 모든 구절에 통하고 있다.

이는 10단락으로 나뉜다.

① 경계를 들어 훌륭함을 나타냈고,

② '是入一切甚深' 이하는 공덕을 들어 미묘함을 밝혔으며,

③ '是以一劫' 이하는 작용을 들어 자재함을 나타냈고,

④ '是於一切衆生前' 이하는 행을 들어 훌륭함을 밝혔으며,

⑤ 是能住難知法' 이하는 관찰을 들어 심오함을 나타냈고,

⑥ 是住大慈悲' 이하는 다스림을 들어 훌륭함을 밝혔으며,

⑦ '是雖住四禪' 이하는 止·觀을 들어 자재함을 나타냈고,

⑧ '是雖於一切業煩惱' 이하는 이타행을 들어 훌륭함을 밝혔으며,

⑨ '是雖行九次第定' 이하는 소승행의 비호를 들어 자재함을 나타냈고,

⑩ '此大樓閣' 이하는 거주할 수 있는 바의 공덕을 끝맺었다.

앞의 9가지 가운데 첫째 2가지 및 5가지를 제외하고, 나머지는 모두 權敎와 實敎, 사법계와 이법계를 모두 행하는 것으로 말하였다.【초_ 거주할 누각을 찬탄함은 의리가 크고 드넓으며, 경문의 규

모가 대단하다. 유례로 알 수 있기에 자세히 해석하지 않는다.】

第三 偈頌 以言敬讚
　㈐ 게송
　말로써 공경하고 찬탄하였다.

經

爾時에 善財童子 而說頌言하되
　그때, 선재동자는 게송으로 말하였다.

如是大悲淸淨智로　　　利益世間慈氏尊의
灌頂地中佛長子　　　　入如來境之住處로다
　이처럼 대자비 청정한 지혜
　세간에 이익 주는 미륵보살
　관정지위의 부처님 맏이
　여래 경계 미묘한 곳에 드셨어라

一切名聞諸佛子　　　　已入大乘解脫門하야
遊行法界心無着한　　　此無等者之住處로다
　온 세계 알려진 부처님 아들
　대승 해탈문에 이미 들어가

123

법계 다니면서도 집착의 마음 없는

견줄 데 없는 분이 머무시는 곳

● 疏 ●

五十五偈는 分二니

前三十四偈는 七言이니 擧德歎處오

後二十一偈는 五言이니 指處明德이라

前中二니

初二는 總歎이니 一은 約行位오 一은 約名德이라

 55수 게송은 2단락이다.

 앞의 34수 게송은 7언으로 공덕을 들어 거처를 찬탄하였고,

 뒤의 21수 게송은 5언으로 거처를 지목하여 공덕을 밝혔다.

 앞부분은 2단락이다.

 첫 2수 게송은 총상의 찬탄이다.

 제1게송은 행의 지위로 말하였고,

 제2게송은 명성 공덕으로 말하였다.

經

施戒忍進禪智慧와   方便願力及神通의
如是大乘諸度法을   悉具足者之住處로다

 보시, 지계, 인욕, 정진, 선정, 지혜

 방편, 서원, 힘, 신통까지

이처럼 대승의 모든 바라밀을

모두 갖춘 분이 머무시는 곳

智慧廣大如虛空하야　　普知三世一切法이
無礙無依無所取하야　　了知有者之住處로다

　　지혜의 광대함 허공 같아

　　삼세의 일체 법 널리 아시어

　　걸림 없고 의지 없고 집착 없이

　　25유 세계 아는 분이 머무시는 곳

善能解了一切法이　　　無性無生無所依하야
如鳥飛空得自在한　　　此大智者之住處로다

　　모든 법이 자성 없고 나지도 않고

　　의지한 바 없음을 잘 알고서

　　허공에 새 날 듯이 자재하신

　　큰 지혜 있는 분이 머무시는 곳

了知三毒眞實性이　　　分別因緣虛妄起호되
亦不厭彼而求出하는　　此寂靜人之住處로다

　　삼독의 진실한 성품이

　　분별인연의 허망한 데서 일어남을 잘 알지만

　　그걸 싫다고 벗어남을 구하지도 않는

이처럼 고요한 분이 머무시는 곳

三解脫門八聖道와　　　　諸蘊處界及緣起를
悉能觀察不趣寂하는　　　此善巧人之住處로다

　3가지 해탈문과 8성도
　5온, 12처, 18계, 12연기를
　살피고서도 고요한 데 나가지 않는
　훌륭하고 뛰어난 분이 머무시는 곳

十方國土及衆生을　　　　以無礙智咸觀察하야
了性皆空不分別하는　　　此寂滅人之住處로다

　시방 국토와 일체중생을
　걸림 없는 지혜로 모두 살펴
　자성이 모두 공한 줄 알고서 분별 않는
　고요한 데 드신 분이 머무시는 곳

普行法界悉無礙호되　　　而求行性不可得이
如風行空無所行하는　　　此無依者之住處로다

　법계 널리 다니는 데 걸림 없으나
　행하신 성품 찾아봐도 얻을 수 없음이
　허공의 바람처럼 자취 없는
　의지 없는 분이 머무시는 곳

◉ 疏 ◉

餘偈는 別約德行이라

於中四니 初有七偈는 約自利勝行이라

> 나머지 게송은 개별로 덕행을 들어 말하였다.
>
> 이 부분은 4단락이다.
>
> 첫 7수 게송은 훌륭한 자리행으로 말하였다.

經

普見惡道群生類　　　受諸楚毒無所歸하고
放大慈光悉除滅하는　　此哀愍者之住處로다

> 삼악도의 많은 중생
>
> 고통받으며 갈 곳 없음을 널리 보고서
>
> 대자비 광명으로 모두 없애주는
>
> 가엾이 여긴 분이 머무시는 곳

見諸衆生失正道　　　譬如生盲踐畏途하고
引其令入解脫城하는　　此大導師之住處로다

> 바른길 잃은 모든 중생
>
> 소경이 위험한 길 걷는 듯
>
> 그를 이끌어 해탈성에 들게 하는
>
> 이런 길잡이 분이 머무시는 곳

見諸衆生入魔網하야　　生老病死常逼迫하고
令其解脫得慰安하는　　此勇健人之住處로다

　　마군의 그물에 걸려든 중생이
　　나고 늙고 병들고 죽음에 시달리는 것 보고서
　　그들을 해탈시켜 위안을 주는
　　그런 용맹한 분이 머무시는 곳

見諸衆生嬰惑病하고　　而興廣大悲愍心하야
以智慧藥悉除滅하는　　此大醫王之住處로다

　　미혹의 병을 앓는 중생 보고서
　　가엾이 여기는 마음 크게 내어
　　지혜의 약으로 없애주는
　　그런 큰 의원이 머무시는 곳

見諸群生沒有海하야　　沈淪憂迫受衆苦하고
悉以法船而救之하는　　此善度者之住處로다

　　중생이 25유 생사 바다에 빠져
　　헤매고 근심하며 고통받는 것 보고서
　　모두 법의 배로 구제해주는
　　그런 뱃사공이 머무시는 곳

見諸衆生在惑海하야　　能發菩提妙寶心하야

悉入其中而濟拔하는　　此善漁人之住處로다

    중생이 미혹의 바다 헤맴을 보고서
    보리의 미묘한 보배 마음 내어
    그 가운데 들어가 구제해주는
    그런 훌륭한 어부가 머무시는 곳

恒以大願慈悲眼으로　　普觀一切諸衆生하고
從諸有海而拔出하는　　此金翅王之住處로다

    언제나 큰 서원과 자비의 눈으로
    일체중생 널리 살피고
    3계 25유 세계에서 건져내주는
    그런 가루라왕이 머무시는 곳

譬如日月在虛空에　　一切世間靡不燭하야
智慧光明亦如是한　　此照世者之住處로다

    해와 달이 허공에 높이 떠
    일체 세간 비추시 않는 네 없듯이
    지혜 광명 또한 그처럼
    세간 비춰주는 분이 머무시는 곳

菩薩爲化一衆生하야　　普盡未來無量劫하나니
如爲一人一切爾한　　此救世者之住處로다

보살이 하나의 중생 교화 위해
미래 한량없는 겁 다했는데
한 사람 위하듯 일체중생 그처럼
세간 구제하는 분이 머무시는 곳

於一國土化衆生호되   **盡未來劫無休息**하며
一一國土咸如是하는   **此堅固意之住處**로다

한 국토의 중생을 교화하되
미래 세월 다하도록 멈춤 없고
하나하나 국토 모두 그처럼
굳건한 뜻 지닌 분이 머무시는 곳

◉ 疏 ◉

二有十偈는 歎利他行勝이라

둘째, 10수 게송은 훌륭한 이타행을 찬탄하였다.

經

十方諸佛所說法을   **一座普受咸令盡**호되
盡未來劫恒亦然하는   **此智海人之住處**로다

시방 부처님의 설법을
한자리에 모두 받아 다하되
미래 겁 다하도록 항상 그처럼

그런 지혜 바다 지닌 분이 머무시는 곳

徧遊一切世界海하며　　**普入一切道場海**하며
供養一切如來海하는　　**此修行者之住處**로다

　일체 세계 바다 두루 노닐고
　일체 도량 바다 널리 들어가
　일체 여래 바다 공양하는
　그런 행을 닦는 분이 머무시는 곳

修行一切妙行海하며　　**發起無邊大願海**하야
如是經於衆劫海하는　　**此功德者之住處**로다

　일체 미묘한 행 닦아 행하고
　그지없는 서원 바다 일으켜
　이처럼 수많은 겁 지내는
　그런 공덕 지닌 분이 머무시는 곳

一毛端處無量刹과　　**佛衆生劫不可說**을
如是明見靡不周하는　　**此無礙眼之住處**로다

　한 털끝에 한량없는 세계
　말할 수 없는 무량제불, 무량중생, 무량겁을
　이처럼 분명히 볼 수 있는
　그런 걸림 없는 눈 지닌 분이 머무시는 곳

一念普攝無邊劫과　　國土諸佛及衆生하야
智慧無礙悉正知하는　此具德人之住處로다

　　한 생각에 그지없는 겁과
　　무변국토, 무변제불, 무변중생 받아들여
　　걸림 없는 지혜로 바로 아는
　　그런 공덕 갖춘 분이 머무시는 곳

十方國土碎爲塵하고　　一切大海以毛滴하야
菩薩發願數如是한　　　此無礙者之住處로다

　　시방세계 부수어 티끌 만들고
　　큰 바닷물 털끝으로 찍어낸 것처럼
　　보살의 발원 수효 그와 같이
　　걸림 없는 분이 머무시는 곳

成就總持三昧門과　　　大願諸禪及解脫하야
一一皆住無邊劫하는　　此眞佛子之住處로다

　　다라니, 삼매 법문
　　서원, 선정, 해탈 모두 성취하여
　　하나하나 그지없는 겁을 머무는
　　그런 참 불자 머무시는 곳

無量無邊諸佛子　　　　種種說法度衆生하며

亦說世間衆技術하는　　此修行者之住處로다
　　한량없고 그지없는 불자
　　가지가지 설법으로 중생 구제하고
　　세간의 모든 기예 말씀하시는
　　그런 수행자가 머무시는 곳

◉ 疏 ◉

三有八偈는 歎功德勝이라
　　셋째, 8수 게송은 훌륭한 공덕을 찬탄하였다.

經

成就神通方便智하고　　修行如幻妙法門하야
十方五趣悉現生하는　　此無礙者之住處로다
　　신통 방편 지혜 성취하고
　　요술 같은 미묘 법문 닦으면서
　　시방세계 다섯 길에 몸을 나타내는
　　그런 걸림 없는 분이 머무시는 곳

菩薩始從初發心으로　　具足修行一切行하야
化身無量徧法界하는　　此神力者之住處로다
　　보살이 처음 발심할 적부터
　　모든 행 두루 갖춰 수행하며

한량없는 법계에 널리 몸을 나타내는

그런 신통 있는 분이 머무시는 곳

一念成就菩提道하야　普作無邊智慧業이여
世情思慮悉發狂하는　此難量者之住處로다

한 생각에 보리도 성취하여

그지없는 지혜의 업 널리 지으신 분

세간 중생 생각으로 모두 발광하는

그런 헤아릴 수 없는 분이 머무시는 곳

成就神通無障礙하야　遊行法界靡不周호되
其心未嘗有所得한　此淨慧者之住處로다

신통 성취하여 걸림 없고

법계 두루 아니 간 곳 없지만

그 마음 조금도 얻은 바 없는

그런 청정 지혜 지닌 분이 머무시는 곳

菩薩修行無礙慧하야　入諸國土無所着하며
以無二智普照明하는　此無我者之住處로다

보살이 걸림 없는 지혜 닦아

여러 국토 들어가도 집착 없고

둘이 없는 지혜로 널리 비추는

'나'라는 마음 없는 분이 머무시는 곳

了知諸法無依止하야　　　本性寂滅同虛空하고
常行如是境界中하는　　　此離垢人之住處로다

모든 법이 의지 없어
본성이 고요함 허공 같음 알고서
이런 경계에서 항상 행하는
그처럼 때 여읜 분이 머무시는 곳

普見群生受諸苦하고　　　發大仁慈智慧心하야
願常利益諸世間하는　　　此悲愍者之住處로다

온갖 고통 받는 중생 보고서
대자비 지혜의 마음 일으켜
모든 세간 항상 이익되기 원하는
그처럼 가엾이 여긴 분이 머무시는 곳

 疏

四有七偈는 歎方便勝이라

넷째, 7수 게송은 훌륭한 방편을 찬탄하였다.

經

佛子住於此하사　　　普現衆生前이

猶如日月輪하야　　　　　遍除生死暗이로다
　　불자 여기 머물면서
　　중생 앞에 두루 나타내는 몸
　　태양과 달처럼
　　생사의 어둠을 없애주어라

佛子住於此하사　　　　　普順衆生心하야
變現無量身하사　　　　　充滿十方刹이로다
　　불자 여기 머물면서
　　중생의 마음 널리 따라
　　한량없는 몸 나타내어
　　시방세계 가득하여라

佛子住於此하사　　　　　遍遊諸世界의
一切如來所를　　　　　　無量無數劫이로다
　　불자 여기 머물면서
　　모든 세계 여래 계신 도량
　　두루 찾아가신 오랜 세월
　　한량없고 셀 수 없어라

佛子住於此하사　　　　　思量諸佛法을
無量無數劫호되　　　　　其心無厭倦이로다

불자 여기 머물면서
　　모든 부처님의 법을
　　한량없고 수없는 겁 생각하면서도
　　그 마음 싫음이 없어라

佛子住於此하사　　　　　念念入三昧하야
一一三昧門에　　　　　　闡明諸佛境이로다
　　불자 여기 머물면서
　　생각마다 삼매에 들어
　　하나하나 삼매문에서
　　모든 부처 경계 밝혀주어라

佛子住於此하사　　　　　悉知一切刹에
無量無數劫의　　　　　　衆生佛名號로다
　　불자 여기 머물면서
　　일체 세계의
　　한량없는 세월에 스쳐간
　　중생과 부처님 이름 모두 아노라

佛子住於此하사　　　　　一念攝諸劫하야
但隨衆生心하고　　　　　而無分別想이로다
　　불자 여기 머물면서

한 생각에 모든 겁 거둬들이되
중생의 마음 따를 뿐
분별의 생각 없어라

佛子住於此하사　　修習諸三昧하야
一一心念中에　　　了知三世法이로다
　불자 여기 머물면서
　모든 삼매 닦아 익히고
　하나하나 마음속에
　삼세 법 분명히 아노라

佛子住於此하사　　結跏身不動하고
普現一切刹　　　　一切諸趣中이로다
　불자 여기 머물면서
　꼼짝하지 않고 가부좌한 채
　일체 세계
　모든 길에 몸을 나타내어라

佛子住於此하사　　飮諸佛法海하며
深入智慧海하니　　具足功德海로다
　불자 여기 머물면서
　제불의 법 바다 모두 마시고

지혜 바다 깊이 들어가니
공덕 바다 구족하여라

佛子住於此하사 **悉知諸刹數**와
世數衆生數하며 **佛名數亦然**이로다

    불자 여기 머물면서
    모든 세계 수효 모두 알고
    세간의 수효, 중생의 수효
    부처의 명호와 수효 또한 아노라

佛子住於此하사 **一念悉能了**
一切三世中에 **國土之成壞**로다

    불자 여기 머물면서
    한 생각의 찰나에 모두 알고 있다
    일체 삼세 가운데
    국토가 이뤄지고 무너지는 것을

佛子住於此하사 **普知佛行願**과
菩薩所修行과 **衆生根性欲**이로다

    불자 여기 머물면서
    부처님의 행과 서원
    보살이 닦아온 수행

중생의 근성을 모두 아노라

佛子住於此하사　　　　見一微塵中에
無量刹道場과　　　　　衆生及諸劫하고
　　불자 여기 머물면서
　　한 티끌 속에서
　　한량없는 세계와 도량
　　중생과 겁을 모두 보았어라

如一微塵內하야　　　　一切塵亦然하사
種種咸具足하며　　　　處處皆無礙로다
　　한 티끌 속을 보았던 것처럼
　　모든 티끌 또한 그러하고
　　가지가지 모두 갖춰
　　곳곳 모두 걸림 없어라

佛子住於此하사　　　　普觀一切法과
衆生刹及世　　　　　　無起無所有하며
　　불자 여기 머물면서
　　모두 보았다, 일체 불법과
　　일체중생, 일체 국토, 일체 세계가
　　일어나지도 있지도 않다는 것을

觀察衆生等과   法等如來等과
刹等諸願等과   三世悉平等이로다

    중생의 평등
    법의 평등, 여래의 평등
    세계의 평등, 서원의 평등
    삼세의 평등 모두 보았노라

佛子住於此하사   教化諸群生하며
供養諸如來하며   思惟諸法性하시니

    불자 여기 머물면서
    모든 중생을 교화하고
    모든 여래께 공양하고
    모든 법성 사유하시니

無量千萬劫의   所修願智行이
廣大不可量이라   稱揚莫能盡이로다

    한량없는 천만 겁에
    닦아온 서원과 지혜행이
    광대하기 한량없어
    이루 칭찬할 수 없어라

彼諸大勇猛이   所行無障礙하야

安住於此中이실세 　　　我合掌敬禮하노이다
　저 크나큰 용맹으로
　행한 바 걸림 없이
　대누각에 계시오니
　합장하고 경례하나이다

諸佛之長子인 　　　聖德慈氏尊이여
我今恭敬禮하노니 　　　願垂顧念我하소서
　부처님의 맏이이신
　거룩하신 미륵보살이여
　제가 이제 공경하고 경례하오니
　저를 굽어 돌아보소서

● 疏 ●

後五言은 指處明德中에 雖復語依나 意在歎正이라
於中六이니 初二는 下化오 次二는 上觀이오 三有五偈는 明三昧自
在오 四有七偈는 明智慧廣深이오 五有一偈는 顯平等이오 六有四
偈는 結德申敬하야 求哀請加니라

　뒤의 5언은 누각의 처소를 가리키면서 공덕을 밝힌 부분에서 비록 다시 의보를 말했지만, 그 뜻은 정보를 찬탄함에 있다.
　이 부분은 6단락이다.
　① 2수 게송은 아래로 중생을 교화하고,

② 2수 게송은 위로 일체 법을 관찰하며,

　　③ 5수 게송은 삼매의 자재를 밝혔고,

　　④ 7수 게송은 지혜가 광대하고 깊음을 밝혔으며,

　　⑤ 1수 게송은 평등을 나타내고,

　　⑥ 4수 게송은 공덕의 찬탄을 끝맺고 경례를 펴면서, 가엾이 여겨주기를 구하고 가피를 청하였다.

已上은 見依報 竟하다

　　이상은 (1) 의보를 본 부분을 끝마치다.

一

第二 見正報

中二니 一見 二敬이라

　　(2) 정보를 보다

　　이 부분은 2단락이다.

　　제1 단락, 친견이며,

　　제2 단락, 경례이다.

經

爾時에 善財童子 以如是等 一切菩薩無量稱揚讚歎法으로 而讚毘盧遮那莊嚴藏大樓閣中諸菩薩已하고 曲躬合掌하며 恭敬頂禮하야 一心願見彌勒菩薩하야 親近供養이러니

乃見彌勒菩薩摩訶薩이 **從別處來**하사대 **無量天龍夜叉乾闥婆阿修羅迦樓羅緊那羅摩睺羅伽王**과 **釋梵護世와 及本生處無量眷屬**과 **婆羅門衆과 及餘無數百千衆生**이 **前後圍遶**하야 **而共來向莊嚴藏大樓觀所**하고

그때, 선재동자는 이처럼 보살들의 한량없이 칭찬하고 찬탄하는 법으로, 비로자나 장엄장 큰 누각 안에 있는 보살들을 찬탄하고서 허리 굽혀 합장하고 공경하고 예배하고, 하나같은 마음으로 미륵보살을 뵙고 가까이하고 공양하기를 원하였다.

이에 미륵보살마하살이 다른 곳에서 오시는데, 한량없는 하늘, 용, 야차, 건달바, 아수라, 가루라, 긴나라, 마후라가왕과, 제석천왕, 범천왕, 사천왕과 본래 태어난 곳에 있었던 한량없는 권속과 바라문, 수없는 백천 중생들이 앞뒤로 둘러싼 채, 장엄장 누각으로 향하시는 것을 보았다.

● 疏 ●

見中二니
先은 翹心願覲이오
後 '乃見'下는 正覲慈尊이라
言 '別處來'者는 攝化就機故오 還來歸本故오 亦顯慈氏應念而 至하야 不著處故니라

　　제1 단락, 친견이다. 이 부분은 2단락이다.
　　앞은 간절한 마음으로 친견하기를 원하였고,

뒤의 '乃見' 이하는 바로 미륵보살을 보았다.

"다른 곳에서 왔다[別處來]."고 말한 것은 중생을 받아들여 교화함이 중생을 따라 찾아가기 때문이며, 다시 본래 자리로 돌아온 때문이며, 또한 미륵보살은 중생의 생각을 따라 찾아오기에 어느 한 곳에 집착하지 않음을 밝힌 때문이다.

第二 明設敬儀
於中五니
一은 身心敬禮오 二는 讚德記蔚이오 三은 重申敬儀오 四는 再讚再記오 五는 慶遇念恩이라

제2 단락, 친견하고 절을 올린 거동을 밝히다

이 부분은 5단락으로 나뉜다.

(ㄱ) 몸과 마음으로 공경하고 절을 올렸으며,

(ㄴ) 선재의 공덕을 찬탄하면서 기별을 내렸으며,

(ㄷ) 선재가 다시 공경하고 절을 올렸으며,

(ㄹ) 미륵이 다시 찬탄하면서 기별을 내렸으며,

(ㅁ) 미륵과의 만남을 경하하면서 그 은혜를 생각하였다.

〈이는 '(ㄱ) 절을 올린' 부분이다.〉

經
善財 見已에 歡喜踊躍하야 五體投地하니라

선재동자가 미륵보살을 보고서 기쁜 마음에 발을 구르면서 두 팔꿈치, 두 무릎, 이마를 땅에 대고 절하였다.

二 讚德記莂
 (ㄴ) 선재의 공덕을 찬탄하면서 기별을 내리다

經
時에 **彌勒菩薩**이 **觀察善財**하고 **指示大衆**하사 **歎其功德**하야 **而說頌曰**
 그때, 미륵보살은 선재동자를 살펴보고 대중에게 그의 공덕을 찬탄하면서 게송으로 말하였다.

汝等觀善財하라   **智慧心淸淨**하니
爲求菩提行하야   **而來至我所**로다
 그대들은 선재를 보라
 지혜 있고 청정한 마음으로
 보리행 구하기 위해
 나의 도량에 찾아온 것을

◉ 疏 ◉
有二하니

先은 長行이라 指示者는 令衆同覩하야 倣而行故니라
後偈는 正讚이니 有百一十三頌이라
分三이니
初一은 指衆總歎이오 末後一偈는 畧示後友니라

2단락이다.

앞은 산문이다. '指示大衆'의 指示는 대중으로 하여금 모두 선재를 보면서 그를 본받아 그처럼 행하도록 하고자 한 때문이다.

뒤의 게송은 바로 선재에 대한 찬탄이다. 113수 게송이다.

3단락이다.

첫 단락의 1수 게송은 대중에게 가리켜 말하면서 총괄하여 찬탄하였고,

마지막 단락의 1수 게송은 뒤의 선지식을 간단하게 보여주었다.

經

善來圓滿慈며　　　　　善來淸淨悲며
善來寂滅眼이여　　　　修行無懈倦이로다

　잘 왔다, 원만하고 인자한 이여
　잘 왔다, 청정하고 자비한 이여
　잘 왔다, 고요한 눈을 지닌 이여
　수행에 게으름 없어라

善來淸淨意며　　　　　善來廣大心이며

善來不退根이여 修行無懈倦이로다
  잘 왔다, 청정한 뜻을 지닌 이여
  잘 왔다, 광대한 마음을 지닌 이여
  잘 왔다, 물러서지 않은 선근을 지닌 이여
  수행에 게으름 없어라

善來不動行이여 常求善知識하야
了達一切法하며 調伏諸群生이로다
  잘 왔다, 흔들리지 않은 이여
  항상 선지식을 찾아
  모든 법 통달하고
  중생을 조복하여라

善來行妙道며 善來住功德이며
善來趣佛果여 未曾有疲倦이로다
  잘 왔다, 미묘한 도를 행한 이여
  잘 왔다, 공덕에 머문 이여
  잘 왔다, 부처 지위 나간 이여
  조금도 게으름 없어라

善來德爲體며 善來法所滋며
善來無邊行이여 世間難可見이로다

잘 왔다, 덕으로 몸을 삼고
　　잘 왔다, 법에 젖은 이여
　　잘 왔다, 그지없는 행을 지닌 이여
　　세간에 만나보기 어려워라

善來離迷惑이여　　　　　　**世法不能染**이며
利衰毀譽等에　　　　　　　**一切無分別**이로다
　　잘 왔다, 미혹 여읜 이여
　　세간 법에 물들지 않고
　　이익 쇠퇴하고 훼방 칭찬에
　　일체 분별심 없어라

善來施安樂이여　　　　　　**調柔堪受化**니
諂誑瞋慢心을　　　　　　　**一切悉除滅**이로다
　　잘 왔다, 안락을 베푼 이여
　　길들여진 몸, 교화받아
　　아첨, 속임, 성냄, 교만의 마음
　　일체 모두 없앴어라

善來眞佛子여　　　　　　　**普詣於十方**하야
增長諸功德하야　　　　　　**調柔無懈倦**이로다
　　잘 왔다, 참 불자여

시방 선지식 모두 찾아가
모든 공덕 키우면서
길들여진 몸, 게으름 없어라

善來三世智여　　　偏知一切法하며
普生功德藏하야　　修行無疲厭이로다

　잘 왔다, 삼세 지혜 지닌 이여
　일체 법 두루 알며
　공덕 법장 두루 내어
　수행에 고달픔 없어라

文殊德雲等　　　一切諸佛子
令汝至我所하며　　示汝無礙處어늘

　문수보살, 덕운비구 등
　일체 모든 불자가
　그대를 내게 보내주고
　그대에게 걸림 없는 곳 보여주어

具修菩薩行하야　　普攝諸群生하니
如是廣大人이　　　今來至我所로다

　보살행 갖춰 닦고서
　모든 중생 널리 받아들이니

이처럼 크나큰 사람이
지금 나를 찾아왔노라

爲求諸如來의　　　　　　淸淨之境界하며
問諸廣大願하야　　　　　而來至我所로다
　모든 여래의
　청정한 경계 구하고자
　광대한 서원 물으면서
　나를 찾아왔노라

去來現在佛의　　　　　　所成諸行業을
汝欲皆修學하야　　　　　而來至我所로다
　과거·미래·현재의 부처님이
　성취하신 행과 업을
　그대 닦아 배우고자
　나를 찾아왔노라

汝於善知識에　　　　　　欲求微妙法하며
欲受菩薩行하야　　　　　而來至我所로다
　그대는 선지식에게
　미묘한 법 구하고자
　보살행 받들고자

나를 찾아왔노라

汝念善知識이　　　　　諸佛所稱歎이며
令汝成菩提하야　　　　而來至我所로다
　　　그대는 선지식이
　　　부처님 칭찬했던 바로
　　　그대 보리행 성취코자 함을 생각하고서
　　　나를 찾아왔노라

汝念善知識이　　　　　生我如父母하며
養我如乳母하야　　　　增我菩提分하며
　　　그대는 선지식이
　　　날 낳아주신 부모처럼
　　　날 길러주신 유모처럼
　　　나의 보리분법 키워줌 생각하고

如醫療衆疾하며　　　　如天灑甘露하며
如日示正道하며　　　　如月轉淨輪하며
　　　모든 질병 고쳐주는 의사처럼
　　　단이슬 내려주는 하늘처럼
　　　바른길 보여주는 태양처럼
　　　청정한 바퀴 굴리는 달처럼

如山不動搖하며 　　　　如海無增減하며
如船師濟渡하야 　　　　而來至我所로다

　　흔들리지 않는 산처럼
　　늘거나 줄지 않는 바다처럼
　　건네주는 뱃사공처럼 생각하고서
　　나를 찾아왔노라

汝觀善知識이 　　　　猶如大猛將하며
亦如大商主하며 　　　　又如大導師하야

　　그대는 보라. 선지식이란
　　용맹한 장수와 같고
　　큰 장사 물주와 같고
　　큰 길잡이와 같아서

能建正法幢하며 　　　　能示佛功德하며
能滅諸惡道하며 　　　　能開善趣門하며

　　바른 법의 당기를 세우고
　　부처님 공덕을 보여주며
　　모든 악도 없애주고
　　착한 길 가는 문 열어주며

能顯諸佛身하며 　　　　能守諸佛藏하며

能持諸佛法일세　　　　是故願瞻奉이로다

　부처님의 몸 밝혀주고
　부처님 법장 잘 지키며
　불법을 잘 지니기에
　그를 우러러 받드노라

欲滿淸淨智하며　　　　欲具端正身하며
欲生尊貴家하야　　　　而來至我所로다

　청정 지혜 원만을 위해
　단정한 몸 갖추기 위해
　존귀한 집 태어나기 위해
　나를 찾아왔노라

● 疏 ●

中間諸偈는 別歎勝德이라
於中三이니 初 二十二偈는 直對善財歎이라
於中亦三이니 初九는 讚德善來오 次二는 明來因緣이니 以外由善友하고 內具德行故오 後十一偈는 明來所爲니라

　중간 부분의 모든 게송은 훌륭한 공덕을 개별로 찬탄하였다.
　이 부분은 3단락이다.
　첫 22수 게송은 바로 선재동자를 마주하여 찬탄하였다.
　이 부분은 또한 3단락이다.

첫째, 9수 게송은 잘 찾아온 공덕을 찬탄하였다.

다음 2수 게송은 찾아온 인연을 밝혔다. 밖으로는 선지식에 의하고, 안으로는 덕행을 갖춘 때문이다.

뒤의 11수 게송은 찾아온 목적을 밝혔다.

經

汝等觀此人의
隨其所修學하야
親近善知識하야
一切應順行이어다

    그대들은 이 선재를 보라
    선지식 가까이하면서
    그에게 배울 바를 따라서
    모두 차례대로 행할지어다

以昔福因緣으로
隨順無違逆하야
文殊令發心한대
修行不懈倦이로다

    옛 복전의 인연으로
    문수보살이 발심케 하자
    어기지 않고 따르면서
    게으름 없이 수행하였어라

父母與親屬과
一切皆捨離하고
宮殿及財産을
謙下求知識이로다

부모와 친속

궁전과 재산

일체 모두 버리고서

겸손하게 몸 낮춰 선지식 찾았어라

淨治如是意하고 　　　　永離世間身하니
當生佛國土하야 　　　　受諸勝果報로다

　이런 뜻 청정히 다스리고

　길이 세간을 떠난 몸

　부처님 국토에 태어나

　온갖 좋은 과보 받으리

善財見衆生의 　　　　生老病死苦하고
爲發大悲意하고 　　　　勤修無上道로다

　선재동자는 중생의

　생로병사 고통 보고서

　그들 위해 대자비 마음 내어

　위없는 도 부지런히 닦았어라

善財見衆生의 　　　　五趣常流轉하고
爲求金剛智하야 　　　　破彼諸苦輪이로다

　선재동자는 중생들의

끊임없는 다섯 길의 윤회 보고서
그들 위해 금강 같은 지혜 구하여
모든 고통 없앴어라

善財見衆生의   心田甚荒穢하고
爲除三毒刺하야   專求利智犁로다

   선재동자는 중생의
   마음의 밭 황폐함 보고서
   그들의 삼독 가시 없애주고자
   예리한 지혜 보습 구했어라

衆生處癡暗하야   盲冥失正道일세
善財爲導師하야   示其安穩處로다

   중생이 캄캄한 어둠 속에서
   소경처럼 바른길 잃었기에
   선재동자 길잡이 되어
   그들의 평온한 곳 보여주어라

忍鎧解脫乘과   智慧爲利劍하야
能於三有內에   破諸煩惱賊이로다

   인욕 갑옷, 해탈의 수레
   지혜로 예리한 칼을 삼아

삼유 세계의
번뇌의 도적 격파하여라

善財法船師　　　　　普濟諸含識하야
令過爾焰海하야　　　疾至淨寶洲로다

　선재는 법의 뱃사공으로
　모든 중생 널리 구제하여
　이염(爾焰:所知障)의 바다 건너서
　보배 섬에 빠르게 닿았어라

善財正覺日이　　　　智光大願輪으로
周行法界空하야　　　普照群迷宅이로다

　선재의 정각 태양이
　지혜 광명, 서원 법륜으로
　법계 허공 두루 행하면서
　중생의 혼미한 집 밝게 비쳤어라

善財正覺月이　　　　白法悉圓滿하야
慈定淸凉光으로　　　等照衆生心이로다

　선재의 정각 밝은 달이
　청정법 모두 원만하여
　자비의 선정 맑은 빛으로

중생의 마음 평등하게 비췄어라

善財勝智海　　　　　依於直心住하야
菩提行漸深하야　　　出生衆法寶로다

　선재의 훌륭한 지혜의 바다
　정직한 마음 의지해 머물면서
　보리행 점점 깊어
　모든 법 보배를 내어주어라

善財大心龍이　　　　昇於法界空하야
興雲霪甘澤하야　　　生成一切果로다

　선재의 큰마음 지닌 용이
　법계 허공에 높이 올라
　구름 일으켜 단비 내려
　모든 열매 익혀주어라

善財然法燈이　　　　信炷慈悲油와
念器功德光으로　　　滅除三毒暗이로다

　선재의 법을 밝힌 등불
　믿음의 심지, 자비의 기름
　생각의 그릇, 공덕의 광명으로
　삼독의 어둠 없애주어라

覺心迦羅邏와　　　　　悲胞慈爲肉과
菩提分肢節이　　　　　長於如來藏이로다

 깨달은 마음의 가라라(迦羅邏: 軟肉)
 대비의 포태(胞胎), 대자의 살
 보리의 팔다리 관절이
 여래장에서 성장하여라

增長福德藏하며　　　　清淨智慧藏하며
開顯方便藏하며　　　　出生大願藏하야

 복덕 법장 증장하고
 지혜 법장 청정하며
 방편 법장 열어 헤치고
 큰 서원 법장 내어

如是大莊嚴으로　　　　救護諸群生하니
一切天人中에　　　　　難聞難可見이로다

 이와 같은 큰 장엄으로
 모든 중생 구호하니
 일체 천상과 인간에서
 보고 듣기 어려워라

如是智慧樹여　　　　　根深不可動이라

衆行漸增長하야 　　　普蔭諸群生이로다
　　이와 같은 지혜 나무여
　　뿌리 깊어 흔들리지 않는다
　　모든 행이 점차 커나가면서
　　모든 중생 널리 덮어주어라

欲生一切德하며 　　　欲問一切法하며
欲斷一切疑하야 　　　專求善知識이로다
　　일체 공덕 내고자
　　일체 법 묻고자
　　일체 의심 끊고자
　　오롯이 선지식 찾았어라

欲破諸惑魔하며 　　　欲除諸見垢하며
欲解衆生縛하야 　　　專求善知識이로다
　　의혹의 마군 깨뜨리고자
　　소견의 때 없애고자
　　중생의 속박 풀어주고자
　　오롯이 선지식 찾았어라

當滅諸惡道하고 　　　當示人天路하야
令修功德行하야 　　　疾入涅槃城이로다

161

모든 악도 없애주고
　　인간과 천상의 길 보여주며
　　공덕의 행을 닦아
　　열반성 빨리 들도록 하였어라

當度諸見難하며　　　　當截諸見網하며
當枯愛欲水하며　　　　當示三有道하며
　　여러 소견의 어려움 건네주고
　　여러 소견의 그물 찢어주며
　　애욕의 강을 말려주고
　　삼유 세계 보여주며

當爲世依怙하며　　　　當作世光明하며
當成三界師하야　　　　示其解脫處로다
　　세간의 의지 되고
　　세간의 광명 되며
　　삼세의 스승 되어
　　해탈할 곳 보였어라

亦當令世間으로　　　　普離諸想着하고
普覺煩惱睡하고　　　　普出愛欲泥하며
　　또 세간 중생으로

모든 생각 집착 모두 여의고
번뇌의 졸음 모두 깨워주며
애욕의 수렁 모두 벗어나며

當了種種法하고　　　當淨種種刹하야
一切咸究竟하야　　　其心大歡喜로다

　갖가지 법을 알고
　갖가지 세계 청정히 하고자
　일체 모두 구경처에 이르러
　그 마음 큰 기쁨 내어주네

◉ 疏 ◉

二二十六偈는 對衆令觀讚이라
於中五니 初四는 總讚이오 次四는 讚其卽智之悲오 次七은 歎卽悲之智라 爾燄者는 此云所知니 入大乘論云 爾燄地者는 是第十地라하니 此約盡斷十種所知障故니라 次六偈는 總歎諸德이오 後五偈는 讚妙果當成이라

　둘째, 26수 게송은 대중을 상대로 선재동자를 보도록 찬탄하였다.
　이 부분은 5단락이다.
　① 4수 게송은 총괄하여 찬탄하였고,
　② 4수 게송은 지혜와 하나가 된 大悲를 찬탄하였으며,

③ 7수 게송은 대비와 하나가 된 大智를 찬탄하였다.

爾燄이란 중국에서는 '所知'의 뜻이다. 입대승론에서 '爾焰地는 第十地'라 한다. 이는 10가지의 所知障을 모두 끊은 것으로 말한 때문이다.

④ 6수 게송은 모든 공덕을 총괄하여 찬탄하였고,

⑤ 5수 게송은 妙果의 미래에 성취함을 찬탄하였다.

經

汝行極調柔하며　　　　汝心甚淸淨하니
所欲修功德이　　　　　一切當圓滿이라

　너의 행 매우 길들여져 있고
　너의 마음 매우 청정하니
　닦고자 하는 공덕이
　모두 원만하리라

不久見諸佛하야　　　　了達一切法하며
嚴淨衆刹海하며　　　　成就大菩提로다

　오래잖아 부처님 뵙고서
　일체 법 통달하고
　모든 세계 바다 장엄 청정하여
　큰 보리 이루리라

當滿諸行海하며　　　　當知諸法海하며
當度衆生海하야　　　　如是修諸行이로다

　　모든 수행 바다 원만하고
　　모든 법 바다 알며
　　중생 바다 제도하고자
　　이처럼 모든 행 닦았어라

當到功德岸하며　　　　當生諸善品하며
當與佛子等하야　　　　如是心決定이로다

　　공덕 언덕에 이르고
　　모든 착한 일 내며
　　여러 불자와 함께하고자
　　이런 마음 결정하였어라

當斷一切惑하며　　　　當淨一切業하며
當伏一切魔하야　　　　滿足如是願이로다

　　일체 번뇌 끊고
　　일체 업 청정하며
　　일체 마군 굴복시켜야
　　이런 소원 만족하리라

當生妙智道하며　　　　當開正法道하며

不久當捨離　　　　　惑業諸苦道로다
　　미묘한 지혜의 도를 내고
　　바른 법의 길을 열고
　　오래잖아 번뇌와 업의
　　모든 고통의 길 버리리라

一切衆生輪이　　　　沈迷諸有輪하니
汝當轉法輪하야　　　令其斷苦輪이로다
　　일체중생의 윤회
　　3계 25유의 윤회에 헤매니
　　그대는 법륜 굴려
　　그들의 고통 윤회 끊도록 하라

汝當持佛種하며　　　汝當淨法種하며
汝能集僧種하야　　　三世悉周徧이로다
　　그대는 부처의 종성 가지고
　　그대는 법의 종성 청정히 하며
　　그대는 스님의 종성 모아서
　　삼세에 다하도록 하라

當斷衆愛網하며　　　當裂衆見網하며
當救衆苦網하야　　　當成此願網이로다

모든 애욕의 그물 끊고
　　　모든 소견의 그물 찢고
　　　모든 고통의 그물 구호하여
　　　이 서원의 그물 성취하라

當度衆生界하며　　　　**當淨國土界**하며
當習智慧界하야　　　　**當成此心界**로다
　　　중생 세계 제도하고
　　　국토 세계 청정히 하며
　　　지혜 세계 닦아서
　　　이 마음 세계 성취하라

當令衆生喜하며　　　　**當令菩薩喜**하며
當令諸佛喜하야　　　　**當成此歡喜**로다
　　　중생을 기쁘게 하고
　　　보살을 기쁘게 하며
　　　부처님을 기쁘게 하여
　　　이 기쁨을 성취하라

當見一切趣하며　　　　**當見一切刹**하며
當見一切法하야　　　　**當成此佛見**이로다
　　　일체 길을 보고

일체 세계를 보며
　　　일체 법을 보고서
　　　이 부처님 견해 성취하라

當放破暗光하며　　　　　當放息熱光하며
當放滅惡光하야　　　　　滌除三有苦로다
　　　어둠 깨는 광명 놓고
　　　뜨거움 식혀주는 광명 놓고
　　　악업 없애주는 광명 놓아
　　　삼세의 괴로움 씻어내라

當開天趣門하며　　　　　當開佛道門하며
當示解脫門하야　　　　　普使衆生入이로다
　　　하늘 길의 문 열고
　　　부처님 도의 문 열며
　　　해탈의 문 보여주어
　　　중생 모두 들어가게 하여라

當示於正道하며　　　　　當絕於邪道하야
如是勤修行하야　　　　　成就菩提道로다
　　　바른길 보여주고
　　　삿된 길 끊어주어

이처럼 부지런히 닦아서
    보리의 도 성취하라

當修功德海하며   **當度三有海**하야
普使群生海로   **出於衆苦海**로다

    공덕 바다를 닦고
    삼유 세계 바다 건너서
    모든 중생으로 하여금
    고통 바다에서 벗어나게 하라

當於衆生海에   **消竭煩惱海**하고
令修諸行海하야   **疾入大智海**로다

    모든 중생의
    번뇌 바다 없애주고
    수행 바다 닦아서
    서둘러 큰 지혜에 들게 하라

汝當增智海하며   **汝當修行海**하야
諸佛大願海를   **汝當咸滿足**이로다

    그대의 지혜 바다 키워가고
    그대의 수행 바다 닦아서
    부처님의 큰 서원 바다를

그대 모두 만족케 하라

汝當入刹海하며　　　　汝當觀衆海하며
汝當以智力으로　　　　普飮諸法海로다
　　그대 세계 바다에 들어가고
　　그대 중생 바다 관찰하며
　　그대 지혜의 힘으로
　　모든 법 바다를 모두 마셔라

當覲諸佛雲하며　　　　當起供養雲하며
當聽妙法雲하야　　　　當興此願雲이로다
　　모든 부처님 구름 뵈옵고
　　공양 구름 일으키며
　　미묘한 법문 구름 듣고
　　서원 구름 일으키라

普遊三有室하며　　　　普壞衆惑室하며
普入如來室하야　　　　當行如是道로다
　　삼계 세계의 집에 놀고
　　모든 번뇌의 집 부수고
　　여래의 집에 들어가
　　이러한 도를 행하라

普入三昧門하며　　　　普遊解脫門하며
普住神通門하야　　　　周行於法界로다

 삼매문에 두루 들어가고
 해탈문에 두루 노닐며
 신통문에 두루 머물면서
 법계에 두루 다녀라

普現衆生前하며　　　　普對諸佛前이
譬如日月光하야　　　　當成如是力이로다

 중생 앞에 널리 나타내고
 부처님 앞에 널리 마주함이
 마치 해와 달의 광명처럼
 이런 힘을 성취하라

所行無動亂하며　　　　所行無染着이
如鳥行虛空하야　　　　當成此妙用이로다

 행하는 일 흔들리지 않고
 행하는 일 물들지 않음이
 새가 허공에 날듯이
 미묘한 작용 성취하라

譬如因陀網하야　　　　刹網如是住하니

汝當悉往詣호되 　　如風無所礙로다
　　인드라 그물처럼
　　세계 그물 그와 같나니
　　그대는 모두 찾아가되
　　바람처럼 걸린 바 없으리라

汝當入法界하야 　　徧往諸世界하야
普見三世佛하고 　　心生大歡喜로다
　　그대는 법계에 들어가
　　모든 세계 두루 찾아
　　삼세 부처님 뵈옵고
　　매우 즐거운 마음 내었어라

汝於諸法門에 　　已得及當得이니
應生大喜躍하야 　　無貪亦無厭이로다
　　그대는 모든 법문을
　　얻었거나 얻을 것이니
　　기뻐 뛰는 기쁨으로
　　탐하지도 싫어하지도 말라

汝是功德器라 　　能隨諸佛敎하며
能修菩薩行하야 　　得見此奇特이로다

그대는 공덕의 그릇이라
부처님 교법 따르고
보살의 행을 닦으면서
이처럼 기특한 일 보리라

如是諸佛子를　　　　億劫難可遇어든
況見其功德과　　　　所修諸妙道아

　이러한 불자들을
　억겁에도 만나기 어려운데
　하물며 그 공덕과
　닦은 도를 볼 수 있으랴

汝生於人中하야　　　大獲諸善利라
得見文殊等의　　　　無量諸功德이로다

　그대는 사람으로 태어나
　좋은 이익 많이 얻은 터라
　문수보살 같은 이의
　한량없는 공덕 보았노라

已離諸惡道하며　　　已出諸難處하며
已超衆苦患하니　　　善哉勿懈怠어다

　이미 모든 악도 여의었고

173

이미 모든 어려운 곳 벗어났으며
이미 모든 고통 우환 벗어났으니
착하도다. 게으르지 말지어다

已離凡夫地하며　　　　**已住菩薩地**하니
當滿智慧地하야　　　　**速入如來地**로다

　이미 범부 지위 여의었고
　이미 보살 지위 머무나니
　지혜 지위 원만하여
　속히 여래 지위 들어가라

菩薩行如海하며　　　　**佛智同虛空**이어늘
汝願亦復然하니　　　　**應生大欣慶**이어다

　보살의 행 바다 같고
　부처 지혜 허공 같은데
　그대 소원 그러하니
　큰 다행으로 생각하라

諸根不懈倦하며　　　　**志願恒決定**하야
親近善知識하니　　　　**不久悉成滿**이로다

　여러 감관 게으르지 않고
　뜻과 서원 언제나 결정되어

선지식 가까이하니
　　오래잖아 원만 성취하리라

菩薩種種行이　　　　皆爲調衆生이니
普行諸法門하야　　　愼勿生疑惑이어다
　　보살의 갖가지 행은
　　모두 중생 조복 위함이니
　　모든 법문 널리 행하여
　　삼가 의심 내지 말지어다

汝具難思福과　　　　及以眞實信일세
是故於今日에　　　　得見諸佛子로다
　　그대는 불가사의 복덕과
　　진실한 신심 갖췄나니
　　그 때문에 오늘날
　　많은 불자 만났노라

汝見諸佛子하고　　　悉獲廣大利하야
一一諸大願을　　　　一切咸信受로다
　　그대는 많은 불자 친견하고
　　광대한 이익 얻고서
　　하나하나 큰 서원을

모두 믿고 받았어라

汝於三有中에　　　　　能修菩薩行일세
是故諸佛子　　　　　　示汝解脫門이로다
　　그대는 삼유 세계에서
　　보살행을 닦았기에
　　그 때문에 불자들이
　　그대에게 해탈문 보였노라

非是法器人이면　　　　與佛子同住하야
設經無量劫이라도　　　莫知其境界로다
　　법 그릇이 아니면
　　불자와 함께
　　한량없는 겁 지낼지라도
　　그 경계 알지 못하노라

汝見諸菩薩하고　　　　得聞如是法이
世間甚難有니　　　　　應生大喜慶이어다
　　그대가 많은 보살 보고서
　　이런 법문 들은 것은
　　세간에 매우 어려운 일
　　큰 다행이라 생각하라

諸佛護念汝하고　　　　　菩薩攝受汝하사
能順其教行하니　　　　　善哉住壽命이로다
　　여러 부처님 그대를 가호하고
　　보살이 그대 받아주어
　　그 가르침 따랐나니
　　훌륭하다. 오랜 장수 누리리라

已生菩薩家하며　　　　　已具菩薩德하며
已長如來種하니　　　　　當昇灌頂位로다
　　보살의 집에 태어났고
　　보살의 공덕 갖췄으며
　　여래 종자 키웠나니
　　관정 지위 오르리라

不久汝當得　　　　　　　與諸佛子等하야
見苦惱衆生하고　　　　　悉置安穩處로다
　　오래잖아 그대는
　　여러 불자와 같은 지위 얻어
　　고뇌의 중생 보고서
　　모두 평온한 곳에 두리라

如下如是種에　　　　　　必獲如是果라

我今安慰汝하노니　　　　汝應大欣悅이어다
　　이러한 종자 심으면
　　반드시 이러한 열매 얻는 법
　　내, 이제 너를 위로하노니
　　너는 크게 기뻐하라

無量諸菩薩이　　　　　無量劫行道호되
未能成此行이어늘　　　今汝皆獲得이로다
　　한량없는 보살이
　　한량없는 겁에 도를 행했지만
　　이런 행 이루지 못했는데
　　그대 이제 모두 얻었어라

信樂堅進力이여　　　　善財成此行하니
若有敬慕心인댄　　　　亦當如是學이어다
　　신심의 즐거움, 굳건한 정진력이여
　　선재는 이런 행 이뤘나니
　　공경하고 사모하는 마음 있으면
　　이처럼 배우도록 하라

一切功德行이　　　　　皆從願欲生이어늘
善財已了知하야　　　　常樂勤修習이로다

일체 공덕행이
모두 서원에서 생기는데
선재동자 분명히 알고서
항상 즐거운 마음으로 부지런히 닦았어라

如龍布密雲에 必當霔大雨하야
菩薩起願智에 決定修諸行이로다

    용왕이 구름 일으키면
    반드시 비 내리듯이
    보살이 소원, 지혜 일으키면
    결정코 모든 행 닦으리라

若有善知識이 示汝普賢行이면
汝當好承事오 愼勿生疑惑이어다

    어떤 선지식이
    네게 보현행 일러주면
    기쁘게 잘 받들어 섬기고
    삼가 의혹을 내지 말지어다

汝於無量劫에 爲欲妄捨身이러니
今爲求菩提하니 此捨方爲善이로다

    네가 한량없는 겁에

탐욕과 망상으로 너의 몸 버렸다가
이제 보리를 구하고자 몸 버리니
이런 버림만이 비로소 선업이어라

汝於無量劫에   具受生死苦하고
不曾事諸佛일세   未聞如是行이러니
　네가 한량없는 겁에
　나고 죽는 고통 받고
　부처님 섬기지 않을 적에
　이런 행을 듣지도 못했는데

汝今得人身하야   值佛善知識하야
聽受菩提行하니   云何不歡喜리오
　그대 이제 사람의 몸 얻어
　부처님과 선지식 만나
　보리의 행 들었나니
　어찌 기쁘지 않겠는가

雖遇佛興世하며   亦值善知識이나
其心不淸淨이면   不聞如是法이로다
　설령 부처님을 만나고
　선지식을 만날지라도

마음이 청정하지 못하면
　　이런 법 듣지 못하노라

若於善知識에　　　　　信樂心尊重하야
離疑不疲厭이면　　　　乃聞如是法이로다

　　만약 선지식을
　　믿고 좋아하는 마음으로 존중하면서
　　의심 떠나 싫어하지 않아야
　　이런 법 들을 수 있노라

若有聞此法하고　　　　而興誓願心이면
當知如是人은　　　　　已獲廣大利로다

　　이러한 법을 듣고서
　　서원의 마음 일으키면
　　당연히 이런 사람은
　　큰 이익을 얻으리라

如是心淸淨하면　　　　當得近諸佛하며
亦近諸菩薩하야　　　　決定成菩提로다

　　이처럼 마음이 청정하면
　　항상 부처님 가까이 모시고
　　또한 보살 가까이하면서

결정코 보리 성취하리라

若入此法門이면 　　　則具諸功德하야
永離衆惡趣하고 　　　不受一切苦하며

    만약 이런 법문 들어가면
    모든 공덕 갖춰
    모든 악도 영원히 벗어나
    일체 고통 받지 않으며

不久捨此身하고 　　　往生佛國土하야
常見十方佛과 　　　及以諸菩薩이로다

    오래잖아 이 몸 버리고
    부처님 국토 왕생하여
    시방의 부처님과
    여러 보살 항상 보리라

往因今淨解와 　　　及事善友力으로
增長諸功德이 　　　如水生蓮華니

    옛적의 원인, 현재의 청정한 이해
    선지식을 섬긴 힘으로
    모든 공덕 증장함이
    물에서 연꽃 피어나듯 하여라

樂事善知識하며　　　　　勤供一切佛하고
專心聽聞法하며　　　　　常行勿懈倦이어다

　　선지식 섬기기 좋아하고
　　부처님께 부지런히 공양하며
　　오롯한 마음으로 법문 듣고
　　항상 게으름 없이 행하라

汝是眞法器니　　　　　　當具一切法하며
當修一切道하며　　　　　當滿一切願이로다

　　그대는 진실한 법 그릇
　　일체 법 갖추고
　　일체 도 닦으며
　　일체 서원 원만케 하라

汝以信解心으로　　　　　而來禮敬我하니
不久當普入　　　　　　　一切諸佛會로다

　　그대 신심과 이해의 마음으로
　　나를 찾아와 예를 갖추니
　　머지않은 날 두루두루
　　일체 제불회중 들어가리라

善哉眞佛子여　　　　　　恭敬一切佛하니

不久具諸行하야　　　　到佛功德岸이로다

　　훌륭하다, 참 불자여
　　일체 부처님 공경하니
　　오래잖아 모든 행 갖춰
　　부처님 공덕 언덕 오르리라

● 疏 ●

三은 重對善財讚이라
於中分五니 初 二十六偈는 歎其當果德이니 初二는 總이오 餘皆別이라 二'汝於'下 七偈는 雙歎當現德이오 三'諸根'下 八偈는 讚其遇友德이오 四有五偈는 歎速成位行德이오 五有十七偈는 總明諸德하야 結歎令欣이라

　　셋째, 거듭 선재를 상대로 찬탄하였다.
　　이 부분은 5단락으로 나뉜다.
　　① 26수 게송은 미래 결과의 공덕을 찬탄하였다.
　　첫 2수 게송은 총상이고, 나머지는 모두 별상이다.
　　② '汝於' 이하 7수 게송은 미래와 현재의 공덕을 찬탄하였으며,
　　③ '諸根' 이하 8수 게송은 선지식을 만난 공덕을 찬탄하였으며,
　　④ 5수 게송은 속히 성취한 지위와 行의 공덕을 찬탄하였으며,
　　⑤ 17수 게송은 모든 공덕을 총상으로 밝혀 찬탄으로 끝맺으면서 기쁨을 주었다.

汝當往大智　　文殊師利所하라
彼當令汝得　　普賢深妙行이리라

그대는 큰 지혜 지닌
문수사리 도량을 찾아가라
그는 너로 하여금
심오하고 미묘한 보현행 얻게 하리라

◉ 疏 ◉

末後一偈는 畧示後友니라
　맨 끝의 1수 게송은 간단하게 뒤의 선지식을 보여주었다.
已上은 第二 讚德記莂 竟하다
　이상은 (ㄴ) 공덕을 찬탄하면서 기별을 내린 부분을 끝마치다.

第三 重申敬儀
　(ㄷ) 선재가 다시 공경하고 절을 올리다

經

爾時에 彌勒菩薩摩訶薩이 在衆會前하사 稱讚善財大功德藏하신대
善財 聞已하고 歡喜踊躍에 身毛皆豎라 悲泣哽噎하야 起

立合掌하고 恭敬瞻仰하며 遶無量匝하니
以文殊師利心念力故로 衆華瓔珞과 種種妙寶 不覺忽
然自盈其手어늘 善財歡喜하야 卽以奉散彌勒菩薩摩訶
薩上하니라

그때, 미륵보살마하살이 여러 대중법회 앞에서 선재동자의 큰 공덕장을 칭찬하였다.

선재동자는 이를 듣고서 기쁜 마음에 발을 구르면서 털이 곤두서고 슬피 울어 흐느끼며 일어서서 합장하고, 공경하고 우러러보며 한량없이 돌았다.

문수사리보살 마음의 염력으로, 여러 가지 꽃과 영락, 가지가지 보배가 생각지 않게 문득 그의 손에 가득하였다. 선재동자는 기뻐하면서 이를 미륵보살마하살께 받들어 흩뿌렸다.

◉ 疏 ◉

文三이니
初는 辨敬因이니 聞讚德故오
次'善財聞'下는 身心悲敬이오
後'以文殊'下는 華供展誠이라
言'文殊心念力'者는 表由信智故니 華因德立하고 瓔珞行成이라
云'盈手'者는 信智滿故오
散彌勒者는 攝成因故오 辦當果故니라

이의 경문은 3단락이다.

① 공경의 원인을 논변하였다. 공덕을 칭찬한 말을 들었기 때문이다.

② '善財聞' 이하는 몸과 마음으로 슬픔과 공경을 지녔고,

③ '以文殊' 이하는 꽃 공양으로 정성의 마음을 펼쳤다.

"문수사리보살 마음의 염력"이란 신심과 지혜에서 연유함을 나타낸 때문이다. 꽃은 공덕으로 인해 세워지고, 영락은 행의 성취이다.

"손에 가득하였다."는 것은 신심과 지혜가 원만한 때문이며,

"미륵보살에게 흩뿌렸다."는 것은 성취 원인을 받은 때문이며, 미래 결과를 갖춘 때문이다.

第四 再讚再記

㈃ 미륵이 다시 찬탄하면서 기별을 내리다

經

時에 彌勒菩薩이 摩善財頂하고 爲說頌言하사대

미륵보살마하살은 선재동자의 정수리를 만지면서 게송으로 말하였다.

善哉善哉眞佛子여　　普策諸根無懈倦하니
不久當具諸功德하야　　猶如文殊及與我로다

훌륭하고 훌륭하다. 참 불자여
모든 몸을 경책하여 게으름 없나니
머지않아 모든 공덕 두루 갖춰
문수와 나와 같으리라

■
第五 慶遇念恩

㈅ 미륵과의 만남을 경하하면서 그 은혜를 생각하다

經
時에 善財童子 以頌答曰

그때, 선재동자는 게송으로 답하였다.

**我念善知識이　　　　億劫難値遇어늘
今得咸親近하야　　　而來詣尊所니이다**

저는 생각합니다. 선지식이란
억겁에도 만나기 어려운데
이제 모두 가까이 찾아가
존귀하신 도량까지 왔나이다

**我以文殊故로　　　　見諸難見者호니
彼大功德尊을　　　　願速還瞻覲하노이다**

저는 문수보살 인연으로

뵙기 어려운 분 뵈었사오니

큰 공덕 지니신 존귀한 분을

빨리 뵙고자 하노이다

◉ 疏 ◉

文並可知니라

위의 경문은 모두 설명하지 않아도 알 수 있다.

已上은 見正報 竟하다

이상은 (2) 정보를 본 부분을 끝마치다.

입법계품 제39-16 入法界品 第三十九之十六

화엄경소론찬요 제113권 華嚴經疏論纂要 卷第一百之十三

화엄경소론찬요 제114권
華嚴經疏論纂要 卷第一百之十四

●

입법계품 제39-17
入法界品 第三十九之十七

第二咨問

2) 법의 요체를 묻다

經

爾時에 善財童子 合掌恭敬하야 重白彌勒菩薩摩訶薩 言호되
大聖이시여 我已先發阿耨多羅三藐三菩提心호니 而我 未知菩薩이 云何學菩薩行이며 云何修菩薩道리잇고
大聖이시여 一切如來 授尊者記하사대 一生에 當得阿耨多羅三藐三菩提라하시니
若一生에 當得無上菩提인댄
則已超越一切菩薩所住處며
則已出過一切菩薩離生位며
則已圓滿一切波羅密이며
則已深入一切諸忍門이며
則已具足一切菩薩地며
則已遊戲一切解脫門이며
則已成就一切三昧法이며
則已通達一切菩薩行이며
則已證得一切陀羅尼辯才며
則已於一切菩薩自在中에 而得自在며

則已積集一切菩薩助道法이며

則已遊戲智慧方便이며

則已出生大神通智며

則已成就一切學處며

則已圓滿一切妙行이며

則已滿足一切大願이며

則已領受一切佛所記며

則已了知一切諸乘門이며

則已堪受一切如來所護念이며

則已能攝一切佛菩提며

則已能持一切佛法藏이며

則已能持一切諸佛菩薩秘密藏이며

則已能於一切菩薩衆中에 爲上首며

則已能爲破煩惱魔軍大勇將이며

則已能作出生死曠野大導師며

則已能作治諸惑重病大醫王이며

則已能於一切衆生中에 爲最勝이며

則已能於一切世主中에 得自在며

則已能於一切聖人中에 最第一이며

則已能於一切聲聞獨覺中에 最增上이며

則已能於生死海中에 爲船師며

則已能布調伏一切衆生網이며

則已能觀一切衆生根이며

則已能攝一切衆生界며

則已能守護一切菩薩衆이며

則已能談議一切菩薩事며

則已能往詣一切如來所며

則已能住止一切如來會며

則已能現身一切衆生前이며

則已能於一切世法에 無所染이며

則已能超越一切魔境界며

則已能安住一切佛境界며

則已能到一切菩薩無礙境이며

則已能精勤供養一切佛이며

則已與一切諸佛法으로 同體性이며 已繫妙法繒이며 已受佛灌頂이며 已住一切智며 已能普生一切佛法이며 已能速踐一切智位니

大聖이시여 菩薩이 云何學菩薩行하며 云何修菩薩道하야사 隨所修學하야

疾得具足一切佛法하며

悉能度脫所念衆生하며

普能成滿所發大願하며

普能究竟所起諸行하며

普能安慰一切天人하며

不負自身하며 不斷三寶하며
不虛一切佛菩薩種하며
能持一切諸佛法眼이리잇고
如是等事를 願皆爲說하소서

그때, 선재동자는 합장하고 공경하면서 미륵보살마하살께 다시 여쭈었다.

"거룩하신 성자여, 저는 이미 아뇩다라삼먁삼보리심을 내었습니다.

하지만 보살이 어떻게 보살의 행을 배우며, 어떻게 보살의 도를 닦는지 모르겠습니다.

큰 성인이시여, 일체 여래께서 존자에게 기별을 주시면서 '한 생에 아뇩다라삼먁삼보리를 얻으리라.'고 하셨습니다.

만약 한생에 위없는 보리를 얻는다면,

이미 일체 보살의 머문 곳을 초월함이며,

이미 일체 보살의 생사 여읜 지위를 지남이며,

이미 일체 바라밀이 원만함이며,

이미 일체 인욕의 문에 깊이 들어감이며,

이미 일체 보살의 지위를 두루 갖춤이며,

이미 일체 해탈의 문에 유희함이며,

이미 일체 삼매의 법을 성취함이며,

이미 일체 보살의 행을 통달함이며,

이미 일체 다라니와 변재를 증득함이며,

이미 일체 보살의 자재한 가운데서 자재함을 얻음이며,

이미 일체 보살의 도를 돕는 법을 쌓음이며,

이미 지혜와 방편에서 유희함이며,

이미 큰 신통한 지혜를 냄이며,

이미 일체 배울 곳을 성취함이며,

이미 일체 미묘한 행이 원만함이며,

이미 일체 큰 서원에 만족함이며,

이미 일체 부처님의 수기를 받음이며,

이미 일체 승의 법문을 앎이며,

이미 일체 여래의 가호와 염려를 받음이며,

이미 일체 부처님의 보리를 거둠이며,

이미 일체 부처님의 법장을 지님이며,

이미 일체 부처님과 보살의 비밀법장을 지님이며,

이미 일체 보살 대중 가운데 우두머리이며,

이미 번뇌의 마군을 격파하는 용맹스러운 장수이며,

이미 생사의 거친 벌판에 길잡이이며,

이미 번뇌의 중병을 다스리는 의사이며,

이미 일체중생 중에서 가장 훌륭함이며,

이미 일체 세간의 임금 가운데서 자재함을 얻음이며,

이미 일체 성인 가운데 가장 제일이며,

이미 일체 성문과 독각 중에 가장 높음이며,

이미 생사의 바다에 뱃사공이며,

이미 일체중생을 조복하는 그물을 펼침이며,

이미 일체중생의 근성을 관찰함이며,

이미 일체 중생 세계를 거두어 줌이며,

이미 일체 보살 대중을 수호함이며,

이미 일체 보살의 일을 의논함이며,

이미 일체 여래의 도량에 찾아감이며,

이미 일체 여래의 법회에 머묾이며,

이미 일체중생의 앞에 몸을 나타냄이며,

이미 일체 세간 법에 물든 바 없음이며,

이미 일체 마군의 경계를 초월함이며,

이미 일체 부처님의 경계에 머묾이며,

이미 일체 보살의 걸림 없는 경지에 이름이며,

이미 일체 부처님께 부지런히 공양함이며,

이미 일체 부처님의 법과 체성이 같음이며,

이미 미묘한 법 비단을 묶음이며,

이미 부처님의 관정을 받음이며,

이미 일체 지혜에 머묾이며,

이미 일체 불법을 널리 냄이며,

이미 일체 지혜의 지위를 빠르게 밟아나감입니다.

큰 성인이시여, 보살이 어떻게 보살의 행을 배우며, 어떻게 보살의 도를 닦아야 익히고 배울 바를 따라서,

일체 불법을 빠르게 두루 갖추고,

염려하는 중생들을 모두 제도하며,

세운 서원을 두루 원만 성취하고,

일으킨 바의 행을 두루 다하며,

일체 하늘과 사람을 널리 위로하고,

제 몸을 저버리지 않고 삼보를 끊이지 않게 하며,

일체 부처님과 보살의 종자를 헛되지 않게 하고,

일체 부처님의 법안을 지닐 수 있습니까?

이런 일들을 모두 말씀하여 주십시오."

● 疏 ●

於中二니

先은 自陳發心이오 後 '而我未知' 下는 正問法要라

於中三이니

初는 標所問이오

次 '大聖一切如來' 下는 歎慈氏有能答之德이니 卽以此德으로 亦 爲問端이라 初는 總이오 後는 別이라 別有五十句니 皆因圓果滿德이오 三 '大聖菩薩' 下는 結問請說이니 兼顯問意라

이 부분은 2단락이다.

앞은 스스로 발심을 말하였고,

뒤의 '而我未知' 이하는 바로 법의 요체를 물었다.

'법의 요체' 부분은 3단락이다.

⑴ 물은 바를 밝혔으며,

(2) '大聖一切如來' 이하는 미륵보살이 대답할 수 있는 공덕이 있음을 찬탄하였다. 이는 이러한 공덕으로써 또한 물음의 단서를 삼았다. 첫 구절은 총상이고, 뒤는 별상이다. 별상은 50구이다. 이는 모두 인과가 원만한 공덕이다.

(3) '大聖菩薩' 이하는 물음을 끝맺음이자, 설법을 청함이다. 물음의 뜻을 겸하여 밝혔다.

已上은 第二見敬諮問 竟하다

이상은 2. 친견하여 절을 올리고 법의 요체를 물은 부분을 끝마치다.

第三 稱歎授法

於中二니

先은 稱歎이오 後는 授法이라

前中二니

先은 爲大衆讚歎善財니 卽是歎人이오 後는 爲善財讚菩提心이니 卽是讚法이라

前中亦二니

先은 指人示衆이라

3. 선재동자를 칭찬하면서 법을 전수하다

이 부분은 2단락이다.

1) 칭찬하면서 찬탄하였고,

200

2) 법을 전수하였다.

'1) 칭찬하면서 찬탄한' 부분은 2단락이다.

⑴ 대중을 위해 선재를 찬탄하였다. 이는 사람을 찬탄함이다.

⑵ 선재를 위해 보리심을 찬탄하였다. 이는 법을 찬탄함이다.

'⑴ 대중을 위해 선재를 찬탄한' 부분 또한 2단락이다.

제1 단락, 선재동자를 가리키면서 대중에게 보여주었다.

經

爾時에 彌勒菩薩摩訶薩이 觀察一切道場衆會하사 指示善財하고 而作是言하사대

諸仁者야 汝等이 見此長者子 今於我所에 問菩薩行諸功德不아

그때, 미륵보살마하살이 도량에 모인 대중을 살펴보면서 선재동자를 가리키며 말하였다.

"여러 어진 이들이여, 그대들은 이 장자의 아들이 나에게 보살의 행과 공덕을 묻는 것을 보았는가.

後正讚其德

於中四니

一은 明求友精勤이오 二는 明所乘廣大오 三은 明具德無缺이오 四는 明速證超權이라

今은 初라

제2 단락, 바로 선재의 공덕을 찬탄하다
이 부분은 4단락이다.
㈀ 선지식을 찾는 부지런함을 밝혔으며,
㈁ 실은 바가 광대함을 밝혔으며,
㈂ 구족한 공덕이 부족함이 없음을 밝혔으며,
㈃ 빠른 증득으로 방편을 초월함을 밝혔다.
이는 '㈀ 선지식을 찾는 부지런함'이다.

經
諸仁者야 此長者子
勇猛精進하야 志願無雜하며
深心堅固하야 恒不退轉하며
具勝希望하야 如救頭然하야 無有厭足하며
樂善知識하야 親近供養하며
處處尋求하야 承事請法하나니
諸仁者야 此長者子 曩於福城에 受文殊敎하고
展轉南行하야 求善知識할새 經由一百一十善知識已한
然後而來至於我所호되 未曾暫起一念疲懈니라

　　여러 어진 이들이여, 이 장자의 아들은
　　용맹정진으로 뜻과 서원이 혼잡하지 않으며,
　　깊은 신심이 견고하여 항상 물러서지 않으며,

훌륭한 희망을 갖추어 머리에 불타는 것을 끄듯이 만족한 줄 모르며,

선지식을 좋아하여 가까이하고 공양하며,

모든 곳을 찾아다니면서 받들어 섬기고 법을 구하였다.

여러 어진 이들이여, 이 장자의 아들은 지난날 복성에서 문수보살의 가르침을 받고, 차츰차츰 남쪽으로 내려오면서 선지식을 찾아 110선지식을 만난 뒤에 나에게 찾아왔지만 일찍이 잠깐도 게으른 생각을 내지 않았다.

◉ 疏 ◉

於中二니

先은 總顯精勤이오 後'諸仁者'下는 別示精勤之相이니 謂一時之勤은 猶未可歎이어니와 自始曁末히 一念無懈일세 故爲可稱이라

言'一百一十善知識'者는 古有多釋하니 一은 云理應具有로되 但文脫漏라하다

賢首云'前後諸友 總五十四位니 分出德生·有德爲二면 則五十五人이니 各有自分 勝進일세 故有一百一十'이라하니 若依此解면 則違此已'言이니 旣云經百一十已오 方至彌勒이라하니 彌勒等三이 非百一十之數明矣니라

有云減數十耳어니와 實唯一百八人이니 謂此前除徧友면 但五十一人이니 各具主伴일세 成百二人이오 徧友 指示衆藝니 雖非主友나 而示伴友하니 爲一百三이오 更加無厭足王處 空天과 瞿波

203

處 無憂德神과 摩耶處 蓮華法德身衆神과 及妙華光明神과 守護法堂 善眼羅叉이면 合前 總有百八이니 以空天等은 相問答故로 得在友數나 非前主友稱名指示일새 故非主友오 但名伴友라하니 若爾인댄 則違下餘城之言이라

下自釋云 前至童子童女已에 經一百一十이어늘 今更後文殊所일새 故云餘也라하니 謂若此爲百八인댄 加於慈氏면 尙始百九오 幷後文殊면 方正一十이어니 何有餘耶아

若會通者인댄 三釋이 皆得一種이라 取前하고 更加不動處에 覺悟菩薩과 如來使天이면 足成一百一十이라 則餘義亦成이니 以彼二聖도 亦敎善財일새 故得爲伴友니라

其餘已之言은 但是譯者之意라 故晉經에 無有已字니 則通取前後 於義無妨이라 然下復云百一十城이라하고 又云過百一十由旬이라하니 皆言百一十者는 有所表故니 謂除佛位하고 取其證入十地等覺인댄 爲百一十이니 一中에 具十故오 亦顯位位十十相融이니 設有三賢이라도 亦唯具十이오 若合等覺하야 屬十地勝進인댄 則開十信爲一이라 故進退行布와 及與圓融에 皆順百一十言이니 何必剋定前後리오【鈔_ '若會通'下는 疏爲會釋이니 總會三釋호되 從後倒會니라 '然下復云'下는 二에 會藏和尙意니 取一百一十表法爲妙니라 '設有三賢'者는 十地에 一一이 攝三位故니 一位도 尙得總攝爲十이온 況三賢望地에 類例相似하니 攝之善成이라 故十地中에 各修一度하고 十行之位에 亦各一度오 十住之位에 初是發心이오 後是灌頂이며 十地之位에 初證發心이오 後亦灌頂而受位故니라 依開

等覺인댄 合信屬住어니와 若合等覺인댄 卽開十信이니 開信 是退오 開等覺 是進이니 要令十一로 成百一十이라 其第一師義에 設經來 未盡者도 亦百一十이라】

이는 2단락이다.

앞은 精勤을 총괄하여 밝혔다.

뒤의 '諸仁者' 이하는 정근의 모양을 개별로 보여주었다. 한때의 잠시 정근한 것쯤이야 오히려 찬탄할 게 없지만 처음부터 끝까지 한 찰나도 게으름이 없기에 칭찬할 만하다.

110선지식이라 말한 것은 예로부터 많은 해석이 있다. 일설에는 "문맥으로 보면 당연히 모두 있어야 하지만, 해당 문장이 누락되었다."고 한다.

현수 스님은 "전후 선지식은 모두 54위이다. 덕생동자와 유덕동녀를 나누어 둘로 하면 55인이다. 각각 그 자신의 본분에 따른 정진이 있기에 110이 있다."고 한다.

만약 현수 스님의 해석을 따르면, 이는 '經由一百一十善知識 已'의 '已'라고 말한 뜻에 어긋난다. 경문에서 말한 뜻은 110선지식을 모두 거친 뒤에 바야흐로 미륵을 찾아온 것이다. 이로 보면 미륵 등 3구[복성 문수, 110선지식, 미륵]는 110의 수가 아님이 분명하다.

혹자는 이렇게 말하였다.

"減數로 말하면[1] 10이지만, 실제로는 108인이다. 앞의 변우동

....

1 일설에는 '成數'로 써야 한다고 한다. 감수는 예를 들면 四捨五入에서 4이하의 수를 제외

자사를 제외하면 51인일 뿐이다. 각각 주체와 객체를 갖추고 있기에 102인을 형성하고, 변우동자사가 뒤의 선지식으로 지중예동자를 가리키고 있다. 비록 주된 선지식은 아니지만, 도반의 선지식을 보여준 것이어서 103인이 되고, 다시 무염족왕 처소에서의 空天, 석녀 구파 처소에서의 無憂德神, 마야부인 처소에서의 연화법덕신 중신 및 묘화광명신, 수호법당 선안나차를 더하면 앞의 수효를 합하여 모두 108인이다. 空天 등은 서로 문답한 까닭에 선지식의 수효에 들어가지만, 앞의 주된 선지식의 명칭을 가리키는 것은 아니기에 주된 선지식은 아니다. 다만 도반의 선지식이라 말할 뿐이다."

위의 혹자의 말과 같이 본다면, 이는 아래의 '餘城(經由一百一十餘城已)'이란 말과 어긋나는 뜻이다.

아래에서 혹자는 스스로 다음과 같이 해석하였다.

"앞의 덕생동자와 유덕동녀에 이르러 이미 110선지식을 모두 거쳤는데, 여기에서 다시 뒤의 문수보살의 처소가 있기에 '나머지[餘]'라 말하였다."

만약 이를 108선지식이라 한다면, 미륵보살을 더할 경우, 오히려 처음으로 109선지식이 되고, 뒤의 문수보살을 아우르면 바야흐로 바로 110선지식이 된다. 어떻게 '나머지'가 있겠는가.

만약 이를 회통하면 3가지 해석이 모두 하나를 얻은 것이다.

....
하는 것을 말한다. 성수는 예를 들면 5이상은 10으로 더하여 계산하는 것이다. 이로 보면 감수는 여기에 해당되지 않는 말이기 때문이다.

앞을 취하고 다시 부동우바이 처소에서의 覺悟菩薩과 如來使天을 더하면 넉넉히 110선지식이 이뤄지는 것이다. 나머지의 뜻 또한 이뤄진다. 저 二聖(각오보살, 여래사천) 또한 선재동자를 가르쳤기에 도반의 선지식이라 말할 수 있다.

그 '…餘已'라는 말은 번역자의 뜻일 뿐이다. 이 때문에 60화엄경에서는 '已' 자가 없다. 이는 앞뒤 문장을 모두 들어 해석하는 것이 문맥의 뜻에 나쁘지 않다. 그러나 아래에서 다시 '百一十城'이라 말하였고, 또다시 '過百一十由旬'이라 말하였다. 이처럼 모두 '百一十'이라 말한 것은 상징한 바가 있기 때문이다.

부처의 지위를 제외하고, 그 십지와 등각에 증득하여 들어간 부분을 취하면, 110선지식이 갖추어진다. 하나의 가운데 열을 갖추고 있기 때문이다.

또한 모든 지위마다 10에 10으로 서로 원융함을 나타낸 것이다. 설령 三賢이 있을지라도 또한 오직 10이라는 수효를 갖추며, 만약 등각을 종합하여 十地를 닦아나가는 데에 속하면, 十信을 나누어 하나가 된다. 그러므로 진퇴의 次第行布門 및 圓融相攝門에 모두 110이란 밀을 따른 것이다. 어떻게 굳이 앞과 뒤를 딱 살라 말할 필요가 있겠는가.【초_ '若會通' 이하는 청량소에서 회통하여 해석하였다. 3가지 해석을 총괄하여 회통하되 뒤에서부터 거꾸로 회통하였다.

'然下復云' 이하는 둘째, 藏和尙의 뜻을 회통하였다. 110을 취하여 법을 상징함이 오묘하다.

'設有三賢'은 십지에 하나하나 3位를 포괄하기 때문이다. 하나의 지위에도 오히려 10가지를 총괄하여 포괄하고 있는데, 하물며 삼현으로 지위를 대조하여 보면, 유례가 서로 비슷하다. 이를 모두 포괄함이 잘 성취한 것이다. 그러므로 십지 중에 각각 하나의 바라밀을 닦고, 십행의 지위에 또한 각각 하나의 바라밀이며, 십주의 지위에서는 첫째가 발심이고 뒤는 灌頂이며, 십지의 지위에서는 첫째가 발심의 증득이고, 뒤 또한 관정으로 지위를 받기 때문이다. 등각위를 나눔으로 말하면 십신을 합하여 십주에 속하지만, 등각위를 종합한 것으로 말하면 십신을 나눈 것이다. 십신을 나눈 것은 '물러남[退]'이고, 등각위를 나눔은 '나아감[進]'이다. 요컨대 11을 110으로 만든 것이다. 그 첫째 스님이 말한 뜻에 설령 거쳐 옴에 미진한 것 또한 110으로 말하였다.】

第二明所乘廣大

(ㄴ) 실은 바가 광대함을 밝히다

經

諸仁者야 此長者子 甚爲難有라
趣向大乘하야 乘於大慧하며
發大勇猛하야 擐大悲甲하며
以大慈心으로 救護衆生하며

起大精進波羅蜜行하며

作大商主하야 護諸衆生하며

爲大法船하야 度諸有海하며

住於大道하야 集大法寶하며

修諸廣大助道之法하나니

如是之人은 難可得聞이며 難可得見이며 難得親近하야 同居共行이니

何以故오

此長者子 發心救護一切衆生하야 令一切衆生으로 解脱諸苦하며 超諸惡趣하며 離諸險難하며 破無明暗하며 出生死野하며 息諸趣輪하며 度魔境界하며 不着世法하며 出欲淤泥하며 斷貪鞅하며 解見縛하며 壞想宅하며 絶迷道하며 摧慢幢하며 拔惑箭하며 撒睡蓋하며 裂愛網하며 滅無明하며 度有流하며 離諂幻하며 淨心垢하며 斷癡惑하며 出生死일세니라

諸仁者야 此長者子

爲被四流漂泊者하야 造大法船하며

爲被見泥沒溺者하고 立大法橋하며

爲被癡暗昏迷者하야 然大智燈하며

爲行生死曠野者하야 開示聖道하며

爲嬰煩惱重病者하야 調和法藥하며

爲遭生老死苦者하야 飲以甘露하야 令其安穩하며

爲入貪恚癡火者하야沃以定水하야使得淸凉하며
多憂惱者는慰喩使安하며
繫有獄者는曉誨令出하며
入見網者는開以智劍하며
住界城者는示諸脫門하며
在險難者는導安穩處하며
懼結賊者는與無畏法하며
墮惡趣者는授慈悲手하며
拘害蘊者는示涅槃城하며
界蛇所纏엔解以聖道하며
着於六處空聚落者는以智慧光으로引之令出하며
住邪濟者는令入正濟하며
近惡友者는示其善友하며
樂凡法者는誨以聖法하며
着生死者는令其趣入一切智城하나니
諸仁者야此長者子
恒以此行으로救護衆生하며
發菩提心에未嘗休息하며
求大乘道에曾無懈倦하며
飮諸法水에不生厭足하며
恒勤積集助道之行하며
常樂淸淨一切法門하며

修菩薩行하야 不捨精進하며
成滿諸願善行方便하며
見善知識에 情無厭足하며
事善知識에 身無疲懈하며
聞善知識의 所有敎誨에 常樂順行하야 未曾違逆이니라

여러 어진 이들이여, 이 장자의 아들은 매우 보기 드물다.

대승을 향하여 큰 지혜를 의지하고,

큰 용맹을 내어 크게 가엾이 여기는 갑옷을 입으며,

크게 인자한 마음으로 중생을 구호하고,

큰 정진으로 바라밀 행을 일으키며,

큰 상주가 되어 중생을 보호하고,

큰 법 배가 되어 삼계 25유 바다를 건네주며,

큰 도에 머물면서 큰 법의 보배를 모으고,

넓고 크게 도를 돕는 법을 닦았다.

이런 사람은 듣기도 어렵고, 보기도 어렵고, 가까이하면서 함께 거처하고 함께 행하기 어렵다.

무엇 때문일까?

이 장자의 아들은 일체중생을 구호하고자 발심하여,

일체중생으로 하여금 모든 고통에서 벗어나고 모든 악도에서 벗어나며,

모든 험난을 여의고 무명의 어둠을 깨뜨리며,

생사의 벌판에서 벗어나고 여러 길에서의 윤회를 멈추게 하며,

마군의 경계를 건너가고 세간의 법에 집착하지 않고 욕심의 수렁에서 헤어나며,

탐욕의 굴레를 끊고 소견의 속박을 풀며,

망상의 집을 헐고 혼미의 길을 끊으며,

교만의 당기를 꺾고 미혹의 화살을 뽑으며,

졸음의 덮개를 벗기고 애욕의 그물을 찢으며,

무명을 없애고 생사의 강을 건너며,

아첨하는 요술을 여의고 마음의 때를 청정히 하며,

어리석은 미혹을 끊고 생사에서 벗어나게 하였다.

여러 어진 이들이여, 이 장자의 아들은

네 물줄기[四流: 見流·欲流·有流·無明流]에 표류하는 이들을 위하여 큰 법 배를 만들고,

소견의 수렁에 빠진 이들을 위하여 큰 법 다리를 놓아주고,

어리석은 혼미한 이들을 위하여 큰 지혜 등불을 켜며,

생사의 벌판에 헤매는 이들을 위하여 성인의 도를 보여주고,

번뇌의 병에 앓는 이들을 위하여 불법의 약을 만들며,

나고 늙고 죽음의 고통 받는 이들을 위하여 감로수를 주어 평온케 하고,

탐욕과 성냄과 어리석음의 불길에 들어간 이들을 위하여 선정의 물을 부어 시원하게 하며,

근심 걱정이 많은 이는 위로하여 편안케 하고,

삼유(三有)의 옥에 갇힌 이는 깨우쳐 나오도록 하며,

소견의 그물에 걸린 이는 지혜의 칼로써 잘라주고,

18계의 성에 머문 이는 해탈의 문을 보여주며,

험난한 데 있는 이는 평온한 곳으로 인도하고,

결박의 도둑을 무서워하는 이는 두려움 없는 법을 전해주며,

삼악도에 떨어진 이는 자비한 손을 내밀고,

오온에 구속된 이는 열반의 성을 보여주며,

사대(四大: 地水火風)의 뱀에 감긴 이는 성인의 도로 풀어주고,

6근의 빈 마을에 집착한 이는 지혜 광명으로 이끌어 벗어나게 해주며,

삿된 제도에 머문 이는 바른 제도에 들게 하고,

악업의 사람을 가까이하는 이는 선지식을 보여주며,

범부의 법을 좋아하는 이는 성인의 법을 가르치고,

생사에 애착하는 이는 일체 지혜의 섬에 나아가게 하였다.

여러 어진 이들이여, 이 장자의 아들은

항상 이런 행으로 중생을 구호하고,

보리심을 내어 일찍이 멈추지 않으며,

대승의 도를 구하는 데 게으르지 않고,

법의 물을 마시기를 싫어하지 않으며,

언제나 도를 돕는 행을 부지런히 쌓고,

언제나 일체 법문을 청정히 함을 좋아하며,

보살의 행을 닦아 정진을 버리지 않고,

여러 가지 서원의 선행을 원만 성취하며,

선지식을 친견하는 마음에 싫어함이 없고,

선지식을 섬기는 몸에 고달픈 줄 모르며,

선지식의 가르침을 듣고 언제나 기꺼이 따라 행하면서 일찍이 어긴 적이 없다.

● 疏 ●

於中三이니

初는 總歎希奇오 二如是之人'下는 別明難遇라

於中二니

先은 標擧오 後'何以'下는 徵釋이니 釋意는 云悲濟深廣故니 卽開前總中救護衆生이라

於中二니

先은 明總護一切오

後'爲被四流'下는 約類別明이라 汩者는 流急之貌오 言'界城'者는 卽十八界니 一一根境識中에 別別解脫故니라 言'界蛇'者는 卽地等四界오 六處空聚는 癡闇無人이니 不以智光引之면 必爲塵賊所劫이라

三'諸仁者此長者子恒以'下는 總結所作이라

이 부분은 3단락이다.

① 드물고 기이함을 총상으로 찬탄하였다.

② '如是之人' 이하는 만나기 어려움을 개별로 밝혔다.

이 부분은 2단락이다.

앞에서는 표장으로 말하였고,

뒤의 '何以' 이하는 묻고 해석하였다.

해석의 뜻은 대자비의 마음이 깊고 광대하기 때문이다. 이는 앞의 총상으로 찬탄 부분에서 말한 '以大慈心救護衆生'을 나누어서 말하였다.

해석 부분은 2단락이다.

앞은 일체중생의 구호를 총상으로 밝혔고,

뒤의 '爲被四流' 이하는 유례를 별상으로 밝혔다.

'洍'이란 세찬 물줄기의 모양이며,

'界城'이라 말한 것은 18界이다. 하나하나의 6根·6境·6識을 개별마다 해탈한 때문이다.

'界蛇'라 말한 것은 地水火風의 경계이다.

'六處空聚'는 어리석음으로 사람이 없는 것이다. 지혜 광명으로 인도하지 않으면 반드시 6塵의 적에게 겁박당하게 된다.

③ '諸仁者此長者子恒以' 이하는 행한 일들을 총괄하여 끝맺었다.

第三 明具德無缺

㈐ 구족한 공덕이 부족함이 없음을 밝히다

經

諸仁者야 若有衆生이 能發阿耨多羅三藐三菩提心이면 是爲希有며

若發心已하고 又能如是精進方便으로 習諸佛法이면 倍爲希有오

又能如是求菩薩道하며

又能如是淨菩薩行하며

又能如是事善知識하며

又能如是如救頭然하며

又能如是順知識教하며

又能如是堅固修行하며

又能如是集菩提分하며

又能如是不求一切名聞利養하며

又能如是不捨菩薩純一之心하며

又能如是不樂家宅하며 不着欲樂하며 不戀父母親戚知識하고 但樂追求菩薩伴侶하며

又能如是不顧身命하고 唯願勤修一切智道하면 應知展轉倍更難得이니라

　　여러 어진 이들이여, 만약 중생이 아뇩다라삼먁삼보리심을 낸다면 그것은 희유한 일이다.

　　만일 발심을 하고서 또한 정진 방편으로 불법을 닦는다면 곱절이나 희유한 일이다.

또한 이처럼 보살의 도를 구하고,

또한 이처럼 보살의 행을 청정히 하며,

또한 이처럼 선지식을 섬기고,

또한 이처럼 머리에 불을 끄듯이 하며,

또한 이처럼 선지식의 가르침을 따르고,

또한 이처럼 견고하게 수행하며,

또한 이처럼 보리분법을 모으고,

또한 이처럼 모든 명예와 이익만을 구하지 않으며,

또한 이처럼 보살의 순일한 마음을 버리지 않고,

또한 이처럼 집을 좋아하지 않고, 욕락에 집착하지 않고, 부모와 친척과 동무를 생각하지 않은 채, 보살 도반만을 구하며,

또한 이처럼 몸과 목숨을 돌아보지 않은 채, 일체 지혜의 길을 부지런히 닦기만 원한다면, 이는 더욱더 곱절이나 얻기 어려운 일인 줄을 알아야 한다.

● 疏 ●

有十三句라 有一在已라도 已爲希有온 況有二三하고 乃至全具아 故云展轉難有오 又復後後는 難於前前일세 故云展轉이라

13구이다.

한 가지만을 몸에 지닌다 할지라도 그것은 보기 드문 일인데, 하물며 2, 3가지를 지니고, 나아가 전체를 지님이야 오죽하겠는가. 따라서 '더욱더 어려운 일[展轉難有]'이라 말하였다.

또한 뒤의 뒤는 앞의 앞보다 어렵기에 展轉이라 말하였다.

第四 明速證超權

㈃ 빠른 증득으로 방편을 초월함을 밝히다

經

諸仁者야 餘諸菩薩은 經於無量百千萬億那由他劫하야
사 乃能滿足菩薩願行하며 乃能親近諸佛菩提어늘
此長者子는 於一生內에
則能淨佛刹하며
則能化衆生하며
則能以智慧로 深入法界하며
則能成就諸波羅蜜하며
則能增廣一切諸行하며
則能圓滿一切大願하며
則能超出一切魔業하며
則能承事一切善友하며
則能淸淨諸菩薩道하며
則能具足普賢諸行이로다

　여러 어진 이들이여, 나머지 다른 보살들은 한량없는 백천만억 나유타 겁을 지내서야 비로소 보살의 원과 행을 만족케 하며, 부처

님의 보리에 가까이할 수 있는데,

 이 장자의 아들은 한생의 내에서
 부처님 세계를 청정히 하였고,
 중생을 교화하였으며,
 지혜로써 법계에 깊이 들어갔고,
 모든 바라밀을 성취하였으며,
 일체 모든 행을 더욱 넓혔고,
 일체 큰 서원을 원만케 하였으며,
 일체 마군의 업에서 벗어났고,
 일체 선지식을 받들어 섬겼으며,
 모든 보살의 도를 청정히 하였고,
 보현의 모든 행을 두루 갖추었다."

◉ 疏 ◉

速證超權는 以依實敎修行故니 謂卽凡身一生과 亦解行生이라 故千年之鳥는 不及朝生之鳳이니 普賢生位 互融攝故니라 依實修者는 悉皆能爾니 胡不勉旃가【鈔_ '謂卽凡身一生'者는 約圓融說이오 亦是解行一生은 約行布說이라 '故千年之鳥' 下는 成第一凡身一生之義오 '依實修者' 下는 通伏難이니 恐有問言호되 約法圓融이면 是則可爾어니와 豈得實有凡身이 一生而得成辦가 故爲此通이니 非獨善財라 行者卽得이라 餘如發心功德品하라】

 빠른 증득으로 방편을 초월함을 밝힌 것은 實敎에 의해 수행한 때문이다. 범부의 몸으로 한 번 태어남과 또한 解行生² 을 말한다. 따라서 1천 년을 살아온 여느 새는 아침에 태어난 봉황을 따라갈 수 없다. 보현의 태어난 지위가 서로 원융하게 받아들인 때문이다. 실교에 의해 수행한 자는 모두 그처럼 될 수 있다. 어찌 힘쓰지 않을 수 있겠는가.【초_ '謂卽凡身一生'이란 圓融相攝門으로 말하였고, '亦是解行一生'은 次第行布門으로 말하였다.

'故千年之鳥' 이하는 첫째 '凡身一生'의 뜻을 끝맺음이며,

'依實修者' 이하는 생각지 못한 논란[伏難]에 대한 답이다. 어떤 사람이 "법의 원융을 말한다면, 이는 그럴 수 있겠지만, 어떻게 실로 범부의 몸으로 한 번 태어나 이처럼 이룰 수 있겠는가."라고 물을까 봐 이 말로 답한 것이다. 이는 선재동자뿐만 아니라, 수행자라면 모두 그처럼 될 수 있음을 말한다. 나머지는 제17 초발심공덕품에서 말한 바와 같다.】

文有十句니 初二는 總明具諸位行이오 三은 入十住오 四·五는 入十行이오 六은 入廻向이라

又上四句는 亦皆十地行이오 又上四義는 義含通別이오 下四句는 通諸地位라

이의 경문은 10구이다.

제1, 2구는 모든 지위에 갖춰져 있음을 총상으로 밝혔고,

···········

2 　解行生: 三生의 하나. 견문생의 다음 자리로, 이승에서 화엄경을 믿고 이해하여 원만한 행을 닦는 자리를 이른다. 또 견문생의 결과로 얻은 현재의 삶을 뜻하기도 한다.

제3구는 십주에 들어감이며,

제4, 5구는 십행에 들어감이며,

제6구는 십회향에 들어감이다.

또한 위의 제3~6 4구는 또한 모두 十地行이며,

또한 위의 제3~6 4구의 뜻은 통상과 별상을 모두 포함하며,

아래의 제7~10 4구는 모든 지위에 통한다.

先 爲大衆歎善財 竟하다

(1) 대중을 위해 선재를 찬탄한 부분을 끝마치다.

第二 爲善財歎菩提心

文分二別이니 初는 結前生後요 後 '告善財'下는 正歎이라

於中四니

初는 標歎發心이오

二 '汝獲善利'下는 歎其發心之器成益이오

三 '何以'下는 廣擧菩提心德釋成이오

四 '善男子菩提心者成就如是'下는 結釋所屬이라

(2) 선재를 위해 보리심을 찬탄하다

경문은 2단락으로 구별된다.

앞에서는 앞의 문장을 끝맺으면서 뒤의 문장을 일으켰다.

뒤의 '告善財' 이하는 바로 찬탄하였다.

'뒤의 찬탄' 부분은 4단락이다.

제1 단락, 발심을 표장하여 찬탄하였고,
　　제2 단락, '汝獲善利' 이하는 발심한 법 그릇의 성취 이익을 찬탄하였으며,
　　제3 단락, '何以' 이하는 보리심 공덕을 자세히 들어 해석하면서 끝맺었고,
　　제4 단락, '善男子菩提心者成就如是' 이하는 속한 바를 끝맺으면서 해석하였다.

經

爾時에 彌勒菩薩摩訶薩이 如是稱歎善財童子의 種種功德하사 令無量百千衆生으로 發菩提心已하시고
告善財言하사대 善哉善哉라 善男子여
汝爲饒益一切世間하며
汝爲救護一切衆生하며
汝爲勤求一切佛法故로 發阿耨多羅三藐三菩提心하니
善男子야
汝獲善利며
汝善得人身이며
汝善住壽命이며
汝善値如來出現이며
汝善見文殊師利大善知識이니
汝身이 是善器라 爲諸善根之所潤澤이며

汝爲白法之所資持라 **所有解欲**이 **悉已淸淨**하야 **已爲諸佛**의 **共所護念**이며 **已爲善友**의 **共所攝授**로다

그때, 미륵보살마하살이 이처럼 선재동자의 가지가지 공덕을 칭찬하여, 한량없는 백천 중생으로 하여금 보리심을 내게 하고, 선재동자에게 말하였다.

"착하고 착하다. 선남자여,

그대는 일체 세간에 이익을 주고자,

그대는 일체중생을 구호하고자,

그대는 일체 불법을 부지런히 구하고자, 아뇩다라삼먁삼보리심을 내었다.

선남자여, 그대는 좋은 이익을 얻었고,

그대는 사람의 몸을 잘 얻었으며,

그대는 장수를 누리는 데 잘 머물렀고,

그대는 여래가 나심을 만났으며,

그대는 문수사리 대선지식을 잘 보았다.

그대의 몸은 좋은 그릇이라, 모든 선근으로 윤택한 바이며,

그대는 순백의 청정한 법을 지닌 터라, 소유한 이해와 욕하는 바가 모두 청정하기에, 이미 여러 부처님이 다 함께 보호하고 염려하신 바이며, 이미 선지식들이 다 함께 받아들여 법을 전수한 바이다.

◉ **疏** ◉

前二니 **可知**니라

'제1 단락, 발심의 찬탄'과 '제2 단락, 법 그릇의 성취 이익' 부분으로, 이는 설명하지 않아도 알 수 있다.

■

三廣擧菩提心中에 先徵意云'所以歎善哉獲善利者는 何耶오
釋意云'菩提心具德故니라'
文有二百二十一句니 皆通三種發心이 頓具諸位功德이라
且分爲二니
初一百一十八句는 明菩提心이 徧該諸地오
後'得無畏藥'下一百三句는 明菩提心이 頓具諸位功德이라
又前은 多明信成就와 及解行發心이오 後段은 多明證位發心일새
故文多云得이라
又前段은 明菩提心殊勝功德이 高齊佛果오 後段은 喩菩提心自
在功德廣多無量이라
今初段中 分二니 先은 別明이오 後는 總結이라
前中에 文通橫豎니 橫則一一發心이 皆具諸句之德이오 豎則別
配諸位發心에 以從菩薩種性으로 至於究竟히 不出三種發心이라
故로 光統이 配十二住하다
今初는 別明이라

제3 단락, '何以' 이하는 보리심 공덕을 자세히 들어 해석하면서 끝맺었다.

앞부분의 물음의 뜻은 다음과 같다.

"착하다. 그대는 좋은 이익을 얻었다[善哉獲善利].'고 찬탄한 바는 무엇 때문인가?"

해석의 뜻은 다음과 같다.

"보리심을 두루 갖춘 공덕 때문이다."

이의 경문은 221구이다. 모두 3가지 발심이 모든 지위의 공덕을 한꺼번에 갖추었다는 데 대한 답이다.

이는 또한 2단락으로 나뉜다.

(ㄱ) 118구는 보리심이 모든 지위를 두루 갖추고 있음을 밝혔고,

(ㄴ) '得無畏藥' 이하 103구는 보리심이 모든 지위의 공덕을 한꺼번에 갖추었음을 밝혔다.

또한 '(ㄱ) 118구'는 신심의 성취 및 解行의 발심을 밝힌 바 많고,

'(ㄴ) 103구'는 지위 증득의 발심을 밝힌 바 많다. 이 때문에 경문에서 '얻음[得]'을 말한 바 많다.

또한 앞의 '(ㄱ) 118구'는 보리심의 뛰어난 공덕이 높이로는 佛果와 같음을 밝혔고,

뒤의 '(ㄴ) 103구'는 보리심의 자재한 공덕이 광대하고 많음이 한량없음을 비유하였다.

앞의 '(ㄱ) 118구' 부분은 2단락이다.

첫째, 개별로 밝혔고,

둘째, 총괄하여 끝맺었다.

'첫째, 개별' 단락의 경문은 횡과 종으로 모두 통한다. 횡으로는 하나하나의 발심이 모두 모든 구절의 공덕을 갖췄으며, 종으로

는 모든 지위의 발심에 개별로 짝하였다. 보살의 종성으로부터 마지막 경계에 이르기까지 3가지 발심에서 벗어나지 않기 때문이다. 光統 율사[北齊 慧光]는 이를 12住에 짝지어 보았다.

이는 '첫째, 개별로 밝힌' 부분이다.

經

何以故오 善男子야
菩提心者는 猶如種子하니 能生一切諸佛法故며
菩提心者는 猶如良田하니 能長衆生의 白淨法故며
菩提心者는 猶如大地하니 能持一切諸世間故니라

무엇 때문일까?

선남자여,

보리심은 종자와 같다. 일체 불법을 낳아주기 때문이다.

보리심은 좋은 밭과 같다. 중생의 청정한 법을 키워주기 때문이다.

보리심은 대지와 같다. 일체 세간을 붙잡아주기 때문이다.

● 疏 ●

初三句는 卽種性住라 故云如種이오 如田·地라하니 皆是種生之義니라

① 3구는 '종성주'이다. 따라서 종자와 같고, 밭과 같고, 대지와 같다고 말한다. 이는 모두 종성에서 발생하는 뜻이다.

菩提心者는 猶如淨水하니 能洗一切煩惱垢故며
菩提心者는 猶如大風하니 普於世間에 無所礙故며
菩提心者는 猶如盛火하니 能燒一切諸見薪故며
菩提心者는 猶如淨日하니 普照一切諸世間故며
菩提心者는 猶如盛月하니 諸白淨法이 悉圓滿故며
菩提心者는 猶如明燈하니 能放種種法光明故니라

　보리심은 맑은 물과 같다. 일체 번뇌의 때를 씻어주기 때문이다.

　보리심은 세찬 바람과 같다. 세간에 두루 걸림이 없기 때문이다.

　보리심은 거센 불과 같다. 일체 소견의 섶나무를 태우기 때문이다.

　보리심은 빛나는 해와 같다. 일체 세간을 두루 비춰주기 때문이다.

　보리심은 보름달과 같다. 많은 청정한 법이 모두 원만하기 때문이다.

　보리심은 밝은 등불과 같다. 가지가지 법의 광명을 쏟아내기 때문이다.

◉ 疏 ◉

二如淨水下六句는 明勝解行住中之益이라
　② '如淨水' 이하 6구는 '승해행주'의 이익을 밝혔다.

菩提心者는 猶如淨目하니 普見一切安危處故며
菩提心者는 猶如大道하니 普令得入大智城故며
菩提心者는 猶如正濟하니 令其得離諸邪法故며
菩提心者는 猶如大車하니 普能運載諸菩薩故며
菩提心者는 猶如門戶하니 開示一切菩薩行故며
菩提心者는 猶如宮殿하니 安住修習三昧法故며
菩提心者는 猶如園苑하니 於中遊戲하야 受法樂故며
菩提心者는 猶如舍宅하니 安穩一切諸衆生故며
菩提心者는 則爲所歸하니 利益一切諸世間故며
菩提心者는 則爲所依하니 諸菩薩行의 所依處故며
菩提心者는 猶如慈父하니 訓導一切諸菩薩故며
菩提心者는 猶如慈母하니 生長一切諸菩薩故며
菩提心者는 猶如乳母하니 養育一切諸菩薩故며
菩提心者는 猶如善友하니 成益一切諸菩薩故며
菩提心者는 猶如君主하니 勝出一切二乘人故며
菩提心者는 猶如帝王하니 一切願中에 得自在故니라

　　보리심은 청정한 눈과 같다. 일체 평안하고 위태한 곳을 널리 보기 때문이다.

　　보리심은 큰길과 같다. 모두 큰 지혜의 성에 들어가게 하기 때문이다.

　　보리심은 바른 나루터와 같다. 삿된 법을 여의게 하기 때문이다.

보리심은 큰 수레와 같다. 일체 보살을 모두 실어 옮겨주기 때문이다.

보리심은 문과 같다. 일체 보살의 행을 열어 보여주기 때문이다.

보리심은 궁전과 같다. 삼매 법에 안주하여 닦도록 하기 때문이다.

보리심은 공원과 같다. 그 안에서 노닐면서 법의 즐거움을 누리기 때문이다.

보리심은 집과 같다. 일체중생에게 안락을 주기 때문이다.

보리심은 돌아갈 곳이다. 일체 세간의 이익이 되기 때문이다.

보리심은 의지할 곳이다. 일체 보살의 행이 의지한 곳이기 때문이다.

보리심은 아버지와 같다. 일체 보살을 훈계하여 지도하기 때문이다.

보리심은 어머니와 같다. 일체 보살을 낳아주기 때문이다.

보리심은 유모와 같다. 일체 보살을 길러주기 때문이다.

보리심은 착한 벗과 같다. 일체 보살을 성취하여 이익을 주기 때문이다.

보리심은 국왕과 같다. 일체 이승보다 뛰어나기 때문이다.

보리심은 황제와 같다. 일체 서원에서 자재하기 때문이다.

● 疏 ●

三'淨目'下十六句는 極喜增上住니 皆初地中義故니라

③ '淨目' 이하 16구는 '극희증상주'이다. 모두 초지의 의의이기

때문이다.

> 經

菩提心者는 猶如大海하니 一切功德이 悉入中故며
菩提心者는 如須彌山하니 於諸衆生에 心平等故며
菩提心者는 如鐵圍山하니 攝持一切諸世間故며
菩提心者는 猶如雪山하니 長養一切智慧藥故며
菩提心者는 猶如香山하니 出生一切功德香故며
菩提心者는 猶如虛空하니 諸妙功德이 廣無邊故며
菩提心者는 猶如蓮華하니 不染一切世間法故니라

　　보리심은 바다와 같다. 일체 공덕이 모두 그 가운데 들어 있기 때문이다.

　　보리심은 수미산과 같다. 중생에게 마음이 평등하기 때문이다.

　　보리심은 철위산과 같다. 일체 세간을 거두어 주기 때문이다.

　　보리심은 설산과 같다. 일체 지혜의 약초를 키워주기 때문이다.

　　보리심은 향산과 같다. 일체 공덕의 향을 뿜어내기 때문이다.

　　보리심은 허공과 같다. 모든 미묘한 공덕이 드넓어 그지없기 때문이다.

　　보리심은 연꽃과 같다. 일체 세간의 법에 물들지 않기 때문이다.

◉ 疏 ◉

四如大海下七句는 戒增上住라

④ '如大海' 이하 7구는 '계증상주'이다.

經

菩提心者는 如調慧象하니 其心善順하야 不獷戾故며
菩提心者는 如良善馬하니 遠離一切諸惡性故며
菩提心者는 如調御師하니 守護大乘一切法故며
菩提心者는 猶如良藥하니 能治一切煩惱病故며
菩提心者는 猶如坑穽하니 陷沒一切諸惡法故며
菩提心者는 猶如金剛하니 悉能穿徹一切法故며
菩提心者는 猶如香篋하니 能貯一切功德香故며
菩提心者는 猶如妙華하니 一切世間의 所樂見故며
菩提心者는 如白栴檀하니 除衆欲熱하야 使淸凉故며
菩提心者는 如黑沈香하니 能熏法界하야 悉周徧故니라

　보리심은 잘 길든 코끼리와 같다. 마음이 유순하여 영악하지 않기 때문이다.

　보리심은 양순한 말과 같다. 일체 악독한 성품을 멀리 여의기 때문이다.

　보리심은 말 모는 이와 같다. 대승의 모든 법을 수호하기 때문이다.

　보리심은 좋은 약과 같다. 일체 번뇌의 병을 치료하기 때문이다.

　보리심은 함정과 같다. 일체 악법을 묻어버리기 때문이다.

　보리심은 금강과 같다. 일체 법을 모두 잘 뚫어주기 때문이다.

보리심은 향합과 같다. 일체 공덕의 향을 담아두기 때문이다.

보리심은 아름다운 꽃과 같다. 일체 세간 중생이 보기를 좋아하기 때문이다.

보리심은 백전단과 같다. 욕심의 열기를 풀어 시원하게 해주기 때문이다.

보리심은 검은 침향과 같다. 법계에 두루 풍겨주기 때문이다.

● 疏 ●

五'調慧象'下十句는 增上心住라

⑤ '調慧象' 이하 10구는 '증상심주'이다.

經

菩提心者는 如善見藥王하니 能破一切煩惱病故며
菩提心者는 如毘笈摩藥하니 能拔一切諸惑箭故며
菩提心者는 猶如帝釋하니 一切主中에 最爲尊故며
菩提心者는 如毘沙門하니 能斷一切貧窮苦故며
菩提心者는 如功德天하니 一切功德의 所莊嚴故며
菩提心者는 如莊嚴具하니 莊嚴一切諸菩薩故며
菩提心者는 如劫燒火하니 能燒一切諸有爲故며
菩提心者는 如無生根藥하니 長養一切諸佛法故며
菩提心者는 猶如龍珠하니 能消一切煩惱毒故며
菩提心者는 如水淸珠하니 能淸一切煩惱濁故니라

보리심은 선견약과 같다. 일체 번뇌의 병을 없애주기 때문이다.

보리심은 비급마약과 같다. 일체 의혹의 화살을 뽑아주기 때문이다.

보리심은 제석과 같다. 일체 임금 가운데 가장 높기 때문이다.

보리심은 비사문과 같다. 일체 가난의 고통을 끊어주기 때문이다.

보리심은 공덕천과 같다. 일체 공덕으로 장엄한 바이기 때문이다.

보리심은 장엄거리와 같다. 일체 모든 보살을 장엄해 주기 때문이다.

보리심은 겁말에 불태우는 불과 같다. 일체 유위법을 태워주기 때문이다.

보리심은 남이 없는 뿌리약[無生根藥]과 같다. 일체 불법을 길러주기 때문이다.

보리심은 용의 여의주와 같다. 일체 번뇌의 독을 소멸하기 때문이다.

보리심은 물 맑히는 구슬과 같다. 일체 번뇌의 혼탁을 맑혀주기 때문이다.

◉ 疏 ◉

六'善見藥'下 十句는 覺分相應增上慧住니 中云毘笈摩者는 此云普去니라

⑥ '善見藥' 이하 10구는 '깨달음의 부분에 상응한 증상혜주'이다. 여기에서 말한 '비급마'란 중국에서는 '모두 없애준다[普去].'는

233

뜻이다.

經

菩提心者는 如如意珠하니 周給一切諸貧乏故며
菩提心者는 如功德瓶하니 滿足一切衆生心故며
菩提心者는 如如意樹하니 能雨一切莊嚴具故며
菩提心者는 如鵝羽衣하니 不受一切生死垢故며
菩提心者는 如白氎線하니 從本已來로 性淸淨故며
菩提心者는 如快利犁하니 能治一切衆生田故며
菩提心者는 如那羅延하니 能摧一切我見敵故며
菩提心者는 猶如快箭하니 能破一切諸苦的故며
菩提心者는 猶如利矛하니 能穿一切煩惱甲故며
菩提心者는 猶如堅甲하니 能護一切如理心故니라

보리심은 여의주와 같다. 일체 가난한 이를 도와주기 때문이다.

보리심은 공덕병과 같다. 일체중생의 마음을 만족시켜 주기 때문이다.

보리심은 여의수와 같다. 일체 장엄거리를 내려주기 때문이다.

보리심은 거위 깃으로 만든 옷과 같다. 일체 생사의 때가 묻지 않았기 때문이다.

보리심은 흰 털실과 같다. 본래부터 성품이 청정하기 때문이다.

보리심은 날카로운 보습과 같다. 일체중생의 밭을 갈아주기 때문이다.

보리심은 나라연과 같다. '나'라는 소견을 가진 적을 꺾어주기 때문이다.

보리심은 뾰족한 화살과 같다. 일체 고통의 과녁을 꿰뚫기 때문이다.

보리심은 날카로운 창과 같다. 일체 번뇌의 갑옷을 뚫기 때문이다.

보리심은 굳건한 갑옷과 같다. 일체 진리대로의 마음을 보호해 주기 때문이다.

◉ 疏 ◉

七如意珠下十句는 諸諦相應增上住라
⑦ '如意珠' 이하 10구는 '모든 진리에 상응하는 증상주'이다.

經

菩提心者는 猶如利刀하니 能斬一切煩惱首故며
菩提心者는 猶如利劍하니 能斷一切憍慢鎧故며
菩提心者는 如勇將幢하니 能伏一切諸魔軍故며
菩提心者는 猶如利鋸하니 能截一切無明樹故며
菩提心者는 猶如利斧하니 能伐一切諸苦樹故며
菩提心者는 猶如兵仗하니 能防一切諸苦難故며
菩提心者는 猶如善手하니 防護一切諸度身故며
菩提心者는 猶如好足하니 安立一切諸功德故며

菩提心者는 猶如眼藥하니 滅除一切無明翳故며
菩提心者는 猶如鉗鑷하니 能拔一切身見刺故니라

　　보리심은 예리한 칼과 같다. 일체 번뇌의 머리를 잘라주기 때문이다.

　　보리심은 날카로운 검과 같다. 일체 교만의 투구를 동강내기 때문이다.

　　보리심은 장수의 당기와 같다. 일체 마군을 굴복시키기 때문이다.

　　보리심은 잘 드는 톱과 같다. 일체 무명의 나무를 베어주기 때문이다.

　　보리심은 날선 도끼와 같다. 일체 고통의 나무를 찍어내기 때문이다.

　　보리심은 병장기와 같다. 일체 모든 고난을 막아주기 때문이다.

　　보리심은 솜씨 좋은 손과 같다. 일체 바라밀의 몸을 막아주기 때문이다.

　　보리심은 튼튼한 발과 같다. 일체 모든 공덕을 세워주기 때문이다.

　　보리심은 안약과 같다. 일체 무명의 백태를 없애주기 때문이다.

　　보리심은 족집게와 같다. 일체 '나의 몸'이라는 소견의 가시를 뽑아주기 때문이다.

● 疏 ●

八利刀下十句는 明緣起流轉止息相應增上住라

　　⑧ '利刀' 이하 10구는 '연기의 유전과 멈춤에 상응함을 밝힌 증

상주'이다.

經

菩提心者는 猶如臥具하니 悉除生死諸勞苦故며
菩提心者는 如善知識하니 能解一切生死縛故며
菩提心者는 如好珍財하니 能除一切貧窮事故며
菩提心者는 如大導師하니 善知菩薩出要道故며
菩提心者는 猶如伏藏하니 出功德財하야 無匱乏故며
菩提心者는 猶如涌泉하니 生智慧水하야 無窮盡故며
菩提心者는 猶如明鏡하니 普現一切法門像故며
菩提心者는 猶如蓮華하니 不染一切諸罪垢故며
菩提心者는 猶如大河하니 流引一切度攝法故며
菩提心者는 如大龍王하니 能雨一切妙法雨故니라

　　보리심은 침구와 같다. 생사의 일체 피로를 모두 없애주기 때문이다.

　　보리심은 선지식과 같다. 일체 생사의 속박을 풀어주기 때문이다.

　　보리심은 보물과 같다. 일체 빈궁의 일들을 없애주기 때문이다.

　　보리심은 좋은 길잡이와 같다. 보살의 벗어날 길을 잘 알기 때문이다.

　　보리심은 묻힌 갈무리와 같다. 공덕 재물을 부족함 없이 내주기 때문이다.

　　보리심은 솟는 샘물과 같다. 지혜의 물을 끊이지 않게 내어주기 때문이다.

　보리심은 거울과 같다. 일체 법문의 영상을 모두 비춰주기 때문이다.

　보리심은 연꽃과 같다. 일체 죄업의 때에 물들지 않기 때문이다.

　보리심은 큰 강과 같다. 일체 건네주는 법을 이끌어내기 때문이다.

　보리심은 큰 용왕과 같다. 일체 미묘한 법비를 내려주기 때문이다.

◉ 疏 ◉

九'臥具'下 十句는 明無相有功用住라

　⑨ '臥具' 이하 10구는 '모양이 없이 공용이 있음을 밝힌 주'이다.

經

菩提心者는 猶如命根하니 任持菩薩大悲身故며
菩提心者는 猶如甘露하니 能令安住不死界故며
菩提心者는 猶如大網하니 普攝一切諸衆生故며
菩提心者는 猶如罥索하니 攝取一切所應化故며
菩提心者는 猶如鉤餌하니 出有淵中所居者故며
菩提心者는 如阿伽陀藥하니 能令無病하야 永安穩故며
菩提心者는 如除毒藥하니 悉能消歇貪愛毒故며
菩提心者는 如善持呪하니 能除一切顚倒毒故며
菩提心者는 猶如疾風하니 能卷一切諸障霧故며
菩提心者는 如大寶洲하니 出生一切覺分寶故니라

보리심은 목숨과 같다. 보살의 매우 가엾이 여기는 몸을 부지해 주기 때문이다.

보리심은 단이슬과 같다. 죽지 않는 세계에 안주해 주기 때문이다.

보리심은 큰 그물과 같다. 일체중생을 모두 거두어 주기 때문이다.

보리심은 오랏줄과 같다. 일체 교화받을 중생을 끌어당기기 때문이다.

보리심은 낚시 미끼와 같다. 3계 25유 세계의 연못 속에 거처한 이를 끌어내주기 때문이다.

보리심은 아가다약과 같다. 질병 없이 길이 편안함을 주기 때문이다.

보리심은 독을 제거하는 약과 같다. 탐애의 독을 모두 없애주기 때문이다.

보리심은 주문을 잘 외는 것과 같다. 일체 전도의 독을 없애주기 때문이다.

보리심은 빠른 바람과 같다. 일체 장애의 안개를 걷어주기 때문이다.

보리심은 보물심과 같다. 일체 깨달음의 보배를 내어주기 때문이다.

◉ 疏 ◉

十'命根'下 十句는 明無相無功用住라

⑩ '命根' 이하 10구는 '모양이 없고 공용이 없음을 밝힌 주'이다.

菩提心者는 如好種性하니 出生一切白淨法故며
菩提心者는 猶如住宅하니 諸功德法의 所依處故며
菩提心者는 猶如市肆하니 菩薩商人의 貿易處故며
菩提心者는 如鍊金藥하니 能治一切煩惱垢故며
菩提心者는 猶如好蜜하니 圓滿一切功德味故며
菩提心者는 猶如正道하니 令諸菩薩로 入智城故며
菩提心者는 猶如好器하니 能持一切白淨法故며
菩提心者는 猶如時雨하니 能滅一切煩惱塵故며
菩提心者는 則爲住處하니 一切菩薩의 所住處故며
菩提心者는 則爲壽行하니 不取聲聞의 解脫果故니라

  보리심은 좋은 종자와 같다. 일체 순백 청정의 법을 내어주기 때문이다.

  보리심은 주택과 같다. 일체 공덕이 의지처이기 때문이다.

  보리심은 저자와 같다. 보살 장사꾼이 무역하는 곳이기 때문이다.

  보리심은 금을 단련하는 약과 같다. 일체 번뇌의 때를 없애주기 때문이다.

  보리심은 꿀과 같다. 일체 공덕의 맛을 원만케 해주기 때문이다.

  보리심은 바른 길과 같다. 보살을 지혜의 성에 들어가도록 해주기 때문이다.

  보리심은 좋은 그릇과 같다. 일체 순백 청정한 법을 담기 때문이다.

  보리심은 가뭄에 단비와 같다. 일체 번뇌의 티끌을 없애주기 때문이다.

보리심은 머문 곳이다. 일체 보살의 머무는 곳이기 때문이다.

보리심은 자석(磁石: 壽行)이다. 성문의 해탈과를 취하지 않기 때문이다.

● 疏 ●

十一 '好種性'下 十句는 明無礙解住라 言壽行者는 梵本云則爲磁石이니 不吸聲聞解脫果故니라

⑪ '好種性' 이하 10구는 '걸림이 없는 이해를 밝힌 주'이다.

壽行이라 말한 것은 범본에서는 '자석'이라 하였다. 성문의 해탈과를 흡수하지 않기 때문이다.

經

菩提心者는 如淨琉璃하니 自性明潔하야 無諸垢故며
菩提心者는 如帝靑寶하니 出過世間二乘智故며
菩提心者는 如更漏鼓하니 覺諸衆生의 煩惱睡故며
菩提心者는 如淸淨水하니 性本澄潔하야 無垢濁故며
菩提心者는 如閻浮金하니 暎奪一切有爲善故며
菩提心者는 如大山王하니 超出一切諸世間故며
菩提心者는 則爲所歸하니 不拒一切諸來者故며
菩提心者는 則爲義利하니 能除一切衰惱事故며
菩提心者는 則爲妙寶하니 能令一切로 心歡喜故며

菩提心者는 如大施會하니 充滿一切衆生心故며
菩提心者는 則爲尊勝하니 諸衆生心이 無與等故며
菩提心者는 猶如伏藏하니 能攝一切諸佛法故며
菩提心者는 如因陀羅網하니 能伏煩惱阿修羅故며
菩提心者는 如婆樓那風하니 能動一切所應化故며
菩提心者는 如因陀羅火하니 能燒一切諸惑習故며
菩提心者는 如佛支提하니 一切世間이 應供養故니라

보리심은 청정한 유리와 같다. 자성이 맑고 조촐하여 때가 없기 때문이다.

보리심은 제석천왕의 푸른 보배와 같다. 세간과 이승의 지혜보다 뛰어나기 때문이다.

보리심은 시간 알리는 북과 같다. 중생의 번뇌 졸음을 깨워주기 때문이다.

보리심은 맑은 물과 같다. 자성이 깨끗하여 흐린 때가 없기 때문이다.

보리심은 염부단금과 같다. 일체 유위의 선을 무색케 하기 때문이다.

보리심은 큰 산과 같다. 일체 세간에 우뚝 솟아나기 때문이다.

보리심은 돌아갈 곳과 같다. 일체 찾아오는 이들을 막지 않기 때문이다.

보리심은 옳은 이익이다. 일체 쇠퇴와 고뇌의 일을 없애주기 때문이다.

보리심은 기묘한 보배이다. 일체중생의 마음에 기쁨을 주기 때문이다.

보리심은 큰 보시의 모임과 같다. 일체중생의 마음을 만족시켜 주기 때문이다.

보리심은 존귀하고 훌륭하다. 중생의 마음으로는 함께할 수 없기 때문이다.

보리심은 묻힌 갈무리와 같다. 일체 불법을 지니고 있기 때문이다.

보리심은 인드라 그물과 같다. 번뇌의 아수라를 굴복시키기 때문이다.

보리심은 바루나 바람과 같다. 일체 교화받을 이들을 흔들어주기 때문이다.

보리심은 인드라 불꽃과 같다. 일체 번뇌의 습기를 태워주기 때문이다.

보리심은 부처님의 탑과 같다. 일체 세간에서 공양할 바이기 때문이다.

● 疏 ●

十二 淨琉璃下 十六句는 明最上菩薩住라 梵本云因陀羅網이라 하니 網取煩惱阿修羅故니라 婆樓那風은 此云迅猛風也라 其中文義 皆與彼位相應호되 恐繁不屬이라 故始於種子하야 終於惑習하니 明豎義彰矣라 然斷習等은 推功歸本이면 由初發心이니 則橫具諸

德이 於理明矣라

⑫ '淨琉璃' 이하 16구는 '최상의 보살이 머문 지위'임을 밝혔다.

범본에서는 '인드라 그물[因陀羅網]'이라 하니, 그물이란 번뇌 아수라를 잡아들이기 때문이다.

'바루나 바람'은 중국에서는 '맹렬한 바람'이라는 뜻이다.

여기에서 말한 문장의 의의는 모두 그 지위와 상응하지만, 너무 번잡할까 두려운 마음에 배속하지 않는다. 따라서 종자로 시작하여 惑習으로 끝나고 있다. 종으로 말한 의의가 분명함을 밝힌 것이다. 그러나 미혹의 습기를 끊는 등은 공을 미루어 근본으로 돌아가면 첫 발심에서 연유한 것이다. 이는 횡으로 모든 공덕을 갖춤이 이치에 분명하다.

後 總結

둘째, 총괄하여 끝맺다

經

善男子야 菩提心者는 成就如是無量功德이어니와 擧要言之컨댄 應知悉與一切佛法諸功德等이니
何以故오 因菩提心하야 出生一切諸菩薩行이며 三世如來 從菩提心하야 而出生故라
是故로 善男子야 若有發阿耨多羅三藐三菩提心者면

則已出生無量功德하야 普能攝取一切智道니라

　선남자여, 보리심은 이처럼 한량없는 공덕을 성취시켜 주지만, 요체를 들어 말하면 일체 불법의 모든 공덕과 평등함을 알아야 한다.

　무엇 때문일까?

　보리심으로 인하여 일체 모든 보살의 행을 내며, 삼세 여래가 보리심에서 나오기 때문이다.

　선남자여, 그러므로 만약 아뇩다라삼먁삼보리심을 내면, 이는 이미 한량없는 공덕을 내어 일체 지혜의 도를 널리 얻을 수 있다.

◉ 疏 ◉

功成 由於始簣라 故初心이 具於諸德이온 況復初後圓融가

　큰일을 성취하는 것은 한 삼태기에서 비롯한다. 그러므로 처음 발심할 적에 모든 공덕을 갖추고 있는데, 하물며 또한 처음부터 끝까지 원융함이야.

初一百一十八句는 明菩提心偏該諸地를 竟하다

　㈀ 118구는 보리심이 모든 지위를 두루 갖추고 있음을 밝힌 부분을 끝마치다.

第二一百三句는 明菩提心自在功德이라

　㈁ 103구는 보리심의 자재한 공덕을 밝혔다.

經

善男子야 譬如有人이 得無畏藥에 離五恐怖하나니 何等이 爲五오 所謂火不能燒며 毒不能中이며 刀不能傷이며 水不能漂며 煙不能熏인달하야 菩薩摩訶薩도 亦復如是하야 得一切智菩提心藥에 貪火 不燒하며 瞋毒이 不中하며 惑刀 不傷하며 有流 不漂하며 諸覺觀煙이 不能熏害니라

善男子야 譬如有人이 得解脫藥에 終無橫難인달하야 菩薩摩訶薩도 亦復如是하야 得菩提心解脫智藥에 永離一切生死橫難이니라

善男子야 譬如有人이 持摩訶應伽藥에 毒蛇 聞氣하면 則皆遠去인달하야 菩薩摩訶薩도 亦復如是하야 持菩提心大應伽藥에 一切煩惱諸惡毒蛇 聞其氣者는 悉皆散滅이니라

善男子야 譬如有人이 持無勝藥에 一切怨敵이 無能勝者인달하야 菩薩摩訶薩도 亦復如是하야 持菩提心無能勝藥에 悉能降伏一切魔軍이니라

善男子야 譬如有人이 持毘笈摩藥에 能令毒箭으로 自然墮落인달하야 菩薩摩訶薩도 亦復如是하야 持菩提心毘笈摩藥에 令貪恚癡諸邪見箭으로 自然墮落이니라

善男子야 譬如有人이 持善見藥에 能除一切所有諸病인달하야 菩薩摩訶薩도 亦復如是하야 持菩提心善見藥王에 悉除一切諸煩惱病이니라

善男子야 **如有藥樹**하니 **名珊陀那**라 **有取其皮**하야 **以塗瘡者**면 **瘡則除愈**나 **然其樹皮**는 **隨取隨生**하야 **終不可盡**인달하야 **菩薩摩訶薩**의 **從菩提心生一切智樹**도 **亦復如是**하야 **若有得見**하고 **而生信者**면 **煩惱業瘡**이 **悉得消滅**이나 **一切智樹**는 **初無所損**이니라

선남자여, 마치 어느 사람이 두려움 없는 약을 지니면 다섯 가지 공포에서 벗어나는 것과 같다. 무엇이 다섯 가지 공포에서 벗어남인가? 이른바 불에 타지 않고, 독에 걸리지 않고, 칼에 상처를 입지 않고, 물에 빠지지 않고, 연기에 그을리지 않는 것처럼, 보살마하살 또한 그와 같다. 일체 지혜의 보리심 약을 얻으면 탐욕의 불에 타지 않고, 성내는 독에 걸리지 않고, 미혹의 칼에 상처를 입지 않고, 25유의 흐름에 빠지지 않고, 깨닫고 살피는 연기에 그을리지 않는다.

선남자여, 마치 어느 사람이 해탈의 약을 얻으면 끝까지 횡액이 없는 것처럼, 보살마하살 또한 그와 같다. 보리심의 해탈 지혜 약을 얻으면 일체 생사의 횡액에서 영원히 벗어날 수 있다.

선남자여, 마치 어느 사람이 마하응가약을 지니고 있으면 독사가 그 냄새를 맡고서 멀리 달아나는 것처럼, 보살마하살 또한 그와 같다. 보리심의 큰 응가약을 지니면 일체 번뇌의 모든 악업의 독사가 그 냄새를 맡고서 모두 흩어져 사라지게 된다.

선남자여, 마치 어느 사람이 이길 이 없는 약을 지니고 있으면 모든 원수가 이기지 못하는 것처럼, 보살마하살 또한 그와 같다.

보리심의 이길 이 없는 약을 지니고 있으면 모든 마군을 모두 항복받을 수 있다.

   선남자여, 마치 어느 사람이 비급마약을 지니고 있으면 독화살이 절로 떨어지는 것처럼, 보살마하살 또한 그와 같다. 보리심의 비급마약을 지니고 있으면 탐욕, 성냄, 어리석음, 삿된 소견의 화살이 절로 떨어지게 된다.

   선남자여, 마치 어느 사람이 선견약을 지니고 있으면 일체 소유한 모든 병이 사라지는 것처럼, 보살마하살 또한 그와 같다. 보리심의 선견약을 지니고 있으면 일체 모든 번뇌의 병이 사라지게 된다.

   선남자여, 약나무가 있는데, 그 이름을 '산타나'라 한다. 그 껍질을 벗겨서 상처에 붙이면 상처가 아문다. 그러나 그 나무껍질은 벗기는 대로 바로 새 껍질이 생겨나 끝까지 다함이 없는 것처럼, 보살마하살의 보리심에서 생겨나는 일체 지혜의 나무 또한 그와 같다. 만약 누구나 선지식을 친견하고 신심을 내면 번뇌업의 상처가 모두 사라지지만 일체 지혜의 나무는 애당초 손상된 바 없다.

● 疏 ●

文中에 各有喩合하니 說聽之人이 所見深遠일세 故所引喩 多非凡境이며 亦顯不共菩提心故니라
雖通橫豎나 且豎分五段이라
初有七句는 攝十住德이니 覺心自性하야 離惡覺等故니라

이의 경문은 각각 비유와 종합이다. 설법자와 청법자의 소견이 깊고 원대한 까닭에 인용한 바의 비유가 대체로 여느 평범한 경계가 아니며, 또한 그 누구도 함께할 수 없는 보리심을 밝힌 때문이다.

비록 종횡으로 모두 통하지만, 종으로 나누면 5단락이다.

첫째, 7구는 십주의 공덕을 들어 말하였다. 마음의 자성을 깨달아 惡覺 등을 여읜 때문이다.

經

善男子야 如有藥樹하니 名無生根이라 以其力故로 增長一切閻浮提樹인달하야 菩薩摩訶薩의 菩提心樹도 亦復如是하야 以其力故로 增長一切學與無學과 及諸菩薩의 所有善法이니라

善男子야 譬如有藥하니 名阿藍婆라 若用塗身이면 身之與心이 咸有堪能인달하야 菩薩摩訶薩의 得菩提心阿藍婆藥도 亦復如是하야 令其身心으로 增長善法이니라

善男子야 譬如有人이 得念力藥에 凡所聞事를 憶持不忘인달하야 菩薩摩訶薩의 得菩提心念力妙藥도 悉能聞持一切佛法하야 皆無忘失이니라

善男子야 譬如有藥하니 名大蓮華라 其有服者면 住壽一劫인달하야 菩薩摩訶薩의 服菩提心大蓮華藥도 亦復如是하야 於無數劫에 壽命自在니라

善男子야 譬如有人이 執翳形藥에 人與非人이 悉不能

見인달하야 菩薩摩訶薩의 執菩提心翳形妙藥도 一切諸魔 不能得見이니라

善男子야 如海有珠하니 名普集衆寶라 此珠 若在하면 假使劫火 焚燒世間이라도 能令此海로 減於一滴이 無有是處인달하야 菩薩摩訶薩의 菩提心珠도 亦復如是하야 住於菩薩大願海中하야 若常憶持하야 不令退失이면 能壞菩薩의 一善根者 終無是處어니와 若退其心이면 一切善法이 卽皆散滅이니라

善男子야 如有摩尼하니 名大光明이라 有以此珠로 瓔珞身者면 暎蔽一切寶莊嚴具하야 所有光明이 悉皆不現인달하야 菩薩摩訶薩의 菩提心寶도 亦復如是하야 瓔珞其身에 暎蔽一切二乘心寶하야 諸莊嚴具 悉無光彩니라

善男子야 如水淸珠 能淸濁水인달하야 菩薩摩訶薩의 菩提心珠도 亦復如是하야 能淸一切煩惱垢濁이니라

善男子야 譬如有人이 得住水寶하야 繫其身上에 入大海中호되 不爲水害인달하야 菩薩摩訶薩도 亦復如是하야 得菩提心住水妙寶에 入於一切生死海中호되 終不沈沒이니라

善男子야 譬如有人이 得龍寶珠에 持入龍宮호되 一切龍蛇 不能爲害인달하야 菩薩摩訶薩도 亦復如是하야 得菩提心大龍寶珠에 入欲界中호되 煩惱龍蛇 不能爲害니라

선남자여, 마치 약나무가 있는데, 그 이름을 '남이 없는 뿌리[無

生根]'라 한다. 그 힘으로 일체 염부제의 나무를 자라게 하는 것처럼, 보살마하살의 보리심 나무도 그와 같다. 그 힘으로 모든 유학위(有學位)와 무학위(無學位) 및 모든 보살이 소유한 법을 더욱 키워주는 것이다.

선남자여, 약이 있는데, 그 이름을 '아람바'라 한다. 이를 몸에 바르면 몸과 마음에 모두 힘이 솟는 것처럼, 보살마하살의 보리심 아람바약 또한 그와 같다. 몸과 마음으로 하여금 선업의 법을 더욱 키워주는 것이다.

선남자여, 마치 어느 사람이 기억하는 힘이 나는 약을 먹으면 기억하여 잊지 않는 것처럼, 보살마하살의 보리심 기억하는 힘이 나는 약을 얻으면 일체 불법을 모두 한 번 들으면 모두 잊지 않는다.

선남자여, 마치 약이 있는데, 그 이름을 '대련화'라 한다. 그 약을 먹으면 1겁의 장수를 누리는 것처럼, 보살마하살의 보리심 대련화약을 먹는 것 또한 그와 같다. 수없는 겁에 목숨이 자재할 수 있다.

선남자여, 마치 어느 사람이 몸 가리는 약을 가지고 있으면 사람이든 사람이 아니든 모두 보지 못하는 것처럼, 보살마하살의 보리심의 몸 가리는 미묘한 약을 가지고 있으면 일체 모든 마군이 볼 수 없다.

선남자여, 바다에 진주가 있는데, 그 이름을 '많은 보배를 두루 모아놓은 진주'라 한다. 이 진주가 있기만 하면 설령 겁말의 불이 세간을 태울지라도 이 바닷물은 한 방울도 줄어든 곳이 없는 것처럼, 보살마하살의 보리심 진주 또한 그와 같다. 보살의 큰 서원 바다에 머물면서 항상 기억하고 물러서지 않으면 보살의 선근 하나조차 무너뜨릴 일이 없겠지만, 만약 그 마음이 물러서면 일체 선법이 모두 사라지게 된다.

선남자여, 마치 대광명이란 마니 구슬이 있는데, 그 구슬을 몸에 걸치면 일체 보배의 장엄거리가 무색하여 지녔던 광명이 모두 나타나지 않는 것처럼, 보살마하살의 보리심 보배 또한 그와 같다. 그 몸에 걸치면 일체 이승의 마음 보배가 무색하여 모든 장엄거리의 광채가 모두 사라지게 된다.

선남자여, 마치 물을 맑히는 구슬이 흐린 물을 맑혀주듯이, 보살마하살의 보리심 구슬 또한 그와 같다. 일체 번뇌의 흐린 때를 맑혀주는 것이다.

선남자여, 마치 어느 사람이 물속에 있는 보배를 얻어 그 몸에 달아매면 바다에 들어가도 물의 피해를 입지 않는 것처럼, 보살마하살 또한 그와 같다. 보리심의 물속에 있는 미묘한 보배를 얻으면 일체 생사의 바다에 들어가도 끝내 빠지지 않는다.

선남자여, 마치 어느 사람이 용의 여의주를 얻어 지니고서 용궁에 들어가면 일체 용이나 뱀이 해치지 못하는 것처럼, 보살마하살 또한 그와 같다. 보리심의 큰 용의 여의주를 얻어 지니면 욕계에 들어갈지라도 번뇌의 용과 뱀이 해치지 못한다.

◉ 疏 ◉

二 無生根下 十喩는 攝十行德이라

둘째, 10구는 십행의 공덕을 들어 말하였다.

經

善男子야 譬如帝釋이 着摩尼冠에 暎蔽一切諸餘天衆인달하야 菩薩摩訶薩도 亦復如是하야 着菩提心大願寶冠에 超過一切三界衆生이니라

善男子야 譬如有人이 得如意珠에 除滅一切貧窮之苦인달하야 菩薩摩訶薩도 亦復如是하야 得菩提心如意寶珠에 遠離一切邪命怖畏니라

善男子야 譬如有人이 得日精珠에 持向日光하야 而生於火인달하야 菩薩摩訶薩도 亦復如是하야 得菩提心智日寶珠에 持向智光하야 而生智火니라

善男子야 譬如有人이 得月精珠에 持向月光하야 而生於水인달하야 菩薩摩訶薩도 亦復如是하야 得菩提心月精寶珠에 持此心珠하고 鑑廻向光하야 而生一切善根願水니라

善男子야 譬如龍王이 首戴如意摩尼寶冠에 遠離一切怨敵怖畏인달하야 菩薩摩訶薩도 亦復如是하야 着菩提心大悲寶冠에 遠離一切惡道諸難이니라

善男子야 如有寶珠하니 名一切世間莊嚴藏이라 若有得

253

者면 令其所欲으로 悉得充滿호되 而此寶珠는 無所損減
인달하야 菩提心寶珠도 亦復如是하야 若有得者면 令其
所願으로 悉得滿足호되 而菩提心은 無有損減이니라

善男子야 如轉輪王이 有摩尼寶하니 置於宮中에 放大光
明하야 破一切暗인달하야 菩薩摩訶薩도 亦復如是하야 以
菩提心大摩尼寶로 住於欲界에 放大智光하야 悉破諸趣
無明黑暗이니라

善男子야 譬如帝靑大摩尼寶 若有爲此光明所觸이면
則同其色인달하야 菩薩摩訶薩의 菩提心寶도 亦復如是
하야 觀察諸法하야 廻向善根에 靡不卽同菩提心色이니라

善男子야 如瑠璃寶 於百千歲를 處不淨中호되 不爲垢
穢之所染着이니 性本淨故인달하야 菩薩摩訶薩의 菩提
心寶도 亦復如是하야 於百千劫을 住欲界中호되 不爲欲
界過患所染이니 猶如法界하야 性淸淨故니라

　　선남자여, 마치 제석천왕이 마니관을 쓰면 다른 하늘의 대중들이 무색한 것처럼, 보살마하살 또한 그와 같다. 보리심의 큰 서원 보배관을 쓰면, 일체 삼계 중생을 초월하게 된다.

　　선남자여, 마치 어느 사람이 여의주를 얻으면 일체 빈궁의 고통이 사라지는 것처럼, 보살마하살 또한 그와 같다. 보리심 여의주 보배를 얻으면 일체 삿된 생활의 두려움을 멀리 여의게 된다.

　　선남자여, 마치 어느 사람이 태양 정기의 구슬을 얻어 햇빛에 향하면 불이 피어나는 것처럼, 보살마하살 또한 그와 같다. 보리심

지혜의 태양 정기의 구슬을 얻어 지혜의 빛에 향하면 지혜의 불이 피어나게 된다.

선남자여, 마치 어느 사람이 달 정기의 구슬을 얻어 달빛에 향하면 물이 생겨나는 것처럼, 보살마하살 또한 그와 같다. 보리심의 달 정기의 구슬을 얻어 이 보리심의 구슬을 가지고서 회향하는 광명에 비추면 일체 선근의 서원 물이 생겨나게 된다.

선남자여, 마치 용왕이 머리에 여의주 보배관을 쓰면 일체 원수의 두려움을 멀리 떨쳐버리는 것처럼, 보살마하살 또한 그와 같다. 보리심의 대비(大悲) 보배관을 쓰면 일체 악도의 고난을 멀리 떨쳐버리게 된다.

선남자여, 마치 보배 구슬이 있는데, 그 이름을 '일체 세간의 장엄 창고'라 한다. 만약 이를 얻으면 그 원하는 바를 모두 채울 수 있으나, 이 보배 구슬은 줄어듦이 없는 것처럼, 보리심의 보배 또한 그와 같다. 만약 이를 얻은 이가 있으면 그 원하는 바를 모두 만족할 수 있으나 보리심은 줄어들지 않는다.

선남자여, 마치 전륜왕에게 마니주가 있는데, 궁중에 놓으면 큰 광명이 쏟아져 모든 어둠을 깨뜨리는 것처럼, 보살마하살 또한 그와 같다. 보리심의 큰 마니주를 욕계에 두면 큰 지혜 광명이 쏟아져 나와 모든 길의 무명 암흑을 모두 깨뜨려준다.

선남자여, 마치 제석천왕의 푸른 마니보배의 광명을 쐬면 그 빛과 같아지는 것처럼, 보살마하살의 보리심 보배 또한 그와 같다. 모든 법을 관찰하여 선근에 회향하면 보리심 빛과 똑같아지지 않는 이가 없다.

선남자여, 유리 보배는 백천 년 동안 깨끗하지 못한 속에 둘지라도 악취와 더러움이 묻지 않는다. 성품이 본래 청정하기 때문인 것처럼, 보살마하살의 보리심 보배 또한 그와 같다. 백천 겁 동안 욕계에 둘지라도 욕계의 허물과 우환에 물들지 않는다. 오히려 법계처럼 성품이 청정하기 때문이다.

● 疏 ●

三 帝釋著摩尼下九句는 攝十廻向德이라
　셋째, 9구는 십회향의 공덕을 들어 말하였다.

經

善男子야 譬如有寶하니 名淨光明이라 悉能暎蔽一切寶色인달하야 菩薩摩訶薩의 菩提心寶도 亦復如是하야 悉能暎蔽一切凡夫二乘功德이니라
善男子야 譬如有寶하니 名爲火焰이라 悉能除滅一切暗冥인달하야 菩薩摩訶薩의 菩提心寶도 亦復如是하야 能滅一切無知暗冥이니라
善男子야 譬如海中에 有無價寶어든 商人이 探得하야 船載入城하면 諸餘摩尼百千萬種의 光色價置 無與等者인달하야 菩提心寶도 亦復如是하야 住於生死大海之中이어든 菩薩摩訶薩이 乘大願船하고 深心相續하야 載之來

入解脫城中하면 二乘功德이 無能及者니라
善男子야 如有寶珠하니 名自在王이라 處閻浮洲하야 去日月輪이 四萬由旬이로대 日月宮中所有莊嚴이 其珠影現하야 悉皆具足인달하야 菩薩摩訶薩의 發菩提心淨功德寶도 亦復如是하야 住生死中하야 照法界空에 佛智日月의 一切功德이 悉於中現이니라

　　선남자여, 마치 '청정한 광명'이란 보배가 있는데, 모든 보배의 빛을 무색하게 한 것처럼, 보살마하살의 보리심 보배 또한 그와 같다. 일체 범부와 이승의 공덕을 모두 가려버린다.
　　선남자여, '화염'이란 보배가 있는데, 일체 어둠을 모두 없애주는 것처럼, 보살마하살의 보리심 보배 또한 그와 같다. 모든 무지의 어둠을 없애준다.
　　선남자여, 마치 바다에 값을 매길 수 없는 보배가 있는데, 장사꾼들이 이를 채집하여 배에 싣고 저자에 들어가면, 나머지 다른 마니주는 백천만 종류의 광택과 값을 비길 수 없는 것처럼, 보리심 보배 또한 그와 같다. 생사의 큰 바다에 머물면서 보살마하살이 큰 서원의 배를 타고, 깊은 마음이 서로 이어지면서 이를 싣고서 해탈성으로 들어가면, 이승의 공덕으로는 도저히 따라갈 수 없다.
　　선남자여, 보배 구슬이 있는데, 그 이름을 '자재왕'이라 한다. 염부제에 있어 해와 달과의 거리는 4만 유순이지만, 태양의 궁전과 달의 궁전에 있는 장엄들이 그 구슬에 모든 그림자가 다 나타나는 것처럼, 보살마하살이 일으킨 보리심의 청정한 공덕 보배 또한

그와 같다. 나고 죽는 가운데 머물면서 법계 허공을 비추면 부처님 지혜의 해와 달의 모든 공덕이 그 가운데 나타나게 된다.

◉ 疏 ◉

四有寶名淨光明下六十喩는 攝十地德이니
卽分爲十이니 初四는 攝初地德이라

    넷째, '有寶名淨光明' 이하 60비유는 십지의 공덕을 들어 말하였다.
    이는 10단락으로 나눈다.
    ① 4구는 제1 환희지를 들어 말하였다.

經

善男子야 如有寶珠하니 名自在王이라 日月光明所照之處에 一切財寶衣服等物 所有價置 悉不能及인달하야 菩薩摩訶薩의 發菩提心自在王寶도 亦復如是하야 一切智光所照之處에 三世所有天人二乘漏無漏善의 一切功德이 皆不能及이니라

善男子야 海中에 有寶하니 名曰海藏이라 普現海中諸莊嚴事인달하야 菩薩摩訶薩의 菩提心寶도 亦復如是하야 普能顯現一切智海諸莊嚴事니라

善男子야 譬如天上閻浮檀金이 唯除心王大摩尼寶하고 餘無及者인달하야 菩薩摩訶薩의 發菩提心閻浮檀金도

亦復如是하야 除一切智心王大寶하고 餘無及者니라

　선남자여, 마치 보배 구슬이 있는데, 그 이름을 '자재왕'이라 한다. 해와 달의 광명이 비추는 곳에 있는 일체 재물, 보배, 의복 따위의 값으로는 따질 수 없는 것처럼, 보살마하살의 보리심을 낸 자재왕 보배 또한 그와 같다. 일체 지혜의 광명이 비추는 곳에 있는, 삼세에 있는 천상, 인간, 이승의 유루선과 무루선의 일체 공덕으로 모두 미칠 수 없다.

　선남자여, 바다에 보배가 있는데, 그 이름을 '해장'이라 한다. 바다에 있는 모든 장엄의 일을 모두 나타내는 것처럼, 보살마하살의 보리심 보배 또한 그와 같다. 일체 지혜 바다의 모든 장엄의 일을 두루 나타낸다.

　선남자여, 마치 천상에 있는 염부단금은 심왕 대마니주를 제외하곤 나머지 그 어떤 것도 따라갈 수 없는 것처럼, 보살마하살의 보리심을 낸 염부단금 또한 그와 같다. 일체 지혜의 심왕 큰 보배를 제외하곤 나머지 그 어떤 것도 따라갈 수 없다.

◉ 疏 ◉

二如自在王下 三喩는 攝二地德이니 持戒頭陀等淨功德故니라

　② '如自在王' 이하 3가지 비유는 제2 이구지의 공덕을 들어 말하였다. 지계두타 등의 청정 공덕이기 때문이다.

善男子야 譬如有人이 善調龍法하면 於諸龍中에 而得自在인달하야 菩薩摩訶薩도 亦復如是하야 得菩提心善調龍法하면 於諸一切煩惱龍中에 而得自在니라

善男子야 譬如勇士 被執鎧仗에 一切怨敵이 無能降伏인달하야 菩薩摩訶薩도 亦復如是하야 被執菩提大心鎧仗에 一切業惑의 諸惡怨敵이 無能屈伏이니라

善男子야 譬如天上黑栴檀香이 若燒一銖하면 其香이 普熏小千世界하나니 三千世界滿中珍寶의 所有價置 皆不能及인달하야 菩薩摩訶薩의 菩提心香도 亦復如是하야 一念功德이 普熏法界하나니 聲聞緣覺의 一切功德이 皆所不及이니라

善男子야 如白栴檀이 若以塗身하면 悉能除滅一切熱惱하야 令其身心으로 普得淸凉인달하야 菩薩摩訶薩의 菩提心香도 亦復如是하야 能除一切虛妄分別貪恚癡等諸惑熱惱하야 令其具足智慧淸凉이니라

선남자여, 마치 어느 사람이 용을 길들이는 법을 잘 알면 모든 용 가운데 자재한 것처럼, 보살마하살 또한 그와 같다. 보리심의 용을 길들이는 법을 잘 알면 일체 번뇌의 용 가운데 자재하게 된다.

선남자여, 마치 용사가 갑옷을 입고 병장기를 들면 일체 적들이 도저히 항복시키지 못하는 것처럼, 보살마하살 또한 그와 같다. 보리심의 갑옷을 입고 병장기를 들면 일체 업과 번뇌의 모든 악업

의 적이 항복시키지 못한다.

선남자여, 마치 천상에 있는 흑전단향을 한 푼쯤만 살라도 그 향기가 소천세계에 널리 풍긴다. 삼천대천세계에 가득한 보배의 값으로 따라갈 수 없는 것처럼, 보살마하살의 보리심의 향 또한 그와 같다. 한 생각 찰나의 공덕이 법계에 널리 풍기기에 성문과 연각의 일체 공덕으로는 모두 미칠 수 없다.

선남자여, 마치 백전단향을 몸에 바르면 일체 극심한 고뇌를 없애어 그 몸과 마음을 시원하게 하는 것처럼, 보살마하살의 보리심의 향 또한 그와 같다. 일체 허망하게 분별하는 탐욕, 성냄, 어리석음 등 모든 번뇌의 극심한 괴로움을 없애어, 지혜의 청량함을 두루 갖추도록 한다.

● 疏 ●

三 '善調龍法' 下 四喩는 攝三地德이니 入諸禪定하야 離惑熱等故니라

③ '善調龍法' 이하 4가지 비유는 제3 발광지의 공덕을 들어 말하였다. 미혹의 열뇌 등에서 벗어났기 때문이다.

經

善男子야 如須彌山이 若有近者면 則同其色인달하야 菩薩摩訶薩의 菩提心山도 亦復如是하야 若有近者면 悉得同其一切智色이니라

善男子야 譬如波利質多羅樹의 其皮香氣를 閻浮提中에 若波師迦와 若薝蔔迦와 若蘇摩那如是等華의 所有香氣 皆不能及인달하야 菩薩摩訶薩의 菩提心樹도 亦復如是하야 所發大願功德之香을 一切二乘의 無漏戒定智慧解脫解脫知見諸功德香이 悉不能及이니라

善男子야 譬如波利質多羅樹 雖未開華나 應知則是無量諸華의 出生之處인달하야 菩薩摩訶薩의 菩提心樹도 亦復如是하야 雖未開發一切智華나 應知則是無數天人衆菩提華의 所生之處니라

善男子야 譬如波利質多羅華 一日熏衣에 薝蔔迦華와 婆利師華 蘇摩那華 雖千歲熏이라도 亦不能及인달하야 菩薩摩訶薩의 菩提心華도 亦復如是하야 一生所熏諸功德香이 普徹十方一切佛所하나니 一切二乘의 無漏功德이 百千劫熏이라도 所不能及이니라

　　선남자여, 마치 수미산을 가까이하면 그 빛깔과 같아지는 것처럼, 보살마하살의 보리심 산 또한 그와 같다. 가까이하면 모두 일체 지혜의 빛깔과 같아진다.

　　선남자여, 마치 파리질다라 나무의 껍질 향기는 염부제에 있는 바사가꽃, 담복가꽃, 소마나꽃 등의 향기로는 도저히 따라갈 수 없는 것처럼, 보살마하살의 보리심 나무 또한 그와 같다. 큰 시원을 세운 공덕의 향기는 일체 이승의 무루의 계율, 선정, 지혜, 해탈, 해탈지견의 공덕의 향으로는 도저히 따라갈 수 없다.

선남자여, 마치 파리질다라 나무는 비록 꽃이 피지 않을지라도 이는 한량없는 꽃들이 피어나는 곳인 줄을 알아야 하는 것처럼, 보살마하살의 보리심 나무 또한 그와 같다. 비록 일체 지혜의 꽃이 피지 않을지라도 이는 수없는 하늘 사람들의 많은 보리 꽃이 피어나는 곳임을 알아야 한다.

선남자여, 마치 파리질다라 꽃으로 하루 동안 옷에 젖은 향기는 담복가꽃, 바사가꽃, 소마나꽃으로 천년 동안 풍기더라도 또한 미칠 수 없는 것처럼, 보살마하살의 보리심 꽃 또한 그와 같다. 한 생 동안 젖은 공덕의 향이 시방의 일체 부처님 계신 곳에 널리 사무치니, 일체 이승의 무루공덕이 백천 겁을 적셔줄지라도 미칠 수 없다.

◉ 疏 ◉

四'須彌山'下 四喻는 攝四地德이니 同一切智燄이 得無漏故니라

④ '수미산' 이하 4가지 비유는 제4 염혜지의 공덕을 들어 말하였다. 일체 지혜와 같은 불꽃이 무루를 얻었기 때문이다.

經

善男子야 如海島中에 生椰子樹하니 根莖枝葉과 及以華果를 一切衆生이 恒取受用하야 無時暫歇인달하야 菩薩摩訶薩의 菩提心樹도 亦復如是하야 始從發起悲願之心으로 乃至成佛正法住世히 常時利益一切世間하야 無有

間歇이니라

善男子야 如有藥汁하니 名訶宅迦라 人或得之면 以其一兩으로 變千兩銅하야 悉成眞金이나 非千兩銅이 能變此藥인달하야 菩薩摩訶薩도 亦復如是하야 以菩提心廻向智藥으로 普變一切業惑等法하야 悉使成於一切智相이나 非業惑等이 能變其心이니라

善男子야 譬如小火 隨所焚燒하야 其焰轉熾인달하야 菩薩摩訶薩의 菩提心火도 亦復如是하야 隨所攀緣하야 智焰增長이니라

善男子야 譬如一燈이 然百千燈호되 其本一燈은 無減無盡인달하야 菩薩摩訶薩의 菩提心燈도 亦復如是하야 普然三世諸佛智燈호되 而其心燈은 無減無盡이니라

선남자여, 마치 바다 섬 가운데 야자나무가 있는데, 뿌리, 줄기, 가지, 잎, 꽃, 과실을 일체중생이 언제나 가져다 쓰기를 잠시도 멈추지 않는 것처럼, 보살마하살의 보리심 나무 또한 그와 같다. 처음 자비와 서원의 마음을 일으킬 적부터 성불하여 정법으로 머물 적까지 언제나 일체 세간에 이익을 베풀면서 멈춤이 없다.

선남자여, 마치 약물이 있는데, 그 이름을 '하택가'라고 한다. 어느 사람이 그 약물을 얻으면 한 냥으로 천 냥의 구리를 변하여 진금을 만들어 주지만, 천 냥의 구리로 이 약물을 바꿀 수 없는 것처럼, 보살마하살 또한 그와 같다. 보리심 회향 지혜의 약으로 일체 업과 번뇌 등의 법을 변하여 모두 일체 지혜의 모양을 만들 수

는 있으나, 업과 번뇌 등으로 그 마음을 변하게 할 수는 없다.

　선남자여, 마치 작은 불씨일지라도 타는 바를 따라서 그 불꽃이 더욱 거세지는 것처럼, 보살마하살의 보리심의 불씨 또한 그와 같다. 반연하는 바를 따라서 지혜의 불꽃이 더욱 커진다.

　선남자여, 마치 하나의 등불로 백천 등의 불을 켤지라도 본래 등불은 줄지도 않고 다하지도 않는 것처럼, 보살마하살의 보리심 등불 또한 그와 같다. 삼세 부처님의 지혜 등불을 모두 켜줄지라도 줄지도 않고 다하지도 않는다.

● 疏 ●

五椰子樹下四喻는 攝五地德이니 利人不染俗故니라

　⑤ '椰子樹' 이하 4가지 비유는 제5 난승지의 공덕을 들어 말하였다. 사람들에게 이익을 주면서도 세속에 물들지 않기 때문이다.

經

善男子야 譬如一燈이 入於闇室에 百千年暗이 悉能破盡인달하야 菩薩摩訶薩의 菩提心燈도 亦復如是하야 入於衆生心室之內에 百千萬億不可說劫의 諸業煩惱種種闇障이 悉能除盡이니라
善男子야 譬如燈炷 隨其大小하야 而發光明하나니 若益膏油면 明終不絶인달하야 菩薩摩訶薩의 菩提心燈도 亦復如是하야 大願爲炷하야 光照法界하나니 益大悲油하면 敎

265

化衆生하며 莊嚴國土하며 施作佛事하야 無有休息이니라
善男子야 譬如他化自在天王이 冠閻浮檀眞金天冠에 欲界天子의 諸莊嚴具 皆不能及인달하야 菩薩摩訶薩도 亦復如是하야 冠菩提心大願天冠에 一切凡夫二乘功德이 皆不能及이니라
善男子야 如師子王이 哮吼之時에 師子兒 聞하면 皆增勇健이어니와 餘獸 聞之에 則皆竄伏인달하야 佛師子王菩提心吼도 應知亦爾하야 諸菩薩이 聞하면 增長功德이어니와 有所得者는 聞皆退散이니라
善男子야 譬如有人이 以師子筋으로 而爲樂絃하면 其音旣奏에 餘絃悉絶인달하야 菩薩摩訶薩도 亦復如是하야 以如來師子波羅蜜身菩提心筋으로 爲法樂絃하면 其音旣奏에 一切五欲과 及以二乘의 諸功德絃이 悉皆斷滅이니라
善男子야 譬如有人이 以牛羊等種種諸乳로 假使積集하야 盈於大海라도 以師子乳로 一滴投中하면 悉令變壞하야 直過無礙인달하야 菩薩摩訶薩도 亦復如是하야 以如來師子菩提心乳로 着無量劫業煩惱乳大海之中하면 悉令壞滅하야 直過無礙하야 終不住於二乘解脫이니라

선남자여, 마치 하나의 등불이 감캄한 방에 들어가면 백천년 묵은 어둠이 모두 사라지는 것처럼, 보살마하살의 보리심 등불 또한 그와 같다. 중생의 마음 방에 들어가면 백천만억 말할 수 없는

겁 동안 묵은 모든 업과 번뇌의 가지가지 어둠의 장애가 모두 사라진다.

선남자여, 마치 등잔 심지의 크고 작음에 따라서 불빛이 나오는데, 만약 기름을 더 부어주면 밝은 불빛이 끝까지 끊이지 않는 것처럼, 보살마하살의 보리심 등불 또한 그와 같다. 큰 서원으로 심지를 삼아 불빛이 법계를 비추는데, 대자비의 기름을 더 부어주면 중생을 교화하고 국토를 장엄하며, 불사 짓는 일을 멈추지 않는다.

선남자여, 마치 타화자재천왕이 염부단 진금으로 만든 천관을 쓰고 있으면 욕계 천자의 장엄으로는 도저히 미치지 못하는 것처럼, 보살마하살 또한 그와 같다. 보리심 큰 서원의 천관을 쓰면, 일체 범부와 이승의 공덕으로는 도저히 미칠 수 없다.

선남자여, 사자가 부르짖는 소리를 새끼 사자가 들으면 모두 더욱 용맹스럽지만, 다른 짐승이 들으면 모두 숨는 것처럼, 부처님 사자왕의 보리심의 부르짖음 또한 그와 같다. 보살들이 들으면 더욱 공덕이 커나가지만, 얻은 바 있는 범부가 들으면 모두 흩어져 물러가게 된다.

선남자여, 마치 어느 사람이 사자의 힘줄로 거문고 줄을 만들면 그 음악을 연주할 적에 다른 악기의 줄들이 모두 끊어지는 것처럼, 보살마하살 또한 그와 같다. 여래 사자의 바라밀 몸의 보리심 힘줄로 법 악기의 줄을 만들면 그 음악을 연주할 적에 일체 다섯 가지 욕심과 이승 공덕의 줄이 모두 끊어지게 된다.

선남자여, 마치 어느 사람이 소나 양 따위의 가지가지 젖을 모아서 바다를 만들지라도 사자의 젖 한 방울을 그 가운데 넣으면 모두 변하여 걸림 없이 통하는 것처럼, 보살마하살 또한 그와 같다. 여래 사자의 보리심 젖을 한량없는 겁에 쌓여온 업과 번뇌의 젖 바다에 넣으면 모두 변하여 곧 걸림 없이 통하여, 마침내 이승의 해탈에 안주하지 않는다.

● 疏 ●

六一燈下六喻는 攝六地德이니 般若現前하야 頓破闇故니라
⑥ '一燈' 이하 6가지 비유는 제6 현전지의 공덕을 들어 말하였다. 반야가 앞에 나타나 단번에 어둠을 깨주기 때문이다.

經

善男子야 譬如迦陵頻伽鳥 在卵殼中호되 有大勢力하야 一切諸鳥의 所不能及인달하야 菩薩摩訶薩도 亦復如是하야 於生死殼에 發菩提心한 所有大悲功德勢力을 聲聞緣覺이 無能及者니라
善男子야 如金翅鳥王子 初始生時에 目則明利하고 飛則勁捷이라 一切諸鳥 雖久成長이나 無能及者인달하야 菩薩摩訶薩도 亦復如是하야 發菩提心하야 爲佛王子하면 智慧淸淨히고 大悲勇猛하야 一切二乘이 雖百千劫을 久修道行이라도 所不能及이니라
善男子야 如有壯夫 手執利矛하고 刺堅密甲에 直過無

礙인달하야 菩薩摩訶薩도 亦復如是하야 執菩提心銛利
快矛하고 刺諸邪見隨眠密甲에 悉能穿徹하야 無有障礙
니라

善男子야 譬如摩訶那伽大力勇士 若奮威怒하면 於其
額上에 必生瘡疱하나니 瘡若未合에 閻浮提中一切人民
이 無能制伏인달하야 菩薩摩訶薩도 亦復如是하야 若起
大悲하면 必定發於菩提之心하나니 心未捨來에 一切世
間의 魔及魔民이 不能爲害니라

善男子야 譬如射師 有諸弟子에 雖未慣習其師技藝나
然其智慧方便善巧는 餘一切人의 所不能及인달하야 菩
薩摩訶薩의 初始發心도 亦復如是하야 雖未慣習一切智
行이나 然其所有願智解欲은 一切世間凡夫二乘이 悉不
能及이니라

선남자여, 마치 가릉빈가새는 알 속에 있을 적에도 큰 힘이 있어, 다른 새들로서는 따라갈 수 없는 것처럼, 보살마하살 또한 그와 같다. 생사의 알 속에서 보리심을 내었던, 크게 가엾이 여기는 공덕의 힘을 성문이나 연각으로서는 따라갈 수 없다.

선남자여, 금시조의 새끼는 처음 태어날 때부터 눈이 밝고 나는 힘이 빠르고 억센 터라, 일체 모든 새는 아무리 오랫동안 자랄지라도 미치지 못하는 것처럼, 보살마하살 또한 그와 같다. 보리심을 내어 부처님의 아들이 되면 지혜가 청정하고 가엾이 여김이 용맹하여, 일체 이승이 백천 겁 오랫동안 도를 닦을지라도 미칠 수 없다.

선남자여, 마치 어느 장사가 손에 날카로운 창을 들고서 굳은 갑옷을 찌르면 걸림 없이 관통되는 것처럼, 보살마하살 또한 그와 같다. 보리심의 날카로운 창을 잡고서 삿된 소견과 수면번뇌의 촘촘한 갑옷을 찌르면 모두 관통하여 걸림이 없다.

선남자여, 마치 아주 센 힘을 지닌 용맹스러운 큰 코끼리[摩訶那迦: 大象]가 성을 내면 이마가 부어오르는 상처가 생겨난다. 그 부어오른 상처가 아물기 전에는 염부제의 그 어떤 사람으로도 제어하지 못하는 것처럼, 보살마하살 또한 그와 같다. 만약 대자비의 마음을 일으키면 반드시 보리심을 내기 마련이다. 보리심을 버리기 전에는 일체 세간의 마군과 마군의 백성으로서는 그를 해치지 못한다.

선남자여, 마치 활 잘 쏘는 스승의 제자는 비록 그 스승처럼 기예를 익히지 못했을지라도, 그 지혜 방편의 뛰어남은 다른 사람들로서는 따라갈 수 없는 것처럼, 보살마하살이 처음 발심하는 것 또한 그와 같다. 비록 모든 지혜와 행을 익히지 못했을지라도, 그의 서원과 지혜와 의욕을 일체 세간의 범부나 이승으로서는 따라갈 수 없다.

● 疏 ●

七 迦陵頻伽 下 五喻는 攝七地德이니 善入方便하야 得自在故니라

⑦ '가릉빈가' 이하 5가지 비유는 제7 원행지의 공덕을 들어 말하였다. 방편에 잘 들어가 자재함을 얻었기 때문이다.

善男子야 如人이 學射에 先安其足하고 後習其法인달하야 菩薩摩訶薩도 亦復如是하야 欲學如來一切智道인댄 先當安住菩提之心한 然後修行一切佛法이니라

善男子야 譬如幻師 將作幻事에 先當起意하야 憶持幻法한 然後所作이 悉得成就인달하야 菩薩摩訶薩도 亦復如是하야 將起一切諸佛菩薩의 神通幻事에 先當起意하야 發菩提心한 然後一切 悉得成就니라

善男子야 譬如幻術이 無色現色인달하야 菩薩摩訶薩의 菩提心相도 亦復如是하야 雖無有色하야 不可覩見이나 然能普於十方法界에 示現種種功德莊嚴이니라

善男子야 譬如猫狸 纔見於鼠에 鼠則入穴하야 不敢復出인달하야 菩薩摩訶薩의 發菩提心도 亦復如是하야 暫以慧眼으로 觀諸惑業에 皆則竄匿하야 不復出生이니라

善男子야 譬如有人이 着閻浮金莊嚴之具에 暎蔽一切하야 皆如聚墨인달하야 菩薩摩訶薩도 亦復如是하야 着菩提心莊嚴之具에 暎蔽一切凡夫二乘의 功德莊嚴하야 悉無光色이니라

善男子야 如好磁石 少分之力이 則能吸壞諸鐵鉤鎖인달하야 菩薩摩訶薩의 發菩提心도 亦復如是하야 若起一念이면 悉能壞滅一切見欲無明鉤鎖니라

善男子야 如有磁石하니 鐵若見之면 則皆散去하야 無留

271

住者인달하야 菩薩摩訶薩의 發菩提心도 亦復如是하야 諸業煩惱와 二乘解脫이 若暫見之면 則皆散滅하야 亦無住者니라

善男子야 譬如有人이 善入大海에 一切水族이 無能爲害하며 假使入於摩竭魚口라도 亦不爲彼之所呑噬인달하야 菩薩摩訶薩도 亦復如是하야 發菩提心하고 入生死海에 諸業煩惱 不能爲害하며 假使入於聲聞緣覺의 實際法中이라도 亦不爲其之所留難이니라

善男子야 譬如有人이 飮甘露漿에 一切諸物이 不能爲害인달하야 菩薩摩訶薩도 亦復如是하야 飮菩提心甘露法漿에 不墮聲聞辟支佛地하나니 以具廣大悲願力故니라

善男子야 譬如有人이 得安繕那藥하야 以塗其目에 雖行人間이나 人所不見인달하야 菩薩摩訶薩도 亦復如是하야 得菩提心安繕那藥에 能以方便으로 入魔境界호되 一切衆魔의 所不能見이니라

善男子야 譬如有人이 依附於王에 不畏餘人인달하야 菩薩摩訶薩도 亦復如是하야 依菩提心大勢力王에 不畏障蓋惡道之難이니라

善男子야 譬如有人이 住於水中에 不畏火焚인달하야 菩薩摩訶薩도 亦復如是하야 住菩提心善根水中에 不畏二乘의 解脫智火니라

善男子야 譬如有人이 依倚猛將에 則不怖畏一切怨敵인

달하야 菩薩摩訶薩도 亦復如是하야 依菩提心勇猛大將
에 不畏一切惡行怨敵이니라
善男子야 如釋天王이 執金剛杵하고 摧伏一切阿修羅衆
인달하야 菩薩摩訶薩도 亦復如是하야 持菩提心金剛之
杵하고 摧伏一切諸魔外道니라

 선남자여, 마치 어느 사람이 활을 배울 적에 먼저 발을 고정시킨 뒤에 활 쏘는 법을 익히는 것처럼, 보살마하살 또한 그와 같다. 여래의 일체 지혜의 도를 배우려면 먼저 보리심에 안주한 뒤에야 일체 불법을 수행할 수 있다.

 선남자여, 마치 요술쟁이가 요술을 부리려 할 적에 먼저 그 무슨 요술을 부릴까 생각하고 요술하는 법을 기억한 뒤에 요술을 부리는 일들이 모두 이뤄지는 것처럼, 보살마하살 또한 그와 같다. 일체 부처님과 보살의 신통력 요술을 일으키려면 먼저 뜻을 내어 보리심을 일으킨 뒤에야 일체가 모두 이뤄지는 것이다.

 선남자여, 마치 요술이 물체의 존재가 없는 데서 물체를 만들어 내는 것처럼, 보살마하살의 보리심 모양 또한 그와 같다. 비록 존재가 없어 볼 수는 없으나, 시방 법계에 가지가지 공덕 상임을 널리 보여주는 것이다.

 선남자여, 마치 고양이가 잠깐 쥐를 보아도 쥐는 구멍에 들어가 다시는 나오지 못하는 것처럼, 보살마하살의 보리심을 내는 것 또한 그와 같다. 지혜의 눈으로 번뇌와 업을 잠깐만 보아도 모두 숨어서 다시는 나오지 못한다.

선남자여, 마치 어느 사람이 염부단금으로 만든 장엄거리로 단장하면 나머지 모든 것이 무색하여 모두 먹통이 되는 것처럼, 보살마하살 또한 그와 같다. 보리심의 장엄거리로 단장하면 일체 범부와 이승의 공덕 장엄을 가려 모두 빛이 사라지게 된다.

선남자여, 마치 좋은 자석은 조그만 힘으로도 모든 철로 만든 사슬과 고리를 빨아들이는 것처럼, 보살마하살의 보리심을 내는 것 또한 그와 같다. 한 생각을 일으키면 일체 소견, 욕망, 무명의 사슬과 고리를 없애준다.

선남자여, 마치 자석에 쇠붙이가 마주치면 모두 흩어져 남은 게 없는 것처럼, 보살마하살의 보리심을 내는 것 또한 그와 같다. 모든 업과 번뇌와 이승의 해탈이 잠시라도 마주치면 모두 흩어지고, 또한 남아 있는 게 없다.

선남자여, 마치 바다에 잘 들어가는 어느 사람이 있는데, 일체 물고기 유가 그를 해치지 못한다. 설령 몸통이 큰[摩竭: 大體] 물고기의 입에 들어갈지라도 또한 씹히거나 삼키지 못하는 것처럼, 보살마하살 또한 그와 같다. 보리심을 내고서 생사의 바다에 들어가면 업과 번뇌가 해치지 못한다. 설령 성문이나 연각의 실제 법에 들어갈지라도 또한 붙잡히거나 어려움을 겪지 않는다.

선남자여, 마치 어느 사람이 감로의 장을 마시면 일체 그 어떤 물건이든 그를 해치지 못하는 것처럼, 보살마하살 또한 그와 같다. 보리심의 감로수의 장을 마시면 성문이나 벽지불의 지위에 떨어지지 않는다. 광대한 자비와 서원의 힘 때문이다.

선남자여, 마치 어느 사람이 안선나(安繕那: 靑色) 약을 얻어 눈에 바르면 사람 사이를 다녀도 그들이 보지 못하는 것처럼, 보살마하살 또한 그와 같다. 보리심의 안선나 약을 얻으면 방편으로써 마군의 경계에 들어가도 일체 마군이 그를 볼 수 없다.

선남자여, 마치 어느 사람이 왕에게 의지하면 다른 사람들이 두렵지 않은 것처럼, 보살마하살 또한 그와 같다. 보리심의 세력 있는 왕에게 의지하면 장애와 악도의 고난을 두려워하지 않는다.

선남자여, 마치 어느 사람이 물속에 있으면 불에 타는 것을 두려워하지 않는 것처럼, 보살마하살 또한 그와 같다. 보리심의 선근 물속에 있으면 이승의 해탈 지혜의 불길을 두려워하지 않는다.

선남자여, 마치 어느 사람이 용맹한 장수에게 의지하면 일체 모든 적을 두려워하지 않는 것처럼, 보살마하살 또한 그와 같다. 보리심의 용맹한 장수에게 의지하면 일체 악행의 적을 두려워하지 않는다.

선남자여, 제석천왕이 금강저를 들고서 일체 아수라 무리를 굴복시키는 것처럼, 보살마하살 또한 그와 같다. 보리심의 금강저를 들고서 일체 모든 마군과 외도를 굴복시키는 것이다.

● 疏 ●

八 '如人學射' 下 十四喩는 攝八地德이니 無功發心하야 能滅相惑 等 故니라

⑧ '如人學射' 이하 14가지 비유는 제8 부동지의 공덕을 들어

말하였다. 공용이 없이 발심하여 모양의 미혹 등을 없애주기 때문이다.

經

善男子야 譬如有人이 服延齡藥에 長得充健하야 不老不瘦인달하야 菩薩摩訶薩도 亦復如是하야 服菩提心延齡之藥에 於無數劫에 修菩薩行호되 心無疲猒하며 亦無染着이니라

善男子야 譬如有人이 調和藥汁에 必當先取好淸淨水인달하야 菩薩摩訶薩도 亦復如是하야 欲修菩薩一切行願인댄 先當發起菩提之心이니라

善男子야 如人이 護身에 先護命根인달하야 菩薩摩訶薩도 亦復如是하야 護持佛法에 亦當先護菩提之心이니라

善男子야 譬如有人이 命根若斷이면 不能利益父母宗親인달하야 菩薩摩訶薩도 亦復如是하야 捨菩提心이면 不能利益一切衆生하며 不能成就諸佛功德이니라

善男子야 譬如大海를 無能壞者인달하야 菩提心海도 亦復如是하야 諸業煩惱와 二乘之心이 所不能壞니라

善男子야 譬如日光을 星宿光明이 不能暎蔽인달하야 菩提心日도 亦復如是하야 一切二乘의 無漏智光이 所不能蔽니라

善男子야 如王子初生에 卽爲大臣之所尊重이니 以種性

自在故인달하야 菩薩摩訶薩도 亦復如是하야 於佛法中
發菩提心에 卽爲耆宿久修梵行한 聲聞緣覺의 所共尊
重이니 以大悲自在故니라
善男子야 譬如王子 年雖幼稚나 一切大臣이 皆悉敬禮
인달하야 菩薩摩訶薩도 亦復如是하야 雖初發心하야 修菩
薩行이나 二乘耆舊 皆應敬禮니라
善男子야 譬如王子 雖於一切臣佐之中에 未得自在나
己具王相하야 不與一切諸臣佐等이니 以生處尊勝故인
달하야 菩薩摩訶薩도 亦復如是하야 雖於一切業煩惱中
에 未得自在나 然已具足菩提之相하야 不與一切二乘으
로 齊等이니 以種性第一故니라
善男子야 譬如淸淨摩尼妙寶를 眼有翳故로 見爲不淨
인달하야 菩薩摩訶薩의 菩提心寶도 亦復如是하야 無智는
不信하야 謂爲不淨이니라

 선남자여, 마치 어느 사람이 장수할 수 있는 약을 먹으면 길이 건강하여 늙지도 않고 여위지도 않는 것처럼, 보살마하살 또한 그와 같다. 보리심의 장수하는 약을 먹으면 수없는 겁에 보살행을 닦아도 고달픈 마음도 없고 물들지도 않는다.

 선남자여, 마치 어느 사람이 약물을 조제하려면 반드시 먼저 깨끗한 물을 가져야 하는 것처럼, 보살마하살 또한 그와 같다. 보살의 행과 원을 닦으려면 먼저 보리심을 일으켜야 한다.

 선남자여, 마치 사람이 몸을 보호하려면 먼저 목숨을 보호하는 것처럼, 보살마하살 또한 그와 같다. 불법을 보호하여 지니려면 또한 먼저 보리심을 보호해야 한다.

선남자여, 마치 어느 사람이 목숨이 끊어지면 부모와 친척에게 이익을 주지 못하는 것처럼, 보살마하살 또한 그와 같다. 보리심을 버리면 일체중생에게 이익을 주지 못하고, 부처님의 공덕을 성취하지 못한다.

선남자여, 마치 큰 바다는 무너뜨릴 수 없는 것처럼, 보리심의 바다 또한 그와 같다. 업과 번뇌와 이승의 마음으로는 무너뜨릴 수 없다.

선남자여, 마치 햇빛을 별빛으로 가릴 수 없는 것처럼, 보리심 태양 또한 그와 같다. 일체 이승의 무루지혜 광명으로는 가릴 수 없다.

선남자여, 마치 왕자는 처음 태어날 적부터 대신들이 존중한다. 종족의 내림이 자재하기 때문인 것처럼, 보살마하살 또한 그와 같다. 불법에 보리심을 내면 노승과 범행을 오래 닦은 성문이나 연각이 모두 존중하게 된다. 대비심이 자재하기 때문이다.

선남자여, 마치 왕자는 나이 어릴지라도 일체 대신이 모두 절을 올리는 것처럼, 보살마하살 또한 그와 같다. 비록 처음 발심하여 보살행을 닦을지라도 이승의 노스님들이 모두 절을 올리는 것이다.

선남자여, 마치 왕자는 모든 신하 가운데서 마음대로 하지는 못하지만, 이미 왕의 모습을 갖추어 일체 모든 신하와 평등하지 않다. 태어난 곳이 존귀하고 훌륭하기 때문인 것처럼, 보살마하살 또한 그와 같다. 일체 업과 번뇌 가운데서 자재하지는 못하지만, 이미 보리의 모양을 두루 갖추어 모든 이승과는 똑같지 않다. 종성이 으뜸이기 때문이다.

선남자여, 마치 청정한 마니주라도 자신의 눈에 백태가 끼면 깨끗하지 않은 것으로 보이는 것처럼, 보살마하살의 보리심 보배 또한 그와 같다. 지혜가 없으면 신심이 없어 이를 청정하지 못하다고 생각하는 것이다.

● 疏 ●

九 '服延齡藥' 下 十喻는 攝九地德이니 延壽益生等 故니라

⑨ '服延齡藥' 이하 10가지 비유는 제9 선혜지의 공덕을 들어 말하였다. 오랜 장수를 누리면서 중생에게 이익을 주기 때문이다.

經

善男子야 譬如有藥이 爲呪所持에 若有衆生이 見聞同住하면 一切諸病이 皆得消滅인달하야 菩薩摩訶薩의 菩提心藥도 亦復如是하야 一切善根과 智慧方便과 菩薩願智의 共所攝持니 若有衆生이 見聞同住하야 憶念之者면 諸煩惱病이 悉得除滅이니라

善男子야 譬如有人이 常持甘露에 其身이 畢竟不變不壞인달하야 菩薩摩訶薩도 亦復如是하야 若常憶持菩提

心甘露하면 令願智身으로 畢竟不壞니라

善男子야 如機關木人이 若無有楔이면 身即離散하야 不能運動인달하야 菩薩摩訶薩도 亦復如是하야 無菩提心이면 行即分散하야 不能成就一切佛法이니라

善男子야 如轉輪王이 有沈香寶하니 名曰象藏이라 若燒此香에 王四種兵이 悉騰虛空인달하야 菩薩摩訶薩의 菩提心香도 亦復如是하야 若發此意하면 即令菩薩의 一切善根으로 永出三界하야 行如來智無爲空中이니라

善男子야 譬如金剛이 唯從金剛處와 及金處生이오 非餘寶處生인달하야 菩薩摩訶薩의 菩提心金剛도 亦復如是하야 唯從大悲救護衆生金剛處와 一切智智殊勝境界金處而生이오 非餘衆生善根處生이니라

善男子야 譬如有樹하니 名曰無根이라 不從根生이로대 而枝葉華果 悉皆繁茂인달하야 菩薩摩訶薩의 菩提心樹도 亦復如是하야 無根可得이로대 而能長養一切智智神通大願의 枝葉華果하야 扶疎蔭暎하야 普覆世間이니라

　선남자여, 마치 어떤 약에 주문으로 부지하는 힘이 들어 있는데, 만약 어느 중생이 이 약을 보고 듣고 함께하면 일체 질병이 모두 소멸되는 것처럼, 보살마하살의 보리심 야 또한 그와 같다. 일체 선근, 지혜 방편, 보살의 서원과 지혜가 모두 들어 있는데, 만약 어떤 중생이 이를 보고 듣고 함께하면서 생각하면 모든 번뇌의 병이 모두 사라지게 된다.

선남자여, 마치 어느 사람이 항상 감로수를 지니면 그 몸이 끝까지 변하지도 않고 무너지지도 않는 것처럼, 보살마하살 또한 그와 같다. 만약 보리심의 감로수를 언제나 생각하면서 지니면 서원과 지혜의 몸을 끝까지 무너뜨리지 않는다.

선남자여, 마치 기관으로 만든 사람에게 만약 고동이 없으면 바로 몸이 풀려 움직이지 못하는 것처럼, 보살마하살 또한 그와 같다. 보리심이 없으면 수행이 바로 흩어져 일체 불법을 성취할 수 없다.

선남자여, 마치 전륜왕에게 침향 보배가 있는데, 그 이름을 '코끼리 갈무리[象藏]'라 한다. 이 향을 사르면 왕의 네 가지 병사[象兵·馬兵·車兵·步兵]가 허공으로 나는 것처럼, 보살마하살의 보리심 향 또한 그와 같다. 만약 이런 뜻을 내기만 하면 보살의 일체 선근이 영원히 세간을 벗어나 여래 지혜의 무위(無爲) 공중에서 행하게 된다.

선남자여, 마치 금강은 오직 금강이 나오는 곳과 금이 나오는 곳에서만 나오는 것이지, 다른 보배가 나오는 곳에서 나오지 않는 것처럼, 보살마하살의 보리심 금강 또한 그와 같다. 다만 대자비의 마음으로 중생을 구호하는 금강이 나오는 곳이나 일체 지혜의 지혜인 훌륭한 경계의 금이 나오는 곳에서만 나오는 것이지, 나머지 다른 중생의 선근에서는 나오지 않는다.

선남자여, 마치 나무가 있는데, 그 이름을 '뿌리 없는 나무'라 한다. 뿌리에서 돌아나지 않고서도 가지, 잎, 꽃, 열매가 모두 무성한 것처럼, 보살마하살의 보리심 나무 또한 그와 같다. 뿌리를 찾아볼 수 없으나 일체 지혜의 지혜, 신통, 큰 서원의 가지, 잎, 꽃, 열매를 길러주어 무성하게 세간을 두루 덮어준다.

◉ 疏 ◉

十'譬如有藥爲咒所持'下 六喻는 攝十地德이니 深除惑習하야 成一切佛法故니라

⑩ '譬如有藥爲咒所持' 이하 6가지 비유는 제10 법운지의 공덕을 들어 말하였다. 깊이 미혹의 습기를 제거하여 일체 불법을 성취하였기 때문이다.

經

善男子야 譬如金剛이 非劣惡器와 及以破器의 所能容持오 唯除全具上妙之器인달하야 菩提心金剛도 亦復如是하야 非下劣衆生의 慳嫉破戒懈怠妄念無智器中에 所能容持며 亦非退失殊勝志願한 散亂惡覺衆生器中에 所能容持오 唯除菩薩深心寶器니라

善男子야 譬如金剛이 能穿衆寶인달하야 菩提心金剛도 亦復如是하야 悉能穿徹一切法寶니라

善男子야 譬如金剛이 能壞衆山인달하야 菩提心金剛도 亦復如是하야 悉能摧壞諸邪見山이니라

善男子야 譬如金剛이 雖破不全이나 一切衆寶 猶不能及인달하야 菩提心金剛도 亦復如是하야 雖復志劣하야 少

有虧損이나 猶勝一切二乘功德이니라

善男子야 譬如金剛이 雖有損缺이나 猶能除滅一切貧窮인달하야 菩提心金剛도 亦復如是하야 雖有損缺하야 不進諸行이나 猶能捨離一切生死니라

善男子야 如少金剛이 悉能破壞一切諸物인달하야 菩提心金剛도 亦復如是하야 入少境界에 卽破一切無知諸惑이니라

善男子야 譬如金剛이 非凡人所得인달하야 菩提心金剛도 亦復如是하야 非劣意衆生之所能得이니라

善男子야 譬如金剛이 不識寶人은 不知其能하며 不得其用인달하야 菩提心金剛도 亦復如是하야 不知法人은 不了其能하며 不得其用이니라

善男子야 譬如金剛이 無能消滅인달하야 菩提心金剛도 亦復如是하야 一切諸法이 無能消滅이니라

善男子야 如金剛杵 諸大力士는 皆不能持오 唯除有大那羅延力인달하야 菩提之心도 亦復如是하야 一切二乘은 皆不能持오 唯除菩薩의 廣大因緣과 堅固善力이니라

善男子야 譬如金剛을 一切諸物은 無能壞者오 而能普壞一切諸物이나 然其體性은 無所損減인달하야 菩提之心도 亦復如是하야 普於三世無數劫中에 敎化衆生하며 修行苦行하야 聲聞緣覺의 所不能者를 咸能作之나 然其畢竟에 無有疲厭하며 亦無損壞니라

善男子야 譬如金剛이 餘不能持오 唯金剛地之所能持
인달하야 菩提之心도 亦復如是하야 聲聞緣覺은 皆不能
持오 唯除趣向薩婆若者니라
善男子야 如金剛器 無有瑕缺하야 用盛於水에 永不滲
漏而入於地인달하야 菩提心金剛器도 亦復如是하야 盛
善根水에 永不滲漏令入諸趣니라
善男子야 如金剛際 能持大地하야 不令墜沒인달하야 菩
提之心도 亦復如是하야 能持菩薩의 一切行願하야 不令
墜沒入於三界니라
善男子야 譬如金剛이 久處水中호되 不爛不濕인달하야
菩提之心도 亦復如是하야 於一切劫을 處在生死業惑水
中호되 無壞無變이니라
善男子야 譬如金剛이 一切諸火 不能燒然하며 不能令
熱인달하야 菩提之心도 亦復如是하야 一切生死諸煩惱
火 不能燒然하며 不能令熱이니라
善男子야 譬如三千世界之中金剛座上에 能持諸佛이
坐於道場하사 降伏諸魔하야 成等正覺이오 非是餘座之
所能持인달하야 菩提心座도 亦復如是하야 能持菩薩의
一切願行과 諸波羅蜜과 諸忍諸地와 廻向受記와 修習
菩提助道之法과 供養諸佛과 聞法受行이오 一切餘心의
所不能持니라

　선남자여, 마치 금강은 나쁜 그릇이나 깨진 그릇으로 담을 수 없다. 오직 완전하고 미묘한 그릇만이 담을 수 있는 것처럼, 보리심 금강 또한 그와 같다. 용렬한 중생의 간탐, 질투, 파계, 태만, 망념, 지혜 없는 그릇에는 담을 수 없으며, 또한 훌륭한 서원에서 물러서서 산란하고 나쁜 소견을 지닌 중생의 그릇에는 담을 수 없다. 오직 보살의 깊은 마음인 보배 그릇만이 담을 수 있다.

선남자여, 마치 금강이 여러 보배를 꿰듯이 보리심의 금강 또한 그와 같다. 모든 법의 보배를 모두 꿸 수 있다.

선남자여, 마치 금강이 모든 산을 무너뜨리는 것처럼, 보리심 금강 또한 그와 같다. 삿된 소견의 산들을 모두 무너뜨린다.

선남자여, 마치 금강이 비록 깨져서 완전치 못할지라도 일체 보배가 오히려 미치지 못하는 것처럼, 보리심의 금강 또한 그와 같다. 비록 뜻이 용렬하여 조금 모자랄지라도 오히려 일체 이승의 공덕보다 뛰어나다.

선남자여, 마치 금강은 비록 손상되었을지라도 오히려 일체 가난과 곤궁을 없애주는 것처럼, 보리심의 금강 또한 그와 같다. 비록 손상되어 모든 행에 나아가지 못할지라도 오히려 일체 생사에서 벗어나게 된다.

선남자여, 조그만 금강이 모두 일체 물건을 깨뜨릴 수 있는 것처럼, 보리심의 금강 또한 그와 같다. 적은 경계에 들어가 일체 무지의 모든 미혹을 깨뜨려준다.

선남자여, 마치 금강은 보통 사람으로서 얻을 수 없는 것처럼, 보리심의 금강 또한 그와 같다. 뜻이 용렬한 중생으로서는 얻을 수 없다.

선남자여, 마치 금강이란 보배를 모르는 사람은 그 기능도 알지 못하고, 그 작용도 쓰지 못하는 것처럼, 보리심의 금강 또한 그와 같다. 법을 알지 못하는 사람은 그 능력도 알지 못하고, 그 작용도 쓰질 못한다.

선남자여, 마치 금강은 없앨 수 없는 것처럼, 보리심의 금강 또한 그와 같다. 일체 모든 법이 없앨 수 없다.

선남자여, 마치 금강저란 큰 힘을 지닌 장사들이 모두 들지 못한다. 오직 큰 나라연(那羅延: 堅固)의 힘을 가진 이만이 들 수 있는 것처럼, 보리심 또한 그와 같다. 일체 이승은 모두 지니지 못한다. 오직 보살의 광대한 인연과 견고하고 선업의 힘만이 들 수 있다.

선남자여, 마치 금강을 일체 모든 물건으로도 깨뜨릴 수 없으나, 금강은 일체 모든 물건을 깨뜨릴 수 있다. 그러나 그 자체는 손상한 바 없는 것처럼, 보리심 또한 그와 같다. 삼세의 수없는 겁에 중생을 교화하고 고행을 닦으면서 성문과 연각으로서는 할 수 없는 것을 모두 할 수 있다. 하지만 끝까지 싫어함도 없고, 또한 손상함도 없다.

선남자여, 마치 금강은 다른 데서는 지닐 수 없고, 오직 금강 땅에서만 지니는 것처럼, 보리심 또한 그와 같다. 성문이나 연각은 모두 지니지 못한다. 오직 살바야[一切智]로 나아가는 자만이 지닐 수 있다.

선남자여, 금강 그릇은 흠이 없어 물을 담으면 영원히 물이 새어 땅에 들어가지 않는 것처럼, 보리심의 금강 그릇 또한 그와 같다. 선근의 물을 담으면 영원히 새어서 여러 세계의 길에 들어가지 않도록 한다.

선남자여, 금강 둘레[金剛際]는 땅을 유지하여 떨어지지 않게 하는 것처럼, 보리심 또한 그와 같다. 보살의 일체 행과 원을 유지하여 삼계에 떨어져 들어가지 않도록 한다.

선남자여, 마치 금강은 물속에 오래 있어도 물크러지지도 않고 젖지도 않는 것처럼, 보리심 또한 그와 같다. 일체 겁을 생사의 업과 번뇌의 물속에 있으면서도 부서지지도 않고 변하지도 않는다.

선남자여, 마치 금강은 일체 모든 불이 태우지도 못하고, 뜨겁게도 못 하는 것처럼, 보리심 또한 그와 같다. 생사의 번뇌의 불로도 태우지 못하고 뜨겁게 하지도 못한다.

선남자여, 마치 삼천대천세계 가운데 금강법좌 위에서 부처님만이 도량에 앉아서 마군을 항복 받고 정등각을 성취하여 이를 유지할 수 있는 것이지, 다른 자리로는 유지할 수 없는 것처럼, 보리심의 자리 또한 그와 같다. 보살의 원행, 모든 바라밀, 모든 법인, 모든 지위, 회향, 수기, 보리의 도를 돕는 법을 닦아 익힘, 부처님께 공양함, 법을 듣고 받아 행하는 일을 유지하는 것이지, 일체 나머지 마음으로는 유지할 수 없는 바이다.

● 疏 ●

五 金剛非劣惡器 下 十七喩는 攝等覺位功德이니 以金剛智로 終

成菩提故니라 其間梵語는 具如音義하다【鈔_ '以金剛智'者는 旣始從種性으로 終至金剛菩提之智니 豎配理明이라 初心에 頓具諸位功德이 正順經宗일새 故毘盧遮那品云 '一切功德이 皆在最初菩提心中住'라하니 卽其義也라】

제5 '金剛非劣惡器' 이하 17가지 비유는 등각위 공덕을 들어 말한 것이다. 금강지로 마침내 보리를 성취하기 때문이다. 그 사이에 인용된 범어는 모두 音義와 같다.【초_ '금강지'란 이미 처음 종성으로부터 마침내 금강보리의 지혜에 이른 것이다. 종으로 짝지어 말한 이치가 분명하다. 초발심에 모든 지위의 공덕을 단번에 갖춤이 바로 경문의 종지를 따른 것이다. 따라서 제6 비로자나품에서 "일체 공덕이 모두 최초의 보리심에 머물러 있다."고 말하니 바로 그런 뜻이다.】

後一百三句明菩提心頓具諸位功德 竟하다

(ㄴ) 103구는 보리심의 자재한 공덕을 밝혔다는 부분을 끝마치다.

第四 結釋所屬

제4 단락, 속한 바를 끝맺으면서 해석하다

經
善男子야 菩提心者는 成就如是無量無邊과 乃至不可說不可說殊勝功德이니 若有衆生이 發阿耨多羅三藐

三菩提心이면 則獲如是勝功德法하리라

是故로 善男子야 汝獲善利니 汝發阿耨多羅三藐三菩提心하고 求菩薩行하야 已得如是大功德故니라

선남자여, 보리심은 이처럼 한량없고 그지없으며, 내지 말할 수 없이 말할 수 없는 뛰어난 공덕을 성취해 주는 것이다.

만약 어떤 중생이 아뇩다라삼먁삼보리심을 내면 이처럼 훌륭한 공덕의 법을 얻을 것이다.

그러므로 선남자여, 그대는 좋은 이익을 얻었다. 그대는 아뇩다라삼먁삼보리심을 내고, 보살의 행을 구하여 이미 이와 같은 큰 공덕을 얻었기 때문이다.

● 疏 ●

謂上來多德은 釋獲善利之言故니라

위의 많은 공덕은 善利를 얻음에 대한 말을 해석한 때문이다.

二 爲善財歎菩提心 竟하고

稱歎授法中에 先稱歎 竟하다

(2) 선재를 위해 보리심을 찬탄한 부분을 끝마치고,

칭찬하면서 법을 전수한 가운데, 1) 칭찬하면서 찬탄한 부분을 끝마치다.

● 論 ●

爾時善財童子合掌恭敬已下로 至此卷末히 明善財申己已發

大菩提心에 慈氏 爲讚菩提心善根功德力不思議分이니 意明一切神通道力과 菩薩萬行이 皆以菩提心으로 爲根本이며 滅生死하야 截苦流하고 淨八萬四千煩惱門하야 顯成一切智海 皆以菩提心으로 爲根本이니 如文廣歎이라

以菩提心이 無依無住하며 無有體性生滅可得이니 如是現前에 煩惱自淨하야 智海便現하며 由智現故로 種種方便과 神通萬行이 以智能成이니 由菩提心이 無依故로 智亦無依며 以智無依故로 一切所作이 皆無作者依住可得이라 以此로 生死業亡하고 唯智自在하야 大悲萬行이 從智而生이니 智體無依에 萬行如化하고 利生如幻하며 神通道力이 如空中月이 普現衆水하야 智體不去하고 衆生心水不來로대 隨自業淨하야 與智同體하며 隨淨淺深하야 現智各異라 非此非彼니라

若欲見十方諸佛如來智海인댄 但自淨十二有支業緣이면 佛智現爾어니와 但求他勝境이면 自法便隱하야 不及知法이니 一一自己功成하야 不損功程하고 不違聖旨를 如善財 一一善友所에 具其五位方便加行菩薩之法호대 不著他法하며 不著自心하야 無所依住하고 但令其心廣大하야 以方便三昧로 饒益廣多하야 令一切衆生으로 皆得離苦하며 又令自心으로 至究竟實法하며 亦令衆生으로 皆悉同得이니 十方諸佛과 一切菩薩諸法과 利衆生諸行과 乃至一衆生法이라도 不知不了면 不名爲智滿之佛이며 不名摩訶薩이니라

"그때, 선재동자는 합장하고 공경하면서" 이하로 권말에 이르기까지는 선재동자가 자신이 이미 보리심을 발심했음을 말하자,

미륵보살이 선재를 위해 보리심의 선근 공덕의 힘이 불가사의함을 찬탄하여 밝힌 부분이다.

그 뜻은 일체 신통의 도력과 보살의 만행이 모두 보리심으로 근본을 삼으며, 나고 죽는 것을 없애어 고통의 흐름을 끊고, 8만 4천 번뇌 문을 청정케 하여 일체 지혜의 바다를 나타내고 성취하는 것이 모두 보리심으로 근본을 삼음을 밝힌 것이다. 경문에서 자세히 찬탄한 바와 같다.

이는 보리심이 의지함도 없고 머묾도 없으며, 체성의 생멸을 얻을 수 없기 때문이다. 이와 같이 앞에 나타남에 번뇌가 절로 말끔히 사라져서 지혜 바다가 바로 나타나며, 지혜가 나타남을 말미암은 까닭에 가지가지 방편과 신통의 만행이 지혜로써 이뤄지는 것이다. 보리심이 의지함이 없음을 말미암은 까닭에 지혜 또한 의지함이 없고, 지혜가 의지함이 없기 때문에 일체 하는 일들이 모두 작자와 의지함이 있을 수 없다.

이로써 생사의 업이 사라지고 오직 지혜만이 자재하여 대자비의 만행이 지혜로부터 생기는 것이다. 지혜의 본체가 의지함이 없기에 만행이 조화와 같고 중생에게 이익을 베풂이 요술과 같으며, 신통의 도력이 마치 허공의 달이 수많은 물에 널리 나타난 것처럼, 지혜의 본체가 떠나가지도 않고 중생심의 물이 오지도 않지만, 자업의 청정을 따라서 지혜와 본체가 같고, 청정의 깊고 얕음을 따라서 지혜를 나타냄이 각각 다르기에 이것도 아니고 저것도 아니다.

만약 시방 일체 부처 여래의 지혜 바다를 보고자 한다면, 다만 스스로 12유지의 업연이 청정하면 부처의 지혜가 나타나지만, 단지 남의 뛰어난 경계만을 구한다면 자기의 법이 곧 숨겨져 지혜의 법에 미치지 못한다.

하나하나 자기의 공이 성취되어 공부의 과정을 손상하지 않고 성인의 종지를 어기지 않기를, 선재동자가 한 분 한 분 선지식의 도량에서 5위 방편가행의 보살법을 갖추되, 남의 법에 집착하지 않고 자기 마음에도 집착하지 않아서 의지한 바가 없다.

다만 그 마음을 광대하게 함으로써 방편 삼매로 이익이 광대하고 많아, 일체중생으로 하여금 모두 고통을 여의게 하고, 또한 자기의 마음이 최고 경계의 진실한 법에 이르게 하고, 또한 중생으로 하여금 모두 똑같이 얻게 하였다.

시방의 모든 부처, 일체 보살의 모든 법, 중생을 이롭게 하는 모든 행, 내지 한 중생의 법이라도 알지 못하고 깨닫지 못하면, 지혜가 원만한 부처라 이름 붙일 수 없고, 마하살이라 말하지도 못한다.

입법계품 제39-17 入法界品 第三十九之十七
화엄경소론찬요 제114권 華嚴經疏論纂要 卷第一百之十四

# 화엄경소론찬요 제115권
華嚴經疏論纂要 卷第一百之十五

입법계품 제39-18
入法界品 第三十九之十八

第二正授法界

於中四니

一은 授法體오 二는 顯法名이오 三은 窮嚴因之本源이오 四는 覈正報之性相故니라

初中四니

一은 攝入方便이오 二는 加令證入이오 三은 見所證境이오 四는 事訖起定이라

今은 初라

2) 바로 자기의 법계를 전수하다

이 부분은 4단락이다.

⑴ 법의 요체를 전수하고,

⑵ 법의 명제를 밝혔으며,

⑶ 장엄 원인의 본원을 궁구하고,

⑷ 정보의 성품과 모양을 파헤친 때문이다.

'⑴ 법의 요체를 전수한' 부분은 4단락이다.

제1 단락, 방편으로 받아들이고,

제2 단락, 가피로써 증득하여 들어가도록 하며,

제3 단락, 증득한 바의 경계를 보고,

제4 단락, 일을 마치고 선정에서 일어났다.

이는 '제1 단락, 방편으로 받아들임'이다.

經

善男子야 如汝所問하야 菩薩이 云何學菩薩行이며 修菩薩道오하니

善男子야 汝可入此毘盧遮那莊嚴藏大樓閣中하야 周徧觀察하면 則能了知學菩薩行이며 學已에 成就無量功德하리라

爾時에 善財童子 恭敬右遶彌勒菩薩摩訶薩已하고 而白之言호되 唯願大聖은 開樓閣門하사 令我得入케하소서

　선남자여, 그대가 물었던 바처럼 보살이 어떻게 보살의 행을 배우며, 보살의 도를 닦는가를 묻도록 하라.

　선남자여, 그대는 이 비로자나 장엄장 큰 누각에 들어가 두루 관찰하면, 보살의 행을 배우는 바를 알 것이며, 배우고 나면 한량없는 공덕을 성취할 것이다."

　그때, 선재동자는 공경하여 미륵보살마하살을 오른쪽으로 돌고 여쭈었다.

　"바라건대 거룩하신 성자께서 이 누각 문을 활짝 열어주어 제가 들어가게 해주십시오."

● 疏 ●

於中에 先은 牒問勸證이오 後 爾時善財 下는 求證方便이라

　이 부분에 앞은 물음을 이어서 증득을 권하였고,
　뒤의 '爾時善財' 이하는 증득을 구하는 방편이다.

一

第二加令證入

제2 단락, 가피로써 증득하여 들어가도록 하다

經

時에 彌勒菩薩이 前詣樓閣하사 彈指出聲에 其門卽開어늘 命善財入하신대 善財 心喜하야 入已還閉하다

그때, 미륵보살이 누각 앞으로 나아가 손가락을 튕겨 소리를 내자, 누각의 문이 바로 열렸다. 선재에게 들어가라 하니 선재동자가 기쁜 마음에 들어서자, 바로 다시 문이 닫혔다.

● 疏 ●

先約緣加하야 令其就法이니 亡言會旨면 則佛法門開일새 故云前詣等이라하니 卽開理智門하야 示令其悟入也라
後 '善財心喜'下는 約因自證이니 悟佛知見이면 則入法界라 從迷之悟에 加行·趣入이 有門理之殊어니와 證已契合하야 能所兩亡이면 卽妄而眞이라 更無入處일새 故云還閉니라

앞은 반연의 가피를 들어서 선재로 하여금 법에 나아가게 하였다. 말을 떨쳐버리고 종지를 깨달으면 바로 불법의 문이 열리기에 '누각 앞으로 나아가' 등이라 말하였다. 이는 理智의 문을 열어 보여주어 그로 하여금 깨달아 들어가도록 한 것이다.

뒤의 '善財心喜' 이하는 원인을 스스로 증득함으로 말하였다.

297

부처의 지견을 깨달으면 이는 법계에 들어간 것이다. 혼미함에서 깨달음으로 가는 길에 加行과 趣入이 들어가는 문과 존재한 이치라는 차이가 있지만, 증득한 후에는 하나로 계합하여 주체와 대상을 모두 떨쳐버리면 허망한 것과 하나가 된 진리인 터라, 다시 들어갈 곳이 없기에 "다시 문이 닫혔다."고 말하였다.

第三 明見所證境

於中二니

先은 別明所見이오 後는 總顯見相이라

前中六이니

一은 見依報오 二는 見正報오 三은 見伴菩薩이오 四는 見諸佛이오 五는 見閣中主閣이오 六은 總見嚴具作用이라 然此六 皆是悲智之中 所有니라

今은 初라

    제3 단락, 증득한 바의 경계를 분명히 보다

    이는 2단락이다.

    (ㄱ) 보았던 대상을 개별로 밝혔고,

    (ㄴ) 보았던 모양을 총괄하여 밝혔다.

    '(ㄱ) 보았던 대상'은 6단락이다.

    첫째, 미륵보살의 의보,

    둘째, 미륵보살의 정보,

셋째, 도반 보살,

넷째, 일체 제불,

다섯째, 누각 가운데 주된 누각을 밝혔고,

여섯째, 장엄 도구의 작용을 총체로 보았다.

그러나 이 6가지는 모두 大悲大智의 가운데 있는 바이다.

이는 '첫째, 미륵보살의 의보'이다.

經

見其樓閣이 廣博無量하야 同於虛空하니

阿僧祇寶로 以爲其地하며

阿僧祇宮殿과 阿僧祇門闥과 阿僧祇窓牖와 阿僧祇階陛와 阿僧祇欄楯과 阿僧祇道路 皆七寶成이며

阿僧祇幡과 阿僧祇幢과 阿僧祇蓋 周廻間列하며

阿僧祇衆寶瓔珞과 阿僧祇眞珠瓔珞과 阿僧祇赤眞珠瓔珞과 阿僧祇師子珠瓔珞이 處處垂下하며

阿僧祇半月과 阿僧祇繒帶와 阿僧祇寶網으로 以爲嚴飾하며

阿僧祇寶鐸이 風動成音하며

散阿僧祇天諸雜華하며 縣阿僧祇天寶鬘帶하며 嚴阿僧祇衆寶香爐하며 雨阿僧祇細末金屑하며 懸阿僧祇寶鏡하며 然阿僧祇寶燈하며 布阿僧祇寶衣하며 列阿僧祇寶帳하며

設阿僧祗寶座하야 阿僧祗寶繒으로 以敷座上하며
阿僧祗閻浮檀金童女像과 阿僧祗雜寶諸形像과 阿僧祗妙寶菩薩像이 處處充徧하며
阿僧祗衆鳥 出和雅音하며
阿僧祗寶優鉢羅華와 阿僧祗寶波頭摩華와 阿僧祗寶拘物頭華와 阿僧祗寶芬陀利華로 以爲莊嚴하며
阿僧祗寶樹 次第行列하며 阿僧祗摩尼寶 放大光明하야 如是等無量阿僧祗諸莊嚴具로 以爲莊嚴이러라
又見其中에 有無量百千諸妙樓閣호되 一一嚴飾에 悉如上說하고 廣博嚴麗 皆同虛空하야 不相障礙하며 亦無雜亂이러라
善財童子 於一處中에 見一切處하며 一切諸處에 悉如是見하니라
爾時에 善財童子 見毘盧遮那莊嚴藏樓閣의 如是種種 不可思議自在境界하고 生大歡喜하야 踊躍無量하야 身心柔軟하야 離一切想하며 除一切障하며 滅一切惑하며 所見不忘하며 所聞能憶하며 所思不亂하야 入於無礙解脫之門하야 普運其心하며 普見一切하고 普申敬禮하니라

    그 누각의 크기와 너비가 한량없어 허공과 같음을 보았다.

    아승기 보배로 그 땅이 만들어졌고,

    아승기 궁전, 아승기 문, 아승기 창호, 아승기 섬돌, 아승기 난간, 아승기 길이 모두 칠보로 이뤄졌으며,

아승기 번기, 아승기 당기, 아승기 일산이 사이사이 두루 늘어서 있었고,

아승기 영락, 아승기 진주 영락, 아승기 적진주 영락, 아승기 사자진주 영락들이 곳곳에 드리워져 있었으며,

아승기 반달, 아승기 비단 띠, 아승기 보배 그물로 장엄하였고,

아승기 보배 풍경이 바람이 불 때마다 소리를 냈으며,

아승기 하늘 꽃을 흩뿌리고, 아승기 하늘 보배로 된 화만 띠를 달고, 아승기 보배 향로를 장엄하고, 아승기 금가루를 뿌리고, 아승기 보배 거울을 달고, 아승기 보배 등불을 켜고, 아승기 보배 옷을 펼치고, 아승기 보배 휘장을 쳤으며,

아승기 보배 법좌를 마련하여 아승기 비단으로 법좌 위에 펼쳤고,

아승기 염부단금 동녀 형상, 아승기 보배 형상, 아승기 미묘한 보배로 만들어진 보살 형상이 곳곳마다 가득하였으며,

아승기 새들이 청아한 울음소리를 울려 냈고,

아승기 보배 우발라꽃, 아승기 보배 파두마꽃, 아승기 보배 구물두꽃, 아승기 보배 분타리꽃으로 장엄하였으며,

아승기 보배 나무는 차례로 줄을 지었고,

아승기 마니보배가 큰 광명을 쏟아내었다.

이처럼 한량없는 아승기 장엄거리로 장엄하였다.

또한 그 가운데는 한량없는 미묘한 백천 누각이 있는데, 하나하나 훌륭하게 꾸민 장엄이 위에 말한 바와 같고, 크고 넓고 화려

함이 허공과 같아서, 서로 장애가 되지도 않고 또한 뒤섞여 혼란스럽지도 않았다.

선재동자가 한곳에서 모든 곳을 보았으며, 일체 모든 곳에서도 모두 이와 같이 보았다.

그때, 선재동자가 비로자나 장엄장 누각의 이와 같은 가지가지 헤아릴 수 없이 자재한 경계를 보고서, 매우 기쁜 마음에 한량없이 발을 구르면서 몸과 마음이 부드러워져서 모든 생각을 여의고, 일체 장애를 없애고, 일체 미혹을 떨쳐버렸으며, 본 것은 잊지 않고, 들은 것은 기억하고, 생각이 어지럽지 아니하여 걸림 없는 해탈의 문에 들어가 그 마음을 두루 놀리며, 일체 모든 것을 두루 보고 널리 공경하는 마음으로 절을 올렸다.

● 疏 ●

先見後益이라

前中三이니

一은 直見一重莊嚴이니 有標·列·結이라 同虛空者는 稱法性故나라

次'又見其中'下는 依中有依하야 一中見多니 卽微細門이오 亦主伴門이라

後'善財童子'下는 一處見多니 卽相在門이라

二'爾時'下는 明得益이라

앞은 보았던 것을 말하였고, 뒤는 이익이다.

앞의 보았던 부분은 3단락이다.

① 거듭된 장엄을 직접 보았다. 표장, 나열, 끝맺음이다.
"허공과 같다."는 것은 법성에 부합하기 때문이다.

② '又見其中' 이하는 의보 가운데 의보가 있어 하나의 가운데서 많은 것을 보았다. 이는 미세 법문이며, 또한 주체와 객체의 법문이다.

③ '善財童子' 이하는 하나의 장소에서 많은 장소의 것을 보았다. 이는 相在無礙 법문이다.

뒤의 '爾時' 이하는 이익을 얻음에 대해 밝혔다.

第二 見正報

둘째, 미륵보살의 정보

經

纔始稽首에 以彌勒菩薩威神之力으로 自見其身이 徧在一切諸樓閣中하야 具見種種不可思議自在境界하니 所謂或見彌勒菩薩이 初發無上菩提心時에 如是名字와 如是種族과 如是善友之所開悟와 令其種植如是善根과 住如是壽와 在如是劫과 値如是佛과 處於如是莊嚴刹土와 修如是行과 發如是願하며 彼諸如來의 如是衆會에 如是壽命으로 經爾許時토록 親近供養을 悉皆明見하며

或見彌勒이 最初證得慈心三昧하사 從是已來로 號爲慈氏하며
或見彌勒이 修諸妙行하사 成滿一切諸波羅蜜하며
或見得忍하며 或見住地하며 或見成就淸淨國土하며 或見護持如來正敎하사 爲大法師하야 得無生忍하야 某時某處某如來所에 受於無上菩提之記하며
或見彌勒이 爲轉輪王하사 勸諸衆生하야 住十善道하고
或爲護世하사 饒益衆生하고
或爲釋天하사 訶責五欲하고
或爲焰摩天王하사 讚不放逸하고
或爲兜率天王하사 稱歎一生菩薩功德하고
或爲化樂天王하사 爲諸天衆하야 現諸菩薩의 變化莊嚴하고
或爲他化自在天王하사 爲諸天衆하야 演說一切諸佛之法하고
或作魔王하사 說一切法이 皆悉無常하고
或爲梵王하사 說諸禪定의 無量喜樂하고
或爲阿修羅王하사 入大智海하야 了法如幻하사 爲其衆會하야 常演說法하야 斷除一切憍慢醉傲하며
或復見其處閻浮界하사 放大光明하야 救地獄苦하며
或見在於餓鬼之處하사 施諸飮食하야 濟彼飢渴하며
或見在於畜生之道하사 種種方便으로 調伏衆生하며

或復見爲護世天王衆會說法하며
或復見爲忉利天王衆會說法하며
或復見爲焰摩天王衆會說法하며
或復見爲兜率天王衆會說法하며
或復見爲化樂天王衆會說法하며
或復見爲他化自在天王衆會說法하며
或復見爲大梵王衆會說法하며
或復見爲龍王衆會說法하며
或復見爲夜叉羅刹王衆會說法하며
或復見爲乾闥婆緊那羅王衆會說法하며
或復見爲阿修羅陀那婆王衆會說法하며
或復見爲迦樓羅摩睺羅伽王衆會說法하며
或復見爲其餘一切人非人等衆會說法하며
或復見爲聲聞衆會說法하며
或復見爲緣覺衆會說法하며
或復見爲初發心과 乃至一生所繫已灌頂者諸菩薩衆하사 而演說法하며
或見讚說初地와 乃至十地의 所有功德하며
或見讚說滿足一切諸波羅蜜하며
或見讚說入諸忍門하며
或見讚說諸大三昧門하며
或見讚說甚深解脫門하며

或見讚說諸禪三昧神通境界하며
或見讚說諸菩薩行하며
或見讚說諸大誓願하며
或見與諸同行菩薩로 讚說世間資生工巧種種方便利
衆生事하며
或見與諸一生菩薩로 讚說一切佛灌頂門하며
或見彌勒이 於百千年經行에 讀誦書寫經卷하사 勤求觀
察하야 爲衆說法하사대 或入諸禪四無量心하고 或入徧
處와 及諸解脫하고 或入三昧하야 以方便力으로 現諸神
變하나라

 머리를 조아리자마자, 미륵보살의 신통력으로 선재동자의 몸이 모든 누각에 두루 있는 것을 스스로 보았으며, 또한 가지가지 불가사의하게 자재한 경계를 보았다.

 이른바 때로는 미륵보살이 처음 위없는 보리심을 낼 적에 이런 이름, 이런 종족, 이런 선지식의 가르침, 이런 선근을 심도록 하였던 일, 이런 장수를 누림, 이런 겁을 지냄, 이런 부처님을 만남, 이런 장엄 세계에 거처함, 이런 행을 닦음, 이런 서원을 일으킴을 보았으며, 그 많은 여래의 이러한 대중의 모임에 이러한 수명으로 이러한 세월을 지내면서 가까이하고 공양하던 일을 모두 분명하게 보았다.

 때로는 미륵보살이 최초로 인자한 마음의 삼매를 증득하여, 그 후로부터 명호를 '자씨(慈氏)'라 하던 일을 보기도 하였고,

때로는 미륵보살이 모든 미묘한 행을 닦아 일체 바라밀을 원만 성취하던 일을 보기도 하였고,

때로는 법인을 얻은 것을 보기도 하였고,

때로는 지상에 머무는 것을 보기도 하였고,

때로는 청정 국토를 성취하는 것을 보기도 하였고,

때로는 여래의 바른 가르침을 보호하고 지니어 큰 법사가 되어 생사가 없는 법인을 얻어, 어느 때, 어느 곳, 어느 여래의 도량에서 가장 높은 보리의 수기를 받던 일을 보기도 하였고,

때로는 미륵보살이 전륜왕이 되어 모든 중생을 권하여 열 가지 선한 도에 머물게 하는 것을 보기도 하였고,

때로는 세간을 수호하는 사천대왕이 되어 중생에게 이익을 주었고,

때로는 제석천왕이 되어 오욕을 꾸짖었고,

때로는 염마천왕이 되어 방일하지 않는 일을 찬탄하였고,

때로는 도솔천왕이 되어 일생보처(一生補處) 보살의 공덕을 칭찬하였고,

때로는 화락천왕이 되어 하늘 대중을 위하여 보살들의 변화하는 장엄을 나타내었고,

때로는 타화자재천왕이 되어 하늘 대중을 위하여 일체 제불의 법을 연설하였고,

때로는 마왕이 되어 일체 법이 모두 무상함을 말하였고,

때로는 범왕이 되어 모든 선정의 한량없는 기쁨과 즐거움을

말하였고,

　때로는 아수라왕이 되어 큰 지혜 바다에 들어가 법이 요술 같음을 알고서, 그 법회 대중을 위하여 언제나 설법하여 일체 교만과 오만함을 끊게 하였고,

　때로는 그가 염라세계에 머물면서 큰 광명을 놓아 지옥의 고통을 구원함을 보기도 하였고,

　때로는 아귀의 세계에 머물면서 음식을 보시하여 목마름과 배고픔을 구제함을 보기도 하였고,

　때로는 축생의 길에 머물면서 가지가지 방편으로 중생을 조복함을 보기도 하였고,

　때로는 사천왕의 대중을 위한 설법을 보기도 하였고,

　때로는 도리천왕의 대중을 위한 설법을 보기도 하였고,

　때로는 염마천왕의 대중을 위한 설법을 보기도 하였고,

　때로는 도솔천왕의 대중을 위한 설법을 보기도 하였고,

　때로는 화락천왕의 대중을 위한 설법을 보기도 하였고,

　때로는 타화자재천왕의 대중을 위한 설법을 보기도 하였고,

　때로는 대범천왕의 대중을 위한 설법을 보기도 하였고,

　때로는 용왕의 대중을 위한 설법을 보기도 하였고,

　때로는 야차, 나찰왕 대중을 위한 설법을 보기도 하였고,

　때로는 건달바, 긴나라왕 대중을 위한 설법을 보기도 하였고,

　때로는 아수라, 타나바왕 대중을 위한 설법을 보기도 하였고,

　때로는 가루라, 마후라가왕 대중을 위한 설법을 보기도 하였고,

때로는 그 밖에 모든 사람, 사람 아닌 이들의 대중을 위한 설법을 보기도 하였고,

때로는 성문 대중을 위한 설법을 보기도 하였고,

때로는 연각 대중을 위한 설법을 보기도 하였고,

때로는 처음 마음 낸 이와 내지 일생보처로 정수리에 물을 부은 보살들을 위한 설법을 보기도 하였고,

때로는 초지 내지 십지 보살의 공덕을 찬탄함을 보기도 하였고,

때로는 일체 바라밀이 원만한 이를 찬탄함을 보기도 하였고,

때로는 모든 지혜의 문에 들어감을 찬탄함을 보기도 하였고,

때로는 모든 큰 삼매문을 찬탄함을 보기도 하였고,

때로는 깊고 깊은 해탈문을 찬탄함을 보기도 하였고,

때로는 일체 선정 삼매 신통한 경계를 찬탄함을 보기도 하였고,

때로는 모든 보살의 행을 찬탄함을 보기도 하였고,

때로는 여러 가지 큰 서원을 찬탄함을 보기도 하였고,

때로는 함께 수행하는 보살과 세간에 살아가는 뛰어난 가지가지 방편으로 중생에게 이익을 주는 일을 찬탄함을 보기도 하였고,

때로는 일생보처 보살과 일체 부처님의 관정법문을 찬탄함을 보기도 하였고,

때로는 미륵보살이 백천 년 동안 거닐면서 경전을 읽고 외고 쓰고, 부지런히 관찰하면서 대중을 위해 설법하시되, 혹은 모든 선정과 네 가지 한량없는 마음에 들기도 하였고, 혹은 모든 곳에 두루 함과 모든 해탈에 들기도 하였고, 혹은 삼매에 들어 방편의 힘

으로 신통변화를 나타냄을 보기도 하였다.

● 疏 ●

於中二니 先은 總標오 '所謂'下는 別顯이라

於中五니

一은 見初發心時오

二 '或見彌勒最初證得慈心'下는 見其修行得法이오

三 '或見彌勒爲轉輪'下는 隨類攝生時오

四 '或復見爲護世'下는 見處會說法이니 於中에 先은 明所處會殊

오 '或見讚說初地'下는 顯所說之法이오

五 '或見彌勒於百千'下는 總見行用이라

이는 2단락이다.

앞은 총상의 표장이며,

뒤의 '所謂' 이하는 개별로 밝혔다.

개별 부분은 다시 5단락으로 나뉜다.

① 처음 발심할 때를 보았고,

② '或見彌勒最初證得慈心' 이하는 수행하여 법을 얻음을 보았으며,

③ '或見彌勒爲轉輪' 이하는 유에 따라 그 중생을 교화한 때이고,

④ '或復見爲護世' 이하는 법회에서 설법함을 보았다. 그 가운데 앞은 거처한 바의 법회가 다름을 밝혔고, '或見讚說初地' 이하

는 설법한 바의 법을 나타냈다.

⑤ '或見彌勒於百千' 이하는 행의 작용을 총상으로 보았다.

第三 明見伴菩薩身雲演法

셋째, 도반 보살의 수많은 몸으로 법문 연설함을 봄에 대해 밝히다

經

或見諸菩薩이 入變化三昧하사 各於其身一一毛孔에 出於一切變化身雲하며
或見出天衆身雲하며
或見出龍衆身雲하며
或見出夜叉와 乾闥婆와 緊那羅와 阿修羅와 迦樓羅와 摩睺羅伽와 釋梵護世와 轉輪聖王과 小王과 王子와 大臣官屬과 長者居士身雲하며
或見出聲聞緣覺과 及諸菩薩如來身雲하며
或見出一切衆生身雲하며
或見出妙音하야 讚諸菩薩種種法門하니
所謂讚說菩提心功德門하고
讚說檀波羅蜜과 乃至智波羅蜜功德門하고
讚說諸攝諸禪과 諸無量心과 及諸三昧와 三摩鉢底와

諸通諸明과 總持辯才와 諸諦諸智와 止觀解脫과 諸緣諸依와 諸說法門하고
讚說念處正勤과 神足根力과 七菩提分과 八聖道分과 諸聲聞乘과 諸獨覺乘과 諸菩薩乘과 諸地諸忍과 諸行諸願의 如是等一切諸功德門이니라

　때로는 여러 보살이 변화삼매에 들어 각각 그 몸의 하나하나 모공에서 일체 변화하는 몸 구름을 내는 것도 보았고,
　때로는 천상계 대중의 몸 구름을 내는 것도 보았고,
　때로는 용 대중의 몸 구름을 내는 것도 보았고,
　때로는 야차, 건달바, 긴나라, 아수라, 가루라, 마후라가, 제석, 범왕, 사천왕, 전륜왕, 작은 왕, 왕자, 대신, 벼슬아치, 장자, 거사의 몸 구름을 내는 것도 보았고,
　때로는 성문, 연각, 보살, 여래의 몸 구름을 내는 것도 보았고,
　때로는 모든 중생의 몸 구름을 내는 것도 보았다.
　때로는 미묘한 음성으로 보살의 가지가지 법문을 찬탄함을 보았다.
　이른바 보리심의 공덕문을 찬탄하였고,
　보시바라밀 내지 지혜바라밀의 공덕문을 찬탄하였으며,
　사섭법[四攝法], 모든 선정[九次第定], 한량없는 마음[四無量心], 모든 삼매, 삼마발저, 여섯 가지 신통, 세 가지 밝음[三明: 天眼明, 宿命明, 漏盡明], 다라니, 변재[四無礙辯], 참된 진리[四諦: 苦·集·滅·道], 모든 지혜[四智: 成所作智, 妙觀察智, 平等性智, 大圓鏡智], 지관(止觀), 해

탈[八解脫], 모든 인연[12因緣], 모든 의지[四依: 行四依, 法四依, 人四依, 說四依]와 모든 설법을 찬탄하였고,

　네 가지 생각의 곳[四念處: 身念處, 受念處, 心念處, 法念處], 네 가지 바른 정근[四正勤: 已生惡令斷, 未生惡不令生, 未生善令生, 已生善令增長], 네 가지 뜻대로의 발[四如意足: 欲, 心, 勤, 慧如意足], 다섯 가지 근[五根: 信, 進, 念, 定, 慧根], 다섯 가지 힘[五力: 信, 進, 念, 定, 慧力], 일곱 가지 보리의 부분[七菩提分: 七覺支. 擇法, 精進, 喜, 輕安, 捨, 定, 念], 여덟 가지 바른길[八聖道分: 正見, 正語, 正思惟, 正業, 正命, 正精進, 正念, 正定], 모든 성문승, 모든 독각승, 모든 보살승, 모든 지위[十地], 모든 법인[十忍: 戒忍, 智見忍, 定忍, 慧忍, 解脫忍, 空忍, 無願忍, 無相忍, 無常忍, 無生忍], 모든 행[十行], 모든 서원[四弘誓願] 따위의 일체 모든 공덕문을 찬탄하였다.

● 疏 ●

菩薩身雲演法은 卽前與無量眷屬이라

　보살의 몸 구름의 법문 연설은 앞의 한량없는 권속과 함께하였다.

第四 明見諸佛攝化之德

　넷째, 일체 제불의 교화 공덕을 봄에 대해 밝히다

或復於中에 見諸如來의 大衆圍遶하며
亦見其佛의 生處種性과 身形壽命과 刹劫名號와 說法
利益과 敎住久近과 乃至所有道場衆會하야
種種不同을 悉皆明見하나라

　　때로는 그 가운데서 여래를 대중이 둘러싸고 있음을 보았으며,
　　또한 그 부처님의 나신 곳, 집안, 몸, 수명, 세계, 겁, 명호, 설법
으로 이익을 베풂, 교법의 머묾이 얼마나인지, 내지 소유한 도량의
대중을 보면서,
　　가지가지로 같지 않음을 모두 분명하게 보았다.

第五. 見閣中主閣
　　다섯째, 누각 가운데 주된 누각을 보다

又復於彼莊嚴藏內諸樓閣中에 見一樓閣이 高廣嚴飾
하야 最上無比하니 於中에 悉見三千世界百億四天下와
百億兜率陀天에 一一皆有彌勒菩薩이 降神誕生이어든
釋梵天王이 捧持頂戴와 遊行七步와 觀察十方과 大師
子吼와 現爲童子하야 居處宮殿과 遊戲園苑과 爲一切智
하야 出家苦行과 示受乳糜와 往詣道場과 降伏諸魔와 成

314

等正覺과 觀菩提樹와 梵王勸請과 轉正法輪과 昇天宮
殿하야 而演說法과 劫數壽量과 衆會莊嚴과 所淨國土와
所修行願과 敎化成熟衆生方便과 分布舍利와 住持敎
法이 皆悉不同이러라
爾時에 善財 自見其身이 在彼一切諸如來所하며
亦見於彼一切衆會一切佛事하고 憶持不忘하야 通達無
礙하니라

　또한 그 장엄법장 안에 있는 여러 누각 가운데, 한 누각이 높고 넓고 훌륭하게 장엄하여 가장 뛰어나 견줄 수 없음을 보았다.

　그 가운데 삼천대천세계의 백억 사천하와 백억 도솔천에 하나하나 모두 미륵보살이 계시다가 신으로 내려와 탄생하는 것을 보았는데, 제석과 범천왕이 높이 받들어 머리 위로 올렸으며,

　일곱 걸음을 걸음, 시방을 살펴봄, 큰 사자후, 동자로 몸을 나타내어 거처한 궁전, 노닌 정원, 일체 지혜를 얻기 위한 출가 고행, 우유죽을 받음, 도량에 나아감, 마군을 항복 받음, 등정각의 성취, 보리수를 살펴보심, 범왕의 청법, 바른 법륜을 굴리심, 천궁에 올라가서 설법하신 일, 겁의 수효와 수명, 대중법회의 장엄, 정정한 국토, 닦은 바의 행과 원, 중생을 교화하여 성숙시킨 방편, 사리를 나누어 반포함, 법을 주지함이 모두 똑같지 않음을 보았다.

　그때, 선재동자는 자기의 몸이 모든 여래의 처소에 있음을 보았으며,

　또한 저 모든 대중법회의 모든 불사를 보고 기억하여 잊지 않

고서 통달하여 걸림이 없었다.

◉ 疏 ◉

閣中主閣이니 別明慈氏一生當作이라
於中에
先은 見이오 後 '爾時' 下는 得益이니 可知니라

　누각 가운데 주된 누각을 보았다. 미륵보살이 태어나 하신 일을 개별로 밝혔다.

　그 가운데 앞은 본 것이며, 뒤의 '爾時' 이하는 이익을 얻음이다. 이는 설명하지 않아도 알 수 있다.

第六 見聞嚴具作用

　여섯째, 장엄 도구의 작용을 총체로 보다

經

復聞一切諸樓閣內에 寶網鈴鐸과 及諸樂器 皆悉演暢
不可思議微妙法音하야 說種種法하니
所謂或說菩薩의 發菩提心하며
或說修行波羅蜜行하며
或說諸願하며
或說諸地하며

或說恭敬供養如來하며
或說莊嚴諸佛國土하며
或說諸佛의 說法差別이니
如上所說一切佛法을 悉聞其音하고 敷暢辨了하며
又聞某處에 有某菩薩이 聞某法門하고 某善知識之所勸導로 發菩提心과 於某劫某刹某如來所某大衆中에 聞於某佛의 如是功德하고 發如是心하며 起如是願하며 種於如是廣大善根과 經若干劫토록 修菩薩行과 於爾許時에 當成正覺과 如是名號와 如是壽量과 如是國土의 具足莊嚴과 滿如是願과 化如是衆과 如是聲聞菩薩衆會와 般涅槃後에 正法住世하야 經爾許劫토록 利益如是無量衆生하며
或聞某處에 有某菩薩이 布施持戒忍辱精進禪定智慧로 修習如是諸波羅蜜하며
或聞某處에 有某菩薩이 爲求法故로 棄捨王位와 及諸珍寶와 妻子眷屬과 手足頭目의 一切身分하야 皆無所悋하며
或聞某處에 有某菩薩이 守護如來의 所說正法하야 爲大法師하야 廣行法施하야 建法幢하고 吹法螺하며 擊法鼓하고 雨法雨하며 造佛塔廟하고 作佛形像하야 施諸衆生一切樂具하며
或聞某處에 有某如來 於某劫中에 成等正覺한 如是國

土와 如是衆會와 如是壽命과 說如是法과 滿如是願과
敎化如是無量衆生하나라
善財童子 聞如是等不可思議微妙法音하고 身心歡喜
하야 柔軟悅懌하야 則得無量諸總持門과 諸辯才門과 諸
禪諸忍과 諸願諸度와 諸通諸明과 及諸解脫과 諸三昧
門하나라

    또 누각 안에 있는 보배 그물, 풍경, 모든 악기에서 모두 헤아릴 수 없는 미묘한 음성을 울려 내어 가지가지 법을 연설함을 들었다.

    이른바 때로는 보살이 보리심 내는 것을 말하고,

    때로는 바라밀 행을 닦음을 말하고,

    때로는 모든 원을 말하고,

    때로는 모든 지위를 말하고,

    때로는 여래께 공경하고 공양함을 말하고,

    때로는 부처님의 국토를 장엄함을 말하고,

    때로는 부처님의 설법이 각기 달랐다.

    위와 같이 설법한 일체 불법의 그 음성을 모두 듣고, 막힘없이 논변하였으며,

    또한 어느 곳에 아무 보살이 누구의 법문을 듣고, 아무 선지식의 권면과 인도로 보리심을 내었다는 것, 어느 겁 어느 세계에서 아무 여래의 어느 대중 속에 있으면서 아무 부처님의 이와 같은 공덕을 듣고서 이런 마음을 내고 이런 서원을 일으키고 이런 광대한 선근을 심었다는 것, 몇 겁을 지내도록 보살의 행을 닦았던 것, 그

어느 때에 정각을 이룰 수 있었다는 것, 이런 명호, 이런 수명, 이런 국토의 구족한 장엄, 이런 서원의 원만, 이런 대중과 이런 성문 보살 대중법회의 교화, 열반한 뒤에 바른 법으로 세간에 머물면서 몇 겁을 지내도록 이처럼 한량없는 중생에게 이익을 베푼다는 말을 들었고,

때로는 어느 곳에 아무 보살이 보시, 계율, 인욕, 정진, 선정, 지혜로 이처럼 바라밀을 닦았다는 말을 들었고,

때로는 어느 곳에 아무 보살이 법을 구하기 위하여 국왕의 지위, 모든 보배, 처자와 권속, 손, 발, 머리, 눈 모든 몸을 보시하여 모두 아끼지 않았다는 말을 들었고,

때로는 어느 곳에 아무 보살이 여래가 말씀하신 바른 법을 수호하여 큰 법사가 되어, 법의 보시를 널리 행하여 법 당기를 세우고, 법 소라를 불고, 법 북을 치고, 법 비를 내려주고, 부처님 탑을 조성하고, 부처님 상을 조성하여, 중생에게 일체 여러 가지 즐거운 도구를 보시한다는 말을 들었고,

때로는 어느 곳에 아무 여래가 어느 겁에 등정각을 성취한 이런 국토, 이런 대중, 이런 수명, 이런 설법, 이런 서원의 원만, 이런 한량없는 중생을 교화하였다는 말을 들었다.

선재동자는 이처럼 불가사의하고 미묘한 법음을 듣고, 몸과 마음이 환희하여 부드럽고 기뻤다. 이에 한량없는 다라니문, 변재문, 모든 선정, 모든 법, 모든 지혜, 모든 서원, 모든 바라밀, 모든 신통, 모든 밝음, 모든 해탈, 모든 삼매문을 얻었다.

又見一切諸寶鏡中種種形像하니
所謂或見諸佛衆會道場하며
或見菩薩衆會道場하며
或見聲聞衆會道場하며
或見緣覺衆會道場하며
或見淨世界하며
或見不淨世界하며
或見淨不淨世界하며
或見不淨淨世界하며
或見有佛世界하며
或見無佛世界하며
或見小世界하며
或見中世界하며
或見大世界하며
或見因陀羅網世界하며
或見覆世界하며
或見仰世界하며
或見平坦世界하며
或見地獄畜生餓鬼所住世界하며
或見天人充滿世界하야
於如是等諸世界中에 見有無數大菩薩衆이 或行或坐
하야 作諸事業하며 或起大悲하야 憐愍衆生하며 或造諸

論하야 **利益世間**호되 **或受或持**하며 **或書或誦**하며 **或問或答**하야 **三時懺悔**하야 **廻向發願**하니라

또한 보배 거울에서 가지가지 형상을 보았다.

이른바 때로는 부처님 대중이 모인 도량을,

보살 대중이 모인 도량을,

성문 대중이 모인 도량을,

연각 대중이 모인 도량을 보았으며,

때로는 청정한 세계, 부정한 세계, 깨끗하면서도 부정한 세계, 부정하면서도 청정한 세계, 부처님 있는 세계, 부처님 없는 세계, 작은 세계, 중간 세계, 큰 세계, 인드라 그물 세계, 엎어진 세계, 잦혀진 세계, 평탄한 세계를 보았으며,

때로는 지옥, 아귀, 축생이 사는 세계를 보았으며,

때로는 하늘과 사람이 충만한 세계를 보았다.

이와 같은 모든 세계에 수없는 큰 보살들이 걷기도 하고 앉기도 하면서 여러 가지 일을 하며,

때로는 매우 가엾은 마음으로 중생을 딱하게 여기기도 하고,

때로는 많은 논을 지어 세간에 이익을 주되 혹은 마음에 받아들이기도 하고, 혹은 몸으로 지니기도 하고, 혹은 경론을 베껴 쓰기도 하고, 혹은 외우기도 하고, 혹은 묻기도 하고, 혹은 대답하기도 하면서, 매일 세 때로 참회하면서 회향하여 서원 세우는 것을 보기도 하였다.

又見一切諸寶柱中에 放摩尼王大光明網호되 或靑或黃이며 或赤或白이며 或玻瓈色이오 或水精色이며 或帝靑色이오 或虹蜺色이며 或閻浮檀金色이오 或作一切諸光明色하니라

 또한 일체 모든 보배 기둥에서 마니왕 큰 광명 그물이 쏟아져 나오는데, 푸르고 누르고 붉고 희며, 파리빛, 수정빛, 제청빛, 무지갯빛, 염부단금빛, 일체 광명의 빛이 되기도 하였다.

又見彼閻浮檀金童女와 及衆寶像이 或以其手로 而執華雲하며 或執衣雲하며 或執幢幡하며 或執鬘蓋하며 或持種種塗香末香하며 或持上妙摩尼寶網하며 或垂金鎖하며 或挂瓔珞하며 或擧其臂하야 捧莊嚴具하며 或低其首하야 垂摩尼冠하고 曲躬瞻仰하야 目不暫捨하니라

 또한 염부단금으로 만든 아가씨 모습, 여러 보배 모습이
 혹은 손에 꽃구름을 들고,
 혹은 옷 구름을 들고,
 혹은 당기, 번기도 들고,
 혹은 화만, 일산도 들고,
 혹은 가지가지 바르는 향, 가루 향을 들고,
 혹은 가장 훌륭한 마니보배 그물을 들고,
 혹은 금줄을 드리우고,
 혹은 영락을 걸고,

혹은 팔을 들어 공양거리를 받들기도 하고,

혹은 머리를 숙여 마니관을 드리우기도 하고, 허리를 굽혀 우러러보면서 잠깐도 눈을 팔지 않았다.

又見彼眞珠瓔珞이 常出香水하야 具八功德하며 瑠璃瓔珞의 百千光明이 同時照耀하며 幢幡網蓋의 如是等物이 一切皆以衆寶莊嚴하니라

또 보니, 저 진주 영락에서 향수가 흐르는데, 여덟 가지 공덕이 구족하고, 유리와 영락에서는 백천 가지 광명이 한꺼번에 빛나며, 당기, 번기, 그물, 일산 등을 모두 수많은 보배로 장엄하였다.

又復見彼優鉢羅華와 波頭摩華와 拘物頭華와 芬陀利華 各各生於無量諸華호되 或大一手하며 或長一肘하며 或復縱廣이 猶如車輪하야 一一華中에 皆悉示現種種色像으로 以爲嚴飾하니
所謂男色像과 女色像과 童男色像과 童女色像과 釋梵과 護世와 天龍과 夜叉와 乾闥婆와 阿修羅와 迦樓羅와 緊那羅와 摩睺羅伽와 聲聞緣覺과 及諸菩薩의 如是一切 衆生色像이 皆悉合掌하고 曲躬禮敬하며 亦見如來 結跏趺坐하사 三十二相으로 莊嚴其身하니라

또한 우발라꽃, 파두마꽃, 구물두꽃, 분타리꽃에서는 각각 한량없는 꽃송이를 피어내는데, 어떤 꽃은 큰 손바닥만 하고, 어떤 꽃은 팔뚝만큼 길고, 어떤 꽃은 가로세로가 차바퀴 같은데, 하나하나 꽃마다 가지가지 빛깔과 형상을 나타내어 장엄하였다.

이른바 남자 빛깔 모습, 여자 빛깔 모습, 동남의 모습, 동녀의 모습, 제석, 범천, 사천왕, 하늘, 용, 야차, 건달바, 아수라, 가루라, 긴나라, 마후라가, 성문, 연각, 보살과 같은 일체중생의 모습이 모두 합장하고 허리 굽혀 절을 올리며,

또한 여래께서 가부좌하고 앉았는데, 서른두 가지 거룩한 모습으로 장엄한 것과 같은 모습을 보았다.

又復見彼淨瑠璃地一一步間에 現不思議種種色像하니 所謂世界色像과 菩薩色像과 如來色像과 及諸樓閣莊嚴色像이니라

또한 그 청정한 유리로 된 땅에는 한 걸음 한 걸음 사이마다 불가사의한 가지가지 모습을 나타낸 것을 보았다.

이른바 세계의 색상, 보살의 색상, 여래의 색상, 모든 누각의 장엄한 색상이다.

又於寶樹枝葉華果一一事中에 悉見種種半身色像하니 所謂佛半身色像과 菩薩半身色像과 天龍夜叉와 乃至 護世와 轉輪聖王과 小王王子와 大臣官長과 及以四衆의 半身色像이라
其諸色像이 或執華鬘하며 或執瓔珞하며 或持一切諸莊

嚴具하며 **或有曲躬**하야 **合掌禮敬**하고 **一心瞻仰**하야 **目不暫捨**하며 **或有讚歎**하며 **或入三昧**하며
其身이 悉以相好莊嚴하야 **普放種種諸色光明**하니
所謂金色光明과 銀色光明과 珊瑚色光明과 兜沙羅色光明과 帝靑色光明과 毘盧遮那寶色光明과 一切衆寶色光明과 瞻波迦華色光明이니라

또한 보배 나무의 가지, 잎, 꽃, 열매마다 모두 가지가지 반신의 색상을 보았다.

이른바 부처님 반신상, 보살 반신상, 하늘·용·야차 내지 사천왕·전륜왕·작은 왕·왕자·대신·관장·사부대중의 반신상이다.

그 모든 반신상은 혹은 화만을 들고, 혹은 영락도 들고, 혹은 일체 장엄거리를 들고, 혹은 허리 굽혀 합장하고 절을 올리면서 하나같은 마음으로 우러러 눈을 팔지 않고, 혹은 찬탄하기도 하고, 혹은 삼매에 들기도 하였다.

그 몸은 모두 거룩한 몸매로 장엄하였고, 가지가지 빛의 광명을 쏟아내었다.

이른바 금빛의 광명, 은빛의 광명, 산호빛의 광명, 도사라빛의 광명, 제청빛의 광명, 비로자나 보배 빛의 광명, 일체 보배 빛깔의 광명, 담파가꽃 빛깔의 광명이다.

又見諸樓閣半月像中에 出阿僧祇日月星宿種種光明하야 **普照十方**하니라

또 여러 누각의 반달 형상에서 아승기 해, 달, 별들의 광명을 쏟아내어 시방에 두루 비추는 것을 보았다.

又見諸樓閣이 周廻四壁一一步內에 一切衆寶로 以爲莊嚴이어든
一一寶中에 皆現彌勒이 曩劫修行菩薩道時에 或施頭目하며 或施手足과 脣舌牙齒와 耳鼻血肉과 皮膚骨髓와 乃至爪髮하야 如是一切를 悉皆能捨하며
妻妾男女와 城邑聚落과 國土王位를 隨其所須하야 盡皆施與하며
處牢獄者는 令得出離하며
被繫縛者는 使其解脫하며
有疾病者는 爲其救療하며
入邪徑者는 示其正道하며
或爲船師하야 令渡大海하며
或爲馬王하야 救護惡難하며
或爲大仙하야 善說諸論하며
或爲輪王하야 勸修十善하며
或爲醫王하며 善療衆病하며
或孝順父母하며
或親近善友하며
或作聲聞하며 或作緣覺하며 或作菩薩하며 或作如來하야

教化調伏一切衆生하며
或爲法師하야 奉行佛敎하야 受持讀誦하야 如理思惟하며 立佛支提하고 作佛形像하야 若自供養이어나 若勸於他에 塗香散華로 恭敬禮拜한 如是等事 相續不絶하며
或見坐於師子之座하사 廣演說法하사 勸諸衆生하야 安住十善하야 一心歸向佛法僧寶하며 受持五戒와 及八齋戒하고 出家聽法하야 受持讀誦하야 如理修行하며 乃至 見於彌勒菩薩이 百千億那由他阿僧祗劫에 修行諸度한 一切色像하며
又見彌勒의 曾所承事諸善知識이 悉以一切功德莊嚴하며
亦見彌勒이 在彼一一善知識所하사 親近供養하야 受行其敎하며
乃至住於灌頂之地러니
時諸知識이 告善財言하사대 善來童子여 汝觀此菩薩의 不思議事하고 莫生疲厭하라하니라

또한 모든 누각이 사방을 둘러싼 벽에는 한 걸음 한 설음마다 일체 보배로 장엄하였는데, 하나하나 보배에서는 모두 미륵보살이 지난 옛적에 보살의 도를 수행할 적 모습들이 나타났다.

혹은 머리와 눈을 보시하며,

혹은 손, 발, 입술, 혀, 어금니, 치아, 귀, 코, 피, 살, 가죽, 뼈, 골수를 보시하고, 내지 손톱, 머리카락까지 이처럼 모든 것을 보시하

기도 하며,

　아내, 첩, 아들, 딸, 도성, 마을, 국토, 임금의 지위를 그들이 달라는 대로 모조리 주며,

　옥에 갇힌 이는 나오게 해주며,

　결박된 이는 풀려나게 하며,

　병난 이는 치료하여 주며,

　삿된 길을 들어간 이에게는 바른길을 가리켜주며,

　혹은 뱃사공이 되어 바다를 건네주며,

　혹은 말이 되어 어려운 일을 구해주며,

　혹은 신선이 되어 모든 경론을 말해주며,

　혹은 전륜왕이 되어 열 가지 착한 일을 닦도록 권하며,

　혹은 의사가 되어 많은 병을 치료하기도 하며,

　혹은 부모에게 효도하며,

　혹은 선지식을 가까이하며,

　혹은 성문이 되고, 혹은 연각이 되고, 혹은 보살이 되고, 혹은 여래가 되어 일체중생을 교화하고 조복하며,

　혹은 법사가 되어 부처님 가르침을 받들어 행하면서 받아 지니고 읽고 외워 이치와 같이 생각하며,

　부처님 탑[支提]을 세우고 부처님 형상을 조성하여 스스로 공양하거나, 다른 이들에게 향을 바르고 꽃을 흩뿌리고 공경하고 예배하도록 권하는, 이런 일들이 끊임없으며,

　혹은 사자법좌에 앉아 자세히 법문을 연설하여, 모든 중생에게

열 가지 선에 안주하여 한결같은 마음으로 불법승 삼보에 귀의하며, 다섯 가지 계율과 여덟 가지 재계를 받아 지니고, 출가하여 법을 듣고서 이를 받아 지니고 읽고 외우며 이치대로 수행하도록 권함을 보았으며, 내지 미륵보살이 백천억 나유타 아승기겁에 모든 바라밀을 수행하는 여러 가지 모양을 보았으며,

또한 미륵보살이 일찍이 예전에 섬기던 선지식이 모두 일체 공덕으로 장엄함을 보았으며,

또한 미륵보살이 저 하나하나 선지식의 도량에 머물면서 가까이하고 공양하면서 그의 가르침을 받아 행하고, 내지 관정의 지위에 안주함을 보았다.

그때, 선지식들이 선재에게 말하였다.

"잘 찾아왔다. 동자여, 그대는 이처럼 보살의 불가사의한 일을 보면서 힘들어하거나 싫어하는 마음을 내지 말라."

● 疏 ●

於中 十段이니

一은 聞綱等演法이니 於中 三이니 一은 近聞이오 次 '又聞某處' 下는 遠聞이오 後 '善財' 下는 得益이라

二는 見寶鏡作用이오

三은 見寶柱放光이오

四는 見寶像威儀오

五는 見瓔珞等出生이오

329

六은 蓮華重現이오

七은 寶地現相이오

八은 樹見半身 兜沙羅者 此云霜冰

九는 半月現光

十은 壁現本事니 於中에 初見慈氏修行隨類攝生이오 後'又見下는 覩所事友 勸喩善財라

이 부분은 10단락이다.

① 누각 내의 보배 그물 등이 연설하는 법문을 들음이다.

이 부분은 3단락이다.

㉠ 가까이서 듣고, ㉡ '又聞某處' 이하는 멀리서 들으며, ㉢ '善財' 이하는 이익을 얻음이다.

② 보배 거울의 작용을 보고,

③ 보배 기둥의 방광을 보며,

④ 보배 형상의 위의를 보고,

⑤ 보배 영락 등이 나옴을 보며,

⑥ 연꽃이 거듭 나타나고,

⑦ 보배 땅에 모양이 나타나며,

⑧ 보배 나무에서 반신상을 봄이다. '兜沙羅'란 중국에서는 '霜冰'의 뜻이다.

⑨ 반달에서 광명이 나타나고,

⑩ 사방의 벽에 미륵의 본생 일이 나타남이다.

그 가운데 첫째는 미륵이 수행할 적에 유에 따라 중생을 받아

들임을 보았고,

　　뒤의 '又見' 이하는 섬겼던 선지식이 선재에게 잘 이해하도록 권함을 보았다.

前別明所見 竟하다

　　앞의 '보았던 대상을 개별로 밝힌 부분'을 끝마치다.

二 總顯見相

先法 後喩라

今은 初라

　　㈇ 보았던 모양을 총괄하여 밝히다

　　첫째는 법, 둘째는 비유이다.

　　이는 '첫째, 법'이다.

經

爾時에 善財童子

得不忘失憶念力故며

得見十方淸淨眼故며

得善觀察無礙智故며

得諸菩薩의 自在智故며

得諸菩薩의 已入智地廣大解故로

於一切樓閣一一物中에 悉見如是와 及餘無量不可思

議自在境界와 諸莊嚴事하나라

　그때, 선재동자는 잊지 않는 기억력을 얻었기 때문이며,

　시방을 보는 청정한 눈을 얻었기 때문이며,

　잘 관찰하는 걸림 없는 지혜를 얻었기 때문이며,

　보살의 자재한 지혜를 얻었기 때문이며,

　보살의 이미 지혜의 지위에 들어간 광대한 지혜를 얻었기 때문에,

　일체 누각의 하나하나 물건 속에서 이와 같은 것과 한량없고 불가사의하고 자재한 경계와 모든 장엄의 일을 보았다.

● 疏 ●

謂何力能見이며 以何眼見이며 將何智見이며 依何位見이며 於何處見이니 如經屬之며 及結前來所不說境이라

　무슨 힘으로 볼 수 있으며, 무슨 눈으로 보며, 무슨 지혜를 가지고 보며, 어느 지위에 의지하여 보며, 어느 곳에서 볼 수 있는가를 말한다.

　경문에서 배속함과 같으며, 앞서 말하지 않은 바의 경계를 끝맺었다.

後 喻顯見相

　둘째, 비유로 보았던 모습을 밝히다

譬如有人이 於睡夢中에 見種種物하나니
所謂城邑聚落과 宮殿園苑과 山林河池와 衣服飲食과 乃至一切資生之具며
或見自身의 父母兄弟와 內外親屬하며
或見大海須彌山王과 乃至一切諸天宮殿과 閻浮提等 四天下事하며
或見其身의 形量廣大 百千由旬이어든 房舍衣服이 悉皆相稱하고 謂於晝日에 經無量時토록 不眠不寢하야 受諸安樂이라가 從睡覺已하고사 乃知是夢하고 而能明記所見之事인달하야 善財童子도 亦復如是하야
以彌勒菩薩의 力所持故며
知三界法이 皆如夢故며
滅諸衆生의 狹劣想故며
得無障礙廣大解故며
住諸菩薩의 勝境界故며
入不思議方便智故로 能見如是自在境界니라
譬如有人이 將欲命終에 見隨其業所受報相호되 行惡業者는 見於地獄畜生餓鬼의 所有一切衆苦境界하며 或見獄卒이 手持兵仗하고 或瞋或罵하야 囚執將去하며 亦聞號叫悲歎之聲하며 或見灰河하며 或見鑊湯하며 或見刀山하며 或見劍樹하야 種種逼迫으로 受諸苦惱하고 作

善業者는 卽見一切諸天宮殿과 無量天衆과 天諸婇女와 種種衣服과 具足莊嚴과 宮殿園林이 盡皆妙好하나니 身雖未死나 而由業力하야 見如是事인달하야 善財童子도 亦復如是하야 以菩薩業不思議力으로 得見一切莊嚴境界니라

譬如有人이 爲鬼所持에 見種種事하고 隨其所問하야 悉皆能答인달하야 善財童子도 亦復如是하야 菩薩智慧之所持故로 見彼一切諸莊嚴事하고 若有問者면 靡不能答이니라

譬如有人이 爲龍所持에 自謂是龍하야 入於龍宮하야 於少時間에 自謂已經日月年載인달하야 善財童子도 亦復如是하야 以住菩薩의 智慧想故며 彌勒菩薩의 所加持故로 於少時間에 謂無量劫이니라

譬如梵宮이 名莊嚴藏이니 於中에 悉見三千世界호되 一切諸物이 不相雜亂인달하야 善財童子도 亦復如是하야 於樓閣中에 普見一切莊嚴境界호되 種種差別이 不相雜亂이니라

譬如比丘 入徧處定에 若行若住와 若坐若臥에 隨所入定하야 境界現前인달하야 善財童子도 亦復如是하야 入於樓閣하야 一切境界를 悉皆明了니라

譬如有人이 於虛空中에 見乾闥婆城의 具足莊嚴하고 悉分別知하야 無有障礙하며

譬如夜叉宮殿이 與人宮殿으로 同在一處호되 而不相雜하야 各隨其業하야 所見不同하며
譬如大海 於中에 悉見三千世界一切色像하며
譬如幻師 以幻力故로 現諸幻事하야 種種作業인달하야
善財童子도 亦復如是하야 以彌勒菩薩의 威神力故며 及不思議幻智力故며 能以幻智로 知諸法故며 得諸菩薩의 自在力故로 見樓閣中一切莊嚴自在境界니라

마치 어느 사람이 꿈꾸면서 가지가지 물건을 보는 것과 같다.

이른바 성읍, 마을, 궁전, 공원, 산, 숲, 강, 못, 의복, 음식, 내지 일체 살림살이 도구를 보기도 하고,

혹은 자신의 부모 형제와 안팎 친척을 보기도 하며,

혹은 바다, 수미산, 내지 일체 하늘의 궁전, 염부제의 사천하의 일을 보기도 하고,

혹은 그 몸집이 광대하여 백천 유순이 되는데, 집과 의복이 모두 서로 알맞고, 낮에 오랜 시간이 지나도록 눕지도 않고 자지도 않으면서 안락함을 느끼다가 깨어난 후에 꿈인 줄 알지만, 꿈속에서 보았던 일들을 분명하게 기억하는 것처럼, 선재동자 또한 그와 같다.

미륵보살의 힘으로 가피한 때문이며,

삼세의 법이 모두 꿈과 같음을 알기 때문이며,

중생의 비좁은 생각을 없앤 때문이며,

장애 없이 광대한 지혜를 얻은 때문이며,

보살의 훌륭한 경지에 머문 때문이며,

불가사의한 방편 지혜에 들어간 까닭에 이처럼 자재한 경계를 볼 수 있다.

마치 사람이 죽으려 할 적에 지은 업을 따라서 과보 받을 모습을 보는 것과 같다.

악업을 지은 이는 지옥, 축생, 아귀들이 받는 수많은 고통의 경계를 보며,

혹은 옥졸이 손에 병장기를 들고서 성내거나 꾸짖으면서 가두고 잡아가는 모습을 보기도 하고, 또한 울부짖고 슬피 탄식하는 소리를 듣기도 하며, 혹은 쟷물 강을 보기도 하고, 혹은 끓는 가마를 보기도 하고, 혹은 칼산을 보기도 하고, 혹은 검으로 된 나무를 보면서, 가지가지 핍박으로 온갖 고통을 받는다.

선업을 지은 이는 일체 하늘의 궁전, 한량없는 하늘 대중, 하늘의 시녀, 가지가지 의복, 두루 갖춘 장엄, 궁전, 동산, 숲이 모두 아름답고 미묘함을 본다. 아직 죽지 않았으나 선업의 힘으로 이런 것들을 보는 것처럼, 선재동자 또한 그와 같다. 보살 업의 불가사의한 힘으로 일체 장엄 경계를 보게 된다.

마치 어떤 사람이 귀신에게 붙잡혀 가지가지 일을 겪으면서 귀신이 묻는 대로 대답하는 것처럼, 선재동자 또한 그와 같다. 보살 지혜의 가피로 그처럼 일체 모든 장엄한 일을 보기도 하고, 묻는 이가 있으면 모두 대답한다.

마치 어느 사람이 용이 맞이하면 자신이 용인 것처럼 생각하

여 용궁에 들어가 잠깐 지낸 사이에 벌써 몇 해 몇 달이 지나갔다고 생각하는 것처럼, 선재동자 또한 그와 같다. 보살의 지혜에 머물렀다는 생각 때문에, 미륵보살의 가피 때문에 잠깐 동안에 한량없는 겁을 지냈다고 생각한다.

마치 범천 궁전의 이름을 장엄장이라 부르는 것과 같다. 그 속에서 삼천세계를 보되 일체 모든 물건이 서로 뒤섞이지 않는 것처럼, 선재동자 또한 그와 같다. 이 누각에서 일체 장엄 경계를 널리 보지만, 가지가지 다른 모습들이 서로 뒤섞이지 않는다.

마치 비구가 열 가지 모든 곳에 두루 하는 선정[十遍處定]에 들어가면, 걷거나 서거나 앉거나 눕거나 들어가는 선정을 따라 경계가 앞에 나타나는 것처럼, 선재동자 또한 그와 같다. 누각에 들어가면 모든 경계를 분명히 알 수 있다.

마치 어느 사람이 공중에서 건달바성의 두루 갖춘 장엄을 보고서 모두 분별하여 알아 서로 장애가 없는 것과 같으며,

마치 야차의 궁전이 인간의 궁전과 한곳에 함께 있으면서도 서로 섞이지 않고 제각기 업을 따라 보는 것이 똑같지 않은 것과 같으며,

마치 바다 속에서 삼천세계의 모든 빛깔과 형상을 모두 보는 것과 같으며,

마치 요술쟁이는 요술의 힘으로 온갖 요술을 나타내는 것처럼, 선재동자 또한 그와 같다. 미륵보살의 위신력 때문이며, 불가사의한 요술과 같은 지혜의 힘 때문이며, 요술 같은 지혜로 모든

법을 알기 때문이며, 모든 보살의 자재한 힘을 얻었기 때문에, 이 누각 속에서 일체 장엄이 자재한 경계를 보는 것이다.

◉ 疏 ◉

所以有十喩者는 所喩別故니라 然有二意하니 一은 喩能見이니 因緣不同故오 二는 喩所見이니 境相別故니라

且初意者는 十中에 初一은 總喩能見·所見이 皆如夢事라 大小無礙等이니 如喩 合文尋之니라 餘九는 皆別이라 二는 喩自因力이 隨自業故니 凡命將終故오 三·四는 竝喩緣力이니 龍鬼所持故니라 然鬼持는 自他不同이오 龍持는 自他同體니라 五는 喩友依報力이오 六은 是定力이오 七은 喩性空이오 八은 喩法界自在力이오 九는 喩智定無二力이니 大智海印之三昧故오 十은 幻智自在力이라

二約所喩境相別者는 亦初總 餘別이라

別中에 一은 臨終現業喩니 喩所見冥應이오

二는 非人所持喩니 喩所見能說이오

三은 龍宮淹久喩니 喩念劫圓融이오

四는 梵宮廣現喩니 喩一多無礙오

五는 徧處定境喩니 喩所見明了오

六은 乾城依空喩니 喩事理無礙오

七은 同處異見喩니 喩隱顯自在오

八은 海現三千喩니 喩頓現遠近이오

九는 幻現衆多喩니 喩所見純雜無礙니라【鈔_ '六乾城依空喩'

는 然十喻中에 前六은 有合이오 七八九는 無로되 至第十幻中하야 一
時總合호되 從後倒合이니 初 以彌勒菩薩威神故는 合於幻師오 二
及不思議幻智力故는 以合大海니 海印之義 卽智海故오 三 能
以幻智知諸法故는 卽合夜叉與人 互不相見이니 以如幻故오 四
得諸菩薩自在力故는 合於乾城 依空無礙니 現自在故니라 以在
幻後일새 皆帶幻字니 以有兩重之意라 故有十喻 差別不同이니 不
爲此釋이면 則謂經文繁不要也리라】

　10가지 비유가 있는 바는 비유의 대상이 각기 다르기 때문이다.
그러나 여기에는 2가지 뜻이 있다.
　첫째는 봄의 주체이다. 인연의 같지 않음을 비유하기 때문이며,
　둘째는 봄의 대상이다. 경계의 모양이 각기 다름을 비유하기
때문이다.
　또한 '첫째, 봄의 주체'란 10가지 비유 부분은 다음과 같다.
　① 총상이다. 봄의 주체와 봄의 대상이 모두 꿈속의 일과 같아
서 크고 작음에 걸림이 없는 등을 비유하였다. 비유와 같이 경문에
맞추어 찾아야 한다. 나머지 9가지 비유는 모두 개별이다.
　② 자신의 원인의 힘이 자신이 지은 업을 따름을 비유하기 때
문이다. 범부의 목숨이 장차 다하기 때문이다.
　③, ④는 반연과 힘을 모두 비유하였다. 용과 귀신의 가피 때문
이다. 그러나 귀신의 가피는 나와 남이 똑같지 않고, 용의 가피는
나와 남이 같은 몸이다.
　⑤ 선지식의 의보 힘을 비유하였고,

⑥ 이는 선정의 힘이며,

⑦ 본성이 공함을 비유하였고,

⑧ 법계의 자재한 힘을 비유하였으며,

⑨ 지혜와 선정이 둘이 없는 힘을 비유하였다. 큰 지혜 해인의 삼매 때문이다.

⑩ 요술과 같은 지혜가 자재한 힘이다.

'둘째, 비유한 바의 경계의 모양이 각기 다름을 들어 말하였다.'는 또한 첫 구절은 총상이고, 나머지 구절은 별상이다.

별상 비유 부분은 다음과 같다.

① 임종에 지은 업이 나타나는 비유, 보이는 바가 보이지 않게 상응함을 비유하였다.

② 사람이 아닌 귀신 가피의 비유, 보았던 바를 잘 말할 수 있음을 비유하였다.

③ 용궁에 오래 머무른 비유, 한 생각의 찰나와 오랜 겁이 원융함을 비유하였다.

④ 범궁이 널리 나타난 비유, 하나와 많음이 걸림 없음을 비유하였다.

⑤ 모든 곳이 선정의 경계라는 비유, 보는 바를 분명히 앎을 비유하였다.

⑥ 건달바성이 허공에 의지한 비유, 사법계와 이법계가 걸림 없음을 비유하였다.

⑦ 같은 곳에서 달리 본다는 비유, 보이지 않는 것과 뚜렷이 나

타남이 자재함을 비유하였다.

⑧ 바다에 삼천세계가 나타난다는 비유, 단번에 나타나는 멀고 가까움을 비유하였다.

⑨ 요술로 많은 것을 나타내는 비유, 보이는 바에 순수함과 뒤섞임이 걸림 없음을 비유하였다.【초_ '⑥ 건달바성이 허공에 의지한 비유'는 그러나 10가지 비유 가운데 앞의 6가지 비유는 법에 맞추어 말하였고, ⑦·⑧·⑨는 법에 맞추어 말한 부분이 없으나 ⑩ 요술의 비유 부분에 이르러 일시에 총괄하여 맞추어 말하되 뒤로부터 거꾸로 맞추었다.

'① 미륵보살의 위신력 때문'이란 요술쟁이에 맞추었고,

'② 불가사의한 요술과 같은 지혜의 힘 때문'이란 大海에 맞추었다. 海印의 의의가 곧 지혜 바다이기 때문이다.

'③ 요술 같은 지혜로 모든 법을 알기 때문'이란 곧 야차와 사람이 서로 보지 못함에 맞추었다. 요술과 같기 때문이다.

'④ 모든 보살의 자재한 힘을 얻었기 때문'이란 건달바성이 허공에 의지하여 걸림이 없는 데에 맞추었다. 자재를 나타낸 것으로, 요술의 뒤에 있기 때문이다. 모두 요술을 말하는 '幻' 자를 수반하고 있다. 2중의 뜻이 있다.

이 때문에 10가지의 비유가 각기 달라 똑같지 않다. 이처럼 해석하지 않으면 경문이 번잡하여 요긴하지 못하다고 말할 것이다.】

第四事訖起定

제4 단락, 일을 마치고 선정에서 일어나다

經

爾時에 彌勒菩薩摩訶薩이 卽攝神力하시고 入樓閣中하사 彈指作聲하야 告善財言하사대
善男子야 起하라 法性이 如是하니 此是菩薩의 知諸法智로 因緣聚集所現之相이라 如是自性이 如幻如夢하며 如影如像하야 悉不成就니라
爾時에 善財 聞彈指聲하고 從三昧起어늘
彌勒이 告言하사대 善男子야 汝住菩薩의 不可思議自在解脫하야 受諸菩薩의 三昧喜樂하야 能見菩薩의 神力所持와 助道所流와 願智所現인 種種上妙莊嚴宮殿하며 見菩薩行하며 聞菩薩法하며 知菩薩德하며 了如來願인가
善財 白言호대 唯然聖者여 是善知識의 加被憶念威神之力이니이다

그때, 미륵보살마하살이 바로 신통력을 거두시고 누각으로 들어가 손가락을 튕겨 소리를 내어, 선정에 든 선재동자를 깨웠다.

"선남자여, 일어나라. 법성이 이와 같다. 이는 보살이 모든 법을 아는 지혜로 인연이 모여서 나타나는 현상이다. 이러한 자성은 요술과 같고 꿈과 같고 그림자와 같고 영상과 같아서, 모두 성취하

지 못하는 것이다."

그때, 선재동자는 손가락 튕기는 소리를 듣고서 삼매에서 일어났다.

미륵보살이 말하였다.

"선남자여, 그대가 보살의 불가사의하게 자재한 해탈에 머물면서 보살들의 삼매의 기쁨을 받았으므로, 보살의 신통력으로 가피한 바로, 도를 돕는 데서 흘러나온 바로, 원과 지혜로 나타난 바로써 가지가지 최상으로 미묘한 장엄 궁전을 볼 수 있었으며, 보살의 행을 보고 보살의 법을 듣고 보살의 덕을 알고 여래의 원을 잘 알게 된 것인가."

선재동자가 말하였다.

"그렇습니다. 거룩하신 이여, 이는 선지식이 저에게 내린 가피와 생각하심과 위덕과 신통의 힘 때문입니다.

◉ 疏 ◉

於中四니
一은 警覺令起니 亦彈指者는 前來得旨는 所謂忘言이오 此中得旨는 令不滯寂이라【鈔_ '前來得旨'者는 則以定爲門이오 此則以用爲門이니 動寂無二眞入法界니라】

이 부분은 4단락이다.

① 경계하여 선정에서 일어나도록 하였다. 또한 손가락을 튕긴 것은 앞에서 종지를 얻음은 이른바 언어를 초월한 忘言이며, 여기

343

에서 종지를 얻음은 寂靜의 자리에 정체되지 않도록 하였다.【초_
'앞에서 종지를 얻음'이란 선정으로 문을 삼았고, 이는 작용으로
문을 삼았다. 동함과 고요함에 둘이 없음이 참으로 법계에 들어감
이다.】

二'法性'下는 畧示體相이니 初句는 標오 '此是'下는 釋이니 所見之相
이 從法智緣生이라 緣生故로 無自性이니 故云 '如是自性이 如幻夢
等이라'하니라 '悉不成就'者는 結成上義니 從緣無性일세 故事不成就
오 無性從緣일세 故理不成就오 由不守自性일세 故能從緣하야 成
上之法하고 雖成이나 不離法性일세 故卽事得云法性如是이니 亦是
性自具故니라

三'爾時'下는 得旨而起하고

四'彌勒告'下는 問答所見이라 約問親證이니 推之在因일세 云住不
思議오 答中謙敬이니 推之在緣일세 云善友力이니 師資互推 反常
情也니라

② '法性' 이하는 간단하게 體相을 보여주었다.

첫 구절은 표장이고,

'此是菩薩' 이하는 해석이다. 보았던 바의 모양이 법의 지혜로
부터 반연하여 생겨난 것이다. 반연하여 생겨난 까닭에 자성이 없
다. 이 때문에 "이러한 자성은 요술과 같고 꿈과 같다." 등이라 말
하였다.

"모두 성취하지 못한다."는 것은 위에서 말한 의의를 끝맺음이
다. 반연을 따름이 자성이 없는 것이기 때문에 사법계를 성취할 수

없고, 자성이 없음이 반연을 따른 것이기 때문에 이법계를 성취할 수 없으며, 자성을 지키지 못함에 따라서 반연을 따라 위의 법을 성취하고, 비록 성취하지만 法性을 여의지 않기에 사법계에 나아가 '법성이 이와 같다.'고 말한다. 또한 이 성품이 스스로 갖춰져 있기 때문이다.

③ '爾時' 이하는 종지를 얻고서 일어남이다.

④ '彌勒告' 이하는 보았던 바를 문답하였다. 친히 증득함을 들어 물었다. 원인에 있음을 미뤄 말하기에 '불가사의하게 자재한 해탈에 머묾'을 말하였다. 대답 부분은 겸손하고 공경함이다. 반연에 있음을 추켜올려 말한 까닭에 이를 '선지식의 위신력'이라 말하였다. 스승과 제자가 서로 추켜올림은 흔히 볼 수 있는 일에 상반된다.

已上은 第一 授法體 竟하다

이상은 '(1) 법의 요체를 전수'한 부분을 끝마치다.

第二 顯法名

(2) 법의 명제를 밝히다

經
聖者여 此解脫門이 其名何等이니잇고
彌勒이 告言하사대 善男子야 此解脫門이 名入三世一切境界不忘念智莊嚴藏이니라

善男子야 此解脫門中에 有不可說不可說解脫門하니 一生菩薩之所能得이니라

거룩하신 이여, 이 해탈문의 이름은 무엇입니까?"

미륵보살이 말하였다.

"선남자여, 이 해탈문의 이름은 삼세의 모든 경계에 들어가 잊지 않고 기억하는 지혜 장엄 법장이라 한다.

선남자여, 이 해탈문에는 말할 수 없이 말할 수 없는 해탈문이 있다. 일생보처 보살만이 얻을 수 있다."

● 疏 ●

先問 後答이라
答中에 先明主門이오 後'善男子'下는 眷屬이라
前中에 三世一切境界者는 卽此所入所見之境이오 不忘念智者는 卽能入能現之智니 良以三世一如故로 念劫圓融하야 隨一世中하야 現三際之境하고 智入三世하야 了法空寂하야 與如冥契일세 故一念之中에 無所不見이라
莊嚴藏者는 有二義니
一은 以法性嚴故니 一莊嚴中에 包含出生無盡嚴具니 如一閣中見多閣等이오
二는 以無礙智로 契圓融境하야 嚴如來藏이니 則本具諸法일세 故上云法性如是라하고 非是新成일세 故此門中에 具不可說解脫이니라【鈔_ 莊嚴者는 前約理融事니 已是事事無礙오 後更明心境互

融이라 '故此門下는 仍上主門하야 釋眷屬也라】

앞은 물음이고, 뒤는 대답이다.

대답 부분의 앞은 주체의 법문을 밝혔고, 뒤의 '善男子' 이하는 권속이다.

'앞의 주체 법문' 부분에서 말한 '삼세의 모든 경계'란 들어간 대상과 보았던 대상의 경계이며,

'잊지 않고 기억하는 지혜'란 들어갈 수 있는 주체와 나타낼 수 있는 주체로서의 지혜이다. 참으로 삼세가 하나이기에 한 생각의 찰나와 영겁이 원융하여 한 세간의 가운데서 과거·현재·미래의 경계를 나타내며, 지혜가 삼세에 들어가 법의 空寂을 알고서 진여와 보이지 않게 하나가 되기에 한 생각의 찰나에 나타나지 않은 바가 없다.

'莊嚴藏'에는 2가지 뜻이 있다.

① 법성으로 장엄한 때문이다. 하나의 장엄 가운데 그지없는 장엄 도구를 포함하고 낳아줌이다. 이는 하나의 누각 가운데서 많은 누각을 보는 등과 같다.

② 걸림 없는 지혜로써 원융한 경계에 계합하여 여래장을 장엄하였다. 이는 본래 많은 법을 갖추고 있기에, 위에서는 '법성이 이와 같다.'고 말하였고, 이는 새로 이뤄진 게 아니기에 이 법문 가운데 말할 수 없는 해탈을 갖추고 있다. 【초_ 장엄이란 앞에서는 이법계를 들어서 사법계와 원융함이니 이미 事事無礙法界이며, 뒤에서는 다시 마음과 경계가 서로 원융함을 밝혔다.

'故此門' 이하는 위 주체의 법문을 인하여 권속을 해석하였다.]

第三 窮嚴因之本源

(3) 장엄 원인의 본원을 궁구하다

經
善財 問言호되 此莊嚴事 何處去耶니잇고
彌勒이 答言하사대 於來處去니라

선재동자가 물었다.
"이런 장엄은 어디로 갔습니까?"
미륵보살이 대답하였다.
"왔던 데로 갔다."

● 疏 ●

於中에 有二問答하니
初番은 窮其所歸니 由上覩希奇라가 攝力之後에 忽然而失이라 故問其去處오
答中에 以從本流末 故來ㅇ 攝末歸本 故去니 去不異來일새 故引之於來하야 一時併答이라

여기에는 2가지 문답이 있다.

첫째는 그 돌아갈 곳을 궁구함이다. 위에서 보기 드물고 기묘한 것을 보았다가 미륵보살의 섭수한 힘을 얻은 뒤에 갑자기 이를 잃은 까닭에 그런 것이 어느 곳으로 갔는가를 물었다.

대답 부분에서는 근본으로부터 지말에 흘러간 까닭에 왔다[來]고 하며, 지말을 들어 근본으로 돌아간 까닭에 떠났다[去]고 말한다. 떠나감이 오는 것과 다르지 않기 때문에 온 것을 인용하여 일시에 모두 답하였다.

經

曰從何處來니잇고
曰從菩薩智慧神力中來며 依菩薩智慧神力而住나 無有去處하며 亦無住處하야 非集非常이라 遠離一切니라
善男子야 如龍王이 降雨에 不從身出하며 不從心出하야 無有積集이로대 而非不見이라 但以龍王의 心念力故로 霈然洪霔하야 周徧天下하나니 如是境界 不可思議인달하야
善男子야 彼莊嚴事도 亦復如是하야 不住於內하며 亦不住外로대 而非不見이니 但由菩薩威神之力과 汝善根力하야 見如是事니라
善男子야 譬如幻師 作諸幻事에 無所從來며 無所至去라 雖無來去나 以幻力故로 分明可見인달하야 彼莊嚴事도 亦復如是하야 無所從來며 亦無所去라 雖無來去나 然

以慣習不可思議幻智力故며 及由往昔大願力故로 如是顯現이니라

"어디에서 왔습니까?"

"보살의 지혜 신통력으로부터 왔으며, 보살의 지혜 신통력을 의지하여 머무는 것이지만, 가는 곳도 없고 또한 머무른 곳도 없어서, 모인 것도 아니고 영원한 것도 아니다. 모든 것을 멀리 여의었다.

선남자여, 용왕이 비를 내릴 적에 용의 몸에서 나오는 것도 아니고 마음에서 나오는 것도 아니어서 모아 쌓아가는 것도 없지만, 이런 경계를 보지 못하는 것이 없다. 다만 용왕의 마음에 생각하는 힘으로, 세찬 빗줄기를 천하에 두루 내려주는 것이다. 이런 경계를 헤아릴 수 없는 것처럼, 선남자여, 저 장엄의 일도 그와 같다.

안에 머무는 것도 아니고, 또한 밖에 머무는 것도 아니지만, 이런 경계를 보지 못하는 것이 없다. 다만 보살의 위신력과 그대의 선근의 힘으로 그런 일을 보는 것이다.

선남자여, 마치 요술쟁이가 요술을 부릴 적에 오는 데도 없고 가는 데도 없다. 비록 오고 가는 곳이 없지만, 요술의 힘으로 분명히 볼 수 있는 것처럼, 저 장엄하는 일 또한 그와 같다.

오는 곳도 없고, 또한 가는 데도 없다. 비록 오고 가는 일이 없지만, 습관으로 불가사의한 요술 같은 지혜의 힘 때문이며, 지난 옛적에 세운 큰 서원의 힘 때문에 이처럼 나타나는 것이다."

● 疏 ●

後番은 彰其本起니 於中에 先問이니 雖蒙引歸來處로되 旣不究終歸어니 寧知本起리오 故復尋之니라

答中에 先法 後喩라

法中에 先相 後性이니 謂智力緣作故로 來오 智力緣加故로 住니 旣從緣來면 則無來去일새 故此嚴事 非在閣中而住오 亦非別處持來니라 從緣而來故로 非集이오 緣謝則滅故로 非常이니 若先定有處所면 則墮常過오 先有今無면 則爲斷滅이라 旣離斷常이어니 何有生滅一異等相이리오 故云遠離一切니라

後喩 有二하니

先은 龍王降雨喩니 偏喩無來之來라 合中에 不住內者는 菩薩力故오 不住外者는 自善力故니 以內外因緣互奪이면 則內外兩亡이라

後는 幻師現幻喩니 雙喩來去로되 則無來去니라

둘째는 그 본래 일어난 자리를 밝혔다.

여기에서는 먼저 물음이다.

"비록 왔던 곳을 가르쳐주었으나 끝내 돌아갈 곳을 알 수 없으니 어찌 본래 일어난 자리를 알 수 있겠는가."

이 때문에 다시 어디에서 왔는가를 찾았다.

대답 부분에 앞은 법이고, 뒤는 비유이다.

앞의 법 부분은 앞은 모양이고, 뒤는 본성이다.

지혜의 힘을 반연하여 일어난 것이기에 왔다[來]고 말하고,

지혜의 힘을 반연한 가피 때문에 머문다[住]고 말한다. 이미 반

연으로 온 것이라면 오고 감이 없다. 이 때문에 장엄의 일이 누각에 있어 머문 것도 아니고, 또한 다른 곳에서 온 것도 아니다.

반연으로 온 것이기에 모아 쌓인 것도 아니고, 반연이 사라지면 따라 없어지기에 영원한 것도 아니다. 만약 먼저 반드시 처소가 있다고 하면 이는 常見의 잘못에 떨어지고, 이전에는 있다가 지금은 없다고 하면 斷見이다. 이미 단견과 상견에서 벗어나면 어찌 生·滅과 一·異 등 모양이 있을 수 있겠는가. 이 때문에 "모든 것을 멀리 여의었다."고 말하였다.

뒤의 비유는 2가지이다.

① 용왕이 비를 내린 비유이다. 오는 곳이 없이 오는 것을 두루 비유하였다. 법으로 종합한 부분에서 '안에도 머물지 않는다.'는 것은 보살의 힘 때문이며, '밖에도 머물지 않는다.'는 것은 자신의 선업의 힘 때문이다. 내외 인연으로써 서로 부정하면 이는 내외를 모두 떨쳐버림이다.

② 요술쟁이가 요술을 나타내는 비유이다. 오고 가지만 곧 오고 감이 없음을 모두 비유하였다.

第四 覈正報之性相

於中二니

先問從來오 後問生處니라

今은 初라

⑷ 정보의 성품과 모양을 파헤치다

이 부분은 2단락이다.

제1 단락, 왔던 곳을 물었고,

제2 단락, 태어난 곳을 물었다.

이는 '제1 단락, 왔던 곳을 물음'이다.

經

善財童子 言호되 大聖은 從何處來니잇고
彌勒이 言하사대 善男子야 諸菩薩이 無來無去라 如是而來며 無行無住라 如是而來며 無處無着하며 不沒不生하며 不住不遷하며 不動不起하며 無戀無着하며 無業無報하며 無起無滅하며 不斷不常이라 如是而來니라
善男子야 菩薩이
從大悲處來니 爲欲調伏諸衆生故며
從大慈處來니 爲欲救護諸衆生故며
從淨界處來니 隨其所樂하야 而受生故며
從大願處來니 往昔願力之所持故며
從神通處來니 於一切處에 隨樂現故며
從無動搖處來니 恒不捨離一切佛故며
從無取捨處來니 不役身心하야 使往來故며
從智慧方便處來니 隨順一切諸衆生故며
從示現變化處來니 猶如影像하야 而化現故니라

然이나 善男子야 汝問於我從何處來者는 善男子야 我從生處摩羅提國하야 而來於此호라
善男子야 彼有聚落하니 名爲房舍오 有長者子하니 名瞿波羅니 爲化其人하야 令入佛法하야 而住於彼하며 又爲生處一切人民하야 隨所應化하야 而爲說法하며 亦爲父母와 及諸眷屬婆羅門等하야 演說大乘하야 令其趣入일세 故住於彼라가 而從彼來호라

선재동자가 말하였다.

"거룩하신 성인께서는 어느 곳에서 오셨습니까?"

미륵보살이 대답하였다.

"선남자여, 보살은 오는 곳도 없고 가는 곳도 없다. 이렇게 오는 것이다.

행하는 일도 없고 머무는 일도 없다. 이렇게 오는 것이다.

처소도 없고 집착도 없으며, 없어지지도 않고 생겨나지도 않으며, 머물지도 않고 옮겨가지도 않으며, 동하지도 않고 일어나지도 않으며, 연연함도 없고 애착함도 없으며, 업도 없고 과보도 없으며, 생기지도 않고 사라지지도 않으며, 없는 것도 아니고 영원한 것도 아니다. 이렇게 오는 것이다.

선남자여, 보살은

크게 가엾이 여기는 곳에서 왔다. 중생을 조복하기 위한 때문이다.

크게 인자한 곳에서 왔다. 중생을 구호하기 위한 때문이다.

청정한 경계에서 왔다. 중생이 좋아한 바를 따라서 몸을 받아 태어나기 때문이다.

큰 서원을 세운 곳에서 왔다. 옛날의 서원한 힘으로 부지하기 때문이다.

신통한 곳에서 왔다. 일체 모든 곳에 중생이 좋아하는 데를 따라 몸을 나타내기 때문이다.

동요함이 없는 데서 왔다. 언제나 일체 부처님을 항상 떠나지 않기 때문이다.

취하거나 버림이 없는 데서 왔다. 몸과 마음의 부림으로 가고 오지 않기 때문이다.

지혜 방편에서 왔다. 일체중생을 따르기 때문이다.

변화를 나타내는 데서 왔다. 영상처럼 변화하여 나타나기 때문이다.

그러나 선남자여, 그대가 나에게 '어디서 왔는가.'를 묻는 것은 선남자여, 나는 태어난 곳, 마라제국으로부터 여기에 왔다.

선남자여, 그곳에 '방사(房舍)'라는 마을이 있고, 그 마을에 '구파라'라는 장자가 있다.

그 장자를 교화하여 불법에 들어오게 하고자 그곳에 머물렀고,

또한 태어난 곳에 사는 모든 사람을 위해 교화받을 이들을 따라서 설법하고,

또한 부모와 권속과 바라문 등을 위해 대승을 연설하여, 그들로 하여금 들어가게 하고자 그곳에 머물다가 여기로 왔다."

● 疏 ●

於中에 先問 後答이니

問中에 上見慈氏 從餘處來하고 遽卽設敬問法할새 未遑諮問所從이라 故此因前嚴事之來하야 便問來處니라

答中에 有三來處하니

一은 約體實法身이니 卽無來之來오 來卽無來니 文有十對하니 思之니라

二善男子菩薩從大悲下는 約相實報니 從萬行中來니 亦猶淨名에 從萬行道場來矣니라

三汝問我下는 約用化現이니 隨機熟處而來니라 此三은 卽法·報·化身이오 亦體相用이오 亦理行事니라 又初는 唯理오 後는 唯事오 中一은 具理事라

摩羅提者는 具云摩羅耶提數니 摩羅耶者는 此云鬘施니 卽山名也오 提數는 云中이니 謂其山在此國中故오 或國中이 近此山故라하니라 瞿者는 地也오 波羅는 云守護니 卽守護土地와 及心地故니라

이 부분의 앞은 물음이고, 뒤는 대답이다.

앞의 물음 부분에서 위의 미륵보살이 다른 곳에서 오는 것을 보고서 급히 친견하고 절을 올리면서 법을 물었기에, 어디에서 오셨는가를 물을 겨를이 없었다. 이 때문에 여기에서 앞서 말한 장엄의 유래로 인하여 갑자기 오신 곳을 물었다.

대답 부분에 3곳에서 왔음을 말하였다.

① '體'의 실제 법신을 들어 말하였다. 이는 오는 곳이 없이 옴

이며, 오는 것이 곧 옴이 없음이다. 이의 경문은 10대구이다. 이 점을 생각해야 한다.

② '善男子菩薩從大悲' 이하는 '相'의 實報로 말하였다. 萬行으로부터 유래한 것이다. 이 또한 유마경에서 말한 "만행도량으로부터 왔다."는 것과 같다.

③ '汝問我' 이하는 '用'의 化現을 말하였다. 근기가 익은 중생이 있는 곳을 따라 온 것이다.

이 3가지는 바로 법신, 보신, 화신이며, 또한 體·相·用이며, 또한 理·行·事이다.

또한 '①의 법신'은 오직 이법계이고, '③의 用'은 오직 사법계이며, '②의 相'은 이법계와 사법계를 모두 갖추었다.

'摩羅提'란 구체적으로 말하면 '마라야제수'이다. '마라야'란 중국에서는 '鬘施'의 뜻이다. 이는 산 이름이며, '제수'는 중간을 말한다. 그 산이 이 나라의 가운데에 있기 때문이며, 혹은 나라의 중앙이 이 산에 가깝기에 붙여진 이름이다.

'瞿波羅'의 '구'는 땅이라는 뜻이며, '파라'는 수호를 말한다. 이는 토지 및 心地를 수호하기 때문이다.

第二 問答生處니
問中에 由前云從生處來라 故今窮之니라
答中二니 先은 通明諸菩薩生處오 後는 別顯慈氏生處니라

前中三이니 初는 正答生處오 次는 明生緣眷屬이오 後는 挍量顯勝이라

今은 初라

제2 단락, 태어난 곳을 물었다.

물음 속에는 앞에서 "태어난 곳에서 왔다."라는 말이 있었기에 여기에서 이를 알고자 하였다.

대답 부분은 2단락이다.

㈀ 모든 보살의 태어난 곳을 공통으로 밝혔고,

㈁ 미륵보살의 태어난 곳을 개별로 밝혔다.

'㈀ 모든 보살의 태어난 곳' 부분은 3단락이다.

첫째, 바로 태어난 곳을 답하였고,

둘째, 태어난 반연의 권속을 밝혔으며,

셋째, 비교하여 훌륭함을 밝혔다.

이는 '첫째, 바로 태어난 곳'이다.

經

善財童子 言호되 聖者여 何者 是菩薩生處리잇고
答言하사대 善男子야 菩薩이 有十種生處하니
何者 爲十고
善男子야
菩提心이 是菩薩生處니 生菩薩家故며
深心이 是菩薩生處니 生善知識家故며

諸地 是菩薩生處니 生波羅蜜家故며
大願이 是菩薩生處니 生妙行家故며
大悲 是菩薩生處니 生四攝家故며
如理觀察이 是菩薩生處니 生般若波羅蜜家故며
大乘이 是菩薩生處니 生方便善巧家故며
敎化衆生이 是菩薩生處니 生佛家故며
智慧方便이 是菩薩生處니 生無生法忍家故며
修行一切法이 是菩薩生處니 生過現未來一切如來家 故니라

선재동자가 말하였다.

"거룩하신 이여, 어디가 보살이 태어난 곳입니까?"

미륵보살이 대답하였다.

"선남자여, 보살에게 열 가지 태어나는 곳이 있다.

무엇이 열 가지 태어나는 곳인가?

선남자여,

보리심이 보살의 태어난 곳이다. 보살의 집에서 태어나기 때문이다.

깊은 마음이 태어난 곳이다. 선지식의 집에서 태어나기 때문이다.

모든 지위가 보살의 태어난 곳이다. 바라밀의 집에서 태어나기 때문이다.

큰 서원이 보살의 태어난 곳이다. 미묘한 행의 집에서 태어나기 때문이다.

크게 가엾이 여김이 보살의 태어난 곳이다. 사섭법의 집에서 태어나기 때문이다.

이치대로 관찰함이 보살의 태어난 곳이다. 반야바라밀의 집에서 태어나기 때문이다.

대승이 보살의 태어난 곳이다. 방편이 뛰어난 집에서 태어나기 때문이다.

중생을 교화함이 보살의 태어난 곳이다. 부처님 집안에서 태어나기 때문이다.

지혜 방편이 보살의 태어난 곳이다. 무생법인의 집에서 태어나기 때문이다.

일체 법을 수행함이 보살의 태어난 곳이다. 과거·현재·미래의 일체 여래 집안에서 태어나기 때문이다.

● 疏 ●

有十이니 皆上句는 爲能生之行이오 下句는 爲所生之家니 謂若發菩提心이면 則是菩薩이니 名爲生家오 若有深心이면 則見善友오 若得諸地면 則滿諸度오 敎化衆生은 卽是覺他오 有智慧故로 了法無生이오 有方便故로 不取無生之相이오 不滯二乘之寂일세 故生無生忍家니라 餘可思準이어다 又上句도 亦通所生이니 思之어다

10구이다. 모두 위 구절은 태어나는 주체의 행이고, 아래 구절은 태어난 대상의 집안이다.

보리심을 일으키면 바로 보살이라, 그 이름을 生家라 하고, 깊은 마음이 있으면 선지식을 보게 되며, 모든 지위를 얻으면 모든 바라밀이 원만하고, 중생을 교화함은 남을 깨우쳐주며, 지혜가 있기 때문에 법의 無生을 잘 알고, 방편이 있기 때문에 無生의 相을 취하지 않으며, 이승의 고요함에 집착하지 않기 때문에 무생법인의 집안에 태어나는 것이다.

나머지는 이에 준하여 생각해야 한다.

또한 위 구절 역시 태어난 대상의 집안에 통하기도 한다. 이처럼 생각해야 한다.

二 明生緣眷屬

둘째, 태어난 반연의 권속을 밝히다

經

善男子야 菩薩摩訶薩이
以般若波羅蜜로 爲母하며
方便善巧로 爲父하며
檀波羅蜜로 爲乳母하며
尸波羅蜜로 爲養母하며
忍波羅蜜로 爲莊嚴具하며

勤波羅蜜로 爲養育者하며
禪波羅蜜로 爲浣濯人하며
善知識으로 爲敎授師하며
一切菩提分으로 爲伴侶하며
一切善法으로 爲眷屬하며
一切菩薩로 爲兄弟하며
菩提心으로 爲家하며
如理修行으로 爲家法하며
諸地로 爲家處하며
諸忍으로 爲家族하며
大願으로 爲家敎하며
滿足諸行으로 爲順家法하며
勸發大乘으로 爲紹家業하며
法水灌頂一生所繫菩薩로 爲王太子하며
成就菩提로 爲能淨家族이니라

  선남자여, 보살마하살은

  반야바라밀로 어머니를 삼고,

  방편바라밀로 아버지를 삼으며,

  보시바라밀로 유모를 삼고,

  지계바라밀로 양모를 삼으며,

  인욕바라밀로 장엄거리를 삼고,

  정진바라밀로 길러주는 이를 삼으며,

선정바라밀로 빨래하는 사람을 삼고,
선지식으로 가르침의 스승을 삼으며,
일체 보리 부분으로 반려를 삼고,
일체 선법으로 권속을 삼으며,
일체 보살로 형제를 삼고,
보리심으로 집을 삼으며,
이치대로의 수행으로 집안의 법도를 삼고,
모든 지위로 집이 있는 곳을 삼으며,
모든 법인으로 가족을 삼고,
큰 서원으로 가정교육을 삼으며,
모든 행의 만족으로 가법의 순종을 삼고,
대승심을 내도록 권함으로 가업의 계승을 삼으며,
법물의 관정으로 일생보처에 있는 보살로 왕의 태자를 삼고,
보리를 성취함으로 가족의 청정함을 삼는다.

● 疏 ●

有二十句라
'般若爲母 方便爲父'者는 畧有三義하니
一은 實智虛凝하야 與陰俱靜하고 權智流動하야 與陽齊波故오
二는 親生法身이 實由般若로되 若無方便이면 多共二乘이니 成菩薩種이 乃由方便故오
三者는 內解外濟 如父母故니라

次檀以福資하고 尸以防護요 餘可思耳니라【鈔_ '一實智'等者는 此言 本出莊子第五 外篇天道章中이라 彼云'故曰天樂者는 其生也天行이요 其死也物化라 靜而與陰同德하고 動而與陽同波라 故知天樂者는 無天怨하고 無人非하며 無物累하고 無鬼責이라 故曰 其動也天이요 其靜也地니 一心定而王天下에 其鬼不崇하고 其魂不疲하며 一心定而萬物服하나니 言以虛靜으로 推於天地하고 通於萬物이니 此之謂天樂이라'하니 今借其言하야 況父母之爲陰陽之儀라 故易云'先有天地 然後有父母'라하니라】

이의 경문은 20구이다.

"반야바라밀로 어머니를 삼고, 방편바라밀로 아버지를 삼는다."는 것은 간단하게 3가지 뜻이 있다.

① 실상의 지혜가 허하면서도 응집되어 陰과 함께 고요하며, 방편의 지혜가 유동하여 陽과 율동이 똑같기 때문이며,

② 법신을 친히 낳아줌은 실로 반야에 의하지만, 만약 방편이 없으면 대부분 이승과 함께한다. 보살의 종성을 성취함이 방편에 연유하기 때문이며,

③ 안으로 이해하고 밖으로 구제함이 부모와 같기 때문이다.

다음 보시바라밀은 복덕으로 힘입고, 지계바라밀은 막아내고 비호하는 것이다.

나머지는 생각하면 알 수 있다.【초_ '① 실상의 지혜' 등이란 말은 본래 장자 외편 제13 天道에서 나왔다. 천도편에서 다음과 같이 말하였다.

"그러므로 하늘의 즐거움을 아는 자는 살아서는 천도의 유행과 같고, 죽어서는 만물의 변화와 같다. 고요할 적엔 陰과 그 덕을 같이하고, 움직일 적엔 陽과 율동이 같다.

그러므로 알아야 한다. 하늘의 즐거움이란 하늘이 원망함이 없고 사람이 욕함이 없으며, 사물의 누가 없고 귀신의 꾸지람이 없다.

그러므로 동하면 하늘이요, 고요하면 땅이다. 하나의 마음이 定하여 천하에 왕노릇을 하면 귀신이 재앙을 만들지 못하고, 그 혼이 피곤하지 않으며, 하나의 마음이 정하여 만물이 굴복하는 것이다. 虛靜으로써 천지에 미루어 나가고 만물에 통함을 말한다. 이를 하늘의 즐거움이라 말한다."

여기에서는 장자의 말을 빌려 부모가 음양의 兩儀가 됨을 비유하였다. 그러므로 주역에 이르기를, "먼저 천지가 있은 뒤에 부모가 있다."고 하였다.】

三 挍量顯勝

셋째, 비교하여 훌륭함을 밝히다

經

善男子야 **菩薩**이 **如是超凡夫地**하야 **入菩薩位**하며 **生如來家**하야 **住佛種性**하며 **能修諸行**하야 **不斷三寶**하며 **善能守護菩薩種族**하야 **淨菩薩種**하며 **生處尊勝**하야 **無諸過**

惡하야 一切世間天人魔梵沙門婆羅門이 恭敬讚歎이니라
善男子야 菩薩摩訶薩이 生於如是尊勝家已에
知一切法이 如影像故로 於諸世間에 無所惡賤이며
知一切法이 如變化故로 於諸有趣에 無所染着하며
知一切法이 無有我故로 敎化衆生호되 心無疲厭하며
以大慈悲로 爲體性故로 攝受衆生호되 不覺勞苦하며
了達生死 猶如夢故로 經一切劫호되 而無怖畏하며
了知諸蘊이 皆如幻故로 示現受生호되 而無疲厭하며
知諸界處 同法界故로 於諸境界에 無所壞滅하며
知一切想이 如陽焰故로 入於諸趣호되 不生倒惑하며
達一切法이 皆如幻故로 入魔境界호되 不起染着하며
知法身故로 一切煩惱 不能欺誑하며
得自在故로 於一切趣에 通達無礙니라

　　선남자여, 보살이 이처럼 범부의 지위에서 벗어나 보살의 지위에 들어가며,
　　　여래의 집안에서 태어나 부처님의 종성에 머물며,
　　　모든 행을 닦아서 삼보를 끊이지 않게 하며,
　　　보살의 종족을 잘 수호하여 보살의 종성을 청정히 하며,
　　　태어난 곳이 존귀하여 허물이 없으므로, 일체 세간의 하늘, 사람, 마군, 범천, 사문, 바라문이 공경하고 찬탄하였다.
　　선남자여, 보살마하살이 이처럼 훌륭한 집에 태어난 터라,
　　　일체 법이 영상과 같음을 알기에 세간에 싫어한 바 없으며,

일체 법이 변화와 같음을 알기에 모든 세계의 길에 물든 바 없으며,

일체 법이 '나'라는 것이 없음을 알기에 중생을 교화하되 마음에 싫어함이 없으며,

대자비로 자체를 삼은 까닭에 중생을 거두어 주되 괴로움을 느끼지 않으며,

나고 죽음이 꿈과 같음을 알기 때문에 일체 겁을 지내되 두려움이 없으며,

오온이 요술과 같음을 알기 때문에 몸을 받아 태어나되 싫어함이 없으며,

18계, 12처가 법계와 같음을 알기 때문에 모든 경계를 무너뜨림이 없으며,

일체 생각이 아지랑이 같음을 알기 때문에 모든 세계의 길에 들어가되 전도 의혹을 내지 않으며,

일체 법이 요술과 같음을 알기 때문에 마군의 경계에 들어가되 물드는 생각을 내지 않으며,

법신을 알기 때문에 일체 번뇌가 속이지 못하며,

자재함을 얻은 까닭에 일체 세계의 길에 통달하여 걸림이 없다.

● 疏 ●

於中二니

先은 總辨生家勝이오 後 '生於如是尊勝家' 下는 別彰智勝이라

이는 2단락이다.

앞은 태어난 집안이 뛰어남을 총괄하여 말하였고,

뒤의 '生於如是尊勝家' 이하는 지혜가 뛰어남을 개별로 밝혔다.

二別顯慈氏生處

於中二니

先은 彰實報 等周法界니라

(ㄴ) 미륵보살의 태어난 곳을 개별로 밝히다

이 부분은 2단락이다.

첫째, 實報가 법계에 두루 평등함을 밝혔다.

經

善男子야 我身이 普生一切法界호되

等一切衆生의 差別色相하며

等一切衆生의 殊異言音하며

等一切衆生의 種種名號하며

等一切衆生의 所樂威儀하야 隨順世間하야 教化調伏하며

等一切淸淨衆生의 示現受生하며

等一切凡夫衆生의 所作事業하며

等一切衆生想하며

等一切菩薩願하야 **而現其身**하야 **充滿法界**호라

　선남자여, 나의 몸은 일체 법계에 두루 태어나되,

　일체중생의 각기 다른 형상과 같고,

　일체중생의 가지가지 음성과 같고,

　일체중생의 가지가지 명호와 같고,

　일체중생의 좋아하는 거동과 같이 세간을 따라 교화, 조복하고,

　일체 청정 중생의 몸을 받아 태어남과 같고,

　일체 범부 중생이 하는 일과 같고,

　일체중생의 생각과 같고,

　일체 보살의 서원과 같이 몸을 나타내어 법계에 가득하였다.

◉ 疏 ◉

文有十句니

初句는 總이오 次八은 別이오 後一은 結이라

　경문은 10구이다.

　첫 구절은 총상이고, 다음 8구는 별상이며, 뒤의 1구는 끝맺음이다.

━

二. 顯爲順機하야 當現生殊니

於中에 先明現生이라

　둘째, 중생의 근기를 따르기 위하여 현재와 미래에 태어남이

369

다름을 밝혔다.

이 부분에서 '① 現生'을 밝혔다.

經

善男子야 我爲化度與我往昔에 同修諸行이라가 今時退失菩提心者하며 亦爲敎化父母親屬하며 亦爲敎化諸婆羅門하야 令其離於種族憍慢하고 得生如來種性之中하야 而生於此閻浮提界摩羅提國拘吒聚落婆羅門家호라 善男子야 我住於此大樓閣中하야 隨諸衆生心之所樂하야 種種方便으로 敎化調伏호라

선남자여, 나는 옛적에 나와 함께 수행하다가 지금에는 보리심을 잃은 이를 교화하고 제도하기 위하여,

또한 부모와 권속들을 교화하기 위하여,

또한 여러 바라문을 교화하기 위하여, 그들로 하여금 종족에 대한 교만을 여의고 여래의 종성으로 태어나게 하려고 이 염부제의 마라제국 구타마을 바라문의 집에 태어났다.

선남자여, 나는 이 큰 누각에 머물면서 중생들의 좋아하는 바를 따라 가지가지 방편으로 교화하고 조복하였다.

◉ 疏 ◉

拘吒者는 此云樓閣이니 此聚落中에 多樓閣故오 或慈氏閣이 在此中故니라【鈔_ 拘吒聚落 此云樓閣은 乃是一義니 或云小舍오 或

曰多家니라 故上經에 同譯爲房舍聚落라하니 今疏取一義耳라】

拘吒란 중국에서는 '누각'의 뜻이다. 그 마을에 누각이 많기 때문이며, 혹은 미륵보살의 누각이 여기에 있기 때문이다.【초_ "구타란 중국에서는 '누각'의 뜻이다."고 말한 것은 하나의 뜻이다. 혹은 작은 집, 또는 많은 집이라는 뜻이다. 이 때문에 위의 경문에서는 똑같이 '房舍聚落'으로 번역하였다. 청량소에서는 그 가운데 하나의 뜻만을 취한 것이다.】

後明當生

於中二니 先은 正顯當生所爲라

② 미래에 태어남을 밝히다

이는 2단락이다.

앞은 바로 미래에 태어난 목적을 밝혔다.

經

善男子야

我爲隨順衆生心故며

我爲成熟兜率天中同行天故며

我爲示現菩薩의 福智變化莊嚴이 超過一切諸欲界故며

令其捨離諸欲樂故며

令知有爲 皆無常故며

令知諸天이 盛必衰故며

爲欲示現將降生時에 大智法門을 與一生菩薩로 共談論故며

爲欲攝化諸同行故며

爲欲敎化釋迦如來의 所遣來者하야 令如蓮華悉開悟故로 於此命終하야 生兜率天호라

 선남자여, 나는 중생의 마음을 따르고자 함이며,

 나는 도솔천에서 함께 수행하던 하늘을 성숙시키고자 함이며,

 나는 보살의 복덕, 지혜, 변화, 장엄이 일체 욕계보다 뛰어남을 보여주고자 함이며,

 그들로 하여금 모든 욕락을 버리게 하고자 함이며,

 유위법이 모두 무상한 것을 알게 하고자 함이며,

 모든 하늘이 성하면 반드시 쇠함을 알게 하고자 함이며,

 장차 몸을 받아 내려올 적에 큰 지혜의 법문을 일생보처 보살과 함께 토론하고자 함이며,

 같이 수행했던 모든 이들을 거두어 교화하고자 함이며,

 석가여래께서 보내신 이들을 교화하여 연꽃처럼 깨달아 여기에서 목숨을 마치고 도솔천에 태어나게 하고자 함이다.

◉ 疏 ◉

如蓮華者는 有三義하니

一은 釋迦下種에 彼華開故오

二는 昔因含果 如華未開이니 因亡果現일세 故如蓮華開오
三은 聞熏含實이 如蓮未開니 見實亡言일세 故云開悟니라
智論云 '菩薩善根이 不遇如來智慧日光이면 翳死無疑'라하니 通證前義니라 【鈔_ 如蓮華者는 初一은 生行解오 次一은 成果오 後義는 見理니 皆因聞教면 則教理行果 四法備矣라 然疏但釋蓮華之言이오 而經云'爲欲教化釋迦如來所遣來'者는 今當說緣호리라
按觀彌勒菩薩上生兜率天經컨대 佛이 於舍衛國에 說하시니 優波離問커늘 佛答하사되 '此人이 從今十二年二月十五日에 上生하나니 閻浮提歲數 五十六億萬歲라야 爾乃下生於閻浮提하리니 佛滅度後에 我諸弟子 若有精勤하야 修諸功德하고 威儀不缺하며 掃塔塗地하고 以衆名香妙華供養하고 行衆三昧하야 深入正受하고 讀誦經典이면 如是等人은 應當至心으로 雖不斷結이나 如得六通이오 應當繫念하야 念佛形像하고 稱彌勒名이리니 如是等輩 若一念頃에 受八齋戒하야 修諸淨業하고 發弘誓願이면 命終之後에 譬如壯士 屈伸臂頃에 卽得往生兜率陁天하야 於蓮華上에 結跏趺坐어든 百千天子 作天伎樂하고 持天曼陀羅華와 摩訶曼陀羅華하야 以散其上하고 讚言하되 善哉善哉라하고 又言如是等衆生이 若淨諸業하야 行六事法이면 必定無疑하야 當得生於兜率天上하야 值遇彌勒하고 亦隨彌勒하야 下閻浮提하야 第一聞法하고 於未來世에 值遇賢劫一切諸佛이라'하고

又云'得聞彌勒名者 聞已歡喜하야 恭敬禮拜하면 此人命終에 如彈指頃에 卽得往生'이라하고

又云'善男子善女人이 犯諸禁戒하고 造衆惡業이라도 聞是菩薩大悲名字하고 五體投地하야 誠心懺悔면 是諸惡業이 速得淸淨하고 未來世中에 諸衆生等이 聞是菩薩大悲名稱하고 造立形像하야 香花衣服과 繪蓋幢幡으로 禮拜繫念하면 此人이 命欲終時에 彌勒菩薩이 放眉間白毫大人相光하야 與諸天子로 持天曼陀羅華하고 來迎此人이어든 此人이 須臾에 卽得往生하야 値遇彌勒하야 頭面禮敬하고 便得聞法하야 於無上道에 得不退轉하고 於未來世에 得値恒河沙等諸佛如來라'하니

釋曰 此亦釋迦所遣來者니 以行釋迦敎故니라

若彌勒下生經은 羅什法師譯이니 無'如是我聞'이오 直云'大智舍利弗이 問佛한대 佛이 誡聽하고 爲說云 舍利弗아 四大海水 以漸減少三千由旬이면 是閻浮提地 長十千由旬이오 廣八千由旬이리니 平坦如鏡하고 名花軟草 徧覆其地라'하야 廣說莊嚴等하니 華藏品已引이라

次云'城中에 有大婆羅門主하니 名曰妙梵이오 婆羅門女는 名摩提婆어늘 彌勒이 託生爲父母하니 身紫金色이오 三十二相이며 身長千尺이오 胸廣三十丈이며 面長十二丈四尺이오 肉眼 見千由旬이며 常光四照하되 面百由旬이라 穰佉王이 奉七寶臺어든 彌勒이 施諸婆羅門하면 婆羅門이 見其毁壞리니 修無常想하야 出家學道於龍華菩提樹下할세 樹莖枝葉이 高五十里라 卽以出家日에 得阿耨多羅三藐三菩提면 有無量人하야 發心出家學道어든 爾時에 彌勒이 見諸大衆하고 作是念言하사되 今諸人等이 不以生天樂故며 亦

復不爲今世樂故로 來至我所오 但爲得涅槃常樂因緣이니 是諸人等이 於佛法中에 種諸善根하야 釋迦牟尼佛遣來付我라 是故今來하야 皆至我所하야 我今受之니 是諸人等이 或以讀誦分別決定修妒路·毘奈耶·阿毘達磨하고 修諸功德하야 來至我所라하야 廣敍布施·持戒·忍辱·精進하고 結云 善哉라 釋迦牟尼佛이여 善教化如是等百千萬億衆生일새 今至我所라하야 彌勒이 如是三稱讚釋迦如來然後에 說法호되 言汝等衆生이 能爲難事로다 於彼惡世貪欲瞋恚愚癡迷惑短命人中에 能持戒行하야 作諸功德하니 甚爲希有로다
善哉라 釋迦牟尼佛이 以大悲心으로 能於苦惱衆生之中에 說誠實語하사 示我當來度脫汝等하시니 如是之師는 甚爲難遇로다 深心憐愍惡世衆生하야 救濟苦惱하야 令得安穩이로다 釋迦如來 爲汝等故로 以頭布施하고 割截耳鼻手足支體하야 受諸苦惱하야 以利汝等이라하고 彌勒이 如是廣安慰已하고 然後說法하리니 其龍華樹園이 縱廣一百由旬이니 大衆滿中이라 初會說法에 九十六億人이 得阿羅漢하고 第二會 說法에 九十四億人이오 第三會에 九十二億人이라 更有諸本經호되 大同小異하니 可以意得이어다 此經은 正明釋迦遣來니라】

연꽃과 같다는 데에는 3가지 의의가 있다.

㉠ 석가모니불이 종자를 심어 그 꽃을 피운 때문이다.

㉡ 옛 因地에서의 含果가 아직 꽃이 피어나지 않은 것과 같다. 원인의 꽃이 떨어지면 열매가 나타나기에 연꽃이 피는 것과 같다.

ⓒ 듣는 훈습[聞熏]에 열매를 함유함이 아직 연꽃이 피어나지 않은 것과 같다. 열매를 보면 언어를 잊기에 이를 '깨달음[開悟]'이라 한다.

지도론에 이르기를, "보살의 선근이 여래의 지혜 태양의 광명을 만나지 않으면 시들어 죽는다는 것은 의심할 여지가 없다."고 한다. 이는 앞의 뜻을 통틀어 증명하였다.【초_ "연꽃과 같다."는 것은 첫째는 행의 이해를 냄이며, 다음은 결과를 성취함이며, 뒤의 의의는 이치를 본 것이다. 모두 가르침을 들음[聞敎]으로 인하여 '敎·理·行·果' 4가지 법이 갖추어진 것이다. 그러나 청량소에서는 연꽃만을 해석하였다.

경문에서 말한 "석가여래께서 보내신 이들을 교화하고자 한다."는 것에 대해 여기에서 그 연유를 말하고자 한다.

관미륵보살상생도솔천경을 살펴보면 다음과 같다.

부처님이 사위국에서 설법하실 적에 우바리가 여쭈자, 부처님이 대답하였다.

"이 사람이 오늘로부터 12년 2월 15일에 천상에 태어날 것이다. 염부제 햇수로는 56억만 년을 지내서야 그가 염부제에 내려와 태어날 것이다.

부처님이 열반한 후에 나의 모든 제자가 만약 정근하여 모든 공덕을 닦으며, 위의가 빠진 곳이 없으며, 탑을 쓸고 땅을 돋우며, 수많은 이름난 향과 미묘한 꽃을 공양하며, 많은 삼매를 행하여 正受에 깊이 들어가며, 경전을 독송하면, 이와 같은 사람은 당연히 지극한 마음으로 비록 결박을 끊지 못할지라도 6신통을 얻음과 같으며, 당연히 언제나 생각하여 부처님의 형상을 생각하고 미륵의 명호를 외워야 한다.

이와 같은 사람들이 만약 한 생각의 찰나에 8재계를 받아 모든 정업을 닦고, 사홍서원을 일으키면, 목숨이 다한 후에 마치 장사가 팔뚝을 굽혔다 펴는 사이에 바로 도솔타천에 왕생하여, 연꽃 위에 가부좌를 하고서 앉아 있으면, 백천 명의 천자가 하늘 풍악을 울리며, 하늘의 만다라꽃과 마하만다라꽃을 들고 그 위에 흩뿌리면서 '훌륭하고 훌륭하다.'고 찬탄하면서 또 이렇게 말할 것이다.

'이와 같은 중생이 만약 모든 업을 청정케 하여 6가지 섬기는 법을 행하면 반드시 의심이 없어 당연히 도솔천에 태어나 미륵을 만나며, 또한 미륵을 따라 염부제에 내려와 으뜸가는 진리의 법을 듣고 미래 세계에 현겁의 일체 제불을 만나게 된다.'"

또 말하였다.

"미륵의 명호를 들은 자가 듣고서 기쁜 마음에 공경히 절을 올리면 이 사람은 목숨이 다하였을 적에 손가락을 튕기는 찰나에 바로 왕생을 얻는다."

또 말하였다.

"선남자 선여인이 모든 계율을 범하고 많은 악업을 지었을지라도 보살의 대자비 이름을 듣고 온몸을 땅에 던져 성심으로 참회하면 그 모든 악업이 빠르게 청정을 얻으며, 미래 세계에 모든 중생 등이 보살의 대자비 이름을 듣고 형상을 조성하여 향, 꽃, 의복,

비단, 당기, 깃발 등을 공양하면서 절을 올리고 생각하면, 그 사람이 목숨이 다하려 할 때에 미륵보살이 미간의 백호에서 대인 모습의 광명을 쏟아내어 많은 천자와 하늘의 만다라꽃을 들고서 그 사람을 맞이하게 된다. 그 사람은 잠깐 사이에 바로 왕생을 얻어 미륵을 만나 머리와 얼굴을 숙여 절을 올리고, 바로 법문을 듣고서 위없는 도에서 물러서지 않음을 얻으며, 미래 세계에 항하사와 같은 제불여래를 만나게 된다."

이에 대한 해석은 다음과 같다.

이 또한 석가여래가 보낸 것이다. 석가모니의 가르침을 행한 때문이다.

미륵하생경은 구마라습 법사가 번역한 책이다. 경의 첫머리에 '如是我聞' 4글자가 없고, 바로 대지사리불이 부처님께 물었다.

부처님이 법문을 귀담아듣기를 경계하고, 그를 위하여 설법하였다.

"사리불아, 사방 큰 바닷물이 점점 줄어서 3천 유순이 되면 염부제 땅의 길이는 십천 유순이 되고 너비 8천 유순이 될 것이다. 마치 거울처럼 평탄하고, 유명한 꽃과 부드러운 풀들이 그 땅을 온통 뒤덮을 것이다."

이런 장엄 등을 자세히 말하였는데, 이는 제5 화장세계품에서 이미 인용하였다.

또다시 말하였다.

"성중에 대바라문 주인이 있었는데, 그 이름을 '妙梵'이라 하였고, 바라문 여인의 이름을 '마제바'라 하였다. 미륵이 그들을 의 탁하여 태어나면서 부모를 삼았다. 몸은 자금색이며, 32가지 훌륭한 몸매를 갖췄으며, 키는 1천 척이며, 가슴둘레는 30丈이며, 얼굴의 길이는 12장 4척이며, 눈으로는 1천 유순이나 멀리 보며, 언제나 광명이 사방을 비추며, 얼굴이 1백 유순이다. 양구왕이 칠보대를 받들어 올린 것을 미륵이 모든 바라문에게 나눠주면 바라문의 손에서 그 칠보대가 부서져버린다.

무상하다는 생각을 닦아 용화보리수 아래에서 출가하여 도를 배울 적에, 보리수의 줄기, 가지, 잎의 높이가 50리였다. 출가일에 아뇩다라삼먁삼보리를 얻으면 한량없는 사람이 발심하고 출가하여 도를 배우게 된다.

그때, 미륵이 모든 대중을 보고서 이런 생각을 하면서 말하였다.

'지금 많은 사람이 하늘에 태어나는 즐거움을 얻지 못한 때문이며, 또한 금세의 즐거움을 위하여 나의 처소에 찾아온 것이 아니다. 다만 열반 常樂의 인연을 얻기 위함이다. 이 많은 사람이 불법 가운데 선근을 심어서 석가모니불이 나에게 보내어 맡긴 것이다. 이 때문에 지금 모두 나의 처소에 찾아와 내가 지금 그들을 받아들인 것이다.

이 모든 사람이 어떤 이는 수다라, 비내야, 아비달마경을 독송하고 분별하고 결정하고 모든 공덕을 닦아서 나의 처소에 찾아온 것이다.'

이에 보시·지계·인욕·정진을 자세히 말해주고 끝맺어 말하였다.

'훌륭하다. 석가모니불이여, 이처럼 백천만억 중생을 교화하셨기에 지금 나의 처소에 찾아온 것이다.'

미륵이 이처럼 3차례 석가여래를 칭찬한 후에 설법하였다.

'너희 중생이 어려운 일을 잘 해냈다. 그처럼 흉악한 세간의 탐욕·성냄·어리석음·미혹·단명한 사람들 가운데서 계행을 지니고 많은 공덕을 지었으니 매우 보기 드문 일이다.

훌륭하다. 석가모니불이 크게 가엾이 여기는 마음으로 고뇌 중생에게 성실한 말씀으로 설법하여, 내가 미래에 너희를 제도하여 해탈시켜 줄 것임을 보이셨다. 이와 같은 스승은 매우 만나기 어려운 일이다. 깊은 마음으로 악세 중생을 불쌍히 여겨서 고뇌를 구제하여 평온함을 얻게 하셨다.

석가여래께서 너희를 위한 까닭에 머리를 보시하였고, 귀·코·손·발·사지와 몸을 잘라 온갖 고뇌를 겪으면서도 너희들을 이롭게 하셨다.'

미륵이 이처럼 널리 중생을 위안한 후에 설법할 것이다.

그 용화수 동산의 길이와 너비가 1백 유순이다. 대중이 그 동산에 가득 모였는데, 첫 법회의 설법에서 96억 인이 아라한을 얻고, 제2 법회의 설법에서 94억 인이, 제3 법회의 설법에서 92억 인이 아라한을 얻을 것이다."

또한 여러 경문에 이와 관련된 부분이 있으나 대동소이하다. 생각하면 알 수 있다. 이 화엄경에서는 바로 석가모니불이 보낸 것

임을 밝힌 것이다.】

後 結會三聖

뒤는 선재, 문수, 미륵의 만남으로 끝맺다

經

**善男子야 我願이 滿足하야 成一切智하야 得菩提時에 汝
及文殊 俱得見我하리라**

선남자여, 나의 서원이 만족하여, 일체 지혜를 이루어 보리를 얻을 때, 그대가 문수보살과 함께 나를 보게 될 것이다.

● 疏 ●

言'俱見我'者는 亦有三意니 一은 俱助化故오 二는 善財는 表行이오 文殊는 信智니 成正覺時에 俱證此故오 三者는 文殊는 古佛이오 善財는 當佛이오 慈氏는 現佛이니 三世圓融하야 浩然大均일새 故云俱見이라하니라

"함께 나를 보게 된다."고 말한 것은 또한 3가지 뜻이 있다.

㉠ 문수보살과 함께 교화를 돕기 때문이며,

㉡ 선재는 행을 상징하고, 문수는 신심의 지혜를 상징한다. 정각을 성취할 적에 문수보살과 함께 이를 증득한 때문이며,

㉢ 문수는 과거불, 선재는 미래불, 미륵은 현세불이다. 삼세가

381

원융하여 아주 똑같은 까닭에 "함께 나를 보게 된다."고 말하였다.

已上은 第三稱歎授法 竟하다

이상은 3. 칭찬하면서 법을 전수한 부분을 끝마치다.

―

第四指示後友

中三이니

初는 勸往敎問이오 次는 釋勸所由오 三은 結勸重釋이라

今은 初라

4. 뒤의 선지식을 소개하다

이는 3단락이다.

1) 찾아가기를 권하고 물음을 가르쳐주었고,

2) 찾아가기를 권하는 이유를 해석하였으며,

3) 권함을 끝맺으면서 거듭 해석하였다.

이는 '1) 찾아가 묻도록' 한 부분이다.

經

善男子야 汝當往詣文殊師利善知識所하야 而問之言호되

菩薩이 云何學菩薩行이며 云何而入普賢行門이며 云何成就며 云何廣大며 云何隨順이며 云何淸淨이며 云何圓滿이리잇고하라

善男子야 **彼當爲汝**하야 **分別演說**하리라

　　선남자여, 그대는 문수사리 선지식을 찾아가, '보살이 어떻게 보살의 행을 배우며, 어떻게 보현의 수행하는 문에 들어가며, 어떻게 성취하며, 어떻게 광대하게 하며, 어떻게 따르며, 어떻게 청정하게 하며, 어떻게 원만하게 하는가.'를 묻도록 하라.
　　선남자여, 그는 그대를 위해 분별하여 말해줄 것이다.

● 疏 ●

於中令往文殊者는 因位將極에 令反照心源故니라

　　이 부분에서 선재로 하여금 문수를 찾아가도록 한 것은 因位가 다하는 즈음에 선재로 하여금 마음의 본원을 반조하도록 한 때문이다.

二 釋勸所由

　　2) 찾아가기를 권하는 이유를 해석하다

經

何以故오
文殊師利의 **所有大願**은 **非餘無量百千億那由他菩薩之所能有**니라
善男子야 **文殊師利童子**는 **其行廣大**하며 **其願無邊**하야

383

出生一切菩薩功德하야 無有休息이니라
善男子야 文殊師利는
常爲無量百千億那由他諸佛母하며
常爲無量百千億那由他菩薩師하며
教化成熟一切衆生하며
名稱普聞十方世界하며
常於一切諸佛衆中에 爲說法師하며
一切如來之所讚歎이며
住甚深智하야 能如實見一切諸法하며
通達一切解脫境界하며
究竟普賢所行諸行이니라
善男子야 文殊師利童子는 是汝善知識이니
令汝得生如來家하며
長養一切諸善根하며
發起一切助道法하며
値遇眞實善知識하며
令汝修一切功德하며
入一切願網하며
住一切大願하며
爲汝說一切菩薩秘密法하며
現一切菩薩難思行하며
與汝往昔에 同生同行이니라

무엇 때문일까?

문수사리가 지닌 서원은 나머지 한량없는 백천억 나유타 보살로서는 지니지 못한 것이다.

선남자여, 문수사리동자는 그 수행이 광대하고 그 서원이 그지없어 일체 보살의 공덕을 멈추지 않고 내어주고 있다.

선남자여, 문수사리는

항상 한량없는 백천억 나유타 부처님의 어머니이며,

항상 한량없는 백천억 나유타 보살의 스승이며,

일체중생을 교화하고 성취케 하며,

명성이 시방세계에 널리 알려지며,

항상 일체 부처님 대중에게 설법하는 법사이며,

일체 여래의 찬탄하는 바이며,

매우 깊은 지혜에 머물면서 일체 모든 법을 실상대로 보며,

일체 해탈의 경계를 통달하며,

보현의 행하는 모든 행을 끝까지 다하였다.

선남자여, 문수사리동자는 그대의 선지식이다.

그대를 여래의 집안에 태어나게 하며,

일체 선근을 키워주며,

일체 도를 돕는 법을 일으켜주며,

진실한 선지식을 만나게 해주며,

그대로 하여금 일체 공덕을 닦게 하며,

일체 서원의 그물에 들어가게 하며,

일체 큰 서원에 머물게 하며,

그대를 위하여 일체 보살의 비밀 법을 말해주며,

일체 보살의 불가사의한 행을 나타내주며,

그대와 옛적에 함께 태어나고 함께 수행하였다.

● 疏 ●

先徵意에 云'文殊已見이어늘 何爲勸往고' 釋意에 云'彼德深廣하야 宿緣重故니라'
於中二니 先은 明行廣이오 後는 顯緣深이라
今初에 生菩薩功德者는 主信法門이니 長養一切善故오 爲佛母者는 主般若門이니 住甚深智하야 見法實故오 爲菩薩師者는 具善巧智하야 通達解脫하야 究竟普賢行故니라 後'是汝善知識'下는 顯其緣深이니 已多成益이라

앞의 물음의 뜻은, "문수를 이미 찾아보았는데 어찌하여 다시 찾아가도록 권하는 것일까?"이다.

해석의 뜻은 "그의 공덕이 심오, 광대하여 옛 인연이 크기 때문"이다.

'해석의 뜻' 부분은 2단락이다.

앞은 행의 광대함을 밝혔고, 뒤는 인연이 깊음을 나타냈다.

앞의 광대한 행 부분에서 '보살의 공덕을 내어준다.'는 것은 신심의 법문을 위주로 말한 것이니, 일체 선업을 키워주기 때문이며,

'부처님의 어머니'라는 것은 반야의 법문을 위주로 말한 것이

니, 매우 심오한 지혜에 머물면서 법의 실상을 본 때문이며,

'보살의 스승'이라는 것은 뛰어난 지혜를 갖추어 해탈을 통달하여 보현행을 끝까지 다하였기 때문이다.

뒤의 '是汝善知識' 이하는 그 인연이 깊음을 밝혔다. 이미 이익을 성취함이 많다.

◉ 論 ◉

'爾時善財童子恭敬右遶彌勒菩薩摩訶薩'已下로 至此卷末히 明善財 入慈氏樓閣하야 觀果知因하야 三世所行境界인 同異總別一多 無礙自在하야 同時圓滿分이라

於此段中에 '慈氏菩薩이 彈指出聲에 其門卽開'者는 明聲是震動 啓發之義며 彈指者는 是去塵之義니 塵亡執去에 法門이 自開라 '善財 入已에 其門還閉'者는 以迷忘智現을 名之爲開오 智無內外中間하야 無出無入하며 無迷無證이 名爲還閉라

'見其樓閣이 廣博無量하야 同於虛空'者는 智境界也라 於中莊嚴은 皆約智 約慈悲心의 所行諸行願報得이니 一一如經具明이라

於中神化境界는 以約法界智境이 法爾合然하야 無物不神이니 達法應眞에 一切自神이며 乃至 '見彌勒菩薩의 三世所行境界하야 慈氏菩薩의 往昔曾所事諸佛善知識이 亦爲善財說法'者는 以法身智境이 本自如然하야 無三世性하야 古今三世窮劫이 元不移一念이니 此非神通이오 法合如是라 兜沙羅色者는 此如霜冰之色也라 餘는 如經自具라

經에 云善男子야 我願滿足하야 成一切智하야 得菩提時에 汝及文
殊師利俱得見我者는 會三世因圓에 智無古今하야 卽三世佛이
一時相見하야 同一智慧라
於此段中에 約科爲三段호리니
一은 '爾時善財童子恭敬右遶慈氏菩薩'已下로 直至'見樓閣中
一切莊嚴自在境界'히 有九紙經은 明入佛智境하야 觀果知因無
異分이오
二는 '爾時彌勒菩薩'已下로 至'善知識加被憶念威神之力'히 有
九行半經은 明彌勒菩薩이 自攝神力하사 所現一切境界並無와
以手彈指하야 命善財令起分이오
三은 '聖者此解脫門其名何等'已下로 至'與汝往昔同生同行'히
可有四紙經은 明善財問法門名目하고 幷問彌勒菩薩來處와 所
生處所分이라
於問法門名目中에 問其四法이니
一은 問入樓閣中所有法門境界解脫之名이오
二는 問莊嚴事何處去오
三은 問彌勒菩薩이 從何處來오
四는 問菩薩生處라
一은 問法門名目者는 此解脫門이 名入三世一切境界不忘念莊
嚴藏이라
二는 問莊嚴事何處去者는 慈氏 答言하사대 於來處去라하며 又問
從何處來에 答曰 從菩薩智慧神力中來하고 依菩薩智慧神力中

住는 約體無來去處니 具如經文이라

三은 問慈氏 從何處來者는 初約法答이오 次는 依事니 初約法答 云하사대 諸菩薩이 無來無去하야 如是而來며 無行無住하야 如是而 來며 乃至大慈大悲大願中來라하야 廣如經說이오 依事者는 云我 從生處摩羅提國而來者는 此國이 是約聖者之德立號니 表聖者 의 智德이 高出하야 世無過者라 長者子名이 瞿波羅者는 此云守護 心地白法也니 慈氏 令入佛法故라

四는 問生處者는 初는 法答이오 次는 依事라

初依法答에 有十事生處하니 經에 云菩提心이 是菩薩生處며 次 深心과 次善知識과 次諸地波羅密과 次大願과 次大悲와 次如理 觀察과 次大乘과 次教化衆生과 次智慧方便인 如是等이 是菩薩 生處며 般若로 爲生母하고 方便으로 以爲父하고 檀度로 爲乳母하고 持戒로 爲養母하고 忍辱으로 爲莊嚴하고 精進으로 爲養育하고 禪定으 로 爲浣濯하고 善友로 爲教授師하고 菩提으로 爲伴侶하고 衆善으로 爲 眷屬하고 菩薩로 爲兄弟니 以如是等이 是菩薩生處라하야 廣如經 自具오

'依事答'者는 於此閻浮提界摩羅提國拘吒聚落婆羅門家 是生 處라

'拘吒聚落'은 此云多家니 多諸人家하야 所聚同居 名爲多家故니라
'婆羅門家'者는 淨種中生이니 明智無垢也라

'善男子야 我住於此大樓閣中하야 隨諸衆生心之所樂하야 現種 種方便하야 教化調伏'者는 明處大智大慈悲徧法界廣大報得幻

生樓閣中하야 隨諸衆生所樂見身이 各隨業果하야 示現調伏이라 '以示現菩薩의 福智變化莊嚴이 超過一切諸欲界'者는 此對欲界者說이니 計以一生佛果菩薩컨댄 福智報境이 總超過三界와 及三乘과 乃至下地一切諸境界故며 已智同十方一切諸佛所用故로 現佛智德하야 無障礙故며 已授一生次補佛位故로 猶如長子持父家事하야 不異父故며 亦如輪王第一夫人의 所生太子 具三十二相하야 與父同其福智하며 共其報業이니 若奉王命하야 使持國事하면 與父無異로대 但以父王의 所攝衆生이 化緣未盡일새 不處王位인달하야 慈氏如來도 亦復如是하야 但爲毘盧遮那示現化迹所攝衆生의 一勢未終하야 未處示現下生成佛之位나 然이나 約其實德컨댄 已與一切諸佛로 智用無差也라 但爲如來 設敎引凡일새 示現出沒하사 令衆生不厭하야 長自道心이오 非是諸佛이 此生彼沒이니 若以法界智境으로 不約凡情인댄 十方一切國土微塵의 一一塵中에 佛海無盡하야 互參暎徹하야 不生不滅하며 不出不沒이니 但入法性身處智境幻住門照之하면 一切衆生도 亦不生不沒하야 一如佛境이니라

"그때, 선재동자가 공경히 미륵보살마하살의 오른쪽으로 돌면서" 이하로부터 권말에 이르기까지는 선재동자가 미륵의 누각에 들어가 결과를 보면서 그 원인을 알아 3세에 행할 바 경계인 同·異, 總·別, 一·多에 걸림 없이 자세하고 동시에 원만함을 밝힌 부분이다.

이 단락에서 "미륵보살이 손가락을 튕겨 소리를 내자, 그 문이

바로 열렸다."는 것은 소리란 바로 진동하여 열어준다는 뜻이며, 손가락을 튕긴 것은 티끌을 없앤다는 뜻이니, 티끌이 사라지고 집착이 없어지자 법문이 절로 열림을 밝힌 것이다.

"선재동자가 들어서자, 그 문이 다시 닫혔다."는 것은 미혹이 사라지고 지혜가 나타남을 '열림[開]'이라 말하고, 지혜에 안팎과 중간이 없기에 나가는 곳도 없고 들어갈 곳도 없으며, 미혹도 없고 증명할 것도 없음을 '다시 닫힘'이라고 말한다.

"그 누각이 한량없이 드넓어 허공과 같음을 보았다."는 것은 지혜의 경계이다. 누각 속에 있는 장엄은 모두 지혜와 자비심으로 행한 바의 모든 行願의 과보로 얻어진 것임을 말한다. 이는 하나하나 경문에서 구체적으로 밝히고 있다.

그 가운데 '神化의 경계'는 법계의 지혜 경계가 법이 당연히 그와 같아 어느 존재이든 신령하지 않음이 없음을 들어 말하였다. 법을 통달하여 진여에 상응하여 일체가 절로 신령스럽고, 나아가 "미륵보살이 삼세에 행한 바의 경계를 봄으로써 미륵보살이 예전에 일찍이 섬겨온 바의 제불 선지식 또한 선재동자를 위해 설법하였다."는 것은 법신의 지혜 경계가 본래 스스로 그와 같아 삼세의 사성이 없어 고금 삼세의 무궁한 겁이 원래 한 생각의 찰나에서 변한 게 없다. 이는 신통이 아니라, 법이 본래 이와 같은 것이다.

'도사라색'이란 중국에서는 '서리나 얼음과 같은 빛깔'을 말한다. 나머지는 경문에서 그 나름 잘 갖춰져 있다.

경문에서 "선남자여, 나의 서원이 만족하여, 일체 지혜를 이루어 보리를 얻을 때, 그대가 문수보살과 함께 나를 보게 될 것이다."
고 말한 것은 삼세의 원인이 원만함을 회통함에 지혜가 고금의 차
별이 없어 곧 삼세의 부처가 일시에 서로 보는 동일한 지혜이다.

　이 단락은 과목에 따라 3단락이다.

　(1) "그때, 선재동자는 공경하여 미륵보살의 오른쪽으로 돌면
서" 이하로부터 바로 "누각 속에서 일체 장엄이 자재한 경계를 보
았다."까지 8·9장의 경문은 부처의 지혜 경계에 들어가 결과를 보
면서 원인과 다름이 없음을 앎을 밝힌 부분이다.

　(2) "그때, 미륵보살" 이하로부터 "선지식의 가피, 기억, 위덕,
신통의 힘" 구절까지 9행 반의 경문은 미륵보살이 스스로 신통력
을 가지고서 나타낸 일체의 경계가 아울러 없는 것과 손가락을 튕
겨 선재동자를 명하여 일어나게 함을 밝힌 부분이다.

　(3) "거룩하신 이여, 이 해탈문의 이름은 무엇입니까?" 이하로
부터 "그대와 옛적에 함께 태어나고 함께 수행하였다." 구절까지 4
장 정도의 경문은 선재동자가 법문의 명목을 묻고, 아울러 미륵보
살이 온 곳과 태어난 곳을 물음을 밝힌 부분이다.

　법문의 명목을 묻는 부분에서는 4가지 법을 물었다.

　① 누각에 있는 법문의 경계에 들어가는 해탈의 명칭을 물었
으며,

　② 장엄의 일이 어느 곳으로 갔는가를 물었으며,

　③ 미륵보살이 어느 곳에서 왔는가를 물었으며,

　④ 보살이 태어난 곳을 물었다.

'① 법문 명목의 물음'은 이 해탈문의 명칭이란 삼세의 일체 경계에 들어가 잊지 않는 념지(念智)로 장엄한 법장이다.

'② 장엄의 일이 어느 곳으로 갔는가를 물음'은 미륵이 답하기를, "왔던 데로 갔다."고 하며, 또다시 "어느 곳에서 왔는가?"의 물음에 답하기를, "보살의 지혜 신통력에서 왔고, 보살의 지혜 신통력에 의해 머문다."고 한 것은 본체란 오고 가는 곳이 없음으로 말한 것이다. 구체적으로 경문에서 말한 바와 같다.

'③ 미륵보살이 어느 곳에서 왔는가를 물음'은 첫째는 법을 들어 답하였고, 다음은 현상의 일에 의한 것이다.

'첫째, 법을 들어 답한' 부분에서 답하기를, "모든 보살이 오는 것도 없고 가는 것도 없이 이처럼 오며, 행함도 없고 머묾도 없이 이처럼 온다. 내지 대자, 대비, 대원에서 왔다."고 하여, 자세히 경문에서 말한 바와 같다.

'다음은 현상의 일에 의한다.'는 것은, "나는 태어난 마라제국에서 왔다."고 말한 것은 이 나라의 이름은 성자의 공덕을 들어 명호를 세운 것이다. 성자의 지혜와 공덕이 뛰어나 세간에 그 누구도 능가힐 자가 없음을 나타낸 것이다.

장자 아들의 이름을 '구파라'라 말한 것은 중국에서는 '마음의 순백한 법을 수호하는 자'라는 뜻이다. 미륵이 그로 하여금 불법에 들어가도록 하였기 때문이다.

'④ 보살이 태어난 곳을 물음'은 첫째는 법을 들어 답하였고, 다음은 현상의 일에 의한 것이다.

'첫째, 법을 들어 답한' 부분에서 10가지 일에 의해 태어난 곳이 있다고 답하였다. 경문에서 말하기를, "보리심은 보살의 태어난 곳이며, 다음 깊은 마음, 다음 선지식, 다음 모든 지위의 바라밀, 다음 대원, 다음 대자, 다음 대비, 다음 이치대로의 관찰, 다음 대승, 다음 중생의 교화, 다음 지혜의 방편, 이와 같은 것들은 보살이 태어나는 곳이며,

반야로 어머니를, 방편으로 아버지를, 보시바라밀로 유모를, 계율을 지키는 것으로 양모를, 인욕으로 장엄을, 정진으로 양육을, 선정으로 세탁을, 선지식으로 가르침의 스승을, 보리분으로 반려를, 일체 선으로 권속을, 보살로 형제를 삼는다. 이와 같은 것들은 보살이 태어나는 곳이다."고 하여, 자세히 경문에서 말한 바와 같다.

'다음은 현상의 일에 의해 답한' 것은 염부제 경계 마라제국 구타취락의 바라문 집안이 태어난 곳이다.

구타취락은 중국에서는 '많은 집이 있는 마을'이라는 뜻이다. 수많은 사람의 집이 모여서 함께 사는 것을 '많은 집이 있는 마을'이라 이름 붙인 것이다.

'바라문의 집안'이란 청정한 종성에서 태어남이니, 지혜의 청정무구함을 밝힌 것이다.

"선남자여, 나는 이 큰 누각에 머물면서 중생들의 좋아하는 바를 따라 가지가지 방편으로 교화하고 조복하였다."는 것은 대지혜와 대자비가 법계에 두루 가득하여 광대한 과보로 얻은 幻生의 누각 속에서 일체중생이 좋아하는 바에 따라 몸을 나타냄이 각기 업

과에 따라서 몸을 나타내어 교화하고 조복시킴을 밝힌 것이다.

"보살의 복덕과 지혜의 변화 장엄이 일체 모든 욕계를 초월함을 나타내 보였다."는 것은 욕계에 대해 말한 것이다.

一生佛果의 보살로 헤아려 보면, 복덕과 지혜의 과보 경계가 모두 삼계와 삼승, 내지 아래 지위의 일체 모든 경계를 초월하기 때문이며,

이미 지혜가 시방 일체 모든 부처의 작용하는 바와 같기 때문에 부처의 지혜와 공덕을 나타내는 데 장애가 없기 때문이며,

이미 일생의 다음 補處佛의 지위를 전수한 때문에 마치 맏아들이 아버지의 집안일을 지키는 것이 아버지와 다르지 않음과 같다.

또한 전륜왕의 첫 부인에게서 태어난 태자가 32가지 훌륭한 몸매를 갖추어 아버지와 함께 그 복덕과 지혜가 같고, 그 과보의 업을 함께하였다. 만약 왕명을 받들어 나랏일을 부지하도록 하면 아버지와 다를 바 없지만, 다만 부왕이 다스린 중생의 교화 인연이 아직 다하지 못했기 때문에 왕위에 오르지 않은 것처럼, 미륵불 또한 그와 같다.

다만 비로자나불의 교화 자취를 나타내어 받아들인 중생에 대한 하나의 세력이 아직 끝나지 않아서, 세간에 태어나 성불을 나타내 보이는 지위에 거처하지 못하지만, 그 실제의 공덕을 들어 말하면 이미 일체 모든 부처와 지혜의 작용과 차이가 없다. 다만 여래가 가르침을 마련하여 범부를 인도하기 때문에 몸의 출몰을 나타내어, 중생으로 하여금 싫어하지 않도록 하여, 스스로 도심을 키워

395

나가는 것이지, 여러 부처가 여기서 태어나고 저기서 사라진 것은 아니다.

만약 범부의 情識을 벗어난 법계의 지혜 경계로 말한다면, 시방 일체 국토의 미세한 티끌의 하나하나 티끌 속에 부처의 바다가 그지없어 서로가 함께 비춰줌으로써 생겨나지도 않고 사라지지도 않으며, 나오지도 않고 들어가지도 않는다. 다만 '법성의 몸이 지혜 경계에 요술과 같이 머무는 법문[法性身處智境幻住門]'에 들어가 비추면 일체중생 또한 생겨나지도 않고 사라지지도 않아서 하나같이 부처의 경계와 같다.

三 結勸重釋

3) 권함을 끝맺으면서 거듭 해석하다

經

是故로 善男子야 汝應往詣文殊之所오 莫生疲厭이어다
文殊師利 當爲汝說一切功德하리라
何以故오
汝先所見諸善知識에 聞菩薩行하고 入解脫門하야 滿足大願이 皆是文殊威神之力이니 文殊師利 於一切處에 咸得究竟이시니라

그러므로 선남자여, 그대는 반드시 문수사리보살의 도량에 찾

아가야 한다. 고달픈 생각을 내지 말아야 한다.

문수사리보살은 그대를 위하여 일체 공덕을 말해줄 것이다.

무엇 때문일까?

그대가 먼저 친견한 선지식에게서 보살의 행을 듣고 해탈의 문에 들어가 큰 서원을 원만히 이룬 것은, 모두 문수사리보살의 위덕과 신통의 힘이다.

문수사리보살은 일체 모든 곳에서 모두 최고의 경계를 얻었다."

● 疏 ●

於中三이니

初는 結勸이니 具上二義니 應往·勿疲오

次는 徵釋이라 先徵意에 云'何以的知具前二義오' 後釋意에 云'已所成益 皆是彼力일새 故知德深緣重이니 若當見者면 獲益尤增이라

後'文殊'下는 結德究竟이니 前見은 爲信之首오 後見은 爲智之終일새 故云'一切究竟이라'하니라

이 부분은 3단락이다.

(1) 끝맺으면서 권면하였다. 위에 2가지 뜻을 갖추고 있다. 당연히 문수보살을 찾아가야 함과 싫어하는 마음을 내서는 안 된다.

(2) 묻고 해석하였다.

앞의 물은 뜻은 다음과 같다.

"어떻게 분명히 앞의 2가지 뜻이 갖춰져 있음을 아는가?"

뒤의 해석은 다음과 같다.

이미 성취한 이익은 모두 문수보살의 힘이다. 이 때문에 공덕이 깊고 인연이 크다. 만약 문수보살을 보면 얻은 이익이 더욱 더할 것이다.

(3) '文殊' 이하는 공덕의 최고 경계를 끝맺었다. 앞서 친견함은 신심의 첫머리이고, 뒤의 친견은 지혜의 끝부분이기에, "일체 모든 곳에서 모두 최고의 경계를 얻었다."고 말하였다.

第五 戀德禮辭
5. 덕망을 흠모하면서 절을 올리고 떠나가다

經

時에 善財童子 頂禮其足하며 遶無量匝하며 殷勤瞻仰하고 辭退而去하니라

그때, 선재동자는 그의 발에 엎드려 절하고 수없이 돌며, 은근한 마음으로 우러러보면서 하직하고 떠나갔다.

● 論 ●

'是故善男子汝應往詣文殊師利之所'已下에 有五行半經은 明慈氏 還令善財로 見文殊師利하야 明至果同因하야 表因中之果 本來無二分이라

此段은 明慈氏 已勝進入一生之佛果하사 却令善財로 會入初信

心時普光明殿如來智藏이니 佛果法界寂滅大用常然之門이 無
三世體하야 總一時故며 菩提體如虛空하야 非始終三世古今出入
故라 令善財로 却見文殊하야 明果不移因故니 如下文自明하니라

"그러므로 선남자여, 그대는 반드시 문수사리보살의 도량에 찾 아가야 한다." 이하 5행 반의 경문은 미륵보살이 다시 선재동자로 하여금 문수보살을 친견하도록 하여, 결과에 이르러 원인과 똑같 음을 밝혀, 원인 가운데 결과가 본래 둘이 없음을 나타낸 부분이다.

이 단락은 미륵보살이 이미 한 단계 위로 나아가 일생의 불과 에 들어가자, 다시 선재동자로 하여금 첫 신심을 가질 때에 보광명 전 여래 지혜의 법장에 회통하여 들어가게 함을 밝힌 것이다.

佛果 법계의 적멸 大用이 항상 그러한 법문이 삼세의 체성이 없어 모두 일시이기 때문이며, 보리의 체성이 허공과 같아서 시종 과 삼세 고금의 출입이 아니기 때문이다.

그러므로 선재동자로 하여금 도리어 문수보살을 찾아보도록 함으로써 결과가 원인의 자리에서 변해가지 않음을 밝힌 것이다. 아래의 경문에서 밝힌 바와 같다.

입법계품 제39-18 入法界品 第三十九之十八
화엄경소론찬요 제115권 華嚴經疏論纂要 卷第一百之十五

화엄경소론찬요 제116권
華嚴經疏論纂要 卷第一百之十六

입법계품 제39-19
入法界品 第三十九之十九

自下大文第四는 明智照無二相이니 顯前因法生果에 體無分別하야 絕境智等 諸二相故니라 又善財障盡惑除에 未始動念일새 是故로 反照에 唯是初心이오 更無異也니 卽信智無二니라【鈔_ '第四 智照無二相絕境智等諸二相'者는 謂一은 境智無二오 二는 始末無二오 亦信智無二며 三은 染淨無二오 四는 智斷無二오 五는 理事無二니 由證理事無二義故로 染淨無二오 惑性·智性이 一性平等하야 始末無差하고 能所齊融하니 亦不生二不二分別이라 故前經云 '心不稱量諸二法이오 但恒了達法無二니 諸法若二若不二에 於中畢竟無所著이라'하니 亦爲眞不二矣니라】

Ⅳ. 문수보살 1인의 지혜로 둘이 없음을 관조하는 모양

앞에 원인의 법이 결과를 낼 적에 그 자체에 분별이 없어 경계와 지혜 등 모든 2가지 모양이 끊어짐을 밝힌 때문이다.

또한 선재동자는 장애가 다하고 미혹이 사라져 애당초 생각이 일어나지 않는 까닭에 반조하여 보면 오직 첫 발심이라, 다시는 다름이 없다. 이는 곧 믿음과 지혜가 둘이 없다.【초_ 'Ⅳ. 지혜로 둘이 없음을 관조하는 모양'을 밝혔다는 것은 5가지로 정리될 수 있다.

① 경계와 지혜가 둘이 없으며,

② 시작과 끝이 둘이 없으며, 또한 신심과 지혜가 둘이 없으며,

③ 오염과 청정이 둘이 없으며,

④ 지혜와 결단이 둘이 없으며,

⑤ 이법계와 사법계가 둘이 없다.

이법계와 사법계가 둘이 없는 의의를 증득한 연유로 오염과 청정이 둘이 없으며, 미혹의 성품과 지혜의 성품이 하나의 성품으로 평등하여 시작과 끝이 차별이 없으며, 주체와 대상이 모두 원융하다. 이 또한 둘이라는 것과 둘이 없음에 대해 다르다는 분별의 마음을 내지 않는다.

그러므로 앞의 경문에 이르기를, "마음이 모든 2가지의 법을 따지지 않고, 다만 언제나 법의 둘이 없음을 잘 아는 것이다. 모든 법이 둘이라는 것과 둘이 없다는 것 가운데 결국 집착한 바가 없다."고 하니 바야흐로 참으로 둘이 없는 것이다.】

文但有三이니

第一은 依敎趣求요 第二는 見聞證入이요 第三은 轉遇勝緣이라

今은 初라

경문은 3단락일 뿐이다.

1. 가르침을 따라 선지식을 찾아가 법을 구하고,
2. 보고 듣고서 증득하여 들어가며,
3. 더욱 좋은 반연을 만남이다.

이는 '1. 가르침을 따라 선지식을 찾아가 법을 구함'이다.

經

爾時에 善財童子 依彌勒菩薩摩訶薩敎하야 漸次而行하야 經由一百一十餘城已하고 到普門國蘇摩那城하야 住其門所하야 思惟文殊師利하야 隨順觀察하며 周旋求

覓하야 希欲奉覲하니라

그때, 선재동자는 미륵보살마하살의 가르침을 따라 서서히 차례대로 나아가 110여 성을 지나서 보문국 소마나성에 이르러, 그 성문에 머물면서 문수사리를 생각하며 따라서 관찰하고 두루 찾으며 뵈옵기를 희망하였다.

● 疏 ●

言'經游百一十餘城已'者는 百一十義 已見上文이라 然此游城에 復有二義하니 一은 但從彌勒으로 至於文殊히 自經百一十城이라 非通取前이오 二者는 加前百一十友일새 故云餘城이라 卽通取前友니 普收諸法하야 歸一照故니라

若爾인댄 前友此城이 豈得同耶아 亦有二義하니 一者는 友必依城이니 則一城一友오 二者는 或於一城에 値於多友하고 或求一友하야 歷於多城이어늘 而要具一百一十은 以順表法故니라【鈔_ 或於一城'者는 如諸夜神이 多在佛會오 言'或求一友 歷於多城'者는 如解脫處에 經十二年하고 求於普眼할새 經歷多城等이니 此義勝前하다】

'110여 성을 지나서'라고 말한 것은 110의 의의는 이미 위의 문장에 보인다.

그러나 '성을 지나서'라는 말에는 또한 2가지 뜻이 있다.

① 다만 미륵으로부터 문수에 이르기까지 스스로 110성을 지나온 터라, 앞을 통틀어 취함이 아니다.

② 앞의 110명의 선지식을 더한 까닭에 '나머지의 성'이라고 말하였다. 이는 앞의 선지식을 통틀어 취하였다. 모든 법을 널리 거두어서 하나의 관조에 귀결 지었기 때문이다.

그렇다면 앞의 선지식과 이 城이 어떻게 같을 수 있겠는가. 이 또한 2가지 뜻이 있다.

① 선지식은 반드시 성을 의지한다. 하나의 성에 하나의 선지식이다.

② 혹 하나의 성에 많은 선지식을 만나거나, 혹 하나의 선지식을 찾아갈 적에 여러 성을 거쳐 가는 것이다.

110여 성을 갖춰야 함은 법을 나타내려는 뜻을 따랐기 때문이다.【초_ '혹 하나의 성'이란 마치 여러 主夜神이 부처님의 법회에 많이 있는 것과 같다. "혹 하나의 선지식을 찾아갈 적에 여러 성을 거쳐 간다."고 말한 것은 해탈장자의 처소에서 12년을 지내고, 보안장자를 찾아갈 적에 많은 성을 거쳐 가는 등이다. 이런 뜻이 앞의 말보다 훨씬 훌륭하다.】

到蘇摩那'者는 此云悅意니 卽華名也니 謂智照一性하야 悅本心故니 卽德生城이라 有本云'至普門國'이라하니 顯攝諸差別하야 歸無二相이 卽普門故니라 言住其門所者는 顯解心已極에 將入般若無二之門故니라

'소마나'란 중국에서는 '기쁜 뜻'이라는 뜻이다. 이는 꽃 이름이다. 지혜가 하나의 성품을 관조하여 본심을 기쁘게 하기 때문이다. 이는 덕생동자의 성이다.

다른 판본의 화엄경에서는 "보문국에 이르렀다[至普門國]."로
쓰여 있다. 이는 모든 차별을 거둬다가 2가지 모양이 없는 데에 회
귀함이 곧 普門임을 밝힌 때문이다. "그 성문에 머물렀다[住其門
所]."고 말한 것은 이해의 마음이 이미 지극하기에 장차 반야의 둘
이 없는 문에 들어감을 밝힌 때문이다.

第二 見聞證入
 2. 보고 듣고서 증득하여 들어가다

經

**是時에 文殊師利 遙伸右手하사 過一百一十由旬하야 按
善財頂하시니라**

 그때, 문수사리는 멀리서 오른손을 펼쳐 1백 1십 유순을 지나,
선재동자의 정수리를 만져주었다.

◉ 疏 ◉

此下는 卽是所漏脫文이니 義如前說이라 然以極照無二에 心境兩
亡일세 故略無敬問이오 信解雙絶일세 故不見現身이오 而反照未移
信心일세 故申右手니라 又不見이 乃爲眞見이니 但了自心空般若
故니라
文中三이니

407

一은 摩頂攝受니 過百一十由旬者는 徹過前位故오 始信이 該於極果일새 故曰遙申이오 隨順行成일새 故曰右手니라 然過城은 約超封域이오 由旬은 明超數量이라 又前越諸位斷德이오 後越諸位智地니라 按頂은 表於攝受오 亦以普法置心頂故오 信到極故니라

이 아래는 누락된 문장이다. 그 뜻은 앞서 말한 바와 같다. 그러나 둘이 없는 자리를 지극히 비춰보면 마음과 경계를 모두 떨쳐버린 까닭에 공경히 물음 부분은 생략하였고, 신심과 이해가 모두 끊어졌기에 나타낸 몸을 보지 못하며, 반조하여 보면 신심에서 변한 게 없기에 오른손을 펼친 것이다.

또한 보지 않은 것이 참으로 본 것이다. 다만 내 마음의 空般若를 깨달은 때문이다.

이의 경문은 3단락이다.

(1) 이마를 만져주면서 받아들임이다. 110유순을 지나왔다는 것은 앞의 지위를 지나온 때문이며, 처음 신심이 지극한 결과를 갖추고 있기에 '멀리 뻗었다[遙申].'고 말하고, 차례를 따라서 행이 이뤄졌기에 '오른손'을 말한다. 그러나 성을 지나왔다는 것은 경계의 지역을 뛰어넘은 것으로 말하며, 유순이란 수량을 초월함을 밝힌 것이다.

또한 앞은 모든 지위의 결단의 공덕을 초월함이며, 뒤는 모든 지위의 지혜 지위를 초월함이다. 이마를 만져줌은 받아들임을 나타냄이며, 또한 普門의 법을 마음의 정수리에 둔 때문이며, 신심이 지극함에 이른 때문이다.

作如是言하사대 善哉善哉라 善男子여 若離信根이런들 心劣憂悔하며 功行不具하며 退失精勤하며 於一善根에 心生住着하며 於少功德에 便以爲足하며 不能善巧로 發起行願하며 不爲善知識之所攝護하며 不爲如來之所憶念하며

不能了知如是法性과 如是理趣와 如是法門과 如是所行과 如是境界하며

若周徧知와 若種種知와 若盡源底와 若解了와 若趣入과 若解脫과 若分別과 若證知와 若獲得을 皆悉不能일러니라하사

그리고 이렇게 말하였다.

"착하고 착하다. 선남자여,

만약 신심의 뿌리를 여의었다면,

마음이 용렬하고 후회스러우며,

공덕의 행을 갖추지 못하며,

정근을 잃으며,

하나의 선근에 집착의 마음을 내며,

조그만 공덕에도 만족스럽게 생각하며,

뛰어난 방편으로 행과 원을 일으키지 못하며,

선지식의 거두어 주심과 가호를 받지 못하며,

여래가 기억해 주지 않을 것이며,

이러한 법성, 이러한 이치, 이러한 법문, 이러한 수행, 이러한 경계를 잘 알지 못하며,

두루 앎, 가지가지 앎, 근원의 바닥까지 다함, 분명하게 이해함, 찾아 들어감, 해탈, 분별, 증득, 얻음을 모두 할 수 없을 것이다."

◉ 疏 ◉

二誨示法門이니 卽擧失顯得이니 謂若離信根等인댄 不了法性等이니 反顯善財有信根等하야 能了法性等이라

於中先列所闕行法이니 文有九句니 前七은 闕因이니 一은 闕行本故오 二는 求小故心劣하고 處生死而憂悔오 三은 橫不具오 四는 豎不進이오 五는 滯一善이오 六은 不廣求오 七은 不起無住行願이라 後二는 闕緣이라

後'不能了'下는 不能成益이니 中有十五句니 前五는 約所知理事오 後十은 約能知分齊니 例前諸文思之니라

又前九中에 初一은 信根이니 是所闕因이오 餘皆不能成益이니 約法인댄 功歸於信이어니와 約人인댄 前友之法이 皆由文殊니라

(2) 법문을 가르쳐 보여줌이다. 이는 잘못을 들어서 잘함을 밝혔다. 만일 신심의 뿌리 등을 버리면 법성 등을 잘 알지 못함을 말한다. 선재동자가 신심의 뿌리 등이 있어 법성 등을 잘 알고 있음을 거꾸로 밝힌 것이다.

여기에서는 먼저 지니지 못한 行法을 나열하였다.

이의 경문은 9구이다.

앞의 7구는 근본 원인이 없음을 말하였다.

제1구는 행의 근본이 없기 때문이고,

제2구는 작은 것을 추구한 까닭에 마음이 용렬하여 생사에 머물면서 걱정하고 후회하며,

제3구는 공간의 횡으로 갖추지 못하고,

제4구는 시간의 종으로 나아가지 못하며,

제5구는 하나의 선에 집착하고,

제6구는 널리 구하지 않으며,

제7구는 머묾이 없는 行願을 일으키지 않았다.

뒤의 2가지는 주변의 반연이 없다.

뒤의 '不能了' 이하는 이익을 성취하지 못하였다.

여기에는 15구가 있다.

앞의 5구는 아는 대상의 이법계와 사법계로 말하였고, 뒤의 10구는 앎의 주체인 한계와 부분으로 말하였다. 앞의 경문을 준하여 생각해야 한다.

또한 앞의 9구 가운데 제1구는 신심의 뿌리이다. 이는 지니지 못한 바의 원인이고, 나머지는 모두 이익을 성취하지 못하였다. 법으로 말하면 그 공효는 신심에 귀결되지만, 사람으로 말하면 앞 선지식의 법이 모두 문수에 의한다.

是時에 文殊師利 宣說此法의 示教利喜하사 令善財童

子로 成就阿僧祇法門하며
具足無量大智光明하야 令得菩薩無邊際陀羅尼와 無邊
際願과 無邊際三昧와 無邊際神通과 無邊際智하며
令入普賢行道場하며 及置善財自所住處하시고
文殊師利 還攝不現이어시늘

    그때, 문수사리는 이 법의 '법문을 보여줌[示]', '수행하도록 가르침[敎]', '깨달음의 이익[利]', '근기에 맞춰주는 기쁨[喜]'을 말하여, 선재동자로 하여금 아승기 법문을 성취하도록 하였고,

    한량없는 큰 지혜의 광명을 두루 갖추어,

    보살의 끝이 없는 다라니, 끝이 없는 서원, 끝이 없는 삼매, 끝이 없는 신통, 끝이 없는 지혜를 얻도록 하였고,

    보현보살행의 도량에 들어가게 하였고,

    선재 자신이 머물러야 할 곳에 머물도록 하고서,

    문수사리는 다시 몸을 거두어 내보이지 않았다.

◉ 疏 ◉

三은 結益歸本이라

於中十句니

前九는 結益甚深이니 初一은 總이오 餘八은 別이라
前 智光明은 卽般若方便이오 後 無邊智는 卽智波羅蜜이라
'普賢行道場'者는 擧足下足이 皆擧普賢行相應故니라
'自所住處'者는 卽是法界니 是文殊大智無住住故니라

又普行道場은 卽法界理오 自所住處는 卽文殊智니 此亦義同示
於後友普賢之境이라

後一句는 攝用歸本이니 所作竟故며 信窮智境에 信相便亡일새 故
云不現이라【鈔_ 初一總者는 總은 卽示教利喜니 示는 謂顯示法
門이오 教는 謂勸令修行이오 利는 謂覺悟成益이오 喜는 謂稱根令悅
이라 經從'具足無量'下는 別句니 疏隨難釋일새 先出初句 異於第
六이오 二三四五는 竝皆不釋이오 後는 釋七八二句호되 而有二意하
니 一은 當句釋이니 屬於二人하고 二는 相合釋이니 文殊는 能住오 普
賢道場은 是所住故니라 此亦義同者는 以安普賢行道場故니 文
無正示일새 故云義同이라하니라】

(3) 이익을 끝맺으면서 근본으로 돌아감이다.

이 부분은 10구이다.

앞의 9구는 이익이 아주 심오함을 끝맺었다.

제1구는 총상이고, 나머지 8구는 별상이다.

앞서 말한 '지혜의 광명'은 반야방편이고, 뒤의 '끝이 없는 지
혜'는 지바라밀이다.

'보현보살행도량'이란 발을 들고 딛는 것이 모두 보현행과 상
응하기 때문이다.

'자신이 머물러야 할 곳'이란 바로 법계이다. 이는 문수 大智의
머묾이 없는 머묾이기 때문이다.

또한 '보현보살행도량'은 법계의 진리이고, '자신이 머물러야
할 곳'은 문수의 지혜이다. 이 또한 그 뜻이 뒤의 선지식인 보현보

살의 경계를 보여줌과 같다.

뒤의 1구는 작용을 거둬 근본으로 돌아감이다. 하는 일을 마친 까닭이며,

신심이 다한 지혜 경계에 신심의 모양이 문득 사라졌기에 "몸을 내보이지 않았다."고 말하였다.【초_ '제1구는 총상'이라는 총상은 바로 示·教·利·喜이다. 示는 법문을 보여줌을 말하고, 教는 권면하여 하여금 수행하도록 함을 말하며, 利는 깨달아 이익을 성취함을 말하고, 喜는 근기에 맞추어 그를 기쁘게 함을 말한다.

경문의 '具足無量' 이하로부터는 별상의 구절이다. 청량소에서는 논란 부분을 따라 해석하기에 먼저 첫 구절이 제6구와 다름을 말하였고, 제2, 3, 4, 5구는 아울러 모두 해석하지 않았으며, 뒤에서는 제7, 8구를 해석하였는데, 2가지 뜻이 있다.

① 當句釋, 이는 두 사람 각자에게 속하고,

② 相合釋, 이는 문수는 머묾의 주체이고, 보현도량은 머묾의 대상이기 때문이다.

"이 또한 그 뜻이 같다."는 것은 보현행도량에 안주한 때문이다. 이 문장에 바로 보여준 부분이 없기 때문에 '그 뜻이 같다.'고 말한다.】

第三 轉遇勝緣修行敬事

3. 더욱 좋은 반연을 만나 수행하고 공경히 섬기다

於是에 善財 思惟觀察하야 一心願見文殊師利러니 及見
三千大千世界微塵數諸善知識하고 悉皆親近하야 恭敬
承事하며 受行其教하야 無有違逆하니라

이에 선재동자는 생각하고 관찰하면서 한결같은 마음으로 문
수사리를 뵙기를 원했는데, 삼천대천세계의 티끌 수 선지식을 친
견하고 모두 가까이하여 공경하고 받들어 섬기며, 그들의 가르침
을 받아 행하여 거스르지 않았다.

◉ 疏 ◉

然此諸友와 及後普賢에 皆無指授者는 表證法界에 離此彼相故
니라

此三千友는 乃有多義니 一者는 成前이니 尙是文殊之益이오 二者
는 順後니 爲入理方便이라

又通論諸友인댄 更分三分이니

初는 文殊一人이 爲信心之始오

次至後文殊는 爲智滿之終이니 故此總見三千等友오

後之普賢은 理智無二니라

又前諸友 一一各逢은 卽是純門이오 此中諸友 一時頓見은 卽顯
雜門이오 後普賢一人은 具前諸友니 卽純雜無礙니라

又此諸友所得法門이 受行各別호되 文所不具니 結廣從畧일세 故
總云三千耳라

그러나 이 모든 선지식 및 뒤의 보현이 모두 가리킴이 없는 것은 법계를 증득함에 이것과 저것의 모양을 여읨을 나타낸 때문이다.

여기에서 말한 3천 선지식은 여기에 많은 뜻이 있다.

⑴ 앞의 부분을 끝맺었다. 오히려 문수의 이익이다.

⑵ 뒤의 문장을 따랐다. 이치에 들어가는 방편이다.

또한 모든 선지식을 총괄하여 논한다면, 다시 3부분으로 나뉜다.

첫째, 문수 한 사람은 신심의 시초가 되고,

다음, 뒤의 문수에 이른 것은 지혜 원만의 끝부분이다. 이 때문에 여기에서 3천 선지식을 총괄하여 보았다.

뒤의 보현은 진리와 지혜에 둘이 없다.

또한 앞에 모든 선지식을 하나하나 각기 만난 것은 '하나의 법문[純門]'이고,

여기에서 많은 선지식을 일시 한꺼번에 본 것은 '종합의 법문[雜門]'을 나타내며,

뒤의 보현 한 사람은 앞의 모든 선지식을 갖춤이니, 하나와 종합에 걸림이 없는 것이다.

또한 이 모든 선지식에게 얻은 법문이 받아 행함이 각기 다르지만 경문에서 구체적으로 언급하지 않았다. 자세함을 끝맺으면서 간략함을 따랐기에 총괄하여 '삼천대천세계'라 말하였다.

大文第五는 顯因廣大相이니 以前照理無二하야 顯其甚深이라야 方堪成佛廣大之因이니 以隨一一因하야 皆稱法性故니라

文殊般若는 卽攝相歸體오 普賢法界는 卽秘密重重이니 若以二聖相對면 則文殊는 爲能證이어니와 若以二聖으로 對善財면 則文殊도 亦爲所證이니 未得般若를 今證得故니라【鈔_ '大文第五顯因廣大相 以隨一一因'者는 釋廣大義니 異前攝德成因에 未說一一稱法界故니라 又前但因이어니와 今明因徹果海故니라 '文殊'下는 對前辨異니 攝相歸性은 事理無礙오 秘密重重은 事事無礙니라 '若以二聖'下는 後二聖相望하야 辨其能所니라】

V. 보현보살 1인의 원인의 광대함을 나타내는 모양

앞에서 '진리는 둘이 없음'을 관조하여 그 매우 깊음을 밝혀야 비로소 성불할 수 있는 광대한 원인을 감당할 수 있다. 하나하나 원인을 따라서 모두 법성에 부합한 때문이다.

문수의 반야는 모양을 거두어 본체로의 회귀이며, 보현의 법계는 거듭거듭 비밀스러움이다. 만약 문수와 보현 두 성자를 상대로 말하면, 문수는 증득의 주체이지만, 두 성자와 선재를 상대로 말하면, 문수 또한 증득의 대상이다. 미처 얻지 못하였던 반야를 이제야 증득한 때문이다.【초_ 'V. 원인의 광대함을 나타내는 모양'을 밝힌 부분에서 '하나하나 원인을 따름'이란 광대한 뜻을 해석하였다. 앞서 '공덕을 받아들여 원인을 성취'함에 하나하나 법계와 칭합함을 말하지 않은 것과는 다르기 때문이다. 또한 앞에서는 원인만

417

을 말했지만, 여기에서는 원인이 결과의 바다[果海]에 통함을 밝힌 때문이다.

'文殊' 이하는 앞의 문장을 상대로 그 차이점을 논변하였다.

'모양을 거두어 본체로의 회귀'는 사법계와 이법계에 걸림이 없음이며,

'거듭거듭 비밀스러움'은 현상의 사물과 사물이 서로 하나가 되어 걸림이 없음이다.

'두 성자와 선재를 상대로 말하면' 이하는 뒤에 문수와 보현 두 성자를 상대로 그 주체와 대상을 논변하였다.】

文中分三이니 初는 依教趣求오 二는 聞覩前相이오 三은 見聞證入이라 今은 初라

경문은 3단락으로 나뉜다.
1. 가르침을 따라 선지식을 찾아가 법을 구하고,
2. 앞의 모양을 듣고 보며,
3. 보고 듣고서 증득하여 들어감이다.

이는 '1. 가르침을 따라 선지식을 찾아가 법을 구함'이다.

經

增長趣求一切智慧하며
廣大悲海하며
益大慈雲하며
普觀衆生하야 生大歡喜하며

安住菩薩寂靜法門하며
普緣一切廣大境界하며
學一切佛廣大功德하며
入一切佛決定知見하며
增一切智助道之法하며
善修一切菩薩深心하며
知三世佛出興次第하며
入一切法海하며
轉一切法輪하며
生一切世間하며
入於一切菩薩願海하며
住一切劫하야修菩薩行하며
照明一切如來境界하며
長養一切菩薩諸根하며
獲一切智淸淨光明하며
普照十方하야除諸暗障하며
智周法界하며
於一切佛刹一切諸有에普現其身하야靡不周徧하며
摧一切障하며
入無礙法하며
住於法界平等之地하며
觀察普賢解脫境界하니라

일체 지혜를 나아가 구하고 더욱 키워나가고,
크게 가엾이 여기는 바다를 넓히며,
크게 인자한 구름을 더하고,
중생을 두루 살펴 큰 환희심을 내며,
보살의 고요한 법문에 안주하고,
일체 광대한 경계를 널리 따르며,
일체 부처님의 광대한 공덕을 배우고,
일체 부처님의 결정된 지견에 들어가며,
일체 지혜로 도를 돕는 법을 증장하고,
일체 보살의 깊은 마음을 잘 닦으며,
삼세 부처님이 세간에 나오는 차례를 알고,
일체 법 바다에 들어가며,
일체 법륜을 굴리고,
일체 세간에 태어나며,
일체 보살의 서원 바다에 들어가고,
일체 겁에 머물면서 보살의 행을 닦으며,
일체 여래의 경계를 밝게 비추고,
일체 보살의 근기를 기르며,
일체 지혜의 청정 광명을 얻고,
시방을 두루 비춰 어둠을 없애며,
지혜가 법계에 두루 하고,
일체 세계의 모든 존재에 몸을 널리 나타내어 두루 찾아가지

않음이 없으며,

　일체 장애를 꺾고,

　걸림 없는 법에 들어가며,

　법계의 평등한 경지에 머물고,

　보현의 해탈 경계를 관찰하였다.

● 疏 ●

有二十六句니 初一은 標求佛果오 後一은 總觀圓因이오 中間諸句는 義通前後니 皆是趣佛之因이며 並是普賢解脫境故니라
就中間 攝爲十對니
初四는 四等普周니 寂靜卽捨故오 次二는 福智無外니 緣境是智故오 次二는 入正增助이오 次二는 修因知果오 次三은 入法現生이오 次二는 證願修行이오 次二는 照上增下오 次二는 得實照權이오 次二는 智周身徧이오 後三은 摧障入理라
其入無礙法은 向上에 成無二礙하고 向下에 卽成無礙法界라
其住平等地는 卽前文殊自所住處라
後는 總句니 觀普賢境은 卽前普賢行道場이니 以是顯因廣大相故로 文殊는 通指하고 善財는 普觀하야 不同前文 一友指於一友니 良以普觀이라야 方見普賢故니라

　26구이다. 제1구는 佛果를 구함을 밝혔고, 맨 끝 구절은 원만한 원인을 총괄하여 관찰하였으며, 중간 24구의 뜻은 앞뒤로 모두 통하였다. 이는 모두 불과로 나아가는 원인이며, 아울러 보현의 해

탈 경계이기 때문이다.

중간 24구를 10대구로 정리하면 다음과 같다.

첫 제1~4 4구는 慈·悲·喜·捨 4가지[四等]를 두루 원만히 행함이다. 寂靜이 바로 捨이기 때문이다.

다음 제5~6 2구는 복덕과 지혜가 끝이 없음이다. '경계를 따름[緣境]'이 지혜이기 때문이다.

다음 제7~8 2구는 바른 지견에 들어감과 助道의 增長이고,

다음 제9~10 2구는 원인을 닦음과 결과를 앎이며,

다음 제11~13 3구는 법에 들어감과 生을 나타냄이고,

다음 제14~15 2구는 서원을 증득함과 행을 닦음이며,

다음 제16~17 2구는 위로 부처 경계를 관조하고 아래로 보살 선근을 길러감이고,

다음 제18~19 2구는 實敎를 얻음과 權敎를 비춰봄이며,

다음 제20~21 2구는 지혜의 두루 함과 몸을 두루 나타냄이고,

다음 제22~24 3구는 장애를 꺾음과 이치에 들어감이다.

그 "걸림 없는 법에 들어간다."는 것은 위로는 소지장과 번뇌장이 없음을 성취하고, 아래로는 걸림 없는 법계를 성취한 것이다.

그 "평등한 경지에 머문다."는 것은 앞에서 말한 문수 그 자신이 머문 곳이다.

맨 끝 구절은 총상의 구절이다. "보현의 해탈 경계를 관찰하였다."는 것은 앞서 말한 '보현행도량'이다. 이는 원인의 광대한 모습을 나타낸 까닭에 문수는 모두 통하여 가리키고, 선재는 널리 관찰

하여, 앞의 경문에서 말한 '하나의 선지식'은 오직 하나의 선지식을 가리킨 것과는 똑같지 않다. 참으로 널리 보아야 비로소 보현을 볼 수 있기 때문이다.

第二. 聞覩前相

於中에 先聞 後覩이라

今은 初라

    2. 앞의 모양을 듣고 보다
    이 부분은 2단락이다.
    (1) 듣고, (2) 봄이다.
    이는 '(1) 들음'이다.

經

卽聞普賢菩薩摩訶薩의 名字와 行願과 助道와 正道와 諸地와 地方便과 地入과 地勝進과 地住와 地修習과 地境界와 地威力과 地同住하니라

    바로 보현보살의 이름, 행원, 도를 돕는 것, 바른 도, 모든 지위, 지위의 방편, 지의 들어감, 지의 더 나아감, 지의 머무름, 지의 닦아 익힘, 지의 경계, 지의 위력, 지의 함께 머무름을 들었다.

◉ 疏 ◉

有十三句니 初一은 聞人名이오 後十二는 聞行位니 '卽聞'二字 貫下諸句니라

此中'聞'者는 非從一人多人聞之라 卽稱法界而聞耳니라

'諸地'者는 普賢位中에 自行依地와 及圓融所攝地也라

此句는 總이오 下八은 別이니 一 地方便者는 卽加行也오 二는 卽入心이오 三은 出心이오 四는 住心이오 五는 卽修施戒等이오 六은 卽徧行眞如等爲所證境이니 亦是所得分齊之境이오 七은 卽神通作用이니 摧邪攝生等이오 八은 卽同依佛智而住니라

  13구이다. 제1구는 사람의 명호를 들음이며, 뒤의 12구는 行位를 들음이다.

  '卽聞' 2자는 아래의 모든 구절에 관통하고 있다.

  여기에서 말한 '들었다.'는 것은 한 사람, 많은 사람으로부터 들은 것이 아니다. 곧 법계에 맞추어 들음이다.

  '諸地'란 보현 지위에서의 '자신의 행이 의지한 곳[自行依地]' 및 '원융하게 받아들인 곳[圓融所攝地]'이다.

  '諸地' 구절은 총상이고, 아래 8구는 별상이다.

  제1구, 地方便이란 곧 加行이며,

  제2구, 다른 지위에서 그 지위로 들어가는 마음[入心]이며,

  제3구, 그 지위에서 나와 다른 지위로 들어가려는 때의 마음[出心]이며,

  제4구, 그 지위에서 안주하는 마음[住心]이며,

제5구, 보시·지계 등을 닦음이며,

제6구, 두루 진여를 행하는 등은 증득 대상의 경계이고, 또한 얻은 바의 한계와 부분의 경계이며,

제7구, 신통 작용이다. 삿됨을 꺾음과 중생을 받아들임 등이며,

제8구, 부처의 지혜에 함께 의지하여 머묾이다.

二明覩

於中二니

先은 仰德修觀이오 後는 覩見希奇라

今은 初라

(2) 보다

이 부분은 2단락이다.

(ㄱ) 덕망을 우러르면서 관을 닦음이며,

(ㄴ) 보기 드문 분을 봄이다.

이는 '(ㄱ) 덕망을 우러름'이다.

經

渴仰欲見普賢菩薩하야 卽於此金剛藏菩提場毘盧遮那如來師子座前一切寶蓮華藏座上에
起等虛空界廣大心과
捨一切刹離一切着無礙心과

普行一切無礙法無礙心과
徧入一切十方海無礙心과
普入一切智境界清淨心과
觀道場莊嚴明了心과
入一切佛法海廣大心과
化一切衆生界周徧心과
淨一切國土無量心과
住一切劫無盡心과
趣如來十力究竟心하니라

　　보현보살을 뵙고자 간절한 마음으로, 곧 금강장 보리도량 비로자나여래의 사자법좌 앞에 있는 일체 보배 연화장 법좌 위에서, 열 가지 마음을 일으켰다.

　　허공계처럼 광대한 마음,

　　일체 세계를 버리고 모든 애착을 여의어 걸림 없는 마음,

　　일체 걸림 없는 법에 두루 행하려는 걸림 없는 마음,

　　일체 시방 바다에 두루 들어가려는 걸림 없는 마음,

　　일체 지혜의 경계에 널리 들어가려는 청정한 마음,

　　도량의 장엄을 보려는 분명한 마음,

　　일체 불법 바다에 들어가려는 광대한 마음,

　　일체 중생 세계를 교화하려는 두루 한 마음,

　　일체 국토를 청정히 하려는 한량없는 마음,

　　일체 겁에 머물려는 끝없는 마음,

여래의 열 가지 힘에 나아가려는 최고 경계의 마음을 일으켰다.

● 疏 ●

初聞前人法일세 故生渴仰이라
次'卽於'下는 修觀이니 菩提場者는 是所觀處요 金剛藏者는 約表면 卽於本所信 自心佛果菩提體中 金剛智內에 起一切因陁羅網普賢心觀이오 約事인댄 卽前其地金剛이니 而蘊德具嚴일세 故名爲藏이라 然此經體勢는 應具十會하야 以順無盡하고 又始起覺場일세 義應歸本故니라【鈔_ 然此經'下는 總釋文意니 謂所以卻就金剛場起觀者는 何오 於中有二니 先은 繫表出意니 謂華嚴一切 皆悉具十이니 會亦應然이라 合有第十攝末歸本 重會覺場이니 謂菩提場은 是根本會오 起於中八은 名爲末會니 謂第十會는 攝前八會하야 歸於初會니 無不從此法界所流오 無不還歸此法界故니라】

앞에서 사람과 법에 대해 처음 들었기에 친견하고자 간절한 마음을 낸 것이다.

다음 '卽於' 이하는 觀을 닦음이다.

'보리도량'이란 보고자 한 대상의 처소이며,

'금강장'이란 것은 상징으로 말한다면, 본래 믿었던 자기 마음의 佛果 보리 본체 가운데 금강지 내에 일체 인드라 그물의 보현심 觀을 일으킴이며, 현상의 일로 말한다면, 앞서 말한 바와 같이 그 땅은 금강으로 이뤄졌다. 공덕을 간직하여 장엄을 갖추었기에 그 이름을 '藏'이라 한다.

그러나 이 경의 문맥으로 보면 당연히 10차례의 법회를 갖추어야 그지없는 수효를 따르며, 또한 보리도량[覺場: 菩提場]에서 처음 일으켰기에 그 의의는 당연히 근본법회로 돌아가기 때문이다. 【초_ '然此經' 이하의 문장의 뜻을 총괄하여 해석하였다.

"도리어 금강도량에 나아가 觀을 일으킨 것은 무엇 때문인가?"

여기에는 2가지 뜻이 있다.

앞에서는 나가는 뜻으로 상징하여 말하였다. 화엄경은 일체가 모두 10으로 갖춰져 있다. 법회 또한 당연히 그와 같다. 따라서 제10에서 지말법회를 거두어 근본법회로 회귀하는, 다시 보리도량의 법회가 있다. 보리도량은 근본법회이고, 가운데 8법회를 일으킴은 그 이름을 지말법회라 하는데, 제10 법회는 앞의 8법회를 거두어서 첫 법회에 회귀함을 말한다. 이 법계로부터 유출되지 않은 바가 없으며, 이 법계로 회귀하지 않음이 없기 때문이다.】

今且依文하야 對前本末二會면 即是攝末歸本之義니 是以로 善財不假別指오 便於初會始成之處 如來座前而起觀求니라【鈔_ 後'今且依文'者는 明其無十故니라 就第九以明此三이니 一者는 本會오 二者는 末會오 三 自普賢은 以爲攝末歸本之會니라 本有二種하니 逝多는 乃是此會之本이오 今歸覺場은 是諸會本이니라】

여기에서는 또한 경문을 따라서 앞의 근본법회와 지말법회를 상대로 말하면 이는 시말을 거두어서 근본으로 회귀한다는 뜻이다. 이로써 선재동자가 별개로 어느 곳을 가리켜 말함을 빌리지 않고, 바로 첫 법회가 이뤄진 곳인 여래 법좌의 앞에서 觀을 구하고자 일으켰다.【초_ 뒤의 "여기에서는 또한 경문을 따라서"라는 것은 그 10가지가 없음을 밝힌 것이다. 그러므로 제9 부분에서 3가지를 밝혔다.

① 근본법회, ② 지말법회, ③ 보현으로부터는 지말법회를 거두어 근본법회로 회귀하는 법회이다.

'① 근본법회'에는 2가지가 있다. 서다림은 이에 이 법회의 근본이고, 지금 보리도량에 회귀함은 모든 법회의 근본이다.】

後起等下는 正顯觀心이라 有十一句하니 皆稱普賢境而起於心일새 故後得見이라

뒤의 '起等' 이하는 바로 觀心을 밝혔다.

11구이다. 모두 보현의 경계에 맞추어 마음을 일으키기에 뒤에 이를 볼 수 있다.

二 觀見希奇
　　(ㄴ) 보기 드문 분을 보다

經
善財童子 起如是心時에 由自善根力과 一切如來所加被力과 普賢菩薩同善根力故로 見十種瑞相하니
何等이 爲十고
所謂見一切佛刹淸淨에 一切如來 成等正覺하며

見一切佛刹淸淨에 無諸惡道하며
見一切佛刹淸淨에 衆妙蓮華로 以爲嚴飾하며
見一切佛刹淸淨에 一切衆生의 身心淸淨하며
見一切佛刹淸淨에 種種衆寶之所莊嚴하며
見一切佛刹淸淨에 一切衆生이 諸相嚴身하며
見一切佛刹淸淨에 諸莊嚴雲으로 以覆其上하며
見一切佛刹淸淨에 一切衆生이 互起慈心하야 遞相利益하야 不爲惱害하며
見一切佛刹淸淨에 道場莊嚴하며
見一切佛刹淸淨에 一切衆生이 心常念佛이니 是爲十이니라

　선재동자가 이런 마음을 일으킬 적에 자기의 선근의 힘, 일체 여래의 가피하신 힘, 보현보살의 같은 선근의 힘으로 열 가지 상서로운 모양을 보았다.

　무엇이 열 가지 상서로운 모양인가?

　이른바 일체 세계가 청정한 데에 일체 여래의 정등각 성취를 보았고,

　일체 세계가 청정한 데에 모든 악도가 없음을 보았고,

　일체 세계가 청정한 데에 여러 가지 미묘한 연꽃으로 장엄함을 보았고,

　일체 세계가 청정한 데에 일체중생의 몸과 마음이 청정함을 보았고,

일체 세계가 청정한 데에 가지가지 보배로 장엄함을 보았고,

일체 세계가 청정한 데에 일체중생이 여러 가지 모습으로 몸을 장엄함을 보았고,

일체 세계가 청정한 데에 여러 장엄 구름으로 그 위를 덮은 것을 보았고,

일체 세계가 청정한 데에 일체중생이 사랑의 마음을 내어 서로서로 이익을 베풀면서 괴롭히지 않음을 보았고,

일체 세계가 청정한 데에 도량의 장엄함을 보았고,

일체 세계가 청정한 데에 일체중생이 항상 부처님을 생각함을 보았다.

이를 열 가지 상서로운 모양이라 한다.

又見十種光明相하니
何等이 **爲十**고
所謂見一切世界所有微塵의
一一塵中에 **出一切世界微塵數佛光明網雲**하야 **周徧照耀**하며
一一塵中에 **出一切世界微塵數佛光明輪雲**하야 **種種色相**이 **周徧法界**하며
一一塵中에 **出一切世界微塵數佛色像寶雲**하야 **周徧法界**하며
一一塵中에 **出一切世界微塵數佛光焰輪雲**하야 **周徧法**

界하며

一一塵中에 出一切世界微塵數衆妙香雲하야 周徧十方하야 稱讚普賢一切行願大功德海하며

一一塵中에 出一切世界微塵數日月星宿雲하야 皆放普賢菩薩光明하야 徧照法界하며

一一塵中에 出一切世界微塵數一切衆生身色像雲하야 放佛光明하야 徧照法界하며

一一塵中에 出一切世界微塵數一切佛色像摩尼雲하야 周徧法界하며

一一塵中에 出一切世界微塵數菩薩身色像雲하야 充滿法界하야 令一切衆生으로 皆得出離하야 所願滿足하며

一一塵中에 出一切世界微塵數如來身色像雲하야 說一切佛廣大誓願하야 周徧法界니 是爲十이니라

또한 열 가지 광명의 모양을 보았다.

무엇이 열 가지 광명의 모양인가?

이른바 일체 세계에 있는 미세한 티끌의

하나하나 티끌 속에서 일체 세계의 티끌 수와 같은 부처님의 광명 그물 구름을 내어 두루 비춤을 보았다.

하나하나 티끌 속에서 일체 세계의 티끌 수와 같은 부처님의 광명 바퀴 구름을 내어 가지가지 빛깔이 법계에 두루 비춤을 보았다.

하나하나 티끌 속에서 일체 세계의 티끌 수와 같은 부처님의 형상 보배 구름을 내어 법계에 두루 가득함을 보았다.

하나하나 티끌 속에서 일체 세계의 티끌 수와 같은 부처님의 불꽃 바퀴 구름을 내어 법계에 두루 가득함을 보았다.

하나하나 티끌 속에서 일체 세계의 티끌 수와 같은 미묘한 향 구름을 내어 시방에 두루 가득한데 보현의 일체 행원과 큰 공덕 바다를 칭찬함을 보았다.

하나하나 티끌 속에서 일체 세계의 티끌 수와 같은 일월성신의 구름을 내어, 모두 보현보살의 광명을 쏟아 법계에 두루 비춤을 보았다.

하나하나 티끌 속에서 일체 세계의 티끌 수와 같은 중생의 몸을 닮은 구름을 내어, 부처님의 광명을 쏟아 법계에 두루 비춤을 보았다.

하나하나 티끌 속에서 일체 세계의 티끌 수와 같은 여러 부처님 모습을 닮은 마니주 구름을 내어 법계에 가득함을 보았다.

하나하나 티끌 속에서 일체 세계의 티끌 수와 같은 보살의 몸을 닮은 구름을 내어 법계에 가득하여, 일체중생으로 하여금 모두 삼계를 벗어나 소원이 만족케 함을 보았다.

하나하나 티끌 속에서 일체 세계의 티끌 수와 같은 여래의 몸을 닮은 구름을 내어, 일체 부처님의 광대한 서원을 말하여 법계에 두루 울려옴을 보았다.

이를 열 가지 광명의 모양이라 한다.

● 疏 ●

於中二니 先은 結前生後니 兼顯見因이라 後 '見十種'下는 正觀希奇라 於中二니 一은 見瑞相이니 十句五對에 各先所依淨土오 後住處衆生이라【鈔_ 一見瑞相者는 然其十句 皆是淨土로되 而具後句는 意在衆生이니 如初對云 '見一切佛刹淸淨에 一切如來成正覺'은 卽屬淨土오 二云 '見一切佛刹淸淨에 無諸惡道라'하니 無諸惡道는 卽是住處衆生이니 五對 皆然이라】

이는 2단락이다.

① 앞의 문장을 끝맺으면서 뒤의 문장을 일으켰다. 겸하여 볼 수 있는 인연을 밝혔다.

② '見十種' 이하는 바로 드물고 기이한 모습을 봄이다.

'기이한 모습' 부분은 2단락이다.

㉠ 상서의 모양을 보았다. 10구 5대구에 각각 앞 구절은 의지 대상의 정토이고, 뒤 구절은 머문 곳의 중생이다.【초_ "㉠ 상서의 모양을 보았다."란, 그러나 그 10구가 모두 정토이지만, 뒤 구절을 갖추어 말한 뜻은 중생에 있다.

제1 대구에서 "일체 세계가 청정한 데에 일체 여래의 정등각 성취를 보았다."는 것은 바로 '의지 대상의 정토'에 속하고, 제2 대구에서 "일체 세계가 청정한 데에 모든 악도가 없음을 보았다."고 하니, '모든 악도가 없다.'는 것은 '머문 곳의 중생'에 속한다.

5대구가 모두 그와 같다.】

二는 觀光明이니 前瑞는 則直見一重淨刹이오 此는 明重見이라 又前

麤此細오 前體相 此業用이라 然皆是普賢依報之刹이라【鈔_ 又前粗者는 前但云見一切佛刹이라하고 今一一塵中出一切世界일새 故此爲細니라 言'前體相此業用'者는 前但云見이어니와 今塵中出故니라】

ⓛ 광명을 보았다. 앞의 상서는 바로 하나의 청정세계를 봄이고, 이는 거듭 봄을 밝혔다. 또한 앞은 거친 부분이고 이는 미세한 부분이며, 앞은 體相이고 이는 業用이다. 그러나 모두 보현 의보의 세계이다.【초_ "또한 앞은 거친 부분"이라는 것은 앞에서는 '일체 세계를 보았다.'고 말하였을 뿐인데, 여기에서는 하나하나 티끌 속에서 일체 세계를 내는 것이다. 이 때문에 이를 미세하다고 한다.

"앞은 體相이고 이는 業用이다."고 말한 것은 앞에서는 보았다고 말하였을 뿐이지만, 여기에서는 티끌 속에 나온 까닭이다.】

第三 見聞證入
於中三이니 初는 結前生後라

3. 보고 듣고서 증득하여 들어가다

이 부분은 3단락이다.

1) 앞의 문장을 끝맺으면서 뒤의 문장을 일으켰다.

經
時에 善財童子 見此十種光明相已하고 卽作是念호되

我今必見普賢菩薩하야 增益善根하며 見一切佛하야 於
諸菩薩廣大境界에 生決定解하야 得一切智로다

　그때, 선재동자는 이와 같은 열 가지 광명의 모양을 보고서 이런 생각을 하였다.

　'나는 이제 반드시 보현보살을 보고서 선근을 더할 것이며, 일체 부처님을 보고서 여러 보살의 광대한 경지에 대하여 결정된 이해를 내어 일체 지혜를 얻을 것이다.'

◉ 疏 ◉

由觀前相하야 生必見心이라

　앞의 광명 모습을 봄으로 연유하여 결정된 이해를 내면 반드시 마음을 볼 수 있다.

二. 起觀增修

　2) 관을 일으켜 더욱 닦다

經

於時에 善財 普攝諸根하야 一心求見普賢菩薩호되
起大精進하야 心無退轉하야
卽以普眼으로 觀察十方一切諸佛諸菩薩衆의 所見境界
하고 皆作得見普賢之想하며

以智慧眼으로 觀普賢道하야 其心廣大 猶如虛空하고 大悲堅固 猶如金剛하며
願盡未來토록 常得隨逐普賢菩薩하야 念念隨順修普賢行하며
成就智慧하야 入如來境하고 住普賢地러니

　그때, 선재동자는 여러 감관을 널리 거두어 하나같은 마음으로 보현보살을 보고자

　큰 정진을 일으켜 물러서지 않는 마음을 지니고서,

　곧 넓은 눈으로 시방의 일체 부처님과 많은 보살이 보았던 경계를 관찰하고 모두 보현보살을 뵈려는 생각을 하였으며,

　지혜의 눈으로 보현의 도를 살펴보면서, 그 마음의 광대함이 허공과 같았고, 크게 가엾이 여기는 마음의 견고함이 금강과 같았으며,

　미래 세월이 다하도록 항상 보현보살을 따르면서 생각마다 보현의 행을 따라 닦고자 원했으며,

　지혜를 성취하여 여래의 경지에 들어가고 보현의 지위에 머물려 하였다.

● 疏 ●

初는 攝散住定이오 次는 策勤無退오 次는 觀其體徧이니 以法界爲身故오 次는 悲智橫廣이오 次는 願行竪窮이오 後는 得果圓因이니 此乃總攝諸觀이라 行人欲見인댄 當倣此修니 離此觀心이면 見亦非

勝이라

(1) 흐트러진 마음을 거두어 선정에 머물고,

(2) 경책과 정근으로 물러섬이 없으며,

(3) 그 몸이 시방에 두루 나타남을 살펴봄이다. 법계로써 몸을 삼은 까닭이다.

(4) 大悲와 大智가 횡으로 광대하고,

(5) 願과 行이 종으로 다하며,

(6) 결과를 얻음과 원만한 원인이다. 이는 모든 觀을 총괄하여 받아들였다.

수행인이 보고자 한다면 마땅히 이와 같이 닦아야 한다. 이를 떠나서 마음을 살펴보고자 한다면 견해 또한 훌륭한 게 아니다.

三 正明見聞證入

於中二니 先은 正見聞證入이오 後는 聞佛德難思라

前中亦二니 先은 顯得益圓因이오 後는 位滿齊佛이라

前中分四니 一은 見身得益이오 二는 摩頂得益이오 三은 顯因深廣이오 四는 觀用無涯라

初中二니 先은 見勝身이오 後는 得深益이라

前中四니 一은 總見勝德身相이오 二는 別見毛孔出生이오 三은 重觀體內包含이오 四는 結通周徧이라

今은 初라

3) 바로 보고 듣고서 증득하여 들어감을 밝히다

그중에 2단락이다.

ㄱ) 바로 보고 듣고서 증득하여 들어갔고,

ㄴ) 부처님의 공덕이 불가사의함을 들었다.

'ㄱ) 바로 보고 듣고서 증득하여 들어간' 부분 또한 2단락이다.

⑴ 얻은 이익의 원만한 원인을 밝혔고,

⑵ 지위가 원만하여 부처님과 같다.

'⑴ 얻은 이익' 부분은 4단락으로 나뉜다.

제1 단락, 몸을 보고서 얻은 이익이고,

제2 단락, 이마를 어루만져준 데서 얻은 이익이며,

제3 단락, 원인의 깊고 광대함을 나타냈고,

제4 단락, 작용의 끝이 없음을 관찰하였다.

'제1 단락, 몸을 보고서 얻은 이익'은 2단락이다.

㈀ 훌륭한 몸을 보았고,

㈁ 심오한 이익을 얻었다.

'㈀ 훌륭한 몸' 부분은 4단락이다.

첫째, 훌륭한 공덕의 몸매를 총제로 보았고,

둘째, 모공에서 나온 것을 개별로 보았으며,

셋째, 체내에 포함된 바를 거듭 관찰하였고,

넷째, 두루 시방에 나타남을 모두 끝맺었다.

이는 '첫째, 훌륭한 공덕의 몸매를 총체로 봄'이다.

時에 善財童子 卽見普賢菩薩이 在如來前衆會之中하사 坐寶蓮華師子之座하사 諸菩薩衆의 所共圍遶에 最爲殊特하야 世無與等하며 智慧境界 無量無邊하고 難測難思하야 等三世佛하야 一切菩薩이 無能觀察하니라

그때, 선재동자가 바로 보현보살이 여래의 앞에 대중이 모인 가운데 계시면서 보배 연꽃 사자법좌에 앉았는데, 모든 보살이 함께 둘러싸고 있는 데에서 가장 뛰어나 세간에 짝할 이가 없으며, 지혜의 경지가 한량없고 그지없으며, 헤아리기 어렵고 생각하기 어려워 삼세 부처님과 똑같아서, 일체 보살이 살펴볼 수 없는 것을 보았다.

◉ 疏 ◉

由前於菩提場師子座前에 起勝想故일세니라

앞서 보리도량의 사자법좌 앞에서 훌륭한 생각을 일으켰기 때문이다.

二別見毛孔出生

둘째, 모공에서 나온 것을 개별로 보다

見普賢身의 一一毛孔에 出一切世界微塵數光明雲하사 徧法界虛空界一切世界하야 除滅一切衆生苦患하사 令諸菩薩로 生大歡喜하며

見一一毛孔에 出一切佛刹微塵數種種色香焰雲하사 徧法界虛空界一切諸佛衆會道場하야 而以普熏하며

見一一毛孔에 出一切佛刹微塵數雜華雲하사 徧法界虛空界一切諸佛衆會道場하야 雨衆妙華하며

見一一毛孔에 出一切佛刹微塵數香樹雲하사 徧法界虛空界一切諸佛衆會道場하야 雨衆妙香하며

見一一毛孔에 出一切佛刹微塵數妙衣雲하사 徧法界虛空界一切諸佛衆會道場하야 雨衆妙衣하며

見一一毛孔에 出一切佛刹微塵數寶樹雲하사 徧法界虛空界一切諸佛衆會道場하야 雨摩尼寶하며

見一一毛孔에 出一切佛刹微塵數色界天身雲하사 充滿法界하야 歎菩提心하며

見一一毛孔에 出一切佛刹微塵數梵天身雲하사 勸諸如來하야 轉妙法輪하며

見一一毛孔에 出一切佛刹微塵數欲界天王身雲하사 護持一切如來法輪하며

見一一毛孔에 念念中出一切佛刹微塵數三世佛刹雲하사 徧法界虛空界하야 爲諸衆生하야 無歸趣者에 爲作

歸趣하고 無覆護者에 爲作覆護하고 無依止者에 爲作依止하며

見一一毛孔에 念念中出一切佛刹微塵數淸淨佛刹雲하사 徧法界虛空界하야 一切諸佛이 於中出世하사 菩薩衆會悉皆充滿하며

見一一毛孔에 念念中出一切佛刹微塵數淨不淨佛刹雲하사 徧法界虛空界하야 令雜染衆生으로 皆得淸淨하며

見一一毛孔에 念念中出一切佛刹微塵數不淨淨佛刹雲하사 徧法界虛空界하야 令雜染衆生으로 皆得淸淨하며

見一一毛孔에 念念中出一切佛刹微塵數不淨佛刹雲하사 徧法界虛空界하야 令純染衆生으로 皆得淸淨하며

見一一毛孔에 念念中出一切佛刹微塵數衆生身雲하사 徧法界虛空界하야 隨其所應하야 敎化衆生하사 皆令發阿耨多羅三藐三菩提心하며

見一一毛孔에 念念中出一切佛刹微塵數菩薩身雲하사 徧法界虛空界하야 稱揚種種諸佛名號하야 令諸衆生으로 增長善根하며

見一一毛孔에 念念中出一切佛刹微塵數菩薩身雲하사 徧法界虛空界一切佛刹하야 宣揚一切諸佛菩薩의 從初發意所生善根하며

見一一毛孔에 念念中出一切佛刹微塵數菩薩身雲하사 徧法界虛空界하야 於一切佛刹一一刹中에 宣揚一切菩

薩願海와 及普賢菩薩淸淨妙行하며
見一一毛孔에 念念中出普賢菩薩行雲하사 令一切衆生으로 心得滿足하야 具足修習一切智道하며
見一一毛孔에 出一切佛刹微塵數正覺身雲하사 於一切佛刹에 現成正覺하야 令諸菩薩로 增長大法하야 成一切智하니라

　보현보살의 몸에 있는 하나하나 모공에서 일체 세계의 티끌 수와 같은 광명 구름을 내어, 법계와 허공계의 일체 세계에 두루 가득하여 일체중생의 고통과 우환을 없애어 보살들이 큰 기쁨을 얻게 하였다.

　하나하나 모공에서 일체 세계의 티끌 수와 같은 가지가지 빛깔 있는 향의 불꽃 구름을 내어, 법계와 허공계에 있는 일체 부처님의 대중이 모인 도량에 두루 널리 풍김을 보았다.

　하나하나 모공에서 일체 세계의 티끌 수와 같은 여러 가지 꽃 구름을 내어, 법계와 허공계에 있는 일체 부처님의 대중이 모인 도량에 두루 미묘한 꽃을 흩뿌려 줌을 보았다.

　하나하나 모공에서 일체 세계의 티끌 수와 같은 향나무 구름을 내어, 법계와 허공계에 있는 일체 부처님의 대중이 모인 도량에 두루 여러 가지 미묘한 향을 내려줌을 보았다.

　하나하나 모공에서 일체 세계의 티끌 수와 같은 옷 구름을 내어, 법계와 허공계에 있는 일체 부처님의 대중이 모인 도량에 두루 여러 가지 미묘한 옷을 내려줌을 보았다.

하나하나 모공에서 일체 세계의 티끌 수와 같은 보배 나무 구름을 내어, 법계와 허공계에 있는 일체 부처님의 대중이 모인 도량에 두루 마니보배를 내려줌을 보았다.

하나하나 모공에서 일체 세계의 티끌 수와 같은 색계 하늘의 몸 구름을 내어, 법계에 가득하여 보리심을 찬탄함을 보았다.

하나하나 모공에서 일체 세계의 티끌 수와 같은 범천의 몸 구름을 내어, 여러 여래에게 미묘한 법륜을 굴리도록 권함을 보았다.

하나하나 모공에서 일체 세계의 티끌 수와 같은 욕계 천왕의 몸 구름을 내어, 일체 여래의 법륜을 보호하고 지킴을 보았다.

하나하나 모공에서 한 생각의 찰나마다 일체 세계의 티끌 수와 같은 삼세 부처님 세계 구름을 내어, 법계와 허공계에 두루 가득하여 모든 중생을 위해 돌아갈 데 없는 이에게 돌아갈 곳을 마련해 주고, 보호할 이 없는 이에게 보호가 되어주고, 의지할 데 없는 이에게 의지가 되어줌을 보았다.

하나하나 모공에서 한 생각의 찰나마다 일체 세계의 티끌 수와 같은 청정한 부처님 세계 구름을 내어, 법계와 허공계에 두루 가득하여 일체 부처님이 그 가운데서 세간에 나오시어 보살 대중이 모두 가득함을 보았다.

하나하나 모공에서 한 생각의 찰나마다 일체 세계의 티끌 수와 같은 청정하면서도 청성하지 못한 부처님 세계 구름을 내어, 법계와 허공계에 두루 가득하여 잡염의 중생을 모두 청정하도록 함을 보았다.

하나하나 모공에서 한 생각의 찰나마다 일체 세계의 티끌 수와 같은 청정하지 못하면서 청정한 부처님 세계 구름을 내어, 법계와 허공계에 두루 가득하여 잡염의 중생을 모두 청정하도록 함을 보았다.

하나하나 모공에서 한 생각의 찰나마다 일체 세계의 티끌 수와 같은 청정하지 못한 부처님 세계 구름을 내어, 법계와 허공계에 두루 가득하여 순전히 잡염의 중생을 모두 청정하도록 함을 보았다.

하나하나 모공에서 한 생각의 찰나마다 일체 세계의 티끌 수와 같은 중생의 몸 구름을 내어, 법계와 허공계에 두루 가득하여 교화받을 중생의 적절한 바를 따라서 모두 아뇩다라삼먁삼보리심을 내도록 함을 보았다.

하나하나 모공에서 한 생각의 찰나마다 일체 세계의 티끌 수와 같은 보살의 몸 구름을 내어, 법계와 허공계에 두루 가득하여 가지가지 부처님의 명호를 칭찬하여, 중생으로 하여금 선근을 더욱 키워나가도록 함을 보았다.

하나하나 모공에서 한 생각의 찰나마다 일체 세계의 티끌 수와 같은 보살의 몸 구름을 내어, 법계와 허공계의 일체 세계에 두루 가득하여 일체 제불 보살이 처음 발심할 적에 내었던 선근을 선양함을 보았다.

하나하나 모공에서 한 생각의 찰나마다 일체 세계의 티끌 수와 같은 보살의 몸 구름을 내어, 법계와 허공계에 두루 가득하여 일체 세계의 하나하나 세계에서 일체 보살의 서원 바다와 보현보살의 청정하고 미묘한 행을 선양함을 보았다.

　하나하나 모공에서 한 생각의 찰나마다 보현보살의 수행 구름을 내어, 일체중생의 마음을 만족케 하여 일체 지혜의 도를 두루 갖추어 닦고 익히도록 함을 보았다.

　하나하나 모공에서 한 생각의 찰나마다 일체 세계의 티끌 수와 같은 정각의 몸 구름을 내어, 일체 세계에서 정각의 성취를 나타내어, 보살로 하여금 큰 법을 증장하여 일체 지혜를 이루게 함을 보았다.

● 疏 ●

毛孔出生이 廣徧法界니 實則重重無盡이나 畧顯二十重이라 亦對前善財渴仰所起十一心故니
其初等虛空廣大等五心은 徧此諸句어니와 餘之六心은 別生諸句라
且除初一句하고 次之五句는 由前觀道場明了心일세 故出雲等을 皆嚴道場이오
次歎菩提心下三句는 由前入佛法海心이오
次一句와 及最初一句는 由化衆生界心이오
次四는 由前淨一切國土心이오 亦兼化衆生心이며
後六句는 由前住一切劫과 及趣如來十力究竟心이니 竝如文思之니라 是知各由自心所見分齊니라【鈔_ 然毛孔出生等은 廣如玄中어니와 今更畧示호리라

謂彼普賢游入十方이 畧有十門하니

一은 入世界니 法界緣起 互卽入故오

二는 入衆生界니 生界佛界 無二體故오

三은 明供養이니 一一供具 皆稱眞故오

四는 明請法이니 窮法界智 無時不請하고 諸佛無時不雨法故오

五는 大智攝生이니 了生迷倒而無衆生이나 不礙化故오

六은 明現通이니 十方塵刹에 互入重重하야 震動現相而無息故오

七은 常寂定이니 未曾一念有起動故오

八은 廣出生이니 念念毛孔에 出現諸境 無窮盡故오

九者는 說法이니 念念常雨無邊法雨하야 雨一切故오

十은 明總說이니 上之九義 擧一全收하야 無前後故니라 廣說難盡이라 餘廣如文하다】

　모공에서 나온 것이 법계에 널리 가득함을 개별로 본 것이다. 이는 실로 거듭거듭 그지없는 것이지만, 20가지로 간추려 밝혔다.

　또한 앞서 '선재동자가 간절한 마음으로 일으킨 11가지의 마음'을 상대로 말한 때문이다.

　'11가지의 마음' 가운데 첫 부분인 '① 等虛空廣大' 등 5가지 마음[② 捨一切刹離一切着無礙心, ③ 普行一切無礙法無礙心, ④ 偏入一切十方海無礙心, ⑤ 普入一切智境界淸淨心]은 모든 구절에 두루 통하지만, 나머지 6가지 마음은 모든 구절에 별개로 구분된다.

　또한 제1구를 제외하고,

　다음 5구는 앞의 '⑥ 觀道場莊嚴明了心'을 연유한 까닭에 '구

름을 내는' 등을 모두 '도량[一切諸佛衆會道場]'이라 말하였고,

다음 '歎菩提心' 이하 3구는 앞의 '⑦ 入一切佛法海廣大心'을 연유하였고,

다음 1구 및 최초 1구는 '⑧ 化一切衆生界周徧心'을 연유하였고,

다음 4구는 앞의 '⑨ 淨一切國土無量心'을 연유하였고, 또한 '⑧ 化一切衆生界周徧心'을 겸하였다.

뒤의 6구는 앞의 '⑩ 住一切劫無盡心' 및 '⑪ 趣如來十力究竟心'을 연유하였다.

아울러 경문에서 말한 바와 같이 생각해야 한다. 이는 각각 자기 마음의 소견에 의한 구분과 한계에서 연유함을 알아야 한다.
【초_ 그러나 '모공에서 나온' 등은 경문에서 자세히 말한 바와 같지만, 여기에서 다시 간추려 보이고자 한다.

보현보살의 시방에 들어가는 데에는 간단하게 10가지 법문이 있다.

① 세계에 들어갔다. 법계와 緣起가 서로 하나가 되어 들어가기 때문이다.

② 중생 세계에 들어갔다. 중생의 세계와 부처의 세계가 둘이 없기 때문이다.

③ 공양을 밝혔다. 하나하나 공양 도구가 모두 진여에 부합하기 때문이다.

④ 請法을 밝혔다. 법계에 다한 지혜로 어느 때이든 법문을 청

하지 않음이 없으며, 제불이 어느 때이든 법을 내려주지 않음이 없기 때문이다.

⑤ 큰 지혜로 중생을 받아들였다. 중생의 혼미와 전도를 잘 알아서 중생이라는 생각이 없으나 교화에 걸림이 없기 때문이다.

⑥ 몸을 나타내는 신통을 밝혔다. 시방의 티끌 수와 같은 세계에 거듭거듭 모두 들어가 진동하면서 모습을 나타냄을 멈춤이 없기 때문이다.

⑦ 언제나 고요한 선정이다. 일찍이 한 생각도 일어나지 않기 때문이다.

⑧ 널리 나왔다. 한 생각의 찰나마다 모공에서 모든 경계를 넘이 다함이 없기 때문이다.

⑨ 설법이다. 한 생각의 찰나마다 언제나 그지없는 법비를 내려 일체중생을 적셔주기 때문이다.

⑩ 총체의 설명을 밝혔다.

위의 9가지 뜻이 하나를 들어서 모두 수습하여 앞뒤가 없기 때문이다. 자세히 모두 설명하기 어렵다. 나머지는 경문에서 자세히 말한 바와 같다.】

三 重觀體內包含

셋째, 체내에 포함된 바를 거듭 관찰하다

爾時에 善財童子 見普賢菩薩의 如是自在神通境界하고 身心徧喜하야 踊躍無量하니라

重觀普賢의 一一身分과 一一毛孔에 悉有三千大千世界風輪水輪地輪火輪과 大海江河와 及諸寶山須彌鐵圍와 村營城邑과 宮殿園苑과 一切地獄餓鬼畜生과 閻羅王界와 天龍八部와 人與非人과 欲界色界無色界處와 日月星宿와 風雲雷電과 晝夜月時와 及以年劫과 諸佛出世와 菩薩衆會와 道場莊嚴하야 如是等事를 悉皆明見하니

如見此世界하야 十方所有一切世界를 悉如是見하며

如見現在十方世界하야 前際後際一切世界도 亦如是見하야 各各差別이 不相雜亂하니라

　그때, 선재동자는 보현보살의 이처럼 자재하고 신통한 경계를 보고서 몸과 마음이 모두 기뻐 한량없이 뛰었다.

　보현보살의 하나하나 몸의 부분, 하나하나 모공에 모두 삼천대천세계의 풍륜, 수륜, 지륜, 화륜과 바다, 강, 보배 산, 수미산, 철위산, 마을, 영문, 도시, 궁전, 동산, 지옥, 아귀, 축생, 염라왕 세계, 천룡 8부, 사람, 사람 아닌 이, 욕계, 색계, 무색계, 해, 달, 별, 바람, 구름, 우레, 번개, 낮, 밤, 달, 시간, 년, 겁, 부처님이 세간에 나심, 보살의 모임, 도량의 장엄을 거듭거듭 보면서 이런 일을 모두 분명하게 보았다.

이 세계를 보는 것처럼 시방에 있는 일체 세계를 모두 그처럼 보았으며,

현재의 시방세계를 보는 것처럼 과거와 미래의 일체 세계 또한 그처럼 보면서, 제각기 다른 것이 서로 섞이거나 어지럽지 않았다.

◉ 疏 ◉

於中二니 初는 結前生後오 後 '重觀'下는 正顯이라
於中亦二니 先은 見三千이오 後 '如見此'下는 類通十方三際니라

이 부분은 2단락이다.
① 앞의 문장을 끝맺으면서 뒤의 문장을 일으켰다.
② '重觀' 이하는 바로 밝혔다.
바로 밝힌 부분은 또한 2단락이다.
㉠ 삼천대천세계를 보았고,
㉡ '如見此' 이하는 시방과 삼세를 모두 똑같이 통한다.

四 結通周徧

넷째, 두루 시방에 나타남을 모두 끝맺다

經

如於此毘盧遮那如來所에 示現如是神通之力하야 於東方蓮華德世界賢首佛所에 現神通力도 亦復如是하며

如賢首佛所하야 如是東方一切世界와 如東方하야 南西北方四維上下의 一切世界諸如來所에 現神通力도 當知悉爾하며

如十方一切世界하야 如是十方一切佛刹一一塵中에 皆有法界諸佛衆會어든 一一佛所에 普賢菩薩이 坐寶蓮華師子座上하사 現神通力도 悉亦如是하야

彼一一普賢身中에 皆現三世一切境界와 一切佛刹과 一切衆生과 一切佛出現과 一切菩薩衆하며 及聞一切衆生言音과 一切佛言音과 一切如來所轉法輪과 一切菩薩所成諸行과 一切如來遊戲神通하니라

　이 비로자나여래의 처소에서 이처럼 신통력을 나타내는 것처럼 동방 연화덕세계의 현수 부처님 처소에서 신통력을 나타냄 또한 그와 같았으며,

　현수 부처님의 처소에서와 같이 이처럼 동방의 일체 세계에서도 그와 같았고,

　동방에서와 같이 남방, 서방, 북방과 네 간방과 상방, 하방의 일체 세계의 여래의 처소에서 신통력을 나타냄도 모두 그와 같음을 알아야 하며,

　시방의 일체 세계와 같이 이처럼 시방의 일체 세계의 하나하나 티끌 속에도 모두 법계의 여러 부처님 대중이 있는데, 하나하나 부처님 처소에 보현보살이 보배 연꽃 사자법좌에 앉아서 신통력을 나타냄 또한 모두 그와 같았다.

그 하나하나 보현보살의 몸에서 모두 삼세의 일체 경계, 일체 부처님 세계, 일체중생, 일체 부처님의 나타나심, 일체 보살 대중이 나타났으며,

일체중생의 음성, 일체 부처님의 음성, 일체 여래의 굴리시는 법륜, 일체 보살의 이루는 행, 일체 여래의 유희 신통을 들었다.

● 疏 ●

文有四重舉類하고 末結塵中普賢하니 是知前則身中에 包含法界하야 廣無邊故로 顯其普義오 今則全此含法界身 潛入塵中하야 調柔無礙니 明其賢義니라 內外周徧하야 限量斯盡일세 故名普賢이라

이의 경문은 4중으로 유를 들어 말하였고, 끝부분에서 티끌 속에 나타난 보현을 끝맺었다.

이는 앞에서는 몸 가운데 법계를 포함하여 끝이 없이 광대한 까닭에 그 보현의 '普' 자 뜻을 나타냈고, 여기에서는 이처럼 크나큰 법계를 온전히 포함한 몸이 미세한 티끌 속으로 보이지 않게 들어가 부드럽게 걸림이 없다. 이는 보현의 '賢' 자 뜻을 밝힌 것임을 알 수 있다. 이처럼 안팎으로 두루 갖추어 한계와 분량이 이에 다한 까닭에 그 이름을 '普賢'이라 한다.

二 得深益

(ㄴ) 심오한 이익을 얻다

善財童子 見普賢菩薩의 如是無量不可思議大神通力하고 卽得十種智波羅蜜하니

何等이 爲十고

所謂於念念中에 悉能周徧一切佛刹智波羅蜜과

於念念中에 悉能往詣一切佛所에 智波羅蜜과

於念念中에 悉能供養一切如來智波羅蜜과

於念念中에 普於一切諸如來所에 聞法受持智波羅蜜과

於念念中에 思惟一切如來法輪智波羅蜜과

於念念中에 知一切佛不可思議大神通事智波羅蜜과

於念念中에 說一句法하야 盡未來際토록 辯才無盡智波羅蜜과

於念念中에 以深般若로 觀一切法智波羅蜜과

於念念中에 入一切法界實相海智波羅蜜과

於念念中에 知一切衆生心智波羅蜜과

於念念中에 普賢慧行이 皆現在前智波羅蜜이니라

　　선재동자는 보현보살의 이처럼 한량없고 불가사의한 큰 신통력을 보고서 바로 열 가지 지혜바라밀을 얻었다.

　　무엇이 열 가지 지혜바라밀인가?

　　이른바 한 생각의 찰나마다 일체 부처님 세계에 두루 미치는 지혜바라밀,

　　한 생각의 찰나마다 일체 부처님 처소에 나아가는 지혜바라밀,

한 생각의 찰나마다 일체 여래께 공양하는 지혜바라밀,

한 생각의 찰나마다 일체 여래의 도량에서 법을 듣고 받아 지니는 지혜바라밀,

한 생각의 찰나마다 일체 여래의 법륜을 생각하는 지혜바라밀,

한 생각의 찰나마다 일체 부처님의 불가사의한 큰 신통의 일을 아는 지혜바라밀,

한 생각의 찰나마다 한 구절 법을 말하여 미래 세계가 다하도록 변재가 그지없는 지혜바라밀,

한 생각의 찰나마다 깊은 반야로 일체 법을 관찰하는 지혜바라밀,

한 생각의 찰나마다 일체 법계와 실상 바다에 들어가는 지혜바라밀,

한 생각의 찰나마다 일체중생의 마음을 아는 지혜바라밀,

한 생각의 찰나마다 보현보살의 지혜와 행이 모두 앞에 나타나는 지혜바라밀이다.

● 疏 ●

旣得智度에 已彰地滿이온 況十表無盡耶아

이미 지혜바라밀을 얻음으로써 이미 지위의 원만함이 나타났는데, 하물며 10이라는 숫자는 그지없음을 나타낸 것이야.

一 見身得益 竟하다

제1 단락, 몸을 보고서 얻은 이익 부분을 끝마치다.

第二明摩頂得益
제2 단락, 이마를 어루만져준 데서 얻은 이익

經

善財童子가 旣得是已에 普賢菩薩이 卽伸右手하사 摩觸其頂하사
旣摩頂已하신대 善財 卽得一切佛刹微塵數三昧門이 各以一切佛刹微塵數三昧로 而爲眷屬하야
一一三昧에 悉見昔所未見一切佛刹微塵數佛大海하며
集一切佛刹微塵數一切智助道具하며
生一切佛刹微塵數一切智上妙法하며
發一切佛刹微塵數一切智大誓願하며
入一切佛刹微塵數大願海하며
住一切佛刹微塵數一切智出要道하며
修一切佛刹微塵數諸菩薩所修行하며
起一切佛刹微塵數一切智大精進하며
得一切佛刹微塵數一切智淨光明하니
如此娑婆世界毘盧遮那佛所에 普賢菩薩이 摩善財頂하야 如是十方所有世界와 及彼世界一一塵中一切世界一切佛所에 普賢菩薩도 悉亦如是하야 摩善財頂하며 所得法門도 亦皆同等하니라

선재동자가 이를 얻자, 보현보살이 오른손을 펼쳐 그의 정수리를 어루만졌다. 정수리를 어루만져주자,

선재는 바로 일체 세계의 티끌 수와 같은 삼매법문을 얻었는데, 각각 일체 세계의 티끌 수와 같은 삼매로 권속을 삼았다.

하나하나 삼매에서 모두 옛날에 보지 못했던 일체 세계의 티끌 수와 같은 부처님의 큰 바다를 보았고,

일체 세계의 티끌 수와 같은 일체 지혜의 도를 돕는 도구를 모았으며,

일체 세계의 티끌 수와 같은 일체 지혜의 가장 미묘한 법을 내었고,

일체 세계의 티끌 수와 같은 일체 지혜의 큰 서원을 세웠으며,

일체 세계의 티끌 수와 같은 큰 서원의 바다에 들어갔고,

일체 세계의 티끌 수와 같은 일체 지혜의 뛰어나게 요긴한 도에 머물렀으며,

일체 세계의 티끌 수와 같은 보살이 닦았던 행을 닦았고,

일체 세계의 티끌 수와 같은 일체 지혜의 큰 정진을 일으켰으며,

일체 세계의 티끌 수와 같은 일체 지혜의 청징한 광명을 얻었다.

사바세계의 비로자나 부처님 도량에서 보현보살이 선재동자의 정수리를 어루만져준 것처럼 시방에 있는 세계와 그 세계의 하나하나 티끌 속에 있는 일체 세계의 일체 부처님 도량에 있는 보현보살도 모두 이와 같이 선재동자의 정수리를 어루만져주었고, 얻은 법문 또한 같았다.

● 疏 ●

於中三이니

初는 摩頂이오

次'旣摩'下는 得益이니 前向外觀일세 故得智度하고 此摩頂親證일세 故得三昧니라

後'如此娑婆'下는 結通이니 良以善財等普賢故니라

　　이 부분은 3단락이다.

　　(ㄱ) 정수리를 어루만져줌이며,

　　(ㄴ) '旣摩' 이하는 이익을 얻음이다. 앞에서는 밖을 향하여 살펴본 까닭에 지혜바라밀을 얻었고, 여기에서는 정수리를 어루만져줌으로써 몸소 증득한 까닭에 삼매를 얻었다.

　　(ㄷ) '如此娑婆' 이하는 모두 끝맺음이다. 참으로 선재동자가 보현보살과 같기 때문이다.

二 摩頂得益 竟하다

　　제2 단락, 이마를 어루만져준 데서 얻은 이익 부분을 끝마치다.

第三 明因深廣

因深則果厚故니라

文分爲三이니

初는 問答審見이오 二는 顯因深遠이오 三은 結因成果니라

今은 初라

제3 단락, 원인의 깊고 광대함을 밝히다

원인이 깊으면 결과가 두텁기 때문이다.

경문은 3단락으로 나뉜다.

(ㄱ) 살펴본 것을 묻고 대답함이고,

(ㄴ) 원인의 심오하고 원대함을 나타냄이며,

(ㄷ) 원인을 맺음과 결과의 성취이다.

이는 '(ㄱ) 살펴본 것을 묻고 대답함'이다.

經

爾時에 普賢菩薩摩訶薩이 告善財言하사대 善男子야 汝見我此神通力不아 唯然已見이니이다 大聖이시여 此不思議大神通事는 唯是如來之所能知로소이다

그때, 보현보살마하살이 선재동자에게 말하였다.

"선남자여, 그대는 나의 신통력을 보았는가?"

"예! 그렇습니다. 보았습니다.

거룩하신 성자여, 이 불가사의한 큰 신통의 일은 오직 여래만이 알 수 있겠습니다."

二. 顯因深遠

(ㄴ) 원인의 심오하고 원대함을 나타내다

經

普賢이 告言하사대 善男子야 我於過去不可說不可說佛刹微塵數劫에 行菩薩行하야 求一切智할새

一一劫中에 爲欲淸淨菩提心故로 承事不可說不可說佛刹微塵數佛하며

一一劫中에 爲集一切智福德具故로 設不可說不可說佛刹微塵數廣大施會하야 一切世間에 咸使聞知하야 凡有所求를 悉令滿足하며

一一劫中에 爲求一切智法故로 以不可說不可說佛刹微塵數財物로 布施하며

一一劫中에 爲求佛智故로 以不可說不可說佛刹微塵數城邑聚落과 國土王位와 妻子眷屬과 眼耳鼻舌과 身肉手足과 乃至身命으로 而爲布施하며

一一劫中에 爲求一切智首故로 以不可說不可說佛刹微塵數頭로 而爲布施하며

一一劫中에 爲求一切智故로 於不可說不可說佛刹微塵數諸如來所에 恭敬尊重하며 承事供養하야 衣服臥具와 飮食湯藥과 一切所須를 悉皆奉施하고 於其法中에 出家學道하야 修行佛法하며 護持正教호라

善男子야 我於爾所劫海中에 自憶未曾於一念間도 不順佛教하며 於一念間도 生瞋害心과 我我所心과 自他差別心과 遠離菩提心과 於生死中起疲厭心과 懶墮心과

障礙心과 迷惑心하고 唯住無上不可沮壞集一切智助道
之法大菩提心호라
善男子야 我莊嚴佛土하야 以大悲心으로 救護衆生하야
敎化成就하며 供養諸佛하고 事善知識하며 爲求正法하야
弘宣護持하며 一切內外를 悉皆能捨하며 乃至身命도 亦
無所悋호니 一切劫海에 說其因緣컨댄 劫海可盡이어니와
此無有盡이니라
善男子야 我法海中엔 無有一文과 無有一句도 非是捨
施轉輪王位하야 而求得者며 非是捨施一切所有하야 而
求得者호라
善男子야 我所求法은 皆爲救護一切衆生이라 一心思惟
하야 願諸衆生이 得聞是法하며 願以智光으로 普照世間
하며 願爲開示出世間智하며 願令衆生으로 悉得安樂하며
願普稱讚一切諸佛所有功德이니
我如是等往昔因緣을 於不可說不可說佛刹微塵數劫
海에 說不可盡이니라

　　　보현보살이 말하였다.

　　"선남자여, 나는 과거의 말할 수 없이 말할 수 없는 세계의 티
끌 수 겁에 보살행을 행하면서 일체 지혜를 구할 적에,

　　　하나하나 겁마다 보리심을 청정케 하고자, 말할 수 없이 말할
수 없는 세계의 티끌 수 부처님을 받들어 섬겼으며,

　　　하나하나 겁마다 일체 지혜와 복덕거리를 모으고자, 말할 수

없이 말할 수 없는 세계의 티끌 수와 같은 널리 보시하는 모임을 마련하여, 일체 세간 중생이 모두 듣고 알게 하였으며, 모든 구하는 바를 모두 만족케 하였으며,

하나하나 겁마다 일체 지혜의 법을 구하고자, 말할 수 없이 말할 수 없는 세계의 티끌 수 재물로 보시하였으며,

하나하나 겁마다 부처님 지혜를 구하고자, 말할 수 없이 말할 수 없는 세계의 티끌 수 도시, 마을, 국토, 왕위, 처자, 권속, 눈, 귀, 코, 혀, 몸, 살, 손, 발, 목숨까지도 보시하였으며,

하나하나 겁마다 일체 지혜의 머리를 구하고자, 말할 수 없이 말할 수 없는 세계의 티끌 수 머리를 보시하였으며,

하나하나 겁마다 일체 지혜를 구하고자, 말할 수 없이 말할 수 없는 세계의 티끌 수 여래의 계신 도량에서 공경하고 존중하며, 받들어 섬기고 공양하면서 의복, 침구, 음식, 탕약, 일체 필요한 바를 모두 받들어 보시하였고, 그 법 가운데 출가하여 도를 배우면서 불법을 수행하고 바른 교법을 보호하였다.

선남자여, 나는 그처럼 수많은 겁에 일찍이 한 생각의 찰나마저도 부처님의 가르침을 따르지 않거나 한 생각의 찰나마저도 성내는 마음, '나'라는 생각과 '나의 것'이라는 마음, 나와 남을 차별하는 마음, 보리심을 여의는 마음, 생사의 가운데 일으킨 싫다는 마음, 게으른 마음, 장애의 마음, 미혹의 마음을 일으켰다는 기억이 없다. 다만 위없고 무너뜨릴 수 없으며 일체 지혜를 모으는 도를 돕는 법인 큰 보리심에 머물렀을 뿐이다.

선남자여, 나는 부처님 국토를 장엄하여, 크게 가엾이 여기는 마음으로 중생을 구호하여 교화를 성취시켰으며, 부처님께 공양하고 선지식을 섬겼으며, 바른 법을 구하여 널리 선양하고 보호하고 유지하기 위하여 일체 안팎의 것을 모두 버렸으며, 목숨까지도 또한 아끼지 않았다. 일체 겁 바다에 지내온 인연을 말하려 하면 겁 바다는 다할지언정 이 인연의 일은 다할 수 없다.

선남자여, 나의 법 바다에는 그 어느 한 글자, 한 구절도 전륜왕의 지위를 버려서 구하지 않은 것이 없으며, 일체 소유를 버려서 얻지 않은 것이 없다.

선남자여, 내가 구한 법은 모두 일체중생을 구제하고 보호하기 위함이다. 한결같은 마음으로 생각하였다.

'일체중생이 이 법을 듣기를 원하며,

지혜 광명으로 세간을 널리 비추기를 원하며,

출세간의 지혜를 열어 보여주기를 원하며,

중생들이 모두 안락함을 얻기를 원하며,

일체 부처님의 지니신 공덕을 두루 찬양하기를 원하옵니다.'

나의 이러한 과거의 인연을 말할 수 없이 말할 수 없는 세계의 티끌 수 겁 동안에 말할지라도 모두 다할 수 없다.

● 疏 ●

文中三이니

一은 別明求菩提行이오 於中二니 先은 順顯所行이오 後ᆞ善男子我

於下는 結離過成德이오

二'我莊嚴'下는 通明悲智行이오

三'我法海中'下는 別明求法行이라 於中에 先反顯無不能捨이니 一文도 尙無所不捨은 況全部耶아 以一文卽一切之一이니 如海一滴故니라 後'我所求法'下는 顯求所爲하야 結說無盡이라

　　이 부분은 3단락이다.

　　첫째, 보리행 구함을 개별로 밝혔다.

　　이 부분은 2단락이다.

　　① 행한 바를 따라 밝혔고,

　　② '善男子我於' 이하는 허물을 여의고 공덕을 성취함을 끝맺었다.

　　둘째, '我莊嚴' 이하는 大悲行과 大智行을 공통으로 밝혔다.

　　셋째, '我法海中' 이하는 求法의 행을 개별로 밝혔다.

　　이 부분의 앞은 버리지 않음이 없음을 거꾸로 밝혔다. 하나의 문구마저도 버리지 않는 바가 없는데, 하물며 전부야 오죽하겠는가. 하나의 문구는 일체의 하나이다. 바다의 물 한 방울과 같기 때문이다.

　　뒤의 '我所求法' 이하는 구하는 바의 목적을 밝혀 그지없음을 끝맺었다.

第三 結因成果

(ㄷ) 원인을 맺음과 결과의 성취

經

是故로 善男子야 我以如是助道法力과 諸善根力과 大志樂力과 修功德力과 如實思惟一切法力과 智慧眼力과 佛威神力과 大慈悲力과 淨神通力과 善知識力故로 得此究竟三世平等淸淨法身하며 復得淸淨無上色身하야 超諸世間이나 隨諸衆生心之所樂하야 而爲現形하야 入一切刹하고 徧一切處하며 於諸世界에 廣現神通하야 令其見者로 靡不欣樂케호라

그러므로 선남자여, 나는 이처럼 도를 돕는 법의 힘, 선근의 힘, 큰 뜻으로 좋아하는 힘, 공덕을 닦는 힘, 일체 법을 진실대로 생각하는 힘, 지혜 눈의 힘, 부처님의 위덕과 신통의 힘, 큰 자비의 힘, 청정한 신통의 힘, 선지식의 힘으로

이처럼 최고의 경계, 삼세에 평등하고 청정한 법신을 얻었으며, 또한 청정하고 위없는 육신을 얻어, 세간을 초월했지만 중생의 좋아하는 마음을 따라서 형상을 나타내어, 일체 세계에 들어가고 일체 모든 곳에 두루 찾아갔으며, 모든 세계에서 널리 신통을 나타내어, 이를 보는 이로 하여금 모두 기쁘게 하였다.

◉ **疏** ◉

於中에 先은 結因이니 以有成果之功일세 故云力也니라

文有十句니 初四는 緣因이오 次二는 了因이오 後四는 通於緣了이라 後‘得此’下는 成果니 謂由了因故로 得法身果하고 由緣因故로 得色身果니라

그 가운데 앞은 원인을 끝맺었다. 결과를 성취한 공덕이 있기에 이를 '힘'이라 말하였다.

이의 경문은 10구이다.

첫 4구는 원인에 반연하고,

다음 2구는 원인을 잘 앎이며,

뒤의 4구는 원인에 반연하고 잘 앎을 공통으로 말하였다.

뒤의 '得此' 이하는 결과를 성취하였다. 원인을 잘 앎으로 연유하여 법신의 결과를 얻었고, 원인에 반연함으로 연유하여 색신의 결과를 얻었다.

三 明因深廣 竟하다

제3 단락, 원인의 깊고 광대함을 밝힌 부분을 끝마치다.

第四 觀用無涯

於中三이니

初는 擧盆勸觀이오 次는 觀見奇特이오 後는 挍量顯勝이라

今은 初라

제4 단락, 작용의 끝이 없음을 관찰하다

이 부분은 3단락이다.

㉠ 이익을 들어 관찰할 것을 권하고,
㉡ 기특함을 살펴보며,
㉢ 비교하여 훌륭함을 나타냈다.
이는 '㉠ 관찰을 권함'이다.

經

善男子야 汝且觀我如是色身하라
我此色身은 無邊劫海之所成就니 無量千億那由他劫에 難見難聞이니라
善男子야 若有衆生이 未種善根이어나 及種少善根한 聲聞菩薩도 猶尙不得聞我名字어든 況見我身가
善男子야 若有衆生이 得聞我名이면 於阿耨多羅三藐三菩提에 不復退轉하며
若見若觸이어나 若迎若送이어나 若暫隨逐이어나 乃至夢中에 見聞我者도 皆亦如是하며
或有衆生이 一日一夜에 憶念於我하야 則得成熟하며
或七日七夜와 半月一月과 半年一年과 百年千年과 劫百劫과 乃至不可說不可說佛刹微塵數劫에 憶念於我하야 而成熟者며
或一生과 或百生과 乃至不可說不可說佛刹微塵數生에 憶念於我하야 而成熟者며
或見我放大光明하며 或見我震動佛刹하고 或生怖畏하

며 或生歡喜라도 皆得成熟이니라

善男子야 我以如是等佛刹微塵數方便門으로 令諸衆生으로 於阿耨多羅三藐三菩提에 得不退轉케호라

善男子야 若有衆生이 見聞於我淸淨刹者면 必得生此淸淨刹中하며 若有衆生이 見聞於我淸淨身者면 必得生我淸淨身中하리니

善男子야 汝應觀我此淸淨身이어다

선남자여, 그대는 나의 이 몸을 보라.

나의 이 몸은 그지없는 겁을 통해 이뤄진 것이다. 한량없는 천억 나유타 겁에 보기 어렵고 듣기 어렵다.

선남자여, 만약 중생이 선근을 심지 못했거나 선근을 적게 심은 성문 보살로서도 오히려 나의 이름마저도 들을 수 없는데, 하물며 나의 몸을 볼 수 있겠는가.

선남자여, 만약 중생이 나의 이름을 듣기만 할지라도 아뇩다라 삼먁삼보리에서 다시는 물러서지 않을 것이며,

만일 나를 보거나 접촉하거나 맞이하거나 전송하거나 잠깐 따르거나 심지어 꿈속에서 나를 보거나 들은 이 또한 모두 그와 같을 것이며,

혹 어떤 중생이 하루 낮이나 밤 사이에 나를 생각하고 기억하면 성숙할 수도 있으며,

혹 이레 낮과 밤, 보름, 1개월, 반년, 1년, 백 년, 천 년, 1겁, 백 겁, 내지 말할 수 없이 말할 수 없는 세계의 티끌 수 겁에 나를 생각

하고 기억하면 성숙할 수도 있으며,

혹 일생, 백 생, 내지 말할 수 없이 말할 수 없는 세계의 티끌 수 생 동안 나를 생각하고 기억하면 성숙할 수도 있으며,

혹 쏟아내는 나의 광명을 보거나, 혹 내가 세계를 진동하는 것을 보고서, 혹 무서워하는 마음을 내거나 아니면 좋아하는 마음을 낼지라도 모두 성숙하게 될 것이다.

선남자여, 나는 이처럼 세계의 티끌 수와 같은 방편법문으로써 일체중생으로 하여금 아뇩다라삼먁삼보리에서 물러서지 않도록 하였다.

선남자여, 만약 중생이 나의 청정한 세계를 보고 들으면 반드시 이 청정한 세계에 태어나며,

만약 중생이 나의 청정한 몸을 보고 들으면 반드시 나의 청정한 몸에서 태어날 것이다.

선남자여, 그대는 마땅히 나의 청정한 몸을 보아야 한다."

⦿ 疏 ⦿

有標·釋·結이라

初標는 可知오

二'我此'下는 釋中에 二니 一은 明難見聞이오 二'若有衆生'下는 明見聞皆益이라

於中三이니

初는 明不退菩提益이오

次'或有衆生'下는 善根成熟益이오

後'我以如是'下는 總結多門이니 皆不退成熟이라

於中에 先은 多門에 皆不退오 後若有衆生見聞'下는 種種皆成熟이라 淨刹可生이어니와 身云何生고 此有二義하니 一은 約法性身刹이니 則與刹爲體 名淸淨刹이오 與身爲體 名淸淨身이니 從能依有殊로 欲顯所依體一일새 故言生身이라 二는 約相用이니 淨刹은 是所依之刹이오 淨身은 則身內之刹이니 欲顯身土互融일새 故言生淨身耳니라

後'汝應觀'下는 總結이라

이의 경문은 표장, 해석, 끝맺음이다.

첫째의 표장은 말하지 않아도 알 수 있다.

둘째, '我此' 이하는 해석 부분으로, 이는 2단락이다.

앞은 보고 듣기 어려움을 밝혔고,

뒤의 '若有衆生' 이하는 보고 들으면 모두 이익이 됨을 밝혔다.

이 부분은 3단락이다.

① 보리에서 물러서지 않는 이익을 밝혔고,

② '或有衆生' 이하는 선근이 성숙한 이익이며,

③ '我以如是' 이하는 많은 법문을 총괄하여 끝맺었다. 이는 모두 물러서지 않음과 성숙함이다.

'많은 법문의 총괄' 부분 가운데 앞은 많은 법문에서 모두 물러서지 않음이며,

뒤의 '若有衆生見聞' 이하는 가지가지를 모두 성숙함이다.

"청정세계에 몸을 받아 태어날 수는 있지만, 어떻게 보현보살의 청정한 몸에서 태어날 수 있을까?"

여기에는 2가지 뜻이 있다.

㉠ 법성의 몸과 세계로 말하였다. 세계와 일체가 됨을 '청정세계'라 하고 몸과 일체가 됨을 '청정한 몸'이라 한다. 의지의 주체가 차이가 있는 데서 의지 대상의 몸이 하나임을 밝히고자 한 까닭에 몸을 받아 태어난다고 말하였다.

㉡ 相用으로 말하였다. '청정세계'는 의지 대상의 세계이고, '청정한 몸'은 몸속의 세계이다. 몸과 국토가 서로 원융함을 밝히고자 한 까닭에 '청정한 몸'에서 생겨난다고 말하였다.

셋째, '汝應觀' 이하는 총괄하여 끝맺었다.

第二 觀見奇特
 ㈛ 기특함을 살펴보다

經

爾時에 善財童子 觀普賢菩薩身相好肢節의 一一毛孔 中에 皆有不可說不可說佛刹海어든 一一刹海에 皆有諸 佛이 出興於世하사 大菩薩衆의 所共圍遶하며
又復見彼一切刹海의 種種建立과 種種形狀과 種種莊 嚴과 種種大山이 周匝圍遶와 種種色雲이 彌覆虛空과

種種佛興하사 演種種法하는 如是等事 各各不同하며
又見普賢이 於一一世界海中에 出一切佛刹微塵數佛
化身雲하사 周徧十方一切世界하야 敎化衆生하사 令向
阿耨多羅三藐三菩提하니라
時에 善財童子 又見自身이 在普賢身內十方一切諸世
界中하야 敎化衆生하니라

 그때, 선재동자는 보현보살의 아름다운 몸매의 사지와 골절의 하나하나 모공에 모두 말할 수 없이 말할 수 없는 부처님 세계 바다가 있는데, 하나하나 세계 바다에서 모두 부처님이 세간에 나와, 큰 보살들이 둘러싸고 모신 것을 보았다.

 또한 그 일체 세계 바다의 가지가지 건립, 가지가지 형상, 가지가지 장엄, 가지가지 큰 산이 두루 둘러 있음과 가지가지 색상의 구름이 허공에 덮임과 가지가지 부처님이 나시어 가지가지 법문을 연설하는, 이런 일들이 제각기 같지 않음을 보았다.

 또한 보현보살이 하나하나 세계 바다에서 일체 세계의 티끌 수와 같은 화신불의 구름을 내어, 시방의 일체 세계에 두루 계시면서 중생을 교화하여 아뇩다라삼먁삼보리로 향하도록 하는 것을 보았다.

 그때, 선재동자는 또한 자신의 몸이 보현보살의 몸속에 있는 시방의 일체 세계에서 중생을 교화함을 보았다.

◉ 疏 ◉

於中三이니

初는 見毛內含三世間이오

次'又見普賢'下는 見普賢身이 徧諸刹中하야 出生大用이오

後'時善財童子'下는 自見己身 等普賢化니라

이 부분은 3단락이다.

① 모공의 안에 삼세간이 포함되어 있음을 보았고,

② '又見普賢' 이하는 보현의 몸이 모든 세계에 두루 머물면서 큰 작용을 내는 것을 보았으며,

③ '時善財童子' 이하는 자기의 몸이 보현보살의 교화와 같음을 보았다.

第三 挍量顯勝

㈐ 비교하여 훌륭함을 나타내다

經

又善財童子 親近佛刹微塵數諸善知識하야 所得善根 智慧光明을 比見普賢菩薩所得善根컨댄 百分에 不及一이며 千分에 不及一이며 百千分에 不及一이며 百千億分과 乃至算數譬喻도 亦不能及이니라

是善財童子 從初發心으로 乃至得見普賢菩薩히 於其

中間所入一切諸佛刹海는 今於普賢一毛孔中一念所
入諸佛刹海 過前不可說不可說佛刹微塵數倍하니 如
一毛孔하야 一切毛孔도 悉亦如是하니라
善財童子 於普賢菩薩毛孔刹中에 行一步하야 過不可
說不可說佛刹微塵數世界하니 如是而行하야 盡未來劫
이라도 猶不能知一毛孔中刹海次第와 刹海藏과 刹海差
別과 刹海普入과 刹海成과 刹海壞와 刹海莊嚴의 所有
邊際하며
亦不能知佛海次第와 佛海藏과 佛海差別과 佛海普入
과 佛海生과 佛海滅의 所有邊際하며
亦不能知菩薩衆海次第와 菩薩衆海藏과 菩薩衆海差
別과 菩薩衆海普入과 菩薩衆海集과 菩薩衆海散의 所
有邊際하며
亦不能知入衆生界와 知衆生根과 教化調伏諸衆生智
와 菩薩所住甚深自在와 菩薩所入諸地諸道인 如是等
海의 所有邊際니라
善財童子 於普賢菩薩毛孔刹中에 或於一刹에 經於一
劫토록 如是而行하며 乃至 或有經不可說不可說佛刹微
塵數劫토록 如是而行호되 亦不於此刹沒하야 於彼刹現
하고 念念周徧無邊刹海하야 教化衆生하야 令向阿耨多
羅三藐三菩提하나라

　또한 선재동자가 세계의 티끌 수 선지식을 가까이하면서 얻은 선근의 지혜 광명을 보현보살이 얻은 선근에 견주어 보건대, 백 분의 일에도 미치지 못하고 천 분의 일에도 미치지 못하고 백천 분의 일에도 미치지 못하고, 백천억 분의 일 내지 그 어떤 계산과 그 어떤 비유로도 또한 미칠 수 없었다.

선재동자가 처음 발심할 적으로부터 보현보살을 친견할 때까지 그 중간에 들어갔던 일체 부처님 세계 바다는, 지금 보현보살의 한 모공 속에서 한 생각의 찰나에 들어간 부처님 세계 바다에 견주어 보면, 앞의 것보다 말할 수 없이 말할 수 없는 세계의 티끌 수의 곱절이 더한다. 이 하나의 모공에서와 같이 일체 모공의 세계 또한 그와 같았다.

선재동자가 보현보살의 모공 속에 있는 세계에서 한 걸음을 걸을 적마다 말할 수 없이 말할 수 없는 세계의 티끌 수 세계를 지나갔다. 이와 같이 걸어서 미래 겁이 다하도록 걸을지라도 오히려 하나의 모공 속에 있는 세계 바다의 차례, 세계 바다의 갈무리, 세계 바다의 차별, 세계 바다의 두루 들어감, 세계 바다의 성취, 세계 바다의 무너짐, 세계 바다의 장엄의 끝을 알 수 없었다.

또한 부처 바다의 차례, 부처 바다의 갈무리, 부처 바다의 차별, 부처 바다의 두루 들어감, 부처 바다의 생겨남, 부처 바다의 사라짐의 끝을 알 수 없었다.

또한 보살 대중 바다의 차례, 보살 대중 바다의 갈무리, 보살 대중 바다의 차별, 보살 대중 바다의 두루 들어감, 보살 대중 바다의 모임, 보살 대중 바다의 흩어짐의 끝을 알 수 없었다.

또한 중생 세계에 들어감, 중생의 근성을 아는 일, 중생을 교화하고 조복하는 지혜, 보살의 머무르는 깊은 자재함, 보살이 들어가는 여러 지위와 같은 이러한 바다의 끝을 알 수 없었다.

선재동자가 보현보살의 모공 세계에서 혹은 한 세계에서 1겁을 지내도록 이처럼 행하기도 하고, 내지 말할 수 없이 말할 수 없는 세계의 티끌 수 겁을 지내도록 이처럼 행하기도 하되, 또한 이 세계에서 사라져 저 세계에 나타나지 않으면서 한 생각의 찰나마다 그지없는 세계 바다에 두루 찾아가 중생을 교화하여 아뇩다라삼먁삼보리로 향하도록 하였다.

● 疏 ●

於中三이니 初는 挍量善根이오 二 '從初發心'下는 挍量所入刹海오 三 '善財童子於普賢'下는 雙顯上二超勝之相이라

於中二니 先은 別明橫豎深廣이니 於中에 有三世間하니 一은 器世間이니 一步超過는 顯橫廣이오 盡未來劫은 明豎窮이오 猶不能知는 顯深遠이라 藏은 約包含이오 普入은 約廣徧이라 餘可知니라

後 '善財童子於'下는 總結平等周徧이라 '不於此沒彼現'者는 以沒現相이 如法性故오 以此彼相이 相卽故也니라【鈔_ '以沒現相'者는 斯則沒而無沒하고 現而無現이니 眞法性中에 無出沒故니 此約事理無礙오 下句云 '以此彼相 相卽故'者는 卽事事無礙法界니라 然相卽有三하니 一은 約刹이니 此刹卽彼刹하고 一刹卽多刹故오 二는 約人이니 此身이 卽彼身이오 一步 卽多步故며 三은 約劫이니

一念이 卽是無量劫故며 又此彼相이 炳然具故며 秘密隱顯이 俱時成故며 此彼時處 互相在故며 帝網重重하고 同時具足하야 皆不動故니라】

이 부분은 3단락이다.

① 선근을 비교하였고,

② '從初發心' 이하는 들어간 세계 바다를 비교하였으며,

③ '善財童子於普賢' 이하는 위의 선근과 들어간 세계가 보다 뛰어난 모습을 모두 밝혔다.

이 부분은 2단락이다.

㉠ 종횡으로 깊고 광대함을 개별로 밝혔는데, 여기에는 3가지 세간이 있다.

첫째, 器世間이다.

"한 걸음을 걸을 적마다 말할 수 없는 세계의 티끌 수 세계를 지나갔다."는 것은 횡으로 공간이 드넓음을 나타냈고,

'미래 겁이 다하도록'이란 종으로 시간이 다함을 밝혔으며,

'오히려 알 수 없다.'는 것은 심오하고 원대함을 나타냈다.

'갈무리[藏]'란 포함한 것으로 말하였고,

'두루 들어감'이란 널리 두루 찾아간다는 것으로 말하였다.

나머지 2가지 세간은 설명하지 않아도 알 수 있다.

㉡ '善財童子於' 이하는 보현보살과 평등하게 두루 갖추었음을 총괄하여 끝맺었다.

"이 세계에서 사라져 저 세계에 나타나지 않는다."는 것은 나타

난 모습이 없는 법성과 같기 때문이며, 이것과 저것의 모양이 서로 하나가 되기 때문이다.【초_ "나타난 모습이 없다."는 것은 사라지되 사라짐이 없으며, 나타나되 나타남이 없다. 진실한 법성 가운데 나오거나 사라짐이 없기 때문이다. 이는 사법계와 이법계에 걸림이 없는 것으로 말하였다.

아래 구절에서 "이것과 저것의 모양이 서로 하나가 되기 때문이다."는 것은 사물과 사물이 서로 하나가 되어 걸림이 없는 법계이다. 곧 事事無礙法界이다.

그러나 서로 하나가 된다는 것은 3가지 뜻이 있다.

① 세계로 말한다. 이 세계와 저 세계가 하나가 되고, 하나의 세계와 많은 세계가 하나가 되기 때문이다.

② 사람으로 말한다. 이 몸과 그의 몸이 하나가 되고, 한 걸음과 많은 걸음이 하나가 되기 때문이다.

③ 겁으로 말한다. 한 생각의 찰나가 한량없는 겁이기 때문이며, 또한 이것과 저것의 모양이 뚜렷이 갖춰지기 때문이며, 비밀의 보이는 것과 보이지 않는 것이 일시에 이뤄지기 때문이며, 이것과 저것의 시간과 공간이 서로 함께하기 때문이며, 인드라 그물이 거듭거듭 동시에 두루 갖춰져 모두 흔들리지 않기 때문이다.】

四觀用無涯 竟하다

제4 단락, 작용의 끝이 없음을 관찰한 부분을 끝마치다.

一

第二.明位滿齊佛

(2) 지위가 원만하여 부처님과 같다

經

當是之時하야 善財童子 則次第得普賢菩薩의 諸行願海하야
與普賢等하며 與諸佛等하며
一身이 充滿一切世界하야 刹等하며 行等하며 正覺等하며 神通等하며 法輪等하며 辯才等하며 言辭等하며 音聲等하며 力無畏等하며 佛所住等하며 大慈悲等하며 不可思議解脫自在 悉皆同等하니라

바로 그때에 선재동자는 차례로 보현보살의 모든 행원의 바다를 얻어서,

보현보살과 평등하고 부처님들과 평등하며,

하나의 몸이 일체 세계에 가득하여, 세계가 평등하고, 행이 평등하고, 정각이 평등하고, 신통이 평등하고, 법륜이 평등하고, 변재가 평등하고, 말씀이 평등하고, 음성이 평등하고, 힘과 두려움 없음이 평등하고, 부처님의 머무신 바와 평등하고, 대자비가 평등하고, 불가사의한 해탈과 자재함이 모두 평등하였다.

● 疏 ●

初句는 明自得이오 餘皆等上이라 初一은 等因圓이오 次一은 等果滿이오 '一身'下는 別顯等相이니 此卽義當等覺이라 因位旣滿에 更無所修일새 故但說等이오 不辨更求니 此則一生頓成이라 行布亦足이니 非唯但約理觀에 初後圓融이라

첫 구절은 自得을 밝혔고, 나머지는 모두 위와 같다.

첫 구절은 원인의 원만함이 평등하고,

다음 1구[與普賢等 與諸佛等]는 결과의 원만함이 평등하고,

'一身充滿' 이하는 평등한 모양을 별상으로 밝혔다. 이는 그 뜻이 등각에 해당한다. 因位가 이미 원만하여 다시 닦을 바가 없기에 다만 평등하다 말하였을 뿐, 다시 구할 부분에 대해서는 말하지 않았다. 이는 한 차례의 生으로 단번에 성취한 것이라, 차례에 따른 行布 또한 만족스럽다. 오직 이치로 관조함에 처음과 뒤가 원융함으로 말한 게 아니다.

已上은 第一正明見聞證入 竟하다

이상은 'ㄱ) 바로 보고 듣고서 증득하여 들어감을 밝힌' 부분을 끝마치다.

● 論 ●

'爾時善財童子依彌勒菩薩摩訶薩教'已下로 至頌히 此一段은 明善財 已於慈氏所得一生之佛果로 普印一百一十城之法門이니 方於初信心中金剛藏智菩提場毘盧遮那如來師子座前

一切寶蓮華藏座上에 起等虛空界廣大十種心等은 以明經歷一百一十城하야 至慈氏一生佛果 究竟不離初信心毘盧遮那如來金剛藏智菩提妙理中成일새 便於金剛藏智菩提妙理之中에 起法界佛果恒常普賢圓周法界妙行이오

以此已下善財 於普賢身中에 行菩薩行한대 普賢이 摩善財童子頂은 方明法界中恒常佛果와 恒常普賢行이 相及相應하야 方始得一切諸佛의 已成舊果와 普賢舊行이라 至慈氏菩薩하는 明此無三世中一生이니 是는 見修道行하야 初始入佛果位之生이오 當來降神下生은 是當來成佛之生이니 以六相法門으로 該之라 善財도 亦以今生은 是見道修行行滿之生이오 來生은 方明成佛之生이니 以此當來一生之佛果로 會根本金剛藏智菩提妙理毘盧遮那如來所得之果와 普賢舊行이 本來一體具足하야 三世古今이 不二라 時復不遷하며 同異自在하야 處法界因陀羅網無礙法門이니라

從此慈氏一位法門하야 約分六門호리니
一은 明擧果成因起信門이오 二는 明已信加行契修門이오 三은 加行修行契果門이오 四는 已將所契之果하야 會因門이오 五는 還依本因圓融門이오 六은 究竟法界始終因果 無二하야 同時不遷門이니 以此六門和會하면 可見其意니라

此一段에 有十紙已下經은 明善財 於慈氏菩薩所에 勝進入一生之佛果智境하야 得三世一切境界不忘念莊嚴藏門하고 返印一百一十城之法門이 入初信心時에 不出刹那際코 因圓果滿하야

至金剛藏菩提場毘盧遮那如來師子座前一切寶蓮華藏座上하야 起等虛空界廣大十種心하야 方起恒常法界佛果普賢行이라 以此位中에 十方佛刹微塵中普賢菩薩이 一一塵中에 一時摩善財頂은 以明佛果法界行滿이니 意明行滿이 不離因하야 時不遷하고 智不異며 乃至見佛刹微塵數善知識과 乃至見普賢身肢節毛孔中國土身은 以明入法界智境行網이 一多重重하야 無礙無礙하며 無盡無盡한 利生常然之門이라 具如文自廣明이라

"그때, 선재동자가 미륵보살마하살의 가르침에 따라서" 이하로 게송에 이르기까지 이 단락의 10장의 경문은 선재동자가 이미 미륵보살이 얻은 '한 차례 태어나 부처의 지위를 얻은[一生佛果]' 것으로 110성의 법문을 널리 도장 찍음을 밝힌 것이다.

처음 신심 가운데 금강장 보리도량의 비로자나여래 사자법좌 앞, 일체 보련화장 법좌 위에서 허공계처럼 광대한 10가지 마음 등을 일으킴은 110성을 거쳐 미륵의 '한 차례 태어나 부처의 지위'에 이름이 결국 처음 신심의 비로자나여래 금강장 지혜보리의 미묘한 이치를 벗어나지 않고 성취한 것이다. 이는 금강장 지혜보리의 미묘한 이치 가운데, 법계의 불과가 영원한 보현의 법계에 원만하게 두루 갖춘 미묘한 행을 일으킴을 밝혔다.

이 아래에 선재동자가 보현의 몸속에서 보살행을 행하자, 보현보살이 선재동자의 정수리를 어루만져줌은, 바야흐로 법계에서의 영원한 불과와 영원한 보현행이 서로 미치고 서로 응해야, 바야흐로 일체 제불이 이미 성취한 옛 지위[果]와 보현의 옛 행을 얻을 수

있음을 밝혔다.

　미륵보살에 이르러서는 삼세가 없는 가운데 한 차례 태어나 부처의 지위에 오른 補處를 밝혔다. 이는 도를 보고서 수행하여 처음 佛果의 지위에 들어가는 生이며, 미래에 강림함은 미래의 성불로 태어남이다. 六相[總·別·同·異·成·壞]의 법문으로 이를 갖추고 있다.

　선재 또한 금생은 도를 보고서 수행하여 행이 원만한 생이며, 내생은 바야흐로 성불의 생을 밝히고 있다. 이는 미래에 한 차례 태어나 얻을 부처의 지위로 근본 금강장 지혜보리의 미묘한 이치인, 비로자나여래가 얻었던 지위[果]와 보현보살의 옛 행이 본래 일체로 두루 갖춰져 삼세의 고금이 둘이 없다. 시간은 다시 변하지 않으며, 같은 것과 다른 것이 자재하여 법계의 인드라망 걸림 없는 법문에 처함을 회통한 것이다.

　미륵보살의 한 지위의 법문을 간략하게 6단락으로 나누고자 한다.

　① 결과를 들어 원인을 끝맺으면서 신심을 일으키는 법문,
　② 이미 믿고서 더욱 행하여 닦음에 계합하는 법문,
　③ 加行으로 수행하여 결과에 계합하는 법문,
　④ 이미 계합한 바의 결과를 들어 원인에 회통하는 법문,
　⑤ 도리어 근본 원인의 원융을 의지하는 법문,
　⑥ 최고 경계인 법계에 시종 인과가 둘이 없어 동시에 변함이 없는 법문이다.

이 6가지 법문으로 회통하면 그 뜻을 볼 수 있다.

이 단락에 10장 이하의 경문은 선재동자가 미륵보살의 도량에서 훌륭하게 닦아 나아가 한 차례의 생으로 佛果의 지혜 경계에 들어가 삼세의 일체 경계를 잊지 않고 기억하는 장엄법장의 법문을 얻고,

다시 110성의 선지식 법문이 첫 신심에 들어갈 적의 찰나 시점에서 벗어나지 않고 인과가 원만함을 인가하고,

금강장 보리도량의 비로자나여래 사자법좌 앞, 일체 보련화장법좌 위에 이르러, 허공계와 같은 광대한 10가지의 마음을 일으켜, 바야흐로 영원한 법계의 불과와 보현보살의 영원한 행을 일으켰음을 밝힌 것이다.

이 지위에서 시방세계 티끌 수 가운데 있는 보현보살이 하나하나의 티끌 속에서 일시에 선재동자의 정수리를 어루만져준 것은 佛果의 법계행이 원만함을 밝혔다.

그 뜻은 법계행의 원만이 원인을 여의지 않아서 시간이 바뀌지 않고 지혜가 다르지 않음을 밝힌 것이다.

내지 세계 티끌 수와 같은 선지식을 친견함, 내지 보현보살 몸의 사지, 관절, 모공에서 국토의 몸을 봄은 법계 지혜경계의 행 그물이 하나와 많음이 거듭거듭 걸림이 없고 그지없는 중생 이익의 영원한 법문에 들어감을 밝힌 것이다. 구체적으로 경문에서 스스로 자세히 밝힌 바와 같다.

第二는 明聞佛勝德難思니 前長行에 但顯因圓이어니와 此偈는 方陳果用이오 非頌前文이라

然有二意하니

一은 對普賢이니 普賢意云 '上見我難思'는 尙是因位어니와 今示汝果하노니 尤更甚深이오

二는 對善財니 善財等佛은 但是因圓이니 以果海離言일새 故不說成佛이러니 今寄現佛之德하야 以顯善財果相일새 故長行偈文에 因果綺互니라

文中三이니 初는 偈頌標德하야 誡聽許說이라【鈔_ '故長行'者는 長行에 顯普賢因하고 偈에 顯善財果일새 故云綺互故니라】

ㄴ) 부처님의 공덕이 불가사의함을 들음을 밝히다

앞의 산문에서는 원인이 원만함만을 밝혔지만, 이의 게송에서는 비로소 결과의 작용을 말하였다. 앞의 경문을 읊은 게 아니다.

그러나 여기에는 2가지 뜻이 있다.

① 보현보살을 상대로 말하였다.

보현보살의 뜻은 다음과 같다.

"위에서 나의 불가사의함을 볼 수 있었던 것은 오히려 이 因位 때문이지만, 여기에서는 너의 미래 결과를 보여줄 것이다. 더욱 매우 심오하다."

② 선재동자를 상대로 말하였다.

선재동자가 부처와 같음은 다만 원인이 원만하기 때문이다. 결

과의 바다는 언어를 초월한 자리이기에 성불을 말하지 않았지만, 여기에서는 부처의 공덕을 나타냄에 붙여서 선재동자의 미래 결과의 모습을 밝힌 것이다. 이 때문에 산문과 게송에서 인과를 서로 원용하고 있다.

이의 경문은 3단락이다.

첫째, 게송으로 공덕을 밝히면서 귀담아듣기를 경계하면서 설법을 허락하였다.【초_ '故長行偈文…'이란 산문에서는 보현보살의 원인을 밝혔고, 게송에서는 선재동자의 결과를 밝혔기에 '서로 원용'한 때문이라 하였다.】

經
爾時에 普賢菩薩摩訶薩이 卽說頌言하사대
　그때, 보현보살마하살이 게송으로 말하였다.

汝等應除諸惑垢하고　　一心不亂而諦聽하라
我說如來具諸度한　　　一切解脫眞實道호리라
　그대들은 번뇌의 모든 때를 털어버리고
　산란함이 없는 오롯한 마음으로 자세히 들으라
　나는 바라밀이 구족하신 부처님의
　해탈의 참된 도를 말하리라

出世調柔勝丈夫　　　　其心淸淨如虛空하야

恒放智日大光明하사　　　普使群生滅癡暗이로다
　　　출세간의 부드럽고 훌륭한 대장부
　　　그 마음 청정함이 허공과 같고
　　　지혜 태양 큰 광명 항상 쏟아져
　　　중생의 어리석은 어둠 모두 없애주어라

如來難可得見聞이어늘　　無量億劫今乃値하니
如優曇花時一現이라　　　是故應聽佛功德이어다
　　　여래는 보고 듣기 어렵거늘
　　　한량없는 억겁 지나 이제 만났나니
　　　우담바라 꽃송이 어쩌다 피어난 듯
　　　그러므로 부처님 공덕 잘 듣도록 하라

隨順世間諸所作이　　　譬如幻士現衆業이니
但爲悅可衆生心이언정　未曾分別起想念이로다
　　　세간 따라 하신 모든 일이
　　　요술쟁이 모든 일 나타내는 듯
　　　중생 마음 기쁨을 줄지언정
　　　분별의 생각 내지 않노라

二 長行擧衆 渴仰欲聞

둘째, 산문으로 대중이 간절한 마음으로 듣고자 함을 들어 말하였다.

經

爾時에 諸菩薩이 聞此說已하고 一心渴仰하야 唯願得聞如來世尊의 眞實功德하야 咸作是念호되 普賢菩薩이 具修諸行하사 體性淸淨하며 所有言說이 皆悉不虛하시니 一切如來의 共所稱歎이라하야 作是念已하고 深生渴仰하니라

그때, 보살들은 이 게송을 듣고서, 한결같은 마음으로 간절히 우러르며, 오직 여래 세존의 진실한 공덕을 듣고자 이런 생각을 하였다.

'보현보살은 모든 행을 두루 닦아 성품이 청정하시며, 하시는 말씀이 모두 헛되지 않다. 일체 여래께서 모두 칭찬하셨다.'

이런 생각으로 간절히 바라는 마음이 더욱 간절하였다.

三은 廣陳德相하야 令衆求滿이라

於中二니

先은 長行이니 重誠許說分齊오

後는 偈頌이니 廣顯佛德難思니라

셋째, 공덕의 모습을 자세히 말하여, 대중으로 하여금 원만함

을 구하게 하였다.

이는 2단락이다.

앞은 산문이다. 이는 거듭 귀담아듣기를 경계하면서 설법의 한계를 말하였고,

뒤는 게송이다. 이는 부처의 공덕이 불가사의함을 자세히 밝혔다.

經

爾時에 普賢菩薩이 功德智慧로 具足莊嚴을 猶如蓮華하야 不着三界一切塵垢러니 告諸菩薩言하사대
汝等은 諦聽하라 我今欲說佛功德海一滴之相이로라 卽說頌言호되

그때, 보현보살은 공덕과 지혜로 두루 갖춘 장엄이 마치 연꽃송이에 삼계의 그 어떤 티끌도 묻지 않는 것과 같았다.

여러 보살에게 말하였다.

"그대들은 자세히 들으라. 내가 이제 부처님의 공덕 바다에서 한 방울만큼 말하고자 하노라."

곧 게송으로 말하였다.

佛智廣大同虛空하사　　普徧一切衆生心하사
悉了世間諸妄想하사대　　不起種種異分別이로다

부처님 광대한 지혜 허공 같아서

일체중생 마음 두루 아시어

세간의 모든 망상 잘도 알지만

갖가지 다른 분별 내지 않노라

一念悉知三世法하며　　亦了一切衆生根하시니
譬如善巧大幻師　　　　念念示現無邊事로다

한 생각에 삼세의 법 모두 다 알고

중생의 근성도 잘 아시니

마치 뛰어난 요술쟁이가

찰나마다 끝없는 일 나타내는 듯

◉ 疏 ◉

九十五偈는 分二니

先九十三偈는 別歎佛德이오 後二偈는 結德無盡하야 勸信勿疑니라

前中에 前八十偈는 法說이오 後十三偈는 喩明이라

然通讚毘盧遮那十身圓滿二十一種殊勝功德이니 卽分二十一段이라

初有二偈는 卽於所知에 一向無障轉功德이니 謂佛無障礙智 於一切事品類差別에 無著無礙故니라【鈔_ '然通讚'者는 通有兩重하니 一者는 近通이니 通前法喩오 二者는 遠通이니 取此卷末結德無盡二偈經文이니 良以二偈는 亦是最後無盡德故니라 其二十一德을 一經數節에 出其名義호되 文有隱顯하니 欲彰如來無

盡德故니라 大體無異일세 故復出之어니와 升兜率品에 已廣分別일세 今皆畧指니라

'初有二偈'者는 然此二偈는 含於總句 妙悟皆滿이니 妙悟 卽是 妙覺智故니라 以無著論에 不釋總句일세 疏畧不明이라 若欲明者인댄 初偈當之어니와 今但顯別이니 卽當第一이라

然準上文인댄 二十一德이 皆有三節이니

一은 擧經名이니 如此德은 經에 卽二行永絕이오

二는 無著菩薩이 立功德名이니 卽今疏云'於所知에 一向無障轉功德이오'

三은 引二論하야 解其本論이니 卽今疏云'佛無礙智'下文 是也니 是無性意니 卽是智德이라 故經偈云'佛智廣大'라하니라

初之二句는 卽是德體오 三及後偈는 卽於所知에 無障轉也니 謂卽於其極遠 時處品類皆知일세 故無有知及與不知之二相也니라 第四句는 了俗이 由於證眞일세 故不起分別이오 亦是眞實離智障也니라

若親光인댄 釋不二現行云謂凡夫二乘은 現行二障이어니와 世尊無故니 謂凡夫는 現行生死하야 起諸雜染하고 二乘은 現行涅槃하야 棄利樂事하나니 今前偈는 唯了生死雜染이오 後偈는 唯證涅槃하야 廣大利樂이니라】

95수 게송은 2단락이다.

제1 단락, 93수 게송은 부처님의 공덕을 별상으로 찬탄하였고,

제2 단락, 2수 게송은 부처님의 공덕이 그지없음을 끝맺으면

서 신심을 권면하여 의심하지 말도록 경계하였다.

'제1 단락, 93수 게송' 가운데 앞의 80수 게송은 법으로 말하였고,

뒤의 13수 게송은 비유로 밝혔다.

그러나 비로자나불의 十身의 원만한 21가지의 뛰어난 공덕을 통틀어 찬탄하였다. 이는 21단락으로 나뉜다.

⑴ '앞 80수 게송'의 첫 2수 게송은 아는 바에 하나같이 장애로 전변함이 없는 공덕이다. 부처님의 걸림 없는 지혜가 일체 모든 일의 각기 다른 품류에 집착함도 없고 장애도 없기 때문이다.【초_ '그러나 통틀어 찬탄하였다.'는 것은 통틀어 찬탄한 부분에서 2중으로 말하였다.

① 가까이 통틀어 말하였다. 앞의 법과 비유를 통틀어 말한 것이다.

② 멀리 통틀어 말하였다. 책의 말미에 그지없는 공덕을 끝맺은 2수 게송의 경문을 취하였다. 진실로 2수 게송 또한 최후의 그지없는 공덕이기 때문이다. 그 21가지의 공덕을 화엄경의 몇 절에서 그 名義를 말했지만, 경문에는 은미한 부분과 뚜렷한 부분이 있다. 여래의 그지없는 공덕을 나타내고자 한 때문이다. 대체로는 차이가 없기에 다시 말했지만, 제23 승도솔천궁품에서 이미 자세히 분별하였기에, 여기에서는 모두 긴추려 말하였다.

'첫 2수 게송'이란 그러나 이 2수 게송은 "미묘한 깨달음이 모두 원만하다[妙悟皆滿]."는 總句에 맞추어 말하였다. '미묘한 깨달

음[妙悟]'이 바로 妙覺智이기 때문이다. 無著보살의 논에서 총구를 해석하지 않은 까닭에 청량소에서는 이를 생략한 채 밝히지 않았다. 만약 이를 밝히고자 한다면 첫 게송에 해당하지만, 여기에서는 별상으로 밝혔을 뿐이다. 이는 곧 제1게송에 해당한다.

그러나 위의 경문에 준하면, 21공덕은 모두 3節이다.

① 경의 명칭을 들어 말하였다. 이 공덕은 경문에서 말한 '번뇌장과 소지장의 現行이 영원히 끊어진' 자리이다.

② 무착보살이 공덕의 명칭을 세웠다. 이는 청량소에서 말한 '아는 바에 하나같이 장애로 전변함이 없는 공덕'이다.

③ 2가지 논을 인용하여 본론을 해석하였다. 이는 청량소에서 말한 '부처의 걸림 없는 지혜'라는 아래 문장이 바로 이를 말한다. 이는 자성이 없다는 뜻이다. 곧 지혜의 공덕이다. 이 때문에 경문의 게송에서 "부처 지혜가 넓고 크다."고 말하였다.

첫 게송의 2구는 공덕의 본체이고, 제3구 및 뒤의 게송은 곧 '아는 바에 하나같이 장애로 전변함이 없는 공덕'이다. 이는 지극히 멀리 있는 시간과 공간의 품류들을 모두 알기에 아는 바와 알지 못하는 2가지 모양이 없다. 제4구는 속제를 잘 아는 것이 진제의 증득에서 연유하기에 분별심을 일으키지 않으며, 또한 진실하게 지혜의 장애에서 벗어난 것이다.

만약 친광보살의 논으로 말하면, 不二現行에 대한 해석은 다음과 같다.

범부와 이승은 소지장과 번뇌장을 現行하지만 세존은 없기 때문이다. 범부는 생사에 현행하여 모든 잡염을 일으키고, 이승은 열반을 현행하여 중생의 이익과 즐거운 일들을 버리는 것을 말한다.

여기에서 앞의 게송은 오직 생사의 잡염을 앓으며, 뒤의 게송은 오직 열반을 증득하여 광대히 중생의 이익과 즐거운 일들을 베풂이다.】

經
隨衆生心種種行하사　　往昔諸業誓願力으로
令其所見各不同이나　　而佛本來無動念이로다

　중생의 마음과 가지가지 행
　과거에 지은 업과 서원의 힘을 따라
　그들의 소견이 각기 똑같지 않지만
　부처님은 본래 동하는 생각 없어라

◉ 疏 ◉

二有一偈니 明於有無無二相 眞如最淸淨 能入功德이니 謂了 眞如無二일세 故無動念이라【鈔_ '二有一偈'者는 約經인댄 卽達無相法이라 疏中에 先引無著立名하고 後'謂了眞如'下는 卽無性釋意오 '故無動念'은 是疏以經帖이라 然無性이 名此爲無住涅槃하니 旣自入眞如일세 故不住生死하고 亦令他入일세 故不住涅槃이라 今經三句는 卽不住涅槃이오 第四句는 是不住生死니라】

　(2) 1수 게송이다. 有·無에 2가지 모양이 없음이 진여의 가장

청정한 것으로 증득하여 들어갈 수 있는 주체의 공덕이다. 진여는 둘이 없음을 잘 알기에 동하는 생각이 없다.【초_ '(2) 1수 게송'이란 경문으로 말하면 모양이 없는 법을 통달함이다. 청량소에서는 먼저 무착보살의 논을 인용하여 명제를 세웠다.

뒤의 '謂了眞如' 이하는 곧 無性 스님이 해석한 뜻이다. '故無動念'은 청량소에서 경문에 붙여 말한 부분이다. 그러나 무성 스님은 이를 無住涅槃이라 명명하였다. 이미 스스로 진여에 들어간 까닭에 생사에 머물지 않고, 또한 다른 이를 들어가게 한 까닭에 열반에도 머물지 않는다.

이 경문의 3구는 곧 열반에 머물지 않음이며, 제4구는 생사에 머물지 않음이다.】

經

或有處處見佛坐하사　　充滿十方諸世界하며
或有其心不淸淨하야　　無量劫中不見佛이로다

　　어떤 이는 곳곳에 앉아 계신 부처님
　　시방세계 가득함을 보고
　　어떤 이는 마음 청정하지 못해
　　무량겁에 부처님 뵙지 못하여라

或有信解離憍慢하야　　發意卽得見如來하며
或有諂誑不淨心으로　　億劫尋求莫値遇로다

어떤 이는 신심과 이해로 교만이 없어

생각 내면 바로 여래 뵙고

어떤 이는 아첨과 속임의 부정한 마음으로

억겁 동안 찾아도 만나지 못하노라

或一切處聞佛音에　　**其音美妙令心悅**하며
或有百千萬億劫이라도　**心不淨故不聞者**로다

어떤 이는 간 곳마다 부처님의

아름다운 음성 들어 마음 기쁘고

어떤 이는 백천만억 겁에도

마음이 부정하여 듣지 못하여라

● 疏 ●

三有三偈는 卽無功用佛事를 不休息功德이니 謂住佛無住處하야 作佛事不休息일세 故云或見等이라【鈔_ '三有三偈'下는 約經인댄 卽住於佛住라 疏中에 先依無著立功德名이오 後'謂住佛'下는 卽無性釋이니 無性生起云 '爲欲得上無住涅槃'일세 故次明之니 卽是恩德이니 謂佛雖徧聖天梵住로되 而空大悲偏하야 善安住니 由住空故로 不住生死하고 由住悲故로 不住涅槃이니 一切時中에 觀所調伏일세 故隨物欲하야 或見不同이라】

(3) 3수 게송은 하는 일 없는 불사를 멈춤이 없는 공덕이다. 부처님의 머묾이 없는 곳에 머물면서 불사를 지어 멈추지 않기에 '어

떤 이는 …보았다[或見].' 등으로 말하였다.【초_ '三有三偈' 이하는 경문으로 말하면, 부처님이 머문 자리에 머묾이다. 청량소에서 앞은 무착보살의 논을 따라 공덕의 명칭을 세웠고, 뒤의 '謂住佛' 이하는 無性 스님의 해석이다. 무성 스님이 뒤이어 문장을 일으켜 말하기를, "위의 無住涅槃을 얻고자 위함이다."고 한 까닭에 다음으로 이를 밝혔다. 이는 은덕이다. 부처님은 비록 聖天梵住에 두루 안주하지만, 空大悲에 치우쳐 잘 안주하는 것이다. 空에 안주함을 연유하여 생사에 머물지 않고, 大悲에 안주함을 연유하여 열반에 머물지 않는다. 일체 모든 시간에 조복할 바를 관찰하기에 중생의 원하는 바를 따라서 혹은 똑같지 않음을 보았다.】

經

或見淸淨大菩薩이　　充滿三千大千界하야
皆已具足普賢行이어든　如來於中儼然坐로다

　어떤 이는 청정한 큰 보살들이
　삼천대천세계에 가득 있으면서
　모두 보현행을 두루 갖춘 가운데
　의젓이 앉아 계신 부처님 보았어라

或見此界妙無比하니　　佛無量劫所嚴淨이라
毘盧遮那最勝尊이　　　於中覺悟成菩提로다

　어떤 이는 이 세계 미묘하기 짝 없음을 보았네

한량없는 세월 부처님이 장엄하신 곳
비로자나 거룩하신 부처님이
이 세계에서 깨달아 보리 이뤘어라

或見蓮華勝妙刹에　　　　**賢首如來住在中**이어든
無量菩薩衆圍遶하야　　　　**皆悉勤修普賢行**이로다

어떤 이는 아름다운 연꽃 세계에
현수여래 그 가운데 계시는데
한량없는 보살 대중 에워싸고서
모두 부지런히 보현행 닦는 걸 보았어라

或有見佛無量壽는　　　　**觀自在等所圍遶**니
悉已住於灌頂地하야　　　　**充滿十方諸世界**로다

어떤 이는 무량수불 바라보니
관자재보살 등이 둘러 있는데
모두가 관정 지위에 머물면서
시방세계에 가득 계시네

或有見此三千界　　　　**種種莊嚴如妙喜**하야
阿閦如來住在中과　　　　**及如香象諸菩薩**이로다

어떤 이는 삼천대천세계의
여러 장엄 묘희세계 같은데

아촉여래 그 가운데 계시고

향상(香象)과 같은 보살 모두 보았어라

或見月覺大名稱이   **與金剛幢菩薩等**으로
住如圓鏡妙莊嚴하사   **普徧十方淸淨刹**이로다

어떤 이는 명성 높은 월각부처님

금강당보살님과 함께

거울 같은 미묘한 장엄에 머물며

시방 청정세계 가득하심 보았어라

或見日藏世所尊이   **住善光明淸淨土**하사
及與灌頂諸菩薩로   **充徧十方而說法**이로다

어떤 이는 일장세존 부처님이

좋은 광명 청정 국토에 계시면서

관정의 많은 보살과 함께

시방에 두루 설법하심 보았어라

或見金剛大焰佛이   **而與智幢菩薩俱**하사
周行一切廣大刹하야   **說法除滅衆生翳**로다

어떤 이는 금강대염불이

지당보살과 함께하며

광대한 일체 세계 모두 다니면서

설법으로 중생 눈가림 없애줌 보았어라

一一毛端不可說　　　　諸佛具相三十二어든
菩薩眷屬共圍遶하야　　種種說法度衆生이로다

  하나하나 털끝마다 말할 수 없는
  32 거룩한 모습 갖추신 부처님을
  보살 권속 모두 둘러싸고서
  가지가지 설법으로 중생 제도함 보았어라

或有觀見一毛孔의　　　具足莊嚴廣大刹에
無量如來悉在中하고　　淸淨佛子皆充滿이로다

  어떤 이는 하나의 모공에
  두루 갖춘 장엄의 넓은 세계
  한량없는 여래 그 가운데 계시고
  청정 불자 가득함 보았어라

或有見一微塵內에　　　具有恒沙佛國土어든
無量菩薩悉充滿하야　　不可說劫修諸行이로다

  어떤 이는 미세한 한 티끌 속에
  항하 모래 수 국토 있는데
  한량없는 보살 가득히
  말할 수 없는 겁에 수행하심 보았어라

或有見一毛端處에　　　無量塵沙諸刹海
種種業起各差別이어든　毘盧遮那轉法輪이로다

　　어떤 이는 하나의 털끝에
　　한량없는 티끌 수 세계 중생
　　가지가지 짓는 업 각기 다른데
　　비로자나불 법륜 굴리심 보았어라

或見世界不淸淨하며　　或見淸淨寶所成이어든
如來住壽無量時와　　　乃至涅槃諸所現이로다

　　어떤 세계 청정하지 않고
　　어떤 세계 청정한 보배로 이뤘는데
　　여래 한량없이 오래 머묾과
　　열반까지 모두 나타내심 보았어라

普徧十方諸世界하사　　種種示現不思議라
隨諸衆生心智業하야　　靡不化度令淸淨이로다

　　시방의 모든 세계 두루 찾아가
　　온갖 불가사의 신통 보였고
　　중생의 마음 지혜 업을 따라
　　교화하여 모두 청정케 하였어라

如是無上大導師　　　　充滿十方諸國土하사

示現種種神通力을　　　我說少分汝當聽이어다
　　이처럼 위없는 대도사여
　　시방 국토 가득 계시면서
　　가지가지 신통력 나타내심을
　　조금 말하리니 그대여 들으라

● 疏 ●

四有十五偈는 卽於法身中에 所依·意樂·作事 無差別功德이니
謂由諸佛所依智同과 益生意樂同과 報化作用同일새
故前經에 云'得佛平等'이라하니
亦同攝論四種意趣中에 平等意趣라 故此廣列諸佛 皆互相徧이
니 此釋이 已妙로다【鈔_ '四有十五偈'下는 約經인댄 卽得佛平等이라
疏中에 分四니
一은 依無著立功德名이오
二 '謂由諸佛'下는 卽彼論釋이니 諸佛有三事平等하니 旣疏所引
三同이 是也라
三 '故前經云'下는 指經이니 卽離世間品初也니 以彼具足二十一
種功德名故니라
四 '亦同'下는 引他論會釋이라
結云 '此釋已妙'者는 古來諸德이 不知此卽二十一德하고 小个知
此是佛平等하고 但云如來隨機隱顯할새 忽列諸佛이라하고 莫知其
由러니 今云 '顯佛平等'일새 故廣列諸佛 皆相徧耳라하니 豈非妙耶아】

(4) 15수 게송은 법신 가운데 의지한 바, 좋아하는 것, 하는 일에 차별이 없는 공덕이다. 제불의 의지한 바의 지혜가 같다는 점, 중생에게 이익을 주고자 좋아하는 마음이 같다는 점, 보신과 화신의 작용이 같다는 점에 의하여, 앞의 경문에서 "부처님과 평등함을 얻었다."고 말하였다. 또한 양섭론 4가지 意趣 부분에서 말한 '평등한 생각'과 같다. 이 때문에 여기에서 모든 부처가 모두 서로 함께함을 자세히 나열하였다. 이 해석이 절묘하다.【초_ '四有十五偈' 이하는 경문으로 말하면, '부처님과 평등함을 얻음'이다.

청량소에서는 4단락으로 나누었다.

① 무착보살의 말을 따라 공덕의 명칭을 세웠고,

② '謂由諸佛' 이하는 무착보살의 논에 대한 해석이다. 제불에게 3가지 일의 평등함이 있다. 청량소에서 인용한 '3가지 같은 일'이 바로 그것이다.

③ '故前經云' 이하는 경문을 가리킨다. 이는 제38 이세간품의 첫 부분이다. 그 부분에서 말한 21가지의 공덕 명칭이 자세하기 때문이다.

④ '亦同攝論' 이하는 양섭론을 인용하여 회통하고 해석하였다.

"이 해석이 절묘하다."고 끝맺은 것은 옛적 여러 스님은 이것이 곧 21가지의 공덕임을 알지 못하였고, 또한 이것이 '부처님과 평등함'을 알지 못하였다. 다만 "여래가 중생의 근기를 따라서 몸을 숨기거나 나타낼 적에 여러 부처를 문득 나열하였다."고 말하였을 뿐, 그 이유에 대해서는 알지 못하였다. 여기에서 '부처님과 평등함'을 밝혔기에 "모든 부처님이 모두 서로 함께함을 자세히 나열하였다."고 말하였으니, 어찌 절묘한 문장이 아니겠는가.】

今更以文理로 證此諸佛이 皆遮那之身호리라【鈔_ '今更'下는 卽就佛平等中하야 顯實是本師니 更過平等之意趣耳라】

여기에서 다시 문맥을 따라서 제불이 모두 비로자나불의 몸임을 증명하고자 한다.【초_ '今更' 이하는 '부처님과 평등'하다는 부분에서 실로 本師임을 나타냈다. 또한 본사란 '부처님과 평등하다.'는 뜻보다 한 단계 더 높은 것이다.】

謂此文言호되 此三千界에 阿閦在中이라하니 阿閦은 本在東方이어늘 今云在此는 明不異此니라 又無量壽佛과 月覺如來 皆徧十方이라하니 豈容隔此리오 又皆言或見이라하니 則知一佛이 隨見不同이라【鈔_ '謂此文言'下는 二引此經文하야 質成正義니 自有三意하니 一은 東方之佛을 云在此者는 明阿閦이 卽是本師오 二는 阿彌陀 充滿十方일세 亦合徧此니 同於本方하야 卽釋迦矣오 三은 通取니 或見明是本師하고 或有見爲阿閦彌陀諸佛 異耳라】

이 경문에서 말하기를, "삼천계에 아축불이 그곳에 있다."고 하였다. 아축불은 본래 동방에 있는데, 여기에서 '여기에 있다.'고 말한 것은 이와 다르지 않음을 밝혔다.

또한 '무량수불과 월각여래가 모두 시방에 두루 있다.'고 하니 어찌 이와의 간격을 용납할 수 있겠는가. 또한 모두 '或見'이라 말하니 이는 하나의 부처가 보는 데에 따라 똑같지 않음을 알 수 있다.【초_ '謂此文言' 이하는 제2에서 이 경문을 인용하여 正義를 질정하여 끝맺었다. 여기에는 3가지 뜻이 있다.

① 동방의 아축불을 여기에 있다고 말한 것은 아축불이 곧 本師임을 밝혔고,

② 아미타불이 시방에 충만하기에 또한 당연히 여기에도 두루 계시는 것이 本方과 같아서 곧 석가모니불이며,

③ 전반적인 뜻을 취하였다. 혹은 분명히 본사임을 보거나, 혹은 아축불과 미타불 등 제불이 다름을 본 것이다.】

若言別讚餘佛인댄 直言阿閦在此니 何成讚德이리오【鈔_ 若言別下는 三遮救中에 恐外救云今明阿閦彌陀徧等이라 自是別讚彌陀阿閦이어니 何得引是本師佛耶아 故今遮云若如此者는 普賢이 本讚本師釋迦如來니 今云東西諸佛徧此 何成讚我本師耶아】

만약 나머지 부처를 개별로 찬탄했다고 말한다면 직접 아축불이 여기에 있다고 말한 것일 뿐, 어떻게 공덕을 찬탄함이라 할 수 있겠는가.【초_ '若言別讚' 이하는 제3. 부정으로 비호하는 부분에서 외도가 비호하여 이르기를, "여기에서는 아축불과 미타불이 두루 존재함 등을 밝힌 터라, 그 나름 미타불과 아축불을 개별로 찬탄한 것인데, 어떻게 이 本師佛을 인용할 수 있겠는가."라고 말할까 두렵다. 이 때문에 이를 부정하여 말하였다.

"만약 이와 같다면 보현이 본래 本師 석가여래를 찬탄한 부분이다. 여기에서 동서 제불이 여기에 모두 있다고 말한 것이 어떻게 본사를 찬탄하는 말이라 할 수 있겠는가."】

況華藏刹海 皆遮那化境이라 無量壽等이 未出刹種之中이어니 豈非是此佛耶아【鈔_ '華藏'下는 四에 引前經文하야 成屬本師이라 娑婆當中刹海種內第十三層에 而有十三佛刹塵數世界 圍繞어늘 無量壽佛國은 但言從此西方過十萬億佛土라하니 尙未能滿一合之塵이온 況於一刹塵數며 況十三佛刹塵數아 其十三重內 皆是化境이온 況華藏世界刹海에 有十不可說佛刹微塵數世界種하고 一一種中에 有不可說佛刹微塵數世界아 皆是本師之所嚴淨이니 其中에 皆遮那如來分身化往이온 安養이 近在十三重之內하니 何得非是本師釋迦리오 故云豈非是此佛耶아하니라】

하물며 화장찰해가 모두 비로자나불이 교화하는 경계이다. 무량수불 등이 刹種에 벗어나지 않는데, 어찌 이 부처님이 아니겠는가.【초_ '華藏刹海' 이하는 제4. 앞의 경문을 인용하여 본사에 속한 것으로 끝맺었다. 사바세계가 여기에 해당한다. 刹海種 내의 제13층에 13불국토 미진수 세계가 둘러싸고 있는데, 무량수불의 국토는 다만 여기에서 서쪽으로 십만억 불국토를 지나서 있다고 말한다. 이는 오히려 1합의 티끌마저도 채울 수 없는데, 하물며 한 세계의 미진수이며, 하물며 13불국토 미진수가 있을 수 있겠는가. 그 13층 내는 모두 교화의 경계인데, 하물며 화장세계바다에 열 말할 수 없는 세계의 티끌 수 세계 종자가 있고, 하나하나의 종자 가운데 말할 수 없는 세계의 티끌 수 세계가 있는 것이야 오죽하겠는가. 모두 본사의 장엄 청정한 바이다. 그 가운데 모두 비로자나불의 분신이 변화하여 찾아가는데, 安養은 가까이 13층 내에 있다.

어찌 본사 석가모니불이 아니겠는가. 이 때문에 "어찌 이 부처님이 아니겠는가."라고 말하였다.】

法華·央掘에 竝說十方分身하니【鈔_ '法華'下는 五에 引他經成立中에 二經分身은 已如前引이라 旣十方中에 皆是釋迦分身之佛이어니 何得彌陀阿閦佛等이 近而非耶아】

법화경과 앙굴경에서 모두 시방의 분신을 말하였다.【초_ '법화경' 이하는 제5. 다른 경전을 인용하여 성립한 가운데 법화경과 앙굴경에서 말한 분신은 이미 앞에서 인용한 바와 같다. 이미 시방 세계는 모두 석가 분신의 부처인데, 어떻게 미타불과 아축불 등이 지극히 가까운 데에 있는 부처님이 아니겠는가.】

故知法藏別緣과 十六王子는 皆方便說이로다【鈔_ '故知法藏'下는 六에 遮其引難하야 爲決他經이니 一은 引淸淨平等覺經에 說法藏比丘나 然大寶積 第十七 無量壽如來會에 說名法處比丘라하니 佛이 在耆闍崛山說할새 阿難 起問하야 白佛言호되 '大德世尊의 身色諸根이 悉皆淸淨하야 威光赫奕이 如融金聚하고 又如明鏡하야 凝照光輝하시니 從昔以來로 初未曾見이라 喜得瞻仰하야 生稀有心이로소이다 世尊이 今者에 入大寂定하사 行如來行하야 皆悉圓滿하사 善能建立大丈夫行하사 思惟現在去來諸佛하시니 世尊이 何故로 住斯念耶아

佛讚聖知하시고 便爲說하사되 往昔에 過無邊阿僧祇無數大劫하야 有佛出現하니 號曰然燈이라 此前에 展轉 復擧諸佛하고 最後에 乃云世主佛前無邊數劫에 有佛出世하니 號世間自在王이오 彼佛

法中에 有一比丘하니 名曰法處니 有殊勝願하야 詣如來所하야 以偈讚佛하고 旣讚佛已에 佛爲說二十一億淸淨佛土 具足莊嚴하신대 彼比丘 悉皆攝授하고 攝已에 滿足五劫토록 思惟修習하고 便向彼佛하야 發四十八願하고 發願已後에 更經多劫修行하야 成就功德하야 乃至成佛하니라

後에 阿難이 問호되 此法處比丘成佛이 爲過去耶아 未來耶아 爲今現在아

佛告阿難하사되 西方으로 去此十萬億佛刹하야 彼有世界하니 名曰極樂이라 法處比丘 在彼成佛에 號無量壽니 今現在說法이라하시고 然後에 廣說其土莊嚴하시다

釋曰旣如來說他昔因今果하시니 何得判爲卽本師耶아

二는 引法華經十六王子하니 卽第三에 大通智勝佛이니 云彼佛弟子十六沙彌 今皆得阿耨多羅三藐三菩提하야 於十方國土에 現在說法할새 有無量百千萬億菩薩聲聞으로 以爲眷屬하니 其二沙彌는 東方作佛하니 一은 名阿閦이니 在歡喜國하고 二는 名須彌頂이며 東南方에 二佛이니 一은 名師子音이오 二는 名師子相이며 南方에 二佛이니 一은 名虛空住오 二는 名常滅이며 西南方에 二佛이니 一은 名帝相이오 二는 名梵相이며 西方에 二佛이니 一은 名阿彌陀오 二는 名度一切世間苦惱며 西北方에 二佛이니 一은 名多摩羅跋栴檀香이오 二는 名須彌相이며

北方에 二佛이니 一은 名雲自在오 二는 名雲自在王이며 東北方佛은 名壞一切世間怖畏오 第十六은 我釋迦牟尼佛이니 於娑婆國土

에 成阿耨多羅三藐三菩提하시다

釋曰 旣第一佛은 名曰阿閦이오 第九王子는 卽爲彌陀오 十六은 釋迦라하니 本因旣殊하고 得佛又別이어니 云何渾亂하야 言皆本師아 故疏釋云 '皆是方便'이라하니라

復應問言호되 豈法華經 判爲方便가 今當還引法華答之니 法華壽量品에 云 '於是中間에 我說然燈佛等'하고 又復言 '其入於涅槃'이라하니 如是皆以方便分別이면 則等言은 已等十六王子니라

復應問言호되 '然燈은 去今方一僧祇어니 可爲方便이어니와 自在王佛과 大通智勝은 已經無量無邊不可思議阿僧祇劫이어니 豈爲方便가 故應答言에 云 '大通이 雖已久矣나 比之壽量은 劫數不多니 謂說大通은 但磨三千大千地種하야 以爲其墨하야 過於東方千國土하야 卽下一點으로 以爲挍量호되 彼佛滅度는 但過是數하야 無量無邊百千阿僧祇劫이라하니 豈同壽量說成佛遠가

經云 '譬如五百萬億那由他阿僧祇三千大千世界를 假使有人이 末爲微塵하야 過於東方五百千萬億那由他阿僧祇國하야 乃下一塵호되 如是東行하야 盡是微塵이어든 是諸世界 若著微塵과 及不著者를 盡以爲塵하야 一塵一劫이라도 我成佛以來 復過於此 百千萬億那由他阿僧祇劫이니라

釋曰 以此之喩로 方之大通三千墨點이면 非可類矣니 自此劫來 는 皆是方便이라 故然燈等言은 無不該也니라 是以로 昔人云 '十六王子도 尙掩成道之初'라하니 斯言愜當하다 則知彌陀阿閦佛等이 皆是本師成佛後事니 義無惑矣니라 自在王佛의 展轉多劫은 但

以數明劫이니 豈如末塵爲劫耶아】

그러므로 법장비구의 別緣과 16왕자가 모두 방편으로 말한 것임을 알 수 있다.【초_ '故知法藏' 이하는 제6. 그 인용한 논란을 부정하여 다른 경전으로 결단하여 통하였다.

① 청정평등각경에서 말한 법장비구를 인용했으나, 대보적경 제17 無量壽如來會에서는 法處比丘라는 명호로 말하였다. 부처님이 기도굴산에서 설법할 적에 아난이 일어나 부처님께 여쭈었다.

"큰 공덕을 지니신 세존의 몸과 형색이 모두 청정하여 위덕의 광명이 빛나 마치 황금 무더기와 같고, 또한 맑은 거울 같아서 비춰주고 찬란히 빛나니 예로부터 애당초 일찍이 보지 못한 터라, 우러러보면서 기쁜 마음에 참으로 드문 일이라는 마음입니다.

세존께서 지금 大寂定에 들어 여래의 행을 행하심이 모두 원만하여, 아주 잘 대장부의 행을 세워주시어 현재·과거·미래의 제불을 사유하도록 하셨습니다.

세존이시여, 무슨 까닭에 이런 생각에 머무시는 것입니까?"

부처님이 슬기와 지혜를 찬탄하시고, 그를 위해 설법하였다.

"지난 옛적 그지없는 아승기 수없는 많은 세월 이전에 연등불이 계셨다. 그 이전에 계신 부처님들을 차례로 들어 말하고, 최후에 세주불 이전, 그지없는 수의 겁 이전에 부처님이 세간에 나오셨는데, 그의 명호를 세간자재왕불이라 한다.

그 불법의 시대에 한 비구가 있었는데, 그 이름을 '法處'라 하였다. 남다른 뛰어난 서원이 있어 여래 도량을 찾아가 게송으로써 부처님을 찬탄하였다.

그가 찬탄한 뒤에 부처님이 그를 위하여 21억 청정불토의 구족장엄을 말해주자, 그 비구가 이를 모두 받아들였고, 받아들인 후에 5겁이 다하도록 생각하고 닦으면서 문득 그 부처에게 48가지 서원을 일으켰으며, 발원한 이후에 다시 많은 세월을 지내면서 수행하여 공덕을 성취하였고 성불하기에 이르렀다."

그 후에 아난이 물었다.

"이 법처비구의 성불이 과거입니까? 미래입니까? 지금 현재입니까?"

부처님이 아난에게 말씀하셨다.

"서방으로 십만억 세계를 지나 그곳에 극락세계가 있다. 법처비구가 그곳에서 성불하였을 때, 그의 명호는 무량수불이었다. 지금 현재 설법하고 있다."

그런 말씀을 한 뒤에 그 국토의 장엄을 자세히 말하였다.

이에 대한 해석은 다음과 같다.

이미 여래가 그의 예전 원인과 현재의 결과를 말하였다. 어떻게 곧 본사라고 나누어 볼 수 있겠는가.

② 법화경에 16왕자를 인용하였다. 제3 대통지승불이다.

"이는 그 불제자인 16명의 사미가 이제 모두 아뇩다라삼먁삼보리를 얻어 시방 국토에서 현재 설법하는데, 한량없는 백천만억 보살과 성문으로 권속을 삼았다.

16명의 사미 가운데 두 사미는 동방의 부처가 되었다. 첫째 부처님의 명호는 아축불인데 환희국에 있고, 둘째 부처님의 명호는 수미정불이다.

동남방의 두 부처 가운데 첫째 부처님의 명호는 사자음불이며, 둘째 부처님의 명호는 사자상불이다.

남방의 두 부처 가운데 첫째 부처님의 명호는 허공주불이며, 둘째 부처님의 명호는 상멸불이다.

서남방의 두 부처 가운데 첫째 부처님의 명호는 제상불이며, 둘째 부처님의 명호는 범상불이다.

서방의 두 부처 가운데 첫째 부처님의 명호는 아미타불이며, 둘째 부처님의 명호는 도일체세간고뇌불이다.

서북방의 두 부처 가운데 첫째 부처님의 명호는 다마라발전단향불이며, 둘째 부처님의 명호는 수미상불이다.

북방의 두 부처 가운데 첫째 부처님의 명호는 운자재불이며, 둘째 부처님의 명호는 운자재왕불이다.

동북방 부처님의 명호는 괴일체세간포외불이며, 제16은 나 석가모니불이다. 사바세계에서 아뇩다라삼먁삼보리를 성취하였다."

이에 대한 해석은 다음과 같다.

이미 제1 부처님의 명호는 아축불이고, 제9 왕자는 미타불이며, 제16 부처님의 명호는 석가모니불이라 하니, 本因이 이미 다르고 부처가 되심 또한 각기 다른데, 어떻게 뒤섞여 모두 본사라고 말하는가.

이 때문에 청량소에서 "이는 모두 방편이다."고 해석하였다.

다시 아마 이렇게 물을 것이다.

"어떻게 법화경에서 한 말을 방편이라고 판단하는가."

이에 대해서는 당연히 다시 법화경을 인용하여 답해야 한다.

법화경 수량품에서 "이 중간에 나는 연등불 등에게 설법하였다."고 하며, 또한 "열반에 들어갔다."고 말하였다. 이와 같이 모두 방편으로 분별하면, '…等'이란 말에는 이미 16왕자 등을 말한다.

다시 아마 이렇게 물을 것이다.

"연등불은 지금과의 세월 차이가 바야흐로 1아승기겁이다. 이는 방편이 되겠지만 자재왕불과 대통지승불은 이미 한량없고 그지없는 불가사의한 아승기겁을 지났는데, 어떻게 방편이라 말할 수 있겠는가."

이에 대해서는 당연히 이렇게 대답해야 한다.

"연등불은 이미 오래전의 부처이나 壽量으로 비교하면 세월의 수효가 많지 않다. 대통지승불은 다만 삼천대천 땅의 種性을 갈아서 먹을 만들어 동방 1천 국토를 지나는 것으로 하나의 점을 찍는 것이라고 셈하는데, 저 부처의 열반은 이런 숫자를 지나서 한량없고 그지없는 불가사의한 아승기겁이라고 말한다. 이렇게 壽量으로 성불한 지 너무 멀다고 말하는 것과 같겠는가."

법화경에서 말하였다.

"비유하면 5백만억 나유타 아승기의 삼천대천세계를 어떤 사람이 부서뜨려 미세한 먼지로 만들어 동쪽으로 5백만억 나유타 아승기의 나라를 지날 적마다 먼지 하나를 떨어뜨리며, 이처럼 동쪽

513

으로 가면서 미세한 먼지를 다 없앨 때까지 가고자 한다. 이 모든 세계에 미세한 먼지를 떨어뜨렸거나 떨어뜨리지 않았던 간에 모두 합쳐 티끌로 만들어서 하나의 티끌이 1겁이라 할지라도 나는 성불한 이후, 이보다 더 많은 백천만억 나유타 아승기겁을 지내왔다."

이에 대한 해석은 다음과 같다.

이런 비유로써 대통지승불의 삼천대천 땅을 갈아 만든 먹의 점에 견주면 같은 유라 말할 수 있는 게 아니다. 이런 겁에서 왔다는 것은 모두 방편이다. 그러므로 연등불 등이란 말에 모두 갖춰져 있지 않음이 없다.

이 때문에 옛사람이 말하기를, "16왕자도 오히려 성도한 시초가 가려져 있다."고 하는데, 그 말이 타당하다. 미타불과 아축불 등이 모두 本師의 성불한 이후의 일들이다. 그 의의에 대해 의혹이 없다. 자재왕불의 보다 더 많은 겁은 다만 숫자로 겁을 밝힐 뿐이다. 어떻게 티끌로 겁을 삼아 말하는 것과 같겠는가.】

以理推之면 皆是如來海印所現이니 何緣不說自所現佛而說他耶아 故知賢首佛等이 皆本師矣로다【鈔_ '以理推'下는 第七結成正義니 十方諸佛 皆我本師海印頓現이라 且法華에 分身이 有多淨土어늘 如來 何不指已淨土하고 而令別往彌陀妙喜가 思之어다 故知賢首彌陀等佛이 皆本師矣니 復何怪哉아 言賢首者는 卽壽量品中에 過百萬阿僧祇刹하야 最後勝蓮華世界之如來也니라 經中偈에 云'或見蓮華勝妙刹에 賢首如來住其中이라'하니 若此不是歎本師者인댄 說他如來在他國土 爲何用耶아 且如總持敎中

에 亦說三十七尊이 皆是遮那一佛所現이니 謂毘盧遮那如來 內心證自受用하야 成於五智하고 從四智 流四方如來하니 謂大圓鏡智는 流出東方阿閦如來하고 平等性智는 流出南方寶生如來하고 妙觀察智는 流出西方無量壽如來하고 成所作智는 流出北方不空成就如來하고 法界淸淨智는 卽自當毘盧遮那如來라하니라

言三十七者는 五方如來 各有四大菩薩이 在於左右하야 復成二十이니

謂中方毘盧遮那如來 四大菩薩者는 一은 金剛波羅密菩薩이오 二는 寶波羅密菩薩이오 三은 法波羅密菩薩이오 四는 羯磨波羅密菩薩이며

東方阿閦如來 四菩薩者는 一은 金剛薩埵菩薩이오 二는 金剛王菩薩이오 三은 金剛愛菩薩이오 四는 金剛善哉菩薩이며

南方寶生如來 四菩薩者는 一은 金剛寶오 二는 金剛威光이오 三은 金剛幢이오 四는 金剛笑며

西方無量壽如來는 亦名觀自在王如來니 四菩薩者는 一은 金剛法이오 二는 金剛利오 三은 金剛因이오 四는 金剛語며

北方不空成就如來 四菩薩者는 一은 金剛葉이오 二는 金剛法이오 三은 金剛藥叉오 四는 金剛拳이라

已上總有二十五也며 及四攝과 八供養일세 故三十七이니라

言四攝者는 卽鉤·索·鎖·鈴이오 八供養者는 卽香·華·燈·塗·戲·鬘·歌·舞니 皆上有金剛하고 下有菩薩이라 然此三十七尊이 各有種子하야 皆是本師智用流出이니 與今經中에 海印頓現으로 大意

515

同也니라

問호되 '若依此義인댄 豈不違於平等意趣아 平等意趣에 云言卽我者는 依於平等意趣而說이라하니 非卽我身을 如何皆說爲本師耶아' 答이라 '平等之言은 乃是一義니라 唯識에 尙說호되 一切衆生中에 有屬多佛하니 多佛共化하야 以爲一佛이라'하니 若屬一佛인댄 一佛이 能示現하야 以爲多身이니 十方如來 一一皆爾니라 今正一佛이 能爲多身이니 依此而讚이라야 方讚本師니라】

이치로 추구하면 모두 여래의 해인에 의해 나타난 바이다. 무슨 연유로 스스로 몸을 나타낸 부처를 말하지 않고 남을 말할 수 있겠는가. 그러므로 현수불 등은 모두 본사임을 알 수 있다.【초_'以理推之' 이하는 제7. 바른 뜻을 끝맺었다.

시방 제불이 모두 우리 본사의 해인으로 한꺼번에 나타남이다. 또한 법화경에 의하면, 분신이 많은 정토를 가지고 있는데, 여래는 어찌하여 자기의 정토를 말하지 않고, 별도로 미타불과 묘희세계에 가도록 했는가. 이 점을 생각해야 한다. 그러므로 현수불과 미타불 등이 모두 본사이다. 어찌하여 이를 다시 괴이쩍게 여기는가.

현수를 말한 것은 법화경 수량품에서 백만 아승기 세계를 지나서 최후 승연화세계의 여래이다.

경문의 게송에 이르기를, "혹은 연꽃이 미묘한 세계에 있는 현수여래를 보았다."고 한다. 만일 현수불을 본사로 찬탄함이 아니라면 다른 여래가 다른 국토에 있는 것을 말하여 무슨 소용이 있겠는가.

또한 총지의 가르침 부분에서 또한 37존이 모두 한 비로자나불의 현신임을 말하였다. 이는 비로자나불이 마음에 自受用을 증득하여 부처의 5智[法界體性智, 大圓鏡智, 平等性智, 妙觀察智, 成所作智]를 성취하고, 4가지 지혜로 사방의 여래를 배출한 것이다.

대원경지는 동방 아축여래를,

평등성지는 남방 보생여래를,

묘관찰지는 서방 무량수여래를,

성소작지는 북방 불공성취여래를 배출하고,

법계청정지는 비로자나불에 해당됨을 말한다.

37존이라 말한 것은 5方의 여래가 각기 4대 보살이 좌우에 있어 다시 20보살을 이루고 있다.

중앙 비로자나불의 4대 보살은 ① 금강바라밀보살, ② 보금강바라밀보살, ③ 법금강바라밀보살, ④ 갈마금강바라밀보살.

동방 아축여래의 4대 보살은 ① 금강살타보살, ② 금강왕보살, ③ 금강애보살, ④ 금강선재보살.

남방 보생여래의 4대 보살은 ① 금강보보살, ② 금강위광보살, ③ 금강당보살, ④ 금강소보살.

서방 무량수여래는 또한 관자재왕여래라 한다. 4대 보살은 ① 금강법보살, ② 금강리보살, ③ 금강인보살, ④ 금강어보살.

북방 불공성취여래의 4대 보살은 ① 금강엽보살, ② 금강법보살, ③ 금강약차보살, ④ 금강권보살.

이상에 모두 25불·보살이 있고, 4攝과 8공양을 합하여 37존이다.

4섭은 密敎 金剛界 만다라의 金剛鉤·金剛索·金剛鎖·金剛鈴 4섭 보살이며,

8공양은 향 공양, 꽃 공양, 등 공양, 바르는 향 공양, 유희 공양, 화만 공양, 노래 공양, 춤 공양이다. 모두 위에는 금강이 있고 아래에는 보살이 있다. 그러나 37존이 각각 종자가 있어 모두 본사의 지혜 작용에서 나온 것이다. 이의 경문에서 "부처님의 해인에 의하여 한꺼번에 나타난 것이다."는 말과 큰 뜻이 같다.

물었다.

"만약 이 의의를 따르면 평등이라는 뜻에 어긋나는 것이 아니겠는가. 평등이라는 뜻에 곧 '나[我]'라고 말한 것은 평등이라는 뜻을 따라 말한 것이다. 나의 몸이 아닌 것을 어떻게 모두 본사라고 말할 수 있겠는가."

답하였다.

"평등이란 말은 하나의 의의가 있다. 유식에서는 오히려 '일체 중생에 많은 부처님이 속해 있다. 많은 부처님이 함께 화신으로 하나의 부처가 된다.'고 말하였다. 만일 하나의 부처에 속한다면 하나의 부처가 많은 몸을 나타낸 것이다. 시방의 여래가 하나하나 모두 그와 같다. 여기에서는 바로 하나의 부처가 많은 몸이 된 것이다. 이를 따라 찬탄해야만 비로소 본사를 찬탄함이다."】

然此段文은 亦兼顯第十七隨其勝解하야 示現差別佛土功德이라【鈔_ '然此段下는 第八에 辨其兼含이니 此는 含第十七德이라 故로 至下文하야 說相則少니라 所以此中兼此德者는 有二意故니 一은

爲類例義相似故로 不欲繁文일새 故現妙喜極樂等土오 二者는 以第十七로 成於此段이 全是今師니 由差別土 皆是本師一佛現故니라 不見此意면 豈知經旨리오 勿輕爾也니라】

그러나 이 단락의 문장은 또한 제17. 그 뛰어난 이해를 따라서 각기 다른 불국토의 공덕을 나타냄을 겸하여 밝혔다.【초_ '然此段' 이하는 제8. 그 겸하여 포함함을 논변하였다. 이는 제17의 공덕을 포함한 부분이기에, 아래의 문장에서 모양에 대한 설명이 적다.

여기에서 말한 이 공덕을 겸한 부분에는 2가지 뜻이 있기 때문이다.

① 유례의 의의가 서로 비슷하기에 번거로운 문장을 피하고자, 묘희세계, 극락세계 등을 나타냈으며,

② 제17로서 이 단락은 온전히 본사임을 끝맺었다. 각기 다른 국토가 모두 본사의 한 부처님에 의해 나타난 것임을 연유한 때문이다. 이런 뜻을 보지 못하면 어떻게 경문의 뜻을 알 수 있겠는가. 경솔히 보아서는 안 된다.】

文中三이니

初八은 主伴嚴土攝生同이오

次四는 微細含容轉法同이오

後三은 總攝多門이니 結前生後니라

이의 게송은 3단락이다.

① 8수 게송은 주체와 객체의 장엄 국토에서 중생을 받아들임이 같고,

②4수 게송은 미세하게 포용하면서 법륜을 굴림이 같으며,

③3수 게송은 많은 법문을 총괄하여 받아들임이다. 앞의 문장을 끝맺으면서 뒤의 문장을 일으켰다.

經

或見釋迦成佛道　　　已經不可思議劫하며
或見今始爲菩薩하사　十方利益諸衆生이로다

　어떤 이는 보니 석가여래 성불하신 지
　불가사의 겁을 이미 지냈고
　어떤 이는 보니 지금 처음 보살이 되어
　시방의 중생 이익 주어라

或有見此釋師子　　　供養諸佛修行道하며
或見人中最勝尊이　　現種種力神通事로다

　어떤 이는 보니 석가모니 사자께서
　부처님께 공양하며 도를 닦고
　어떤 이는 보니 사람 중에 가장 높은 이
　가지가지 힘과 신통 나타내어라

或見布施或持戒아　　或忍或進或諸禪과
般若方便願力智로　　隨衆生心皆示現이로다

　어떤 이는 보니 보시와 지계

인욕, 정진 그리고 선정
반야, 방편, 서원, 힘, 지혜 바라밀로
중생의 마음 따라 나타내어라

◉ 疏 ◉

五'或見釋迦'下 三偈는 卽修一切障對治功德이니 謂一切時에 常修覺慧하야 治六蔽等故니라 旣云已經多劫인댄 則不定始成이라
【鈔_ '五或見'下는 約經인댄 卽到無障礙處라 疏中에 先引無著立功德名하고 後'謂一切時'下는 謂釋論意로 以會經文이라 彼論에 具云'謂已慣習一切煩惱와 及所知障 對治聖道니 卽一切智와 及定自性으로 以爲能治'라 故無著論에 名爲修治라하니라 又以到於永離一切障處일세 故經名 爲到無障處니라
經中別說에 但明十度어늘 而偈總云供養諸佛修行道라하니 則無所不具일세 疏有'等'言이라 '旣云已經'者는 卽此段初半偈니 經云'或見釋迦成佛道 已經不可思議劫'이라하니 所以疏中에 牒此言者는 遮天台師之謬釋也니라 謂彼學者 多云'華嚴이 雖則玄妙로되 而有二事不如法華니 一은 兼別義니 是故로 不說聲聞作佛이오 二는 說如來始成正覺하고 不說本師壽量久成'일세 故疏中에 指此經文이니 卽是此經說久成處라 若以此後不得該前이면 則法華壽量이 不能該於我始坐道場하야 於三七日思惟等迹이니라
然彼師는 以久成爲本하고 始成爲迹이어니와 今經之本은 則非古非今이니 若就迹門인댄 則能今能久니라 生公이 亦云'是以極設長壽

와 言伽耶 是一이니 若伽耶是者인댄 非復伽耶오 伽耶旣非인댄 彼長 安獨是乎아 長短斯非일새 則所以長短存焉이라하니 誠爲妙悟니라 '不說聲聞得作佛'者는 約不共義라 旣不厭捨어니 曾何棄之리오 況一成에 一切成이라도 無一衆生不具佛智이어니 善須得意하야 勿雜釋經이어다】

(5) '或見釋迦' 이하 3수 게송은 일체 장애를 다스리는 공덕을 닦음이다. 일체 모든 시간에 언제나 깨달음의 지혜를 닦아 6蔽 등을 다스리기 때문이다. '이미 많은 겁을 지내왔다.'고 말한 것으로 보면 처음 정각을 성취한 시점이 일정하지 않다.【초_ '五或見' 이하는 경문에서 말한 바는 '장애가 없는 곳에 이름'이다. 청량소의 앞에서는 무착보살이 세운 공덕의 명칭을 인용하였고, 뒤의 '謂一切時' 이하는 논을 해석한 뜻으로 경문을 회통함을 말하였다.

그의 논에서 구체적으로 말하였다.

"이미 일체 번뇌 및 소지장을 다스리는 성인의 도를 말한다. 일체 지혜 및 선정의 자성으로써 다스림의 주체를 삼는다."

이 때문에 무착보살의 논에서는 이를 '修治'라고 말하였다.

또한 영원히 일체 장애의 부분에서 벗어난 자리에 이르렀기에, 경문에서 "장애가 없는 곳에 이르렀다."고 말하였다.

경문의 별상으로 설명한 부분에서는 십바라밀만을 밝혔는데, 게송에서는 '제불에게 공양하여 수행하는 도'라고 총괄하여 말한 것으로 보면, 구체적으로 언급하지 않은 바가 없기에, 청량소에 '等'이라 말하였다.

앞서 '이미 지내왔다[已經].'고 말한 것은 이 단락의 첫 반수 게송이다. 게송에 이르기를, "어떤 이는 보니 석가여래 성불하신 지, 불가사의 겁을 이미 지냈다."고 하였다. 청량소에서 이 말을 이어 언급한 바는 천태 스님의 잘못된 해석을 부정하였다.

천태 스님이 말하였다.

"배우는 이들이 흔히 이렇게 말한다.

화엄경은 현묘하기는 하지만 2가지 일은 법화경만 못하다.

하나는 별상을 겸한 뜻이다. 이 때문에 성문이 부처가 될 수 있다는 말을 하지 않았다.

둘째는 여래의 始成正覺을 말하였을 뿐이지, 본사의 오랜 壽量으로 성취함에 대해서는 말하지 않았다."

이런 말 때문에 청량소에서 이의 게송을 가리켜 말한 것이다. 이의 게송에서는 오래전에 정각을 성취한 부분을 말하고 있다.

만약 뒤의 문장으로 앞의 문장을 갖추지 못한다면, 법화경 수량품의 "내가 도량에 처음 앉아서 37일간 사유하였다."는 등의 자취를 갖추지 못할 것이다. 그러나 천태 스님은 오래전 성취한 것으로 근본을 삼고, 처음 정각을 성취한 것으로 자취를 삼았지만, 이의 게송에서 말한 '근본'은 옛날을 말한 것도 아니고 지금을 말한 것도 아니다. 만약 자취 법문으로 말하면 지금이 될 수도 있고 오래전일 수도 있다.

도생법사 또한 말하였다.

"이로써 지극히 장수를 말한 것과 가야를 말함이 하나이다. 만약 가야가 옳다면 다시는 가야가 아니며, 가야가 이미 그릇되었다면 저기에서 장수가 어떻게 옳다고 할 수 있겠는가. 장단으로 말할 바가 아니기에 장단으로 말할 수 있는 바가 있다."

이는 참으로 미묘한 깨달음에 의한 말이다.

"성문이 부처가 될 수 있다는 말을 하지 않았다."는 것은 그 누구도 부처님과 함께할 수 없다는 점을 들어 말함이다. 이미 싫어하지 않는데 그 무엇을 버릴 게 있겠는가. 하물며 하나를 성취하면 일체 모든 것이 성취되는 것이다. 그 어느 중생도 부처의 지혜를 갖추지 않음이 없다. 반드시 뜻을 잘 알아야 하는 것이지, 경문을 잘못 해석해서는 안 된다.】

經

或見究竟波羅蜜하며　　或見安住於諸地하사
總持三昧神通智를　　如是悉現無不盡이로다

　　바라밀을 끝까지 닦기도 하고
　　모든 지위에 안주하기도 하여
　　다라니, 삼매, 신통, 지혜를
　　이처럼 그지없이 나타내어라

或現修行無量劫하야　　住於菩薩堪忍位하며
或現住於不退地하며　　或現法水灌其頂이로다

　　혹은 한량없는 겁에 수행하여

보살의 인욕 지위에 머물고

혹은 물러서지 않는 지위에 머물며

혹은 법의 물로 관정하여라

或現梵釋護世身하며　　**或現刹利婆羅門**하니
種種色相所莊嚴이　　**猶如幻師現衆像**이로다

범왕, 제석, 사천왕의 몸을 나타내고

혹은 찰제리, 바라문도 나타내어

가지가지 모양으로 장엄함이

요술쟁이 여러 형상 보여주듯 하여라

◉ 疏 ◉

六有三偈는 卽降伏一切外道功德이니

於中에 初二는 卽敎證二道요 後一은 現所攝同類之身이라【鈔_ '六有三偈' 下는 卽經不可轉法이라 言'初二卽敎證二道'者는 二偈之中에 各含敎證하니 初句는 證道요 次'諸地'句는 含於敎證이오 次半偈는 唯敎요 後偈之中에 堪忍·不退는 皆是證道요 餘卽敎道니라】

(6) 3수 게송은 일체 외도를 항복시키는 공덕이다.

　3수 게송 가운데 첫 2수 게송은 敎道와 證道 2가지이고,

뒤의 1수 게송은 항복시킬 대상의 몸과 똑같이 나타냈다.【초_ '(6) 3수 게송' 이하는 경문에서 말한 전변할 수 없는 법이다.

"첫 2수 게송은 교도와 증도 2가지이다."고 말한 것은 2수 게송 가운데 각각 교도와 증도 2가지를 모두 포함하고 있다. 첫 구절은 증도를, 다음 '諸地' 구절은 교도와 증도 2가지를 모두 포함하고, 다음 반수 게송은 오직 교도만을, 뒤의 게송 부분에서 말한 堪忍과 不退는 모두 증도를 말하였다. 나머지 구절은 교도이다.】

經

或現兜率始降神하며　　或見宮中受嬪御하며
或見棄捨諸榮樂하고　　出家離俗行學道로다

　　혹은 도솔천에서 처음 내려오고
　　혹은 궁중에서 시녀들이 맞이하며
　　혹은 모든 영화와 향락 죄다 버리고
　　출가하여 세속 떠나 도를 배워라

或見始生或見滅하며　　或見出家學異行하며
或見坐於菩提樹하사　　降伏魔軍成正覺이로다

　　혹은 처음 태어나고 혹은 열반하고
　　혹은 출가하여 이단 행을 배우고
　　혹은 보리수 아래 앉아
　　마군을 항복 받고 정각 성취하였어라

或有見佛始涅槃하며　　或見起塔徧世間하며

或見塔中立佛像하니　　　以知時故如是現이로다
　　혹은 부처님 처음 열반하고
　　혹은 세간에 가득 탑을 쌓고
　　혹은 탑 속에 불상 모시니
　　때를 알기에 이처럼 나타내어라

或見如來無量壽　　　　與諸菩薩授尊記하사
而成無上大導師하야　　次補住於安樂刹이로다
　　혹은 무량수 부처님께서
　　보살에게 수기 주어
　　위없는 대도사 성취하여
　　보처불로 극락세계 있어라

或見無量億千劫에　　　作佛事已入涅槃하며
或見今始成菩提하며　　或見正修諸妙行이로다
　　혹은 한량없는 억천 겁에
　　불사 지은 후에 열반 들고
　　혹은 이제 처음 보리 이루고
　　혹은 바르게 미묘한 행 닦아라

或見如來清淨月이　　　在於梵世及魔宮과
自在天宮化樂宮하사　　示現種種諸神變이로다

혹은 여래의 해맑은 달이
범천왕 세계와 마군 궁전
자재천궁, 화락천에 떠서
가지가지 신통변화 나타내어라

或見在於兜率宮하사　　無量諸天共圍遶어든
爲彼說法令歡喜하야　　悉共發心供養佛이로다

　혹은 도솔천궁 계실 적
　한량없는 천인 둘러 있는데
　그들 위해 설법하여 기쁨 주어
　모두 발심하여 부처님 공양하여라

或見住在夜摩天과　　忉利護世龍神處의
如是一切諸宮殿하사　　莫不於中現其像이로다

　혹은 야마천
　도리천, 사천왕과 용왕의 궁전
　이처럼 모든 궁전 계시면서
　그곳에서 몸을 나타내었어라

於彼然燈世尊所에　　散華布髮爲供養히고
從是了知深妙法하사　　恒以此道化群生이로다

　연등불 세존께 꽃 흩뿌리고

머리카락 땅에 깔아 공양하고
　　　그때부터 미묘한 법 깨달아
　　　언제나 이 도로써 중생 교화하였어라

或有見佛久涅槃하며　　　**或見初始成菩提**하며
或見住於無量劫하며　　　**或見須臾卽滅度**로다
　　　어떤 이는 오래전 열반하신 부처님을
　　　어떤 이는 처음 보리 성취를
　　　어떤 이는 한량없는 겁에 머문 것을
　　　어떤 이는 잠깐 사이 열반을 보았어라

身相光明與壽命과　　　**智慧菩提及涅槃**과
衆會所化威儀聲이　　　**如是一一皆無數**로다
　　　모습, 광명, 수명
　　　지혜, 보리, 열반
　　　회중에서 교화하신 위의와 음성
　　　이처럼 하나하나 셀 수 없어라

或現其身極廣大　　　**譬如須彌大寶山**하며
或見跏趺不動搖하며　　　**充滿無邊諸世界**로다
　　　혹은 엄청난 크신 몸 나타내어
　　　큰 보배 수미산 같고

혹은 꼼짝하지 않은 가부좌 몸으로
그지없는 세계에 가득 계셔라

或見圓光一尋量하며　　或見千萬億由旬하며
或見照於無量土하며　　或見充滿一切刹이로다
　　어떤 이는 한 길 되는 원광을
　　어떤 이는 천만억 유순 되는 원광을
　　어떤 이는 한량없는 국토 비춰주는 원광을
　　어떤 이는 온 세계 가득한 원광 보았어라

或見佛壽八十年하며　　或壽百千萬億歲하며
或住不可思議劫하사　　如是展轉倍過此로다
　　어떤 이는 여든 사신 부처님을
　　어떤 이는 백천만억 사신 부처님을
　　어떤 이는 헤아릴 수 없는 겁에
　　이처럼 몇 곱절 더 계신 부처님 보았어라

佛智通達淨無礙하사　　一念普知三世法이
皆從心識因緣起라　　　生滅無常無自性이로다
　　부처 지혜 청정하고 걸림 없이 통달하여
　　한 생각에 삼세 법 모두 앎이
　　모두 심식 인연으로 생겨난 터

생멸이 덧없어 자성 없어라

於一刹中成正覺하사 一切刹處悉亦成하며
一切入一一亦爾하야 隨衆生心皆示現이로다

한 세계 가운데 정각 이루어
일체 세계 곳곳에서 이루시고
일체가 하나 되고 하나 또한 일체 되어
중생의 마음 따라 모두 보여주어라

◉ 疏 ◉

七'或現兜率'下 十六偈는 卽生在世間하야 不爲世法所礙功德이니 於中에 初五는 八相現世無礙오 次三은 處天宮殿無礙오 次六은 隨世巧化無礙오 後二는 結無礙智之能徧隨機니라【鈔_ 七或現'下는 約經이면 卽所行無礙니라】

(7) '或現兜率' 이하 16수 게송은 세간에 머물면서 세간법의 걸린 바 없는 공덕이다.

이 가운데 첫 5수 게송은 8가지 모습으로 세간에 나타내는 데 걸림이 없고,

다음 3수 게송은 하늘 궁전에 거처하는 데 걸림이 없으며,

다음 6수 게송은 세간 따라 잘 교화하는 데 걸림이 없고,

뒤의 2수 게송은 걸림 없는 지혜로 두루 중생의 따르는 것으로 끝맺었다.【초_ '七或現' 이하는 경문으로 말하면, '행하는 모든 일

에 걸림이 없음'이다.】

經
如來住於無上道하사　　成就十力四無畏하며
具足智慧無所礙하사　　轉於十二行法輪이로다

　　여래여, 위없는 도에 머물면서
　　십력과 사무외 성취하고
　　두루 갖춘 지혜 걸린 바 없어
　　12가지 법륜 굴리셨노라

了知苦集及滅道하며　　分別十二因緣法하며
法義樂說辭無礙여　　以是四辯廣開演이로다

　　고집멸도 사성제 분명히 알고
　　12연기 인연법 분별하며
　　법무애, 의무애, 요설무애, 사무애
　　4무애지 변재로 널리 연설하였어라

諸法無我無有相하며　　業性不起亦無失하야
一切遠離如虛空을　　佛以方便而分別이로다

　　모든 법은 '나'라는 것도 모양도 없고
　　업성은 일어나지도 잃지도 않아
　　일체 멀리 여의어 허공 같음을

부처님 방편으로 분별하여라

如來如是轉法輪에　　　　普震十方諸國土하시니
宮殿山河悉搖動이나　　　不使衆生有驚怖로다

　　여래께서 이처럼 법륜 굴리어
　　시방 모든 국토 널리 진동하니
　　궁전과 산하 모두 흔들렸지만
　　중생을 조금도 놀라지 않게 하여라

如來普演廣大音하사　　　隨其根欲皆令解하야
悉使發心除惑垢나　　　　而佛未始生心念이로다

　　여래의 광대한 음성 연설로
　　근성과 원함 따라 모두 알려주어
　　모두 발심시켜 의혹 없애주었지만
　　부처님은 애당초 마음 내지 않았어라

或聞施戒忍精進과　　　　禪定般若方便智하며
或聞慈悲及喜捨에　　　　種種音辭各差別이로다

　　어떤 이는 보시, 지계, 인욕, 정진
　　선정, 반야, 방편, 지혜 십바라밀 듣고
　　어떤 이는 자비희사 4무량심으로
　　가지가지 다른 음성 들었어라

或聞四念四正勤과　　　神足根力及覺道와
諸念神通止觀等과　　　無量方便諸法門이로다

    4념처, 4정근

    4신족, 5근, 5력, 7각지, 8정도

    9차제정, 십신통, 지관 등

    한량없는 방편 법문 들었어라

龍神八部人非人과　　　梵釋護世諸天衆을
佛以一音爲說法하사　　隨其品類皆令解로다

    천룡 8부, 사람과 사람이 아닌 것

    범천, 제석, 사천왕의 무리를

    부처님이 한 음성으로 설법하여

    그들의 부류 따라 모두 알게 하였어라

若有貪欲瞋恚癡와　　　忿覆慳嫉及憍諂과
八萬四千煩惱異라도　　皆令聞說彼治法이로다

    탐욕, 성냄, 어리석음

    분한(忿恨), 덮음, 질투, 교만, 아첨

    8만 4천 번뇌 각각 다를지라도

    제각기 다스리는 법문 듣게 하여라

若未具修白淨法이면　　令其聞說十戒行하며

已能布施調伏人이면　　　**令聞寂滅涅槃音**이로다
　　만약 순백 청정한 법 닦지 못하면
　　십계행 설법하여 들려주고
　　이미 보시하고 조복한 이라면
　　적멸 열반 법음 들려주어라

若人志劣無慈愍하야　　　**厭惡生死自求離**하면
令其聞說三脫門하야　　　**使得出苦涅槃樂**이로다
　　만약 용렬하고 자비 없어
　　생사 싫어하여 삼계 떠나려 하면
　　3가지 해탈[空·無相·無願] 법문 들려주어
　　고통에서 벗어나 열반락 누리게 하네

若有自性少諸欲하야　　　**厭背三有求寂靜**이면
令其開說諸緣起하야　　　**依獨覺乘而出離**로다
　　만약 타고난 성품 욕심 적어
　　삼계 등지고 적정만을 추구하면
　　그에게 12인연법[3] 들려주어

....

3　　12인연법 : 과거에 지은 업에 따라서 현재의 과보를 받고, 현재의 업에 따라서 미래의 과보를 받는 12인연[無明緣行·行緣識·識緣名色·名色緣六入·六入緣觸·觸緣受·受緣愛·愛緣取·有緣生·生緣老死].

독각승 의지하여 벗어나게 하여라

若有淸淨廣大心으로　　　具足施戒諸功德하야
親近如來具慈愍이면　　　令其聞說大乘音이로다
　　만약 청정하고 광대한 마음으로
　　보시, 계율 모든 공덕 두루 갖춰
　　여래를 가까이하여 자비심 갖춘 이는
　　대승법 설법하여 들려주어라

或有國土聞一乘하며　　　或二或三或四五로
如是乃至無有量하니　　　悉是如來方便力이로다
　　어떤 국토에선 일승법 듣고
　　이승과 삼승, 사승, 오승
　　내지 한량없는 승을 듣게 하니
　　이는 모두 여래의 방편

涅槃寂靜未曾異나　　　智行勝劣有差別하니
譬如虛空體性一이나　　　鳥飛遠近各不同이로다
　　열반의 고요함 다르지 않지만
　　지혜와 행의 우열 차별 있나니
　　마치 허공 체성이야 하나이지만
　　나는 새의 멀고 가까움 같지 않아라

佛體音聲亦如是하사　　普徧一切虛空界나
隨諸衆生心智殊하야　　所聞所見各差別이로다

    부처님 음성도 그와 같아서

    일체 허공 법계 두루 하지만

    중생의 마음과 지혜 따라

    듣는 바, 보는 바 각기 다르다

佛以過去修諸行으로　　能隨所樂演妙音하사대
無心計念此與彼하야　　我爲誰說誰不說이로다

    부처님이 과거에 모든 행 닦아

    좋아하는 중생 마음 따라 말씀하지만

    이 사람 저 사람 따지고 생각하여

    누구에겐 말하고 누구에겐 않는 마음 없어라

如來面門放大光하사　　具足八萬四千數하시니
所說法門亦如是하야　　普照世界除煩惱로다

    여래의 얼굴에서 나온 광명

    8만 4천 법문 두루 갖췄는데

    연설하신 법문 그와 같아

    세계 널리 비춰 번뇌 없애주네

● 疏 ●

八如來住下에 有十八偈는 明安立正法功德이니

於中에 初四偈는 立三乘法輪이니 兼顯業用이오 次三은 明立六度 道品對治法이오

次七은 明一音隨類하야 聞法不同하고 乃至無量이오

後四는 明平等語業而應一切니라【鈔_ 八如來住下는 卽經立 不思議라】

(8) '如來住' 아래 18수 게송은 바른 법을 세워준 공덕을 밝혔다.

18수 게송 가운데 첫 4수 게송은 삼승의 법륜을 세웠다. 하는 일과 작용을 모두 밝혔다.

다음 3수 게송은 6바라밀 道品을 다스리는 법을 세운 공덕을 밝혔다.

다음 7수 게송은 부처님의 한 음성이 중생의 부류를 따라서 법문을 들음이 똑같지 않으며, 내지 한량없음을 밝혔다.

뒤의 4수 게송은 평등한 語業으로 일체중생에게 응함을 밝혔다.【초_ '八如來住' 이하는 경문에서 말한 '불가사의함을 세움'이다.】

經

具足淸淨功德智하사　　而常隨順三世間하시니
譬如虛空無染着이나　　爲衆生故而出現이로다

　청정한 공덕과 지혜 두루 갖춰

언제나 삼세간을 따르니

마치 허공이 물들지 않으나

중생 위해 몸을 나타내어라

示有生老病死苦하며　　**亦示住壽處於世**하시니
雖順世間如是現이나　　**體性淸淨同虛空**이로다

생로병사의 고통 보여주고

세간에 장수함도 보여주니

세간 따라 이처럼 나타내지만

체성의 청정함이 허공 같아라

一切國土無有邊하며　　**衆生根欲亦無量**이어늘
如來智眼皆明見하사　　**隨所應化示佛道**로다

일체 국토 끝이 없고

중생의 근성, 욕망 한량없지만

여래의 지혜 눈 분명히 보고

교화할 방편 따라 불법 보여주네

◉ 疏 ◉

九 '具足'下 三偈는 明授記功德이니 謂記別過·未 如現在일세 故
云悉明見이라하니라【鈔_ '九具足'下는 卽經普見三世니라】

(9) '具足淸淨' 아래 3수 게송은 授記의 공덕을 밝혔다.

과거와 미래의 기별을 현재와 같이 하기에 모두 밝게 보았다고 말한다.【초_ '九具足淸淨' 이하는 경문에서 말한 '널리 3세를 봄'이다.】

經
究竟虛空十方界하야　　所有人天大衆中에
隨其形相各不同하야　　佛現其身亦如是로다
　　허공과 시방세계 끝까지
　　그곳에 있는 천상과 인간의 대중들
　　그들의 생김새 각기 다르련만
　　부처님 나타내신 몸 그들 같아라

若在沙門大衆會면　　剃除鬚髮服袈裟하며
執持衣鉢護諸根하사　　令其歡喜息煩惱로다
　　만약 스님 대중 법회 있을 적엔
　　머리와 수염 깎고 가사 입으며
　　의발 들고 몸을 보호하여
　　그들에게 기쁨 주어 번뇌 쉬게 하여라

若時親近婆羅門이면　　卽爲示現羸瘦身이
執杖持瓶恒潔淨하야　　具足智慧巧談說이로다
　　만약 바라문을 가까이할 적이면

그들 위해 여읜 몸 나타내어
　　지팡이와 물병 들고 항상 청정하게
　　지혜 두루 갖춰 잘 말하여라

吐故納新自充飽하며　　**吸風飲露無異食**하며
若坐若立不動搖하야　　**現斯苦行摧異道**로다

　　묵은 것 뱉는 호흡법으로 배를 채우고
　　바람 먹고 이슬 마셔 다른 것 먹지 않으며
　　앉거나 섰거나 꼼짝 않고서
　　이런 고행으로 외도 꺾노라

◉ 疏 ◉

十有四偈는 明示現受用變化身功德이라【鈔_ '十有四偈'者는 約經인댄 卽身恒充滿一切世間이라】

⑽ 4수 게송은 수용신과 변화신을 나타내는 공덕을 밝혔다. 【초_ '十有四偈'란 경분에서 말한 '몸은 항상 일체 세간에 충만함'이다.】

經

或持彼戒爲世師하야　　**善達醫方等諸論**하며
書數天文地衆相과　　**及身休咎無不了**로다

　　혹은 계행 지녀 세간의 스승 되고

의학 등 모든 학술 통달하며

글씨, 셈하기, 천문과 지리

몸의 길흉, 화복 모두 잘 아노라

深入諸禪及解脫과　　　　**三昧神通智慧行**하사대
言談諷詠共嬉戲하야　　　**方便皆令住佛道**로다

선정과 해탈문 그리고 삼매

신통변화와 지혜 행에 깊이 들어가되

말 잘하고 시 읊으며 함께 노닐면서

방편으로 모두 불도에 들게 하여라

◉ 疏 ◉

十一 '或持'下 二偈는 明斷一切疑功德이니 謂於一切境에 善決定故로 能斷他疑니라 【鈔_ '十一等'者는 約經인댄 即智恒明達一切諸法이라】

⑾ '或持彼戒' 이하 2수 게송은 모든 의혹을 끊은 공덕을 밝혔다. 일체 경계에 잘 결정한 까닭에 다른 의혹을 끊는 것이다. 【초_ '十一' 등이란 경문에서 말한 '지혜는 언제나 일체 모든 법을 밝게 통달함'이다.】

或現上服以嚴身하며　　　**首戴華冠蔭高蓋**하며

四兵前後共圍遶하야　　　誓衆宣威伏小王이로다
　　혹은 훌륭한 옷으로 몸치레하고
　　머리에 화관 쓰고 일산 받으며
　　4종 병사[象兵·馬兵·車兵·步兵]는 앞뒤로 호위하여
　　군중에게 맹서하고 위엄 펼쳐 작은 왕 굴복시켜라

或爲聽訟斷獄官하야　　　善解世間諸法務하며
所有與奪皆明審하야　　　令其一切悉欣伏이로다
　　혹은 재판하는 법관이 되어
　　세간의 모든 법률 잘 알고
　　잘잘못 모두 밝게 살펴
　　모든 사람 기꺼이 복종케 하여라

或作大臣專弼輔하야　　　善用諸王治正法하시니
十方利益皆周徧이나　　　一切衆生莫了知로다
　　혹은 대신으로 보필하여
　　제왕의 바른 법 정치 잘 쓰니
　　시방의 이익 두루 얻지만
　　일체중생 웬일인지 모르노라

或爲粟散諸小王하며　　　或作飛行轉輪帝하사
令諸王子婇女衆으로　　　悉皆受化無能測이로다

혹은 좁쌀처럼 작은 나라 임금 되고
혹은 날아다니는 전륜왕 되어
왕자, 시녀 모든 권속으로
모두 교화받지만 알지 못하여라

或作護世四天王하야　　統領諸龍夜叉等하사
爲其衆會而說法하야　　一切皆令大欣慶이로다

　혹은 세상 보호하는 사천왕 되어
　용과 야차 등을 통솔하여
　그들 위해 미묘한 법문 연설하여
　모두들 기뻐하고 복되게 하여라

或爲忉利大天王하야　　住善法堂歡喜園하사
首戴華冠說妙法하시니　諸天覲仰莫能測이로다

　혹은 도리천왕이 되어
　선법당 환희원에 머물면서
　머리에 화관 쓰고 미묘한 법문 연설하니
　천상 대중 바라보되 헤아리지 못하여라

或住夜摩兜率天과　　　化樂自在魔王所하사
居處摩尼寶宮殿하야　　說眞實行令調伏이로다

　혹은 야마천, 도솔천

544

화락천, 자재천, 마왕 처소 머물면서
　　　마니주 궁전에서
　　　진실행을 설법하여 조복하여라

或至梵天衆會中하사　　　說四無量諸禪道하야
普令歡喜便捨去하사대　　而莫知其往來相이로다

　　　혹은 범천 대중 법회 찾아
　　　자비희사 4무량심과 4선천(禪天) 설법하여
　　　모두 기쁨 주면서도 집착 버리되
　　　오가는 모습 알지 못하여라

或至阿迦尼吒天하사　　　爲說覺分諸寶華와
及餘無量聖功德하시고　　然後捨去無知者로다

　　　혹은 아가니타천[有頂天]에 이르러
　　　7각분(七覺分)의 보배 꽃들과
　　　한량없는 공덕 설법하고
　　　얻은 후 버리라 하지만 아는 이 없어라

　● 疏 ●

十二有九偈는 令入種種行功德이니 謂偏了一切有情性行하야
隨根令入故니라【鈔_ '十二等'者는 約經인댄 了一切行이라】
　⑿ 9수 게송은 가지가지 행에 들어가도록 한 공덕이다.

545

일체중생의 性行을 모두 알고서 근기에 따라 들어가도록 한 때문이다.【초_ '十二' 등이란 경문에서 말한 '일체 행을 잘 앎'이다.】

經

如來無礙智所見인　　**其中一切諸衆生**을
悉以無邊方便門으로　　**種種敎化令成就**로다

　여래의 걸림 없는 지혜 소견인
　그 가운데 일체 모든 중생을
　모두 그지없는 방편문으로
　갖가지 교화로 성취시켰어라

● 疏 ●

十三 '如來無礙智' 一偈는 卽當來生妙智功德이니 謂佛知久遠故니라【鈔_ 十三如來'下는 約經인댄 盡一切疑니 十一은 是斷自疑오 此는 斷他疑니라】

　⑬ '如來無礙智' 1수 게송은 내생의 미묘한 지혜 공덕에 해당한다. 부처님이 먼 미래를 알기 때문이다.【초_ '十三如來' 이하는 경문에서 말한 '일체 의혹을 다 없앰'이다. '⑾ 모든 의혹을 끊은 공덕'은 자신의 의혹을 끊은 것이며, 이는 남들의 의혹을 끊은 것이다.】

譬如幻師善幻術에　　　　現作種種諸幻事인달하야
佛化衆生亦如是하사　　　爲其示現種種身이로다

　　마치 요술쟁이 요술 부려
　　여러 가지 요술 만들어 내듯
　　부처님의 중생 교화 그와 같아
　　그들에게 가지가지 몸 보여주어라

譬如淨月在虛空에　　　　令世衆生見增減하며
一切河池現影像에　　　　所有星宿奪光色인달하야

　　마치 허공의 해맑은 달이
　　중생에게 초승달, 보름달 보여주어
　　모든 강과 못에 밝은 그림자 비춰
　　크고 작은 별빛을 빼앗듯이

如來智月出世間에　　　　亦以方便示增減하며
菩薩心水現其影에　　　　聲聞星宿無光色이로다

　　여래의 지혜 달도 세간에 떠올라
　　방편으로 크고 작음 보여주고
　　보살의 마음 물에 비친 그림자
　　성문의 별은 빛을 잃어라

譬如大海寶充滿에　　　淸淨無濁無有量이라
四洲所有諸衆生이　　　一切於中現其像인달하야

　　마치 바다에 가득한 보배
　　청정하여 흐리지도 않고 한량없어
　　4대주 세계 모든 중생이
　　보배 속에 영상 나타나듯

佛身功德海亦爾하야　　無垢無濁無邊際하사
乃至法界諸衆生이　　　靡不於中現其影이로다

　　바다와 같은 부처님 공덕
　　때 없고 흐리잖고 끝이 없어
　　법계의 모든 중생까지
　　그 형상이 나타나지 않은 이 없어라

● 疏 ●

十四有五偈는 隨其勝解示現功德이니 謂隨解現身故니라【鈔_ '十四'下는 卽經無能測身이라】

　⑭ 5수 게송은 그 뛰어난 이해를 따라 보여주는 공덕이다. 이해를 따라 몸을 나타내기 때문이다.【초_ '十四' 이하는 경문에서 말한 '헤아릴 수 없는 몸'이다.】

譬如淨日放千光에　　　不動本處照十方인달하야
佛日光明亦如是하사　　無去無來除世暗이로다

　　마치 해맑은 태양 광명 쏟아내어
　　그 자리 꼼짝 않고 시방세계 비추듯이
　　부처님 광명 또한 그와 같아
　　오감이 없이 세간 어둠 없애주네

譬如龍王降大雨에　　　不從身出及心出호되
而能霑洽悉周徧하야　　滌除炎熱使淸凉인달하야

　　마치 용왕이 큰비 내릴 때
　　몸에서나 마음에서 나온 게 아니지만
　　온 누리 흠뻑 적셔주어
　　찌는 더위 씻어 시원케 하듯이

如來法雨亦復然하사　　不從於佛身心出호되
而能開悟一切衆하야　　普使滅除三毒火로다

　　여래의 법비 또한 그와 같아서
　　부처 몸과 마음에서 나온 게 아니지만
　　일체중생 깨우쳐
　　삼독의 불길 모두 없애주어라

● 疏 ●

十五有三偈는 卽無量所依調伏有情加行功德이니 意云佛智 爲無量菩薩調伏衆生加行之所依故니라

⒂ 3수 게송은 한량없는 보살이 의지하는, 중생 조복의 加行 공덕이다. 그 뜻은 부처의 지혜가 한량없는 보살들이 중생을 조복하는, 加行의 의지처가 되기 때문이다.

經

如來淸淨妙法身이　　一切三界無倫匹하사
以出世間言語道하시니　其性非有非無故로다

　여래의 청정하고 미묘한 법신
　일체 삼계에 짝할 이 없어
　세간 언어를 벗어난 자리시니
　그 성품 있지도 않고 없지도 않기 때문이라네

雖無所依無不住하며　　雖無不至而不去호미
如空中畵夢所見하니　　當於佛體如是觀이어다

　의지한 데 없으나 어디나 있고
　안 가는 데 없으나 간 적이 없나니
　허공의 그림과 꿈속에서 본 것처럼
　부처님의 체성도 이처럼 보라

● 疏 ●

十六 二偈는 明平等法身波羅密多成滿功德이라 然同攝論에 法身이 具五種相하니 初句는 白法爲相이니 以是極果圓滿自在故오 次二句는 不思議相이오 次一은 是無二相이오 次一은 無依相이오 次句는 常住相이오 次句 二喩者는 空畵는 喩無依하고 夢은 喩非有無二相이라 餘不可喩오 或畧不喩니라【鈔_ '十六如來'下는 約經인댄 卽到佛無二究竟彼岸이라】

⑯ 2수 게송은 평등법신 바라밀 성취 원만 공덕을 밝혔다. 그러나 양섭론에서 말한 "법신은 5가지 모양을 갖추고 있다."는 것과 같다.

첫 구절[如來淸淨妙法身]은 순백의 법으로 모양을 삼았다. 지극한 佛果가 원만자재하기 때문이다.

다음 2구[一切三界無倫匹 以出世間言語道]는 불가사의한 모양이며,

다음 1구[其性非有非無故]는 둘이 없는 모양이며,

다음 1구[雖無所依無不住]는 의지함이 없는 모양이며,

다음 1구[雖無不至而不去]는 常住의 모양이며,

다음 1구[如空中畵夢所見]의 2가지 비유는 '허공의 그림'이란 의지함이 없음을 비유하였고, '꿈속에서 본 것'이란 有·無 둘의 모양이 아님을 비유하였다.

나머지는 비유할 수 없거나 아니면 이를 생략하여 비유하지 않았다.【초_ '十六如來' 이하는 경문에서 말한 '부처의 둘이 없는 최고 경계의 피안에 이름'이다.】

三界有無一切法이　　　不能與佛爲譬喩니
譬如山林鳥獸等이　　　無有依空而住者로다

　　삼세의 있고 없는 그 어떤 법으로도

　　부처님을 비유할 수 없으리

　　마치 산림 속의 새와 짐승들이

　　허공을 의지해 살지 못하듯이

● 疏 ●

十七有一偈는 明隨勝解示現差別佛土功德이니 旣隨解而現일세 故不可喩니라 此偈는 亦總拂前喩니 如山等 必不依空이라 有等이 必不能喩佛이니라【鈔_ '十七'下는 約經인댄 卽具足如來平等解脫이라】

　(17) 1수 게송은 뛰어난 이해를 따라 각기 다른 국토를 나타내는 공덕을 밝혔다. 이미 이해를 따라 나타낸 것이기에 비유할 수 없다.

　이 게송은 또한 앞의 비유를 모두 떨쳐버렸다. 산 등이 반드시 허공을 의지하지 못하는 것처럼, 유위법과 무위법 등으로는 반드시 부처를 비유할 수 없다.【초_ '十七' 이하는 경문에서 말한 '두루 갖춘 여래의 평등해탈'이다.】

大海摩尼無量色이라　　　佛身差別亦復然이니

如來非色非非色일세 　　隨應而現無所住로다

　　바다의 마니주 한량없는 빛처럼
　　각기 다른 부처님 몸 또한 그와 같아라
　　여래는 색이 아니고 아닌 것도 아닌 터라
　　중생 따라 응하여 나타낼 뿐 머문 바 없어라

◉ 疏 ◉

十八 一偈는 明三種佛身方處無分限功德이라【鈔_ 十八下는 卽經 證無中邊佛平等地이라】

⒅ 1수 게송은 3가지 佛身이 한계 없이 거처하는 공덕을 밝혔다.【초_ '十八' 이하는 경문에서 말한 '중간도 양쪽도 없는 평등한 곳을 증득함'이다.】

經

虛空眞如及實際와　　涅槃法性寂滅等이여
唯有如是眞實法하야　　可以顯示於如來로다

　　허공, 진여 및 실제
　　열반, 법성, 적멸 등이여
　　오직 이처럼 진실한 법만이
　　여래를 드러내어 말할 수 있으리

◉ 疏 ◉

十九 一偈는 攝三種功德이니 同法性等은 卽窮生死際하야 常現利樂一切有情功德이오 等虛空은 卽無盡功德이오 等實際等은 卽究竟功德이니 以如實際之際로 窮未來際故니라【鈔_ '十九'下는 約經인댄 卽極於法界와 等虛空界와 窮未來際니 配三德名은 疏文具之니라】

⑲ 1수 게송은 3가지 공덕을 받아들였다.

법성과 같다는 것은 생사의 경계를 궁구하여 언제나 일체중생에게 이익과 즐거움을 주는 공덕을 나타내고,

허공과 같다는 것은 그지없는 공덕이며,

실제와 같다는 것은 究竟의 공덕이다. 진여실상의 경계로써 미래 세계를 다하기 때문이다.【초_ '十九' 이하는 경문에서 말한 '법계에 다하고, 허공계와 같고, 미래의 즈음을 다한 것'이다. 3가지 공덕의 명칭에 짝지어 말함은 청량소에 잘 갖춰져 있다.】

經

刹塵心念可數知하고　　大海中水可飮盡하며
虛空可量風可繫라도　　無能盡說佛功德이로다

　세계 티끌 같은 마음이야 헤아려 알 수 있고
　큰 바다 물이야 모두 마실 수 있고
　허공을 헤아리고 바람을 묶어둘 수 있을지라도
　부처님 공덕이야 말로 다할 수 없으리라

若有聞斯功德海하고　　而生歡喜信解心이면
如所稱揚悉當獲하리니　　愼勿於此懷疑念이어다

　　만약 이러한 공덕 바다 듣고서
　　기뻐하고 믿고 이해하는 마음 내면
　　위에 말한 공덕 모두 얻으리니
　　삼가 이를 의심하지 말지어다

◉ 疏 ◉

後 二偈는 結德無盡이며 亦是別顯無盡功德이니 雖是總結이나 卽
當別文이라 於中에 前偈는 結德이오 後偈는 勸信이라 古德이 亦有將
此二偈하야 爲一部流通하니 已如前說하다【鈔_ 上來에 且欲將後
二偈하야 以爲總結일새 故配三德이나 理實後二 正是等虛空界窮
未來際無盡功德이라 故疏云 亦是別顯無盡功德이라하니라】

　　제2 단락, 2수 게송은 그지없는 부처님의 공덕을 끝맺고, 또한
그지없는 공덕을 별상으로 밝혔다. 비록 총괄하여 끝맺은 말이지
만, 별상으로 밝힌 부분에 해당한다.

　　2수 게송 가운데 앞의 게송은 공덕을 끝맺었고, 뒤의 게송은
믿도록 권면하였다.

　　옛 스님이 또한 이 2수 게송을 들어 화엄경 전체의 流通分을
삼았다. 이는 이미 앞에서 말한 바와 같다.【초_ 위에서 또한 뒤의 2
수 게송을 들어 화엄경 전체의 끝맺음을 삼고자 한 까닭에 3가지
공덕에 짝지어 말했지만, 이치는 실로 뒤의 2수 게송이 바로 허공

계와 같고 미래 세계에 다하는 그지없는 공덕이다. 이 때문에 청량소에 이르기를, "또한 별상으로 그지없는 공덕을 밝혔다."고 말하였다.】

● 論 ●

從八行頌已下로 至經末히 明普賢이 稱歎如來法界果德의 利生廣大한 無量功德分이라
於說頌中에 分爲三段호리니
一은 初八行頌은 明普賢菩薩이 敕衆諦聽하사 欲自說佛功德分이오
二는 有六行經은 明衆歡喜樂聞分이오
三은 以頌畧申如來功德少許之分이니 其意는 頌文自具니라

　　8행 게송 이하로부터 화엄경의 끝까지 보현보살이 법계와 같은 여래의 과덕으로 중생에게 광대한 이익을 주는, 한량없는 공덕의 칭찬을 밝힌 부분이다.
　　게송 부분은 3단락으로 나눈다.
　　① 처음 8행의 게송은 보현보살이 대중에게 자세히 들을 것을 경계하면서, 자신이 부처님의 공덕을 말하고자 함을 밝힌 부분이다.
　　② 6행의 경문은 대중이 기뻐하면서 즐거운 마음으로 들음을 밝힌 부분이다.
　　③ 게송으로 여래의 공덕을 조금이나마 말한 부분이다. 그 뜻은 게송 자체에 갖춰져 있다.

入法界品 竟이라

입법계품을 끝마치다.

大文第四謙讚廻向

4. 겸허한 마음으로 회향을 찬탄하다

● 疏 ●

法性深廣難思議를 我已隨分畧開解하노니
願斯功德同實際하야 普令含識證菩提어다【鈔_ 上半은 謙讚이니 上句는 讚이오 下句는 謙이라 下半은 廻向三處이니 初句는 廻向實際오 後二는 廻向衆生과 及廻向菩提니라 然廻向菩提는 復有二意하니 一은 自成菩提오 二는 令他成이라 令他成者는 義同廻向衆生이니 菩薩發心이 不期自爲하고 卽以向他로 爲自益耳일새 故令含識으로 同證菩提니라

賢首和尙 發願偈에 云誓願見聞修習此 圓融無礙普賢法하야 乃至失命終不離하야 盡未來際願相應하고 以此善根等法性하야 普潤無盡衆生界호되 一念多劫에 修普行하야 發成無上佛菩提어다】

심오하고 광대한 법성 불가사의를

내 이미 분수 따라 간략히 말했나니

원컨대 이 공덕 실제와 같아

모든 중생으로 하여금 보리 증득케 하소서.【초_ 위의 2구는

557

겸손으로 찬탄함이다. 위 구절은 찬탄이고, 아래 구절은 겸손이다.

아래의 2구는 3곳으로 회향함이다.

첫 구절은 실제로의 회향이며, 뒤의 2가지는 중생 및 보리로의 회향이다.

그러나 보리의 회향은 또한 2가지 뜻이 있다.

① 스스로 보리를 성취하고,

② 남을 성취하도록 하였다.

남을 성취하도록 한다는 뜻은 중생의 회향과 같다. 보살의 발심이 자신만을 위하는 데 기약하지 않고, 남을 향하여 그 자신의 이익을 삼기에 중생으로 하여금 똑같이 보리를 증득하도록 하였다.

현수법사의 발원 게송은 다음과 같다.

"맹세코 원융하여 걸림 없는 보현의 법을

보고 듣고 닦고 익히어

목숨이 다하는 날까지 여의지 않고

미래 세계 다하도록 원컨대 상응하고

이 선근으로 법성과 같이

그지없는 중생 세계 두루 적셔주되

한 생각과 많은 겁에 보현행을 닦아

부처님의 위없는 보리 성취케 하소서."】

입법계품 제39-19 入法界品 第三十九之十九
화엄경소론찬요 제116권 華嚴經疏論纂要 卷第一百之十六

화엄경소론찬요 ㉖
華嚴經疏論纂要

2025년 2월 11일 초판 1쇄 발행

편저자 혜거
발행인 박상근(至弘) • 편집인 류지호 • 편집이사 양동민
편집 김재호, 양민호, 김소영, 최호승, 정유리 • 디자인 쿠담디자인
제작 김명환 • 마케팅 김대현, 이선호, 류지수 • 관리 윤정안
콘텐츠국 유권준, 김대우, 김희준
펴낸 곳 불광출판사 (03169) 서울시 종로구 사직로10길 17 인왕빌딩 301호
　　　　대표전화 02) 420-3200 편집부 02) 420-3300 팩시밀리 02) 420-3400
　　　　출판등록 제300-2009-130호(1979. 10. 10.)

ISBN 979-11-7261-129-3 04220
ISBN 978-89-7479-318-0 04220(세트)

값 35,000원

잘못된 책은 구입하신 서점에서 바꾸어 드립니다.
독자의 의견을 기다립니다. www.bulkwang.co.kr
불광출판사는 (주)불광미디어의 단행본 브랜드입니다.